Die einkommensteuerliche Relevanz von Sachzuwendungen an Arbeitnehmer

Europäische Hochschulschriften
Publications Universitaires Européennes
European University Studies

Reihe II
Rechtswissenschaft

Série II Series II
Droit
Law

Bd./Vol. 3930

PETER LANG
Frankfurt am Main · Berlin · Bern · Bruxelles · New York · Oxford · Wien

Daniela Hermann

Die einkommensteuerliche Relevanz von Sachzuwendungen an Arbeitnehmer

PETER LANG
Europäischer Verlag der Wissenschaften

Bibliografische Information Der Deutschen Bibliothek
Die Deutsche Bibliothek verzeichnet diese Publikation in der Deutschen Nationalbibliografie; detaillierte bibliografische Daten sind im Internet über <http://dnb.ddb.de> abrufbar.

Zugl.: Frankfurt (Main), Univ., Diss., 2003

D 30
ISSN 0531-7312
ISBN 3-631-52320-3

www.peterlang.de

Meinen Eltern

Vorwort

Die vorliegende Arbeit wurde im Sommersemester 2003 vom Fachbereich Rechtswissenschaft der Johann-Wolfgang-Goethe Universität, Frankfurt am Main, als Dissertation angenommen.

Danken möchte ich all jenen, die mich in den vergangenen Jahren unterstützt und ermuntert haben in Hinblick auf das Entstehen dieser Arbeit.

Besonderer Dank gilt meiner Doktormutter Frau Prof. Dr. Lerke Osterloh, Richterin am Bundesverfassungsgericht. Sie hat die Arbeit thematisch angeregt und mich während deren Fertigstellung mit wertvollen Hinweisen und Ratschlägen unterstützt, mir aber auch Freiraum bei der Bearbeitung gelassen. Wesentliche Teile der Arbeit entstanden während meiner Tätigkeit an ihrem Lehrstuhl für Öffentliches Recht und Steuerrecht in Frankfurt, an dem ich unter angenehmen Bedingungen arbeiten konnte.

Danken möchte ich auch Herrn Prof. Dr. Jochen Wieland, der das Zweitgutachten erstellt hat.

Sehr gerne denke ich an die Zeit der Lehrstuhltätigkeit zurück. Für die schönen Jahre danke ich insbesondere Frau Marie-José Lamkin, Frau Dr. Birgit Hermes und Herrn Dr. Nicolas Günzler.

Haßloch / Pfalz, im Februar 2004

Daniela Hermann

Inhaltsübersicht

Literaturverzeichnis

Adorno, Theodor W. / Dirks, Walter (Hrsg.), Betriebsklima. Eine industriesoziologische Untersuchung aus dem Ruhrgebiet, Frankfurt am Main 1955

Albert, Uwe, Zur Besteuerung von Incentive-Reisen als Arbeitslohn, FR 1990 S. 413

Albert, Uwe, Zur Anwendung der Freigrenze gemäß § 8 Abs. 2 Satz 9 EStG, DStZ 1998 S. 124

Albert, Uwe, Zur Steuerpflicht privater Telefongespräche, insbesondere von einem Mobiltelefon, DStR 1999 S. 1133

Albert, Uwe, Teilnahme an Teambildungsmaßnahmen als steuerpflichtiger Arbeitslohn unter Berücksichtigung der BFH-Rechtsprechung, FR 2003 S. 1153

Albert, Uwe / Heitmann, Joachim, Lohnsteuerliche Behandlung von Bewirtungen unter Berücksichtigung der neuesten BFH-Rechtsprechung (zugleich Anmerkungen zu den BFH-Urteilen vom 5.5.1994 – VI R 55-56/92 und vom 4.8.1994 – VI R 61/92), DStZ 1995 S. 257

Altmann, Christian / Wiltz, Stefan, Betriebsverpflegung, in: Gaugler, Eduard / Weber, Wolfgang (Hrsg.), Handwörterbuch des Personalwesens, Sp. 665

Arndt, Hans-Wolfgang, Praktikabilität und Effizienz. Zur Problematik gesetzesvereinfachenden Verwaltungsvollzugs und der „Effektuierung" subjektiver Rechte, Köln 1983

Arndt, Hans-Wolfgang, Gleichheit im Steuerrecht, NVwZ 1988 S. 787

Arnim, Hans-Herbert von, Besteuerung und Eigentum, VVDStRL 39 (1981) S. 286

Ball, Kurt, Steuerrecht und Privatrecht, Theorie des selbständigen Steuerrechtssystems, Mannheim/Berlin/Leipzig 1924

Bauer, Klaus, Der Dualismus Betriebsausgaben, Werbungskosten, München 1974

Baumdicker, Gotthard, Die sogenannten „Annehmlichkeiten" im Lohnsteuerrecht, DStR 1977 S. 683 (690)

Becker, Enno, Reichsabgabenordnung, Berlin 1930

Becker, Enno, Die Grundlagen der Einkommensteuer, München/Berlin 1940, Reprintausgabe, Herne/Berlin 1982

Becker, Manfred, Personalentwicklung, 3. Auflage, Stuttgart 2002

Belser, Karl-Heinz, Verfassungsrechtliche Zulässigkeit steuerlicher Wahlrechte: Einflußmöglichkeiten des Steuerpflichtigen auf die Einkommensteuerschuld nach abgeschlossenem Sachverhalt, Frankfurt a.M. 1986

Bihl, Gerhard / Mensel, Heidrun / Seemüller, Karl-Heinz, Leistung und Gegenleistung, Personalwirtschaft 6/1998 S. 50

Birk, Dieter, Das Leistungsfähigkeitsprinzip als Maßstab der Steuernormen, Köln 1983

Birk, Dieter, Verfassungskonforme Auslegung im Steuerrecht, StuW 1990 S. 300

Bordewin, Arno / Brandt, Jürgen (Hrsg.), Kommentar zum Einkommensteuergesetz EStG, Heidelberg, Stand November 2003 (zitiert: Bordewin/Brandt)

Bornhaupt, Kurt Joachim von, Der Begriff der Werbungskosten unter besonderer Berücksichtigung seines Verhältnisses zum Betriebsausgabenbegriff, in: Söhn, Hartmut (Hrsg.), Die Abgrenzung der Betriebs- oder Berufssphäre von der Privatsphäre im Einkommensteuerrecht, DStJG 3 (1980), S. 149

Bornhaupt, Kurt Joachim von, Zur Problematik des Werbungskostenbegriffs, FR 1982 S. 313

Bornhaupt, Kurt Joachim von, Ermittlung des Werbungskostenbegriffs nach dem Veranlassungsprinzip im Wege der Rechtsfortbildung, DStR 1983 S. 11

Bornhaupt, Kurt Joachim von, Zuwendungen an Arbeitnehmer bei Betriebsveranstaltungen, BB 1992 S. 2405

Bornhaupt, Kurt Joachim von, Förderung des Betriebssports durch den Arbeitgeber stets lohnsteuerpflichtig? Zugleich kritische Würdigung des BFH-Urteils vom 27.9.1996 – VI R 44/96, DStZ 1997 S. 102

Borell, Rolf / Schemmel, Lothar, Steuervereinfachung. Notwendigkeit, Grundlagen, Vorschläge, Karl-Bräuer-Institut des Bundes der Steuerzahler e.V., Wiesbaden 1986

Borggräfe, Joachim, Betriebliche Sozialleistungen – ihre lohn- und umsatzsteuerrechtliche Behandlung auf der Grundlage arbeitsrechtlicher Überlegungen, DB 1977 S. 1379

Brandhoff, Jochen, Anreizkompatible Stock Option Pläne, Personal 5/1999 S. 222

Bredow, Günther M., Steuergünstige Gestaltung von Aktienoptionen für leitende Angestellte („stock options"), DStR 1996 S. 2033

Brick, Hans-Jürgen, Einnahmen aus nichtselbständiger Arbeit außerhalb des Dienstverhältnisses?, Frankfurt a.M. 1992

Brinkmann, Johannes A., Tatbestandsmäßigkeit der Besteuerung und formeller Gesetzesbegriff, Köln 1982

Brinkmann, Ralf D., Personalpflege: Gesundheit, Wohlbefinden und Arbeitszufriedenheit als strategische Größen im Personalmanagement, Heidelberg 1993

Bröckermann, Reiner, Personalführung, Arbeitsbuch für Studium und Praxis, Köln 2000

Büdenbender, Ulrich / Selke, M., Betriebliche Sozialleistungen, S. 540

Bundeskammer der Steuerbevollmächtigten (Hrsg.): Steuer-Kongreß-Report 1967, München 1967

Christ, Jürgen, Belegschaftsrabatt und Steuerreform, DB 1989 S. 346

Cisek, Günter, in: Schneider, Horst (Hrsg.), Mensch und Arbeit, S. 250

Clermont, Alois / Schmeisser, Wilhelm (Hrsg.), Betriebliche Personal- und Sozialpolitik, München 1999

Costede, Jürgen, Die Aktivierung von Wirtschaftgütern im Einkommensteuerrecht, StuW 1995 S. 115

Crezelius, Georg, Steuerrechtliche Rechtsanwendung und allgemeine Rechtsordnung, Herne/Berlin 1983

Crezelius, Georg, Steuerrechtliche Einordnung und arbeitsrechtliche Konsequenzen der pauschalen Lohnsteuer, BB 1985 S. 2057

Dankmeyer, Udo / Giloy, Jörg (Hrsg.), Einkommensteuer, Kommentar, Neuwied, Stand April 2002 (zitiert: Dankmeyer/Giloy)

Dembkowski, Beate, Betriebliche Sozialarbeit im Wandel, in: Clermont, Alois / Schmeisser, Wilhelm, Betriebsliche Personal- und Sozialpolitik, S. 415

Der Präsident des BFH (Hrsg.), 75 Jahre Reichsfinanzhof - Bundesfinanzhof: Festschrift, Bonn 1993 (zitiert: FS-BFH/RFH)

De Ruiter, Wim / Koch, Thomas, Leistungsförderung im Vertrieb durch Incentives, in: G. Schanz (Hrsg.), Handbuch Anreizsysteme, S. 1025

Deutschmann, Kevin, Vergütungshalber gewährte Aktienoptionen im deutschen und US-amerikanischen Steuerrecht, Baden-Baden 2000

Deutschmann, Kevin, Anmerkung zu BFH v. 24.01.2001 I R 119/98, DStR 2001 S. 938

Dietrich, Gerhard, Entgeltlichkeit als Kriterium steuerbaren Arbeitslohns, DB 1976 S. 309

Drenseck, Walter, Die Abgrenzung der Betriebsausgaben und Werbungskosten von den Lebenshaltungskosten, DB 1987 S. 2483

Drenseck, Walter, Auswirkungen der Steuerreform auf die Lohnsteuer, FR 1989 S. 261

Drenseck, Walter, Gedanken zum Aufteilungs- und Abzugsverbot - § 12 Nr. 1 Satz 2 EStG im Wandel, in: Kirchhof, Paul / Jakob, Wolfgang / Beermann, Albert (Hrsg.), Steuerrechtsprechung, Steuergesetz, Steuerreform, S. 497

Drenseck, Walter / Seer, Roman (Hrsg.), Festschrift für Heinrich Wilhelm Kruse, Köln 2001 (zitiert: FS-Kruse)

Duchêne, Josef, Sponsoring der Unternehmen im Einkommen- und Körperschaftsteuerrecht, Köln 1995

Duczek, Alois, Ganzheitliches Gesundheitsmanagement, Personalführung 1994 S. 702

Ebeling, Klaus (Hrsg.), Blümich, EStG - KStG - GewStG, Kommentar, München, Stand Oktober 2003 (zitiert: Blümich)

Eckert, Ralf, Besteuerung von Stock Options, DB 1999 S. 2490

Eckhoff, Rolf, Rechtsanwendungsgleichheit im Steuerrecht, Köln 1999

Egge, Hinnerk, Lage der Steuerverwaltung und Folgerungen, StuW 1994 S. 272

Eismann, Günther, Die lohnsteuerrechtliche Behandlung von Personal-Rabatten nach Wegfall des Rabattgesetzes, DStR 2001 S. 1514

Eser, Albin / u.a. (Hrsg.), Straf- und Strafverfahrensrecht, Recht und Verkehr, Recht und Medizin, Festschrift für Hannskarl Salger zum Abschied aus dem Amt als Vizepräsident des Bundesgerichtshofs, Köln 1995 (zitiert: FS-Salger)

Etzel, Claus Jürgen, Die lohnsteuerliche Beurteilung der Gewährung von Sachzuwendungen an Arbeitnehmer, Würzburg 1986

Feddersen, Dieter, Aktienoptionsprogramme für Führungskräfte aus kapitalmarktrechtlicher und steuerlicher Sicht, ZHR 1997 S. 269

Felix, Günther, Steuerrecht und Verwaltungsrecht, in: Thoma, Gerhard (Hrsg.) Gegenwartsfragen des Steuerrechts, S. 135.

Fiedler-Winter, Rosemarie, Stock-Option-Pläne im Kommen, Personalwirtschaft 1/1999 S. 42

Fischer, Heinz, HP-Leistungsnetz, Böblingen 1989

Fischer, Peter (Hrsg.), Steuervereinfachung, DStJG Band 21, Köln 1998

Fla, Unternehmen Mensch - Die Zeit läuft, Personalwirtschaft 2/1996 S. 10

Flies, Rolf, Besteuerung von Zuwendungen des Arbeitgebers an Arbeitnehmer, FR 1997 S. 630

Friauf, Karl Heinrich, Steuergleichheit, Systemgerechtigkeit und Dispositionssicherheit, StuW 1985 S. 308

Friauf, Karl Heinrich (Hrsg.), Steuerrecht und Verfassungsrecht, DStJG Band 12, Köln 1989

Gassner, Wolfgang / Lang, Michael, Das Leistungsfähigkeitsprinzip im Einkommen- und Körperschaftsteuerrecht, Gutachten für den 14. Österreichischen Juristentag, 14. ÖJT, Band III/1, Wien 2000

Gast-de Haan, Brigitte, Bewertung von Personalrabatten, DB 1990 S. 1632

Gaugler, Eduard / Weber, Wolfgang (Hrsg.), Handwörterbuch des Personalwesens, 2. Auflage, Stuttgart 1992

Gehrmann, Hans-Joachim, Betriebliche Sozialpolitik, in: Gehrmann, Hans-Joachim / Lorenz, Hildburg / Schimmelpfennig, Adam H., Sozialpolitik und Sozialarbeit in der Verwaltung, S. 111

Gehrmann, Hans-Joachim / Lorenz, Hildburg / Schimmelpfennig, Adam H., Sozialpolitik und Sozialarbeit in der Verwaltung, 2. Auflage, Heidelberg 1988

Gersch, Eva-Maria, Das eigenbetriebliche Interesse des Arbeitgebers an Zuwendungen, in: Kirchhof, Paul / Offerhaus, Klaus / Schöberle, Horst (Hrsg.), Steuerrecht, Verfassungsrecht, Finanzpolitik, Festschrift für Franz Klein, S. 889

Gessner, Birgit, Betriebliche Gestaltungsmöglichkeiten zur besseren Vereinbarkeit von Familie und Beruf, in: Mittelstädt, Armin / Angestelltenkammer Bremen (Hrsg.), Betriebliche Sozialpolitik: Relikt vergangener Zeiten oder Gestaltungsebene mit Zukunft?, S. 70

Giloy, Jörg, Nettolohnverträge und Lohnsteuerpauschalierung, in: J. Stolterfoht (Hrsg.), Grundfragen des Lohnsteuerrechts, DStJG 9 (1986), S. 209

Giloy, Jörg, Haftung des Arbeitgebers für die Lohnsteuer, NWB v. 11.03.2002, S. 797, Fach 6 S. 4267

Grätz, Frank / Mennecke, Kurt, ... zuzüglich zum Gehalt ..., Handbuch der betrieblichen Zusatz- und Sozialleistungen, Opladen 1974

Grätz, Frank / Mennecke, Kurt, Handbuch der betrieblichen Zusatz- und Sozialleistungen, 2. Auflage, Wiesbaden 1979

Groh, Manfred, Die wirtschaftliche Betätigung im rechtlichen Sinne, StuW 1989 S. 227

Haas, Werner / Pötschan, Hermann, Ausgabe von Aktienoptionen an Arbeitnehmer und deren lohnsteuerliche Behandlung, DB 1998 S. 2139

Haberkorn, Kurt, Praxis der Mitarbeiterführung, 10. Auflage, Renningen-Malmsheim 2002

Hahn, Hartmut, Die Grundsätze der Gesetzmäßigkeit und der Tatbestandsmäßigkeit der Besteuerung in rechtsvergleichender Sicht, Berlin 1984

Harms, Martina / Homp, Karin, Das Konzept „Gesundheitszirkel“, Personalführung 1995 S. 978

Hartmann, Rainer, Änderungen im Bereich der Lohnsteuer ab 1.1.2001, INF 2001 S. 42

Heinze, Meinhard, Betriebliche Sozialeinrichtungen und betriebliche Sozialmaßnahmen, in: Wagner, Dieter / Zander, Ernst / Hauke, Christoph (Hrsg.), Handbuch der Personalleitung, München 1992

Hemmer, Edmund, Arbeits- und Gesundheitsschutz in der betrieblichen Praxis, Personal 3/1999 S. 142

Hensel, Albert, Steuerrecht, 3. Auflage, Berlin 1933

Hentschel, Peter, Die sog. absolute Fahruntüchtigkeit nach dem Beschluß des BGH v. 28.6.1990, NZV 1991 S. 329

Herrmann, Carl / Heuer, Gerhard / Raupach, Arndt (Hrsg.) Kommentar zur Einkommensteuer und Körperschaftsteuer einschließl. Nebengesetzen, 21. Auflage, Köln, Stand Dezember 2003 (zitiert: Herrmann/Heuer/Raupach)

Herzig, Norbert, Steuerliche und bilanzielle Probleme bei Stock Options und Stock Appreciation Rights, DB 1999 S. 1

Herzig, Norbert / Lochmann, Uwe, Der Besteuerungszeitpunkt von Stock Options, DB 2001 S. 1436

Heymann, Christina, Betriebliche Sozialleistungen. Neue Trends im Sozialleistungssystem, Konstanz 1989

Höhn, Ernst, Zweck(e) des Steuerrechts und Auslegung, in: Lang, Joachim (Hrsg.), Die Steuerrechtsordnung in der Diskussion, S. 213

Hofmann, Heidemarie, Systematische Weiterbildung als Wettbewerbsfaktor, Personalwirtschaft 2/2000 S. 50

Holz, Willy, „Annehmlichkeiten" und Einkommensteuersystem, Mainz 1988

Hoppe Klaus, Nebenleistungen / Sozialleistungen, in: Wagner, Dieter / Zander, Ernst / Hauke, Christoph (Hrsg.), Handbuch der Personalleitung, S. 375

Hübschmann / Hepp / Spitaler, Abgabenordnung, Finanzgerichtsordnung, 10. Auflage, Köln, Stand Oktober 2003

Husmann, Eberhard, Sachzuwendungen an Arbeitnehmer - Bemerkungen zu den BFH-Urteilen vom 11.3.1988, UR 1988 S. 303

Hußmann, Theo, Besteuerung von Incentive-Reisen, DB 1985 S. 1858

Isensee, Josef, Die typisierende Verwaltung, Berlin 1976

Isensee, Josef, Vom Beruf unserer Zeit für Steuervereinfachung, StuW 1994 S. 3

Isensee, Josef / Kirchhof, Paul (Hrsg.), Handbuch des Staatsrechts der Bundesrepublik Deutschland, Band 4 (Finanzverfassung – bundesstaatliche Ordnung), Heidelberg 1990

Isensee, Tobias, Mitarbeiteraktienoptionen - mehr als eine steuerliche Gewinnchance?, DStR 1999 S. 143

Jacobs, Otto H. / Portner, Rosemarie, Besteuerung von Aktienoptionsrechten, FR 2003 S. 757

Jakob, Wolfgang, Steuern vom Einkommen I: Grundlagen der Einkommensteuer, Überschußeinkünfte, Stuttgart 1980

Jakob, Wolfgang, Einkommensteuer, 3. Auflage, München 2003

Jakob, Wolfgang, Umsatzsteuer, 2. Auflage, München 1998

Jakob, Wolfgang / Jüptner, Roland, Steuerfragen der mittelbaren Parteienfinanzierung über Organisationen, Stuttgart 1986

Jüptner, Roland, Leistungsfähigkeit und Veranlassung, Heidelberg 1989

Jung, Hans, Personalwirtschaft, 4. Auflage, Oldenbourg 2001

Jung, Hans, Allgemeine Betriebswirtschaftslehre, 8. Auflage, München 2002

Kador, Fritz-Jürgen, Gestaltung betrieblicher Sozialleistungen, in: Mittelstädt, Armin / Angestelltenkammer Bremen (Hrsg.), Betriebliche Sozialpolitik: Relikt vergangener Zeiten oder Gestaltungsebene mit Zukunft?, S. 17

Kalkbrenner, Karlernst, Vermögensbeteiligung, „Rosenthal-Feierabend" bei der Rosenthal AG, in: Knebel, Heinz / Zander, Ernst (Hrsg.), Der zweite Lohn. Personalzusatzleistungen, S. 46

Kahrs, Werner, Das Job-Ticket nach dem Standortsicherungsgesetz und die Steuervereinfachung, DStR 1993 S. 1277

Kessler, Manfred / Strnad, Oliver, Der Besteuerungszeitpunkt bei Stock Options - nächste Runde, BB 2000 S. 641

Kirchhof, Paul, Besteuerung und Eigentum, VVDStRL 39 (1981) S. 213

Kirchhof, Paul, Der verfassungsrechtliche Auftrag zur Besteuerung nach der finanziellen Leistungsfähigkeit, StuW 1985 S. 319

Kirchhof, Paul Empfiehlt es sich, das Einkommensteuerrecht zur Beseitigung von Ungleichbehandlungen und zur Vereinfachung neu zu ordnen?, Gutachten für den 57. Deutschen Juristentag, Band I, Teil F, München 1988 (zitiert: Gutachten DJT)

Kirchhof, Paul, Staatliche Einnahmen, in: Isensee, Josef / Kirchhof, Paul (Hrsg.), Handbuch des Staatsrechts, Band 4, S. 87

Kirchhof, Paul, Verfassungsrechtliche Maßstäbe für die Auslegung von Steuergesetzen, in: Der Präsident des BFH (Hrsg.), 75 Jahre Reichsfinanzhof - Bundesfinanzhof, S. 285

Kirchhof, Paul, Besteuerung nach Gesetz, in: Drenseck, Walter / Seer, Roman (Hrsg.), Festschrift für Heinrich Wilhelm Kruse, S. 17

Kirchhof, Paul, EStG KompaktKommentar Einkommensteuergesetz, 3. Auflage, Heidelberg 2003 (zitiert: Kirchhof)

Kirchhof, Paul / Jakob, Wolfgang / Beermann, Albert (Hrsg.), Steuerrechtsprechung, Steuergesetz, Steuerreform, Festschrift für Klaus Offerhaus zum 65. Geburtstag, Köln 1999 (zitiert: FS-Offerhaus)

Kirchhof, Paul / Offerhaus, Klaus / Schöberle, Horst (Hrsg.) Steuerrecht, Verfassungsrecht, Finanzpolitik, Festschrift für Franz Klein, Köln 1994 (zitiert: FS-Klein)

Kirchhof, Paul / Söhn, Hartmut (Hrsg.), Einkommensteuergesetz. Kommentar, Heidelberg, Stand Oktober 2003 (zitiert: Kirchhof/Söhn)

Klingmüller, Ernst, Der Kausalitätsbegriff in der Rechtsprechung des Bundessozialgerichts, in: Weber, Werner (Hrsg.), Rechtsschutz im Sozialrecht, S. 127

Kloubert, Franz Peter, Die vom Gesetzgeber in § 8 Abs. 3 EStG 1990 verordnete steuerliche Behandlung der Personalrabatte – Fiktion und steuerpraktische Realität, FR 1989 S. 103

Klüting, Hans, Sind Aufwendungen des Arbeitgebers für Betriebsveranstaltungen, die länger als einen Tag dauern, nach dem BFH-Urteil vom 25.5.1992 ausnahmslos lohnsteuerpflichtig?, DStR 1992 S. 1311

Knoll, Leonhard, Stock options vor den Schranken deutscher Finanzgerichtsbarkeit, DStZ 1999 S. 242

Koch, Hans-Joachim / Rüßmann, Helmut, Juristische Begründungslehre, München 1982,

Koch, Karl / Scholtz, Rolf-Detlev, Abgabenordnung AO, 5. Auflage, Köln u.a. 1996

Koether, Jürgen, Die Steuerbefreiungen von Einnahmen aus nichtselbständiger Arbeit. Eine systematische Untersuchung unter besonderer Berücksichtigung des Verfassungs- und Arbeitsrechts, Köln 1972

Kollenberg, Udo, Freizeit und Wirtschaft - Privatwirtschaftliche Initiativen im Freizeitbereich, Köln 1979

Kroschel, Jörg, Zum Zeitpunkt der Besteuerung von Arbeitnehmer-Aktienoptionen, BB 2000 S. 176

Kruse, Heinrich Wilhelm, Ende oder neuer Anfang der wirtschaftlichen Betrachtungsweise? Anmerkungen zur Rechtsprechung des Bundesfinanzhofes, JbFSt 1975/76 S. 35

Kruse, Heinrich Wilhelm, Über Werbungskosten, FR 1981 S. 473

Kruse, Heinrich Wilhelm, Steuerspezifische Gründe und Grenzen der Gesetzesbindung, in: Tipke, Klaus (Hrsg.), Grenzen der Rechtsfortbildung durch Rechtsprechung und Verwaltungsvorschriften im Steuerrecht, DStJG 5 (1982), S. 71

Kruse, Heinrich Wilhelm, Lehrbuch des Steuerrechts, Band 1, Allgemeiner Teil, München 1991

Kühn, Rolf / Hofmann, Ruth, Abgabenordnung, Finanzgerichtsordnung, 17. Auflage, Stuttgart 1995 (zitiert: Kühn/Hofmann)

Küttner, Wolfdieter, Personalbuch 2003, 10. Auflage, München 2003

Kuhlmann, Carsten, Die Besteuerung der geldwerten Güter im Rahmen der Überschußeinkünfte: Der Personalrabatt, Münster u.a. 1993

Lademann, Fritz (Hrsg.), Kommentar zum Einkommensteuergesetz, 4. Auflage, Stuttgart u.a. 1997, Stand Juli 2002 (zitiert: Lademann)

Lambrecht, Claus, Normative Bindung und Sachverhaltserfassung, in: Friauf, Karl Heinrich (Hrsg.), Steuerrecht und Verfassungsrecht, DStJG 12 (1989), S. 79

Lang, Joachim, Systematisierung der Steuervergünstigungen, Berlin 1974
Lang, Joachim, Das neue Lohnsteuerrecht, StuW 1975 S. 113
Lang, Joachim, Die Einkünfte des Arbeitnehmers - Steuerrechtssystematische Grundlegung, in: Stolterfoht, Joachim (Hrsg.), Grundfragen des Lohnsteuerrechts, DStJG 9 (1986), S. 15
Lang, Joachim, Die einfache und gerechte Einkommensteuer: Ziele, Chancen und Aufgaben einer Fundamentalreform, Köln 1987
Lang, Joachim, Die Bemessungsgrundlage der Einkommensteuer, Köln 1988
Lang, Joachim (Hrsg.), Die Steuerrechtsordnung in der Diskussion, Festschrift für Klaus Tipke, Köln 1995 (zitiert: FS-Tipke)
Lang, Joachim, Sachbezüge im Lohnsteuerrecht, in: Kirchhof, Paul / Jakob, Wolfgang / Beermann, Albert (Hrsg.), Steuerrechtsprechung, Steuergesetz, Steuerreform, 1999, S. 433
Lang, Joachim, Konkretisierungen und Restriktionen des Leistungsfähigkeitsprinzips, in: W. Drenseck / R. Seer (Hrsg.), Festschrift für Heinrich Wilhelm Kruse, S. 313
Langohr, Thomas G., Das Veranlassungsprinzip im Einkommensteuerrecht, Münster 1990
Larenz, Karl, Methodenlehre der Rechtswissenschaft, 6. Auflage, Berlin u.a. 1991
Leisner, Walter, Von der Leistung zur Leistungsfähigkeit - die soziale Nivellierung, StuW 1983, S. 97
Littmann, Eberhard / Bitz, Horst / Pust, Hartmut (Hrsg.), Das Einkommensteuerrecht. Kommentar zum Einkommensteuerrecht, 15. Auflage, Stuttgart, Stand November 2003
Mangoldt, Hermann von / Klein, Friedrich / Starck, Christian, Das Bonner Grundgesetz, Band 1, 4. Auflage, München 1999 (zitiert: v. Mangoldt/Klein/Starck)
Mathiak, Walter, Betriebseinnahmen und Zufluß, FR 1976 S. 157
Maurach, Reinhart / Zipf, Heinz, Strafrecht Allgemeiner Teil, Teilband 1, 8. Auflage, Karlsruhe 1992
Mayer, Otto, Deutsches Verwaltungsrecht, Band 1, 1. Aufl. Leipzig 1895
Meincke, Jens Peter, Bewertung als Rechtsproblem, in: Raupach, Arndt (Hrsg.), Werte und Wertermittlung im Steuerrecht, DStJG 7 (1984), S. 7
Meincke, Jens Peter, Bundesverfassungsgericht zum Verhältnis von Steuerrecht und Zivilrecht, Anmerkung zum Beschluß vom 27.12.1991, StuW 1992 S. 188
Mittelstädt, Armin / Angestelltenkammer Bremen (Hrsg.), Betriebliche Sozialpolitik: Relikt vergangener Zeiten oder Gestaltungsebene mit Zukunft?, Hamburg 1993

Mittelstädt, Armin, Betriebliche Sozialleistungen aus der Sicht von Betriebs- und Personalräten, in: Mittelstädt, Armin / Angestelltenkammer Bremen (Hrsg.), Betriebliche Sozialpolitik: Relikt vergangener Zeiten oder Gestaltungsebene mit Zukunft?, S. 145

Moderegger, Hermann, Betriebliche Sozialleistungen, in: Clermont, Alois / Schmeisser, Wilhelm (Hrsg.), Betriebliche Personal- und Sozialpolitik, S. 405

Mösbauer, Heinz, Die Haftung des Arbeitgebers für die Lohnsteuer, BB 1995 S. 2194

Mößlang, Gerhard, Umsätze im Verhältnis zu Arbeitnehmern. Zur Auslegung des § 1 Abs. 1 Nr. 1 Satz 2 Buchst. b UStG 1980, DStZ 1987 S. 419

Mößlang, Gerhard (Hrsg.), Sölch/Ringleb, Umsatzsteuergesetz, Stand September 2003, München (zitiert: Sölch/Ringleb)

Mössner, Jörg Manfred, Typusbegriffe im Steuerrecht, in: Drenseck, Walter / Seer, Roman (Hrsg.), Festschrift für Heinrich Wilhelm Kruse, S. 161

Müller, Wolfgang (Hrsg.), Der Duden: das Standardwerk zur deutschen Sprache, Band 10 „Bedeutungswörterbuch“, 2. Auflage, Mannheim u.a. 1985

Müller-Merbach, Heiner, Einführung in die Betriebswirtschaftslehre, 2. Auflage, München 1976

Müller-Seitz, Peter, Betriebssport, in: Eduard Gaugler / Wolfgang Weber (Hrsg.), Handwörterbuch des Personalwesens, Sp. 635

Münchener Rechts-Lexikon, Redaktor: Horst Tilch, Band 3, R - Z, München 1987

Neyer, Wolfgang, Arbeitnehmer-Aktienoptionen bei grenzüberschreitender Tätigkeit, BB 1999 S. 503

Nick, Franz R., Sozialleistungen, betriebliche und Sozialeinrichtungen, in: E. Gaugler / W. Weber (Hrsg.), Handwörterbuch des Personalwesens, Sp. 2066

Nieder, Peter, Risikosenkung durch präventive Strategien, Personalwirtschaft 9/1999 S. 92

Ochs, Christiane / Weinkopf, Claudia, Frauenerwerbstätigkeit und Arbeitsmarktsituation, Arbeit und Sozialpolitik 1994 S. 41

Oechsler, Walter, Personal und Arbeit, Grundlagen des Human Resource Management und der Arbeitgeber-Arbeitnehmer-Beziehungen, 7. Auflage, München 2000

Offerhaus, Klaus, Zur steuerlichen Abgrenzung zwischen betrieblich (beruflich) veranlaßten und durch die Lebensführung veranlaßten Aufwendungen, BB 1979 S. 617 und 667

Offerhaus, Klaus, Werbungskostenersatz durch den Arbeitgeber, BB 1982 S. 978

Offerhaus, Klaus, Was gehört zum Arbeitslohn?, BB 1982 S. 1061

Offerhaus, Klaus, Gesetzlose Steuerbefreiungen zulässig?, DB 1985 S. 565

Offerhaus, Klaus, Gesetzlose Steuerbefreiungen im Lohnsteuerrecht?, in: Stolterfoht, Joachim (Hrsg.), Grundfragen des Lohnsteuerrechts, DStJG 9 (1986), S. 117

Offerhaus, Klaus, Werbungskostenersatz künftig regelmäßig steuerpflichtiger Arbeitslohn, BB 1988 S. 1796

Offerhaus, Klaus, Auslagenersatz - Werbungskostenersatz, BB 1990 S. 2017

Offerhaus, Klaus / Söhn, Hartmut / Lange, Hans-Friedrich, Umsatzsteuer. Kommentar, Heidelberg, Stand Dezeber 2003 (zitiert: Offerhaus/Söhn/Lange)

Olbert-Bock, Sybille / Freudenstein, Petra, Personalpolitik für Erziehungsurlauberinnen, Personalwirtschaft 9/1998 S. 21

Olbertz, Egon, Die Lohnsteuer-Haftung des Arbeitgebers, DB 1998 S. 1787

Olesch, Günter, Lösungen zur Fehlzeitenreduzierung, Personalwirtschaft 1/1998 S. 37

Olesch, Gunther, Zufriedenheit der Mitarbeiter durch Betriebsrestaurants steigt, Personal 9/1999 S. 456

Oppenhoff & Rädler, Steuerentlastungsgesetz 1999/2000/2002, 2. Auflage, Bonn 1999

Oser, Peter / Vater, Hendrik, Bilanzierung von Stock Options nach US-GAAP und IAS, DB 2001 S. 1261.

Ossenbühl, Fritz, Verwaltungsvorschriften und Grundgesetz, Bad Homburg v.d.Höhe 1968

Osterloh, Lerke, Gesetzesbindung und Typisierungsspielräume bei der Anwendung der Steuergesetze, Baden-Baden 1992

Osterloh, Lerke, Steuerrecht und Privatrecht, JuS 1994 S. 993

Palandt, Otto, Bürgerliches Gesetzbuch, Kommentar, 63. Auflage, München 2004

Papier, Hans-Jürgen, Die finanzrechtlichen Gesetzesvorbehalte und das grundgesetzliche Demokratieprinzip, Berlin 1973

Papier, Hans-Jürgen, Der Bestimmtheitsgrundsatz, in: Friauf, Karl Heinrich, Steuerrecht und Verfassungsrecht, DStJG 12 (1989) S. 61

Paus, Bernhard, Nochmals: Arbeitslohn bei Betriebsveranstaltungen, DStZ 1993 S. 528

Peltzer, Martin, Steuer- und Rechtsfragen bei der Mitarbeiterbeteiligung und der Einräumung von Aktienoptionen (Stock Options), AG 1996 S. 307

Pleiß, Ulrich, Freiwillige soziale Leistungen der industriellen Unternehmung: Versuch einer Wesenserfassung und systematischen Ordnung, Berlin 1960

Polke, Heinrich, Lohnsteuer bei Incentive-Reisen, DB 1984 S. 1497

Popp, Michael / Albert, Uwe, Der Begriff des Arbeitslohns unter besonderer Berücksichtigung der Betriebsveranstaltungen, DB 1984 S. 632

Portner, Rosemarie, Lohnsteuerliche Behandlung der Gewährung von Stock Options durch die ausländische Muttergesellschaft, DStR 1997 S. 1876

Portner, Rosemarie, Neueste Rechtsprechung des BFH zur Besteuerung von Arbeitnehmer-Aktienoptionen – sind damit die steuerlichen Fragen beantwortet?, DStR 2001 S. 1331

Portner, Rosemarie, Besteuerung von Stock Options – Zeitpunkt der Bewertung des Sachbezugs, DB 2002 S. 235

Portner, Rosemarie / Bödefeld, Axel, Besteuerung von Arbeitnehmer-Aktien-Optionen, DStR 1995 S. 629

Raupach, Arndt (Hrsg.), Werte und Wertermittlung im Steuerrecht, DStJG Band 7, Köln 1984

Raupach, Arndt, Steuervereinfachung durch die Rechtsprechung?, in: Fischer, Peter (Hrsg.), Steuervereinfachung, DStJG 21 (1998) S. 175

Raupach, Arndt / Uelner, Adalbert, Ertragsbesteuerung, Zurechnung - Ermittlung - Gestaltung, Festschrift für Ludwig Schmidt, München 1993 (zitiert: FS-Schmidt)

Rebmann, Kurt / Säcker, Franz Jürgen / Rixecker, Roland, Münchener Kommentar zum Bürgerlichen Gesetzbuch in 10 Bänden, Band 4 (§§ 607-704), 3. Auflage, München 1997 (zitiert: Münchener Kommentar)

Reuhl, Barbara, Gesunde Beschäftigte, gesunder Betrieb, in: Mittelstädt, Armin / Angestelltenkammer Bremen (Hrsg.), Betriebliche Sozialpolitik: Relikt vergangener Zeiten oder Gestaltungsebene mit Zukunft?, S. 51

Reuter, Hans-Peter, Sachgeschenke bei der Lohnsteuer, FR 1990 S. 139

Reuter, Hans-Peter, Überzogene Lohnsteuer bei Sachzuwendungen, StVJ 1990 S. 237

Richardi, Reinhard / Wlotzke, Otfried, Münchener Handbuch zum Arbeitrecht in drei Bänden, 2. Auflage, München 2000 (zitiert: Münchener Handbuch)

Richter, Heinz, Anmerkung zum Urteil des BFH vom 17.09.1982 VI R 75/79 DStZ/A 1983, S. 219

Richter, Heinz, Neues und (weiterhin) Altes zur Trinkgeldbesteuerung, DStR 1999 S. 843

Richter, Manfred, Personalführung, 4. Auflage, Stuttgart 1999

Rittershofer, Werner, Das Lexikon Wirtschaft, Umwelt, Gewerkschaften, 5. Auflage, Köln 1987

Rönitz, Dieter, Die Abgrenzung der Betriebsausgaben / Werbungskosten von den privaten Ausgaben als Problem der Sachverhaltsermittlung – unter besonderer Berücksichtigung der Lebenserfahrung und der typisierenden Betrachtungsweise, in: Söhn, Hartmut (Hrsg.), Die Abgrenzung der Betriebs- oder Berufssphäre von der Privatsphäre im Einkommensteuerrecht, DStJG 3 (1980), S. 297

Rößler, Gerhard, Steuerpflichtiger Arbeitslohn durch Aufwendungen des Arbeitgebers für Betriebsveranstaltungen, DStZ 1993 S. 210

Rößler, Gerhard, Anmerkung zu BFH v. 19.02.1999 (BStBl. II 1999 S. 361), DStZ 1999 S. 648

Rohleder, Norbert E., Grundlagen der betrieblichen Personalwirtschaft, 2. Auflage, Marburg 2000

Rondorf, Hans-Dieter, Umsatzbesteuerung der Sachzuwendungen und sonstigen Leistungen an das Personal, NWB, Fach 7, S. 5185 (NWB v. 08.05.2000, S. 1785)

Rosenthal AG (Hrsg.), 25 Jahre Rosenthal-Feierabend, Selb 1982

Rüger, Uwe / Abel, Christine / Heckenbücker, Petra, Trends bei der Gewährung von Nebenleistungen, Personal 1998 S. 258

Ruppe, Hans Georg, Möglichkeiten und Grenzen der Übertragung von Einkunftsquellen als Problem der Zurechnung von Einkünften, in: Tipke, Klaus (Hrsg.), Übertragung von Einkunftsquellen im Steuerrecht, DStJG 1 (1978) S. 7

Ruppe, Hans Georg, Die Abgrenzung der Betriebsausgaben/Werbungskosten von den Privatausgaben, in: Söhn, Hartmut (Hrsg.), Die Abgrenzung der Betriebs- oder Berufssphäre von der Privatsphäre im Einkommensteuerrecht, DStJG 3 (1980) S. 103

Sachs, Michael, Grundgesetz: Kommentar , 3. Auflage, München 2003

Schäfer, Horst, Die Dreiecksbeziehung zwischen Arbeitnehmer, Arbeitgeber und Finanzamt beim Lohnsteuerabzug, Berlin 1990

Schanz, Günther (Hrsg.), Handbuch Anreizsysteme, Stuttgart 1991

Scharf, Walter, Arbeiter diskutieren über moderne Kunst, Personalwirtschaft 9/1993, S. 42

Schaub, Günter, Arbeitsrechtshandbuch, 10. Auflage, München 2002

Schewe, Günter, Aktuelle Fragen der Alkoholbestimmung und -berechnung. Medizinische und juristische Aspekte, in: Eser, Albin / u.a. (Hrsg.), Straf- und Strafverfahrensrecht, Recht und Verkehr, Recht und Medizin, S. 715

Schick, Walter, Grundfragen des Lohnsteuerverfahrens, Alsfeld 1983

Schiedt, Alexandra, Mitarbeiterbindung steckt in den Kinderschuhen, Personalwirtschaft 12/2000 S. 53

Schmidt, Ludwig (Hrsg.), Einkommensteuergesetz, 12. Auflage, München 1993

Schmidt, Ludwig (Hrsg.), Einkommensteuergesetz, 22. Auflage, München 2003

Schneider, Hans J. (Hrsg.), Mensch und Arbeit, 10. Auflage, Köln 1997

Schultz, Reinhard, Betriebswirtschaftslehre, München/Wien 1988

Schwerdtner, Karin, Vereinbarkeit von Familie und Beruf: Eine Aufgabe für unternehmerische Personalpolitik, Beispiel: Die Hoechst AG, Personalführung 1993 S. 134

Seer, Roman, Verständigungen im Steuerverfahren, Köln 1996

Selmer, Peter / von Münch, Ingo (Hrsg.), Gedächtnisschrift für Wolfgang Martens, Berlin 1987 (zitiert: GS-Martens)

Söffing, Günter, Zum Begriff Wirtschaftsgut, JbFSt 1978/79 S. 199

Söhn, Hartmut, Zur Umsatzsteuer. Sachzuwendungen und sonstige Leistungen an Arbeitnehmer, StuW 1976 S. 250

Söhn, Hartmut (Hrsg.), Die Abgrenzung der Betriebs- oder Berufssphäre von der Privatsphäre im Einkommensteuerrecht, DStJG Band 3, Köln 1980

Söhn, Hartmut, Betriebsausgaben, Privatausgaben, gemischte Aufwendungen, in: Söhn, Hartmut (Hrsg.), Die Abgrenzung der Betriebs- oder Berufssphäre von der Privatsphäre im Einkommensteuerrecht, DStJG 3 (1980) S. 13

Söhn, Hartmut, Erwerbsbezüge, Markteinkommenstheorie und Besteuerung nach der Leistungsfähigkeit, in: Lang, Joachim (Hrsg.), Die Steuerrechtsordnung in der Diskussion, S. 343

Spitaler, Armin, Rechtssicherheit, Zweckmäßigkeit und Gerechtigkeit im Deutschen Steuerrecht, in: StB-Jahrbuch 1957/58, S. 143

Starke, Peter, Erstattung von Handy-Kosten durch den Arbeitgeber, FR 1998 S. 874

Stolterfoht, Joachim, Anmerkung zu BFH v. 31.01.1975, StRK-Anm., EStG, § 8, R 60, S. 4

Stolterfoht, Joachim, Steuerfreiheit als sozialer Besitzstand? – Zur Lohnsteuerpflicht der „Jahreswagen“, FR 1976 S. 417

Stolterfoht, Joachim, Rechtsanwendung und Rechtsetzung durch Lohnsteuerrichtlinien, in: Tipke, Klaus (Hrsg.), Grenzen der Rechtsfortbildung durch Rechtsprechung und Verwaltungsvorschriften im Steuerrecht, DStJG 5 (1982), S. 271

Stolterfoht, Joachim (Hrsg.), Grundfragen des Lohnsteuerrechts, DStJG Band 9, Köln 1986

Streich, Richard, Freizeitangebote, betriebliche, in: Gaugler, Eduard / Weber, Wolfgang (Hrsg.), Handwörterbuch des Personalwesens, Sp. 914

Temminghoff, Sabine, Lohnsteuerpflichtige Sachzuwendungen an Arbeitnehmer, Köln 1989

Thoma, Gerhard (Hrsg.) Gegenwartsfragen des Steuerrechts, Festschrift für Armin Spitaler zum 60. Geburtstag, Köln 1958 (FS-Spitaler)

Thomas, Michael-Ingo, Lohnsteuerfreier Aufwendungsersatz durch den Arbeitgeber, StB-Jahrbuch 1990/91, S. 183

Thomas, Michael-Ingo, Zuwendungen bei Betriebsveranstaltungen als Arbeitslohn, KFR / Fach 6 EStG, § 19, 1/92, S. 287

Thomas, Michael-Ingo, Geldwerter Vorteil bei Kfz-Überlassung durch den Arbeitgeber, KFR / Fach 6 EStG, § 19, 2/92, S.325

Thomas, Michael-Ingo, Die einkommensteuerliche Erfassung von Incentivereisen, DStR 1996 S. 1678

Thomas, Michael-Ingo, Lohnsteuerliche Aspekte bei Aktienoptionen, DStZ 1999 S. 710

Thommen, Jean-Paul / Achleitner, Ann-Kristin, Allgemeine Betriebswirtschaftslehre, 2. Auflage, Wiesbaden 2000

Tiemann, Susanne, Steuerchaos - und kein Ende?, Stbg. 1993 S. 436

Tietze, Claudia, Platz für Kinder, Personalwirtschaft 11/1996 S. 20

Tipke, Klaus, In dubio pro fisco?, in: Bundeskammer der Steuerbevollmächtigten (Hrsg.): Steuer-Kongreß-Report 1967, München 1967, S. 39

Tipke, Klaus, Das Steuerrecht in der Rechtsordnung, JZ 1975 S. 558

Tipke, Klaus, Zur Einkommensteuer, StuW 1975 S. 327

Tipke, Klaus, Zu Einkommensteuerfragen, StuW 1976 S. 157

Tipke, Klaus (Hrsg.), Übertragung von Einkunftsquellen im Steuerrecht, DStJG Band 1, Köln 1978

Tipke, Klaus, Zur Abgrenzung der Betriebs- oder Berufssphäre von der Privatsphäre im Einkommensteuerrecht, StuW 1979 S. 193

Tipke, Klaus, Rechtfertigung der Themenwahl; Ziel der Tagung, in: Söhn, Hartmut (Hrsg.), Die Abgrenzung der Betriebs- oder Berufssphäre von der Privatsphäre im Einkommensteuerrecht, DStJG 3 (1980) S. 1

Tipke, Klaus (Hrsg.), Grenzen der Rechtsfortbildung durch Rechtsprechung und Verwaltungsvorschriften im Steuerrecht, DStJG Band 5, Köln 1982

Tipke, Klaus, Die Steuerrechtsordnung, Band 1, 2. Auflage, Köln 2000

Tipke, Klaus / Kruse, Heinrich Wilhelm (Hrsg.), Abgabenordnung. Finanzgerichtsordnung. Kommentar zur AO und FGO, 16. Auflage, Köln, Stand November 2003 (zitiert: Tipke/Kruse)

Tipke, Klaus / Lang, Joachim, Steuerrecht, 13. Auflage, Köln 1991

Tipke, Klaus / Lang, Joachim, Steuerrecht, 17. Auflage, Köln 2002

Traxel, Wolfgang, Die Freibeträge des Einkommensteuergesetzes: eine systematische Untersuchung unter Gerechtigkeitsaspekten, Frankfurt a.M. 1986

Uelner, Adalbert, Zur Konkretisierung des subjektiven Nettoprinzips im Einkommensteuerrecht, in: Raupach, Arndt / Uelner, Adalbert, Ertragsbesteuerung, Zurechnung - Ermittlung - Gestaltung, S. 21

Uhle, Carlhans, Betriebliche Sozialleistungen: Entwicklungslinien und Ansätze einer Erklärung ihrer Bereitstellung, Köln 1987

Urbas, Helmut, Die wirtschaftliche Betrachtungsweise im Steuerrecht, Frankfurt u.a. 1987

Vogel, Alfred / Schwarz, Bernhard, UStG, Kommentar zum Umsatzsteuergesetz, 11. Auflage, Freiburg, Stand März 2002 (zitiert: Vogel/Schwarz)

Vogel, Klaus, Die Besonderheit des Steuerrechts, DStZ/A 1977 S. 5

Vogel, Klaus, Argumente im Steuerrechtsstreit, JbFSt 1978/79 S. 41

Vogel, Klaus, Das ungeschriebene Finanzrecht des Grundgesetzes, in: Selmer, Peter / von Münch, Ingo (Hrsg.), Gedächtnisschrift für Wolfgang Martens, S. 265

Vogel, Klaus, Der Gleichheitssatz, VVDStRL 47 (1989) S. 64

Wagner, Dieter / Zander, Ernst / Hauke, Christoph (Hrsg.) Handbuch der Personalleitung - Funktionen und Konzeptionen der Personalarbeit im Unternehmen, München 1992

Wagner, Franz, Die systemgerechte Besteuerung von Personalleistungen, StuW 1992 S. 291

Wagner, Klaus J., Die Pauschalierung der Lohn- und Lohnkirchensteuer, Köln 1988

Wagner, Wilfried, Anmerkung zu EuGH v. 16.10.1997 RS. C-258/95, UVR 1997 S. 433

Wahrig, Gerhard, Deutsches Wörterbuch, 7. Auflage, Güthersloh 2000

Walz, W. Rainer, Steuergerechtigkeit und Rechtsanwendung: Grundlinien einer relativ autonomen Steuerrechtsdogmatik, Heidelberg 1980

Walz, W. Rainer, Steuerrechtliches Case Law oder Dictum des Gesetzgebers?, StuW 1986 S. 21

Wassermeyer, Franz, Rechtssystematische Überlegungen zum Werbungskostenbegriff, StuW 1981 S. 245

Wassermeyer, Franz, Das Erfordernis objektiver und subjektiver Tatbestandsmerkmale in der ertragsteuerlichen Rechtsprechung des BFH, StuW 1982 S. 352

Weber, Klaus (Hrsg.), Creifelds, Rechtswörterbuch, 17. Auflage, München 2002 (zitiert: Creifelds)

Weber, Werner (Hrsg.), Rechtsschutz im Sozialrecht, Jubiläumsschrift zum Ersten Jahrzehnt der Rechtsprechung des Bundessozialgerichts, Köln u.a. 1965 (zitiert: JS-BSG)

Weber-Grellet, Heinrich, Fairneß, Aufklärung und Transparenz - Wege zu einer leistungsgerechten Besteuerung, StuW 1999 S. 311

Weibler, Jürgen, Personalführung, München 2001

Weingarten, Jo, Finanzverwaltung und Gesetzesvollzug, Opladen 1993

Weiß, Eberhard, Grundsatzurteil zum Begriff des Leistungsaustauschs – Änderung der Rechtsprechung zur Besteuerung betrieblicher Sachzuwendungen, UR 1981 S. 149

Welling, Berthold, Zweifelsfragen zur Steuerbefreiung der privat veranlassten Telefonkosten, DStR 2001 S. 650

Widmann, Werner, Leistungsaustausch ohne konkrete Gegenleistung im Fall der Arbeitnehmer-Sammelbeförderung? Anmerkung zum Beschluß des BFH vom 11.5.1995 – V R 105/92, UR 1995 S. 435

Wöhe, Günter / Döring, Ulrich, Einführung in die Allgemeine Betriebswirtschaftslehre, 20. Auflage, München 2000

Woerner, Lothar, Die Steuerrechtsprechung zwischen Gesetzeskonkretisierung, Gesetzesfortbildung und Gesetzeskorrektur, DStJG 5 (1982) S. 23

Wolff, Karl-Joseph, Die Annehmlichkeit in der Rechtsprechung des Bundesfinanzhofs, BB 1976 S. 1601

Wolff-Diepenbrock, Johannes, Einnahmen und Aufteilung bei Einnahmen, DB 1986 S. 242

Zach, Georg Michael, Die Besteuerung des Arbeitslohns, München 1975

Die Arbeit befindet sich grundsätzlich auf dem Stand Mai 2003; vereinzelt wurden Aktualisierungen vorgenommen, insbes. bei der Kommentarliteratur. Bis Ende 2003 veröffentlichte wichtige Rechtsprechung konnte berücksichtigt werden.

Abkürzungsverzeichnis

aA	anderer Ansicht
aaO.	am angegebenen Ort
Abs.	Absatz
aE	am Ende
AG	Die Aktiengesellschaft (Zeitschrift)
Anm.	Anmerkung
AO	Abgabenordnung
ArbSchG	Arbeitsschutzgesetz
ArbStättV	Arbeitsstättenverordnung
Art.	Artikel
AT	Allgemeiner Teil
Aufl.	Auflage
Az.	Aktenzeichen
BAG	Bundesarbeitsgericht
BB	Der Betriebsberater
Begr.	Begründung
BewG	Bewertungsgesetz
BFH	Bundesfinanzhof
BFHE	Sammlung der Entscheidungen des Bundesfinanzhofs, herausgegeben von den Mitgliedern des Bundesfinanzhofs
BFH/NV	Sammlung amtlich nicht veröffentlichter Entscheidungen des BFH (Zeitschrift)
BGB	Bürgerliches Gesetzbuch
BGBl.	Bundesgesetzblatt
BGH	Bundesgerichtshof
BGHSt	Entscheidungen des Bundesgerichtshofs in Strafsachen
BGHZ	Entscheidungen des Bundesgerichtshofs in Zivilsachen
BildscharbV	Bildschirmarbeitsverordnung
BMF	Bundesminister der Finanzen
BR-Drucks.	Bundesrats-Drucksache
BT-Drucks.	Bundestags-Druchsache
BSG	Bundessozialgericht
BSGE	Entscheidungen des Bundessozialgerichts
BStBl. I	Bundessteuerblatt, Teil I

BStBl. II	Bundessteuerblatt, Teil II
BStBl. III	Bundessteuerblatt, Teil III
Buchst.	Buchstabe
BVerfG	Bundesverfassungsgericht
BVerfGE	Amtliche Sammlung von Entscheidungen des Bundes-verfassungsgerichts
BVerwG	Bundesverwaltungsgericht
bzgl.	bezüglich
bzw.	beziehungsweise
CDU	Christlich Demokratische Union Deutschlands
CSU	Christlich-Soziale Union in Bayern
DB	Der Betrieb (Zeitschrift)
ders.	derselbe
d.h.	das heißt
DJT	Deutscher Juristentag
DM	Deutsche Mark
DStJG	Deutsche Steuerjuristische Gesellschaft e.V.
DStR	Deutsches Steuerrecht (Zeitschrift)
DStZ	Deutsche Steuerzeitung (Zeitschrift)
DStZ/A	Deutsche Steuerzeitung, Ausgabe A (Zeitschrift, bis 1979)
EFG	Entscheidungen der Finanzgerichte (Zeitschrift)
EG	Europäische Gemeinschaft
Einf.	Einführung
ESt	Einkommensteuer
EStDV	Einkommensteuer-Durchführungsverordnung
EStG	Einkommensteuergesetz
EStR	Einkommensteuerrichtlinien
etc.	et cetera
EuGH	Europäischer Gerichtshof
EuGHE	Entscheidungen des Europäischen Gerichtshofes
evtl.	eventuell
f.	folgend(e)
F	Fach
FDP	Freie Demokratische Partei
ff.	fortfolgende
FG	Finanzgericht
FGO	Finanzgerichtsordnung

FinMin.	Finanzministerium
Fn.	Fußnote
FR	Finanzrundschau (Zeitschrift)
FS	Festschrift
gem.	gemäß
GewStG	Gewerbesteuergesetz
GG	Grundgesetz
ggf.	gegebenenfalls
grds.	grundsätzlich
GrS	Großer Senat des Bundesfinanzhofs
GS	Gedächtnisschrift
H	Hinweis
HFR	Höchstrichterliche Finanzrechtsprechung (Zeitschrift)
h.M.	herrschende Meinung
Hrsg.	Herausgeber
HS	Halbsatz
i.d.F.	in der Fassung
i.d.R.	in der Regel
i.E.	im Ergebnis
i.e.S.	im engeren Sinne
INF	Die Information über Steuer und Wirtschaft (Zeitschrift)
insbes.	insbesondere
InvZulG	Investitionszulagengesetz
i.S.	im Sinne
i.V.	in Verbindung
JbFfSt	Jahrbuch der Fachanwälte für Steuerrecht
JS	Jubiläumsschrift
JuS	Juristische Schulung (Zeitschrift)
JZ	Juristenzeitung (Zeitschrift)
LStDV	Lohnsteuer-Durchführungsverordnung
KFR	Kommentierte Finanzrechtsprechung (Zeitschrift)
LS	Leitsatz
LStR	Lohnsteuerrichtlinien
M.E./m.E.	meines Erachtens
m.N.	mit Nachweisen
m.w.N.	mit weiteren Nachweisen
n.F.	neue Fassung

NJW	Neue Juristische Wochenschrift (Zeitschrift)
Nr.	Nummer
Nrn.	Nummern
NRW	Nordrhein-Westfalen
NVwZ	Neue Zeitschrift für Verwaltungsrecht (Zeitschrift)
NWB	Neue Wirtschafts-Briefe (Zeitschrift)
NZA	Neue Zeitschrift für Arbeits- und Sozialrecht (Zeitschrift)
o.ä.	oder ähnlich(es)
o.g.	oben genannt
R	Richtlinie
REStG	Reichseinkommensteuergesetz
RegE	Regierungsentwurf
Rev.	Revision
RL	Richtlinie (europäische)
rkr.	rechtskräftig
Rspr.	Rechtsprechung
Rn.	Randnummer(n)
RVO	Reichsversicherungsordnung
s.	siehe
S.	Satz
S.E./s.E.	seines Erachtens
Sgl.	Sammlung
Stbg.	Die Steuerberatung (Zeitschrift)
StbJb	Steuerberater-Jahrbuch
StEK	Steuererlasse in Karteiform
StEntlG	Steuerentlastungsgesetz
StGB	Strafgesetzbuch
str.	streitig
StRK	Steuerrechtsprechung in Karteiform
st.Rspr.	ständige Rechtsprechung
StuW	Steuer und Wirtschaft (Zeitschrift)
StVJ	Steuerliche Vierteljahresschrift
u.a.	unter anderem
u.ä.	und ähnliche(s)
UR	Umsatzsteuer-Rundschau (Zeitschrift)
USt	Umsatzsteuer
UStG	Umsatzsteuergesetz

UStR	Umsatzsteuerrichtlinien
usw.	und so weiter
u.U.	unter Umständen
UVR	Umsatz- und Verkehrsteuer-Recht (Zeitschrift)
v.	vom / von
vgl.	vergleiche
VVDStRL	Veröffentlichungen der Vereinigung der Deutschen Staatsrechtslehrer
Wpg.	Die Wirtschaftsprüfung (Zeitschrift)
WRV	Weimarer Reichsverfassung
z.B.	zum Beispiel
ZHR	Zeitschrift für das gesamte Handelsrecht und Wirtschaftsrecht (Zeitschrift)
z.T.	zum Teil

Ergänzend wird verwiesen auf ***Kirchner, Hildebert***, Abkürzungsverzeichnis der Rechtssprache, 3. Auflage, Berlin 2003.

Teil 1: Einführung und Übersicht

A) Überblick über die Fragestellungen

Die sachgerechte Besteuerung von Sachzuwendungen, die an Arbeitnehmer geleistet werden, ist von jeher ein umstrittenes Thema gewesen und erweist sich auch weiterhin als Bereich vielfältiger und umfangreicher Diskussionen.

Dies verwundert auf der einen Seite, da ein Blick auf die tatsächliche Situation im Wirtschaftsleben und auch auf die einschlägigen vor den Finanzgerichten ausgefochtenen Fälle recht schnell zeigt, daß die einzelnen Beträge, um die gestritten wird, meist nur gering sind; die „kleinen Extras", wie sie in mannigfaltiger Art vor allem vom Arbeitgeber an die Mitarbeiter gegeben werden, sind Gegenstand der Diskussion. So geht es typischerweise um Zuwendungen wie die folgenden: Unternehmen eröffnen ihrer Belegschaft die Möglichkeit, betriebseigene Einrichtungen wie Sportanlagen, Büchereien oder Ferienheime unentgeltlich oder zu günstigen Konditionen zu nutzen. Es wird aber auch gestritten über die Frage, ob und wieweit der Fiskus auf den Wert von Geschenken zugreifen kann, die ein Berufstätiger vom Arbeitgeber etwa aus Anlaß seines Geburtstages oder als „kleine Aufmunterung" im Krankheitsfalle erhält. Ein weiterer problematischer Bereich ist der der Personalrabatte. In den 80er Jahren wurde über die sachgerechte Besteuerung des Vorteils aus dem Kauf von sogenannten „Jahreswagen" heftig diskutiert; solche Rabatte sind aber auch in anderen Branchen, etwa in der Reisebranche, gang und gäbe. Gerade dieses Beispiel zeigt, daß es sehr wohl Sachzuwendungen von recht hohem Wert gibt. Ganz aktuell ist das Thema auch wieder geworden durch die für die Mitarbeiter vieler Unternehmen vorhandene Möglichkeit, den Firmencomputer zum privaten Internetsurfen zu nutzen oder auch durch den in der Wirtschaft erkennbaren Trend, insbesondere Führungskräften zum Zwecke der Entlohnung Optionsrechte auf Aktien („stock options") des eigenen Unternehmens zu überlassen.

Doch selbst wenn es bei den Streitigkeiten überwiegend nur um geringe Vorteile geht, läßt sich der angesprochenen Verwunderung schon dann recht schnell ein Ende bereiten, wenn man den Blick darauf lenkt, daß diese Fälle in der wirtschaftlichen Wirklichkeit in großer Zahl auftreten. Schließlich bezieht der Staat im Bereich der Einkommensteuer den zahlenmäßig weitaus bedeutendsten Anteil an

Steuereinnahmen von Steuerpflichtigen, die Einkünfte aus nichtselbständiger Arbeit erzielen[1].

Die Einordnung von Geldzuwendungen des Arbeitgebers an den Arbeitnehmer als steuerpflichtige Einnahme aus nichtselbständiger Tätigkeit bereitet dem BFH regelmäßig keine Begründungsschwierigkeiten. Solche Zuwendungen unterscheiden sich, so die zentrale Argumentation des Gerichts[2], schon in der Form nicht von den üblichen vertraglich vereinbarten Arbeitsentgelten und werden auch von den Beteiligten, insbesondere dem Arbeitnehmer, als nichts anderes als Vergütung für vom ihm geleistete Dienste angesehen. Dieses Ergebnis gewinnt ohne weitere Diskussionen auch das Schrifttum[3]. Anders ist die Situation jedoch, wenn es um die einkommensteuerlichen Qualifizierung von nicht in Geld bestehenden Vorteilen geht. Rechtsprechung und, ihr in der Sache folgend, Finanzverwaltung hatten über lange Jahre hinweg Kritik auf sich gezogen, weil sie, so der Vorwurf, „gesetzlose Steuerbefreiungen im Lohnsteuerrecht“[4] gewährten. Die angegriffene Praxis war die, Sachzuwendungen unter bestimmten Voraussetzungen als „Annehmlichkeiten“ oder „Gelegenheitsgeschenke“ zu deklarieren; waren diese Anforderungen erfüllt, wurden die betreffenden Vorteile bei der Steuerbemessungsgrundlage nicht berücksichtigt. Gesetzliche Vorschriften, die diese Begriffe zum Gegenstand hatten, waren nicht vorhanden, und als mögliches Ergebnis einer Auslegung einkommensteuerrechtlicher Normen schien diese Rechtsprechung auch nicht begründbar. Gerade unter dem Eindruck der letztgenannten Überlegung nahm der BFH schließlich in der ersten Hälfte der 80er Jahre von seiner Rechtsprechung zu Gelegenheitsgeschenken und Annehmlichkeiten Abstand und betonte ausdrücklich die Maßgeblichkeit der gesetzlichen Regelungen. „Die Charakterisierung einer Zuwendung als Arbeitslohn kann nur in Auslegung gesetzlicher Tat-

---

[1] Das Volumen der Steuer aus Einkünften aus nichtselbständiger Arbeit stieg bis 2000 jährlich: Betrug es in 1998 noch 308.254, so waren es 1999 schon 319.284 und 2000 gar 325.982 Mio. DM. Dem stand in den gleichen Jahren ein Volumen der veranlagten Einkommensteuer von 12.273, dann 22.474 und schließlich in 2000 von 24.843 Mio. DM gegenüber. Die nicht veranlagten Steuern vom Ertrag beliefen sich in den betreffenden Jahren auf 28.177, 26.444 und 31.313 Mio. DM und die Körperschaftsteuer auf 39.966, 46.701 und 48.575 Mio. DM. Der prozentuale Anteil der Lohnsteuer am gesamten Steueraufkommen der Bundesrepublik Deutschland betrug damit im Jahr 2000 (vor Abzug von Kindergeld) 33,2 %. Im Jahre 2001 kam es erstmals zu einem Rückgang bei fast allen zuvor genannten Steuern, lediglich bei den nicht veranlagten Steuern ließ sich ein Anstieg feststellen. Quelle: Statistisches Bundesamt der Bundesrepublik Deutschland, 2002, http://www.destatis.de/basis/d/fist/fist01.htm.

[2] BFH v. 17.07.1981, BStBl. II 1981 S. 773 (774 f.). Mit dieser Entscheidung wurde die Gelegenheitsgeschenke-Rechtsprechung in Bezug auf Barzuwendungen endgültig aufgegeben.

[3] Vgl. *W. Drenseck*, in: L. Schmidt, EStG, § 19 Rn. 18; *B. Thürmer*, in: Blümich, EStG, § 19 Rn. 161.

[4] So der Titel, mit dem *K. Offerhaus* seinen Beitrag in DStJG 9 (1986), S. 117 überschrieben hat.

bestandsmerkmale erfolgen"[5], so die ausdrückliche Stellungnahme des Gerichts in seiner Entscheidung zur einkommensteuerrechtlichen Qualität von Lehrabschlußprämien. Ihren Anfangspunkt fand die neue gesetzesorientierte Rechtsprechung zum Arbeitslohnbegriff im Jahr 1982 mit der Leitentscheidung zu Vorsorgeuntersuchungen leitender Angestellter[6].

Daß sich das Gericht konsequent an diese Aussage hält, läßt sich schon bei einem ersten Blick auf die Judikatur der letzten Jahre bezweifeln. Zusammen mit der angesprochenen „Neupositionierung" hat nämlich mit den sogenannten (nicht steuerbaren) „Aufmerksamkeiten" ein anderes Schlagwort Eingang in die Rechtsprechung gefunden, das den Verdacht auf sich zieht, daß der BFH praktisch jedenfalls teilweise an der vorherigen Rechtsprechung festgehalten hat und nun unter diesem „Deckmantel" unzulässige Steuerbefreiungen gewährt. Gerade auch der Blick in die diesbezügliche Kommentarliteratur stiftet mehr Verwirrung als Aufschluß hinsichtlich der Bedeutung dieses Aspektes.

Ein anderer Schwerpunkt hat sich in der Judikatur bei dem nach herrschender Ansicht auch bei den Einkünften aus nichtselbständiger Tätigkeit zu fordernden Veranlassungszusammenhang zwischen Zufluß eines geldwerten Gutes und der steuerbaren Betätigung herausgebildet. Regelmäßig geht man davon aus, daß er nicht besteht, wenn eine Sachzuwendung vom Arbeitgeber im „ganz überwiegend eigenbetrieblichen Interesse" hingegeben wurde; damit konfrontiert der BFH den Rechtsanwender mit einer Überlegung, die in ähnlicher Weise schon in Entscheidungen zu Annehmlichkeiten gelegentlich angestellt wurde. In jüngerer Zeit wird vom BFH vermehrt darauf hingewiesen, daß das Kriterium des „ganz überwiegend eigenbetrieblichen Interesses" dazu diene, das Wertungsergebnis zu umschreiben, daß ein geldwerter Vorteil den Arbeitnehmer lediglich als „notwendige Begleiterscheinung betriebsfunktionaler Zielsetzung"[7] erreicht hat. Diese Gesichtspunkte erscheinen mehr als vage. Vor allem in der Rechtsprechung werden sie jedoch vertieft, es wird typisiert, zum Teil gar quantifiziert. Die Finanzgerichte folgen dem BFH zumindest im Ansatz.

Gerade der angesprochene Rückzug der Rechtsprechung auf „Aufmerksamkeiten" als nicht steuerbare Sachzuwendungen und auch das Festhalten an Überlegungen zu einem eigenbetrieblichen Interesse des Arbeitgebers, das der Qualifizierung von Sachzuwendungen als steuerbare Vorteile des Arbeitnehmers entgegenstehen

[5] BFH v. 22.03.1985, BStBl. II 1985 S. 641 (643).
[6] BFH v. 17.09.1982, BStBl. II 1983 S. 39.
[7] So der BFH beispielsweise im Urteil v. 04.06.1993, BStBl. II 1993 S. 687 (689).

soll, sind möglicherweise ein Indiz dafür, daß letztendlich ein dringendes praktisches Bedürfnis für eine solche Grenzziehung besteht, wie sie vom BFH immer wieder vorgenommen wird und somit auch ein Bedürfnis für die Qualifizierung bestimmter Vorteile als nicht steuerbarer Vermögenszugang.

Vor dem Hintergrund dieser Entwicklungen der Rechtsprechung in den vergangenen zwanzig Jahren erscheint es von Interesse zu untersuchen, ob die inzwischen zur Abgrenzung steuerbarer von nicht steuerbaren Sachzuwendungen vom BFH angebotenen Kriterien tatsächlich zustimmungswürdige gesetzmäßige Lösungen für die vielfältigen praktischen Qualifikationsfragen sind, also der Judikative nunmehr wirklich Gesetzesorientierung bescheinigt werden kann. Es gilt herauszufinden, ob sich für die vorgenommenen Abgrenzungen eine Legitimation aus den geltenden gesetzlichen Vorschriften im Zusammenspiel mit (einkommen-) steuerrechtlichen Grundprinzipien finden läßt.

Hinsichtlich einer sachgerechten Berücksichtigung einkommensteuerrechtlicher Grundprinzipien sind die Gerichte gerade im Bereich der Einkünfte aus nichtselbständiger Arbeit in besonderem Maße herausgefordert. Angesichts der Vielzahl der in dieser Einkunftsart zur Entscheidung durch die Finanzbehörden und die Gerichte anstehenden Fälle ergibt sich hier besonders die Problematik, daß eine allzu strenge Orientierung der Auslegung der gesetzlichen Vorgaben an dem überwiegend als Fundamentalprinzip der Einkommensteuer anerkannten Leistungsfähigkeitsprinzip nicht geeignet erscheint, der Realität Rechnung zu tragen. Denn eine exakt leistungsfähigkeitsbezogene Besteuerung ist häufig nicht praktikabel, und ohne praktikable Rechtsprechungsgrundsätze wird sich die Finanzverwaltung oft nicht in der Lage sehen, die zahlreichen Verfahren auf diesem Gebiet gleichmäßig und erschöpfend zu bewältigen. Im Rahmen dieser Untersuchung soll zum einen herausgearbeitet werden, an welchen Punkten sich die Rechtsprechung und auch die Verwaltung an Praktikabilitätserwägungen orientieren, und es soll zum anderen erörtert werden, ob sich für diese Handhabung eine konsistente Begründung finden läßt. Im Kern wird deshalb die Beantwortung der Frage nach einer sachgerechten Besteuerung der Sachzuwendungen an Arbeitnehmer als ein Problem des Gegen- und Zusammenspiels von Leistungsfähigkeits- und Praktikabilitätsüberlegungen anzusehen sein.

Praktikabilitätsüberlegungen haben aber auch im Bereich der Gesetzgebung ihren festen Platz: nicht praktikable Gesetze sind erfahrungsgemäß nicht gleichmäßig zu vollziehen, so daß bei Vorhandensein solcher Regelungen die Gefahr besteht, daß die Anforderungen des Gleichheitssatzes in der Praxis nicht erfüllt werden können. Vor diesem Hintergrund verdienen jüngere Entwicklungen im Bereich der Legislative eine nähere kritische Betrachtung. Schon die Vorläufer des heutigen EStG enthielten Vorschriften, die ausdrücklich nicht in Geld bestehende Vorteile zum Steuerobjekt erklärten und teilweise auch für deren Bewertung Näheres anordneten[8]. Dem Weg, für diese Form von Einnahmen detailliertere Regelungen in das Gesetz aufzunehmen, begegnete man jedoch mit Zurückhaltung. In den letzten Jahren geht die Tendenz nun aber mehr und mehr in die andere Richtung. So wurde § 8 Abs. 2 EStG auf inzwischen neun Sätze erweitert und als Reaktion auf die Streitigkeiten und Unklarheiten bei der Besteuerung der sogenannten "Jahreswagen" § 8 Abs. 3 EStG eingefügt. Letzterer und gerade auch § 8 Abs. 2 S. 9 EStG sind in Hinblick auf den Einfluß des Praktikabilitätsprinzips besonders interessant, da diese Vorschriften in gewissem Umfang wirtschaftliche Vorteile von der Besteuerung ausnehmen, und zwar laut Gesetzgeber aus Gründen der Vereinfachung.

B) Gang der Darstellung und wesentliche Ergebnisse

Der erste Teil der Untersuchung hat nach einer Eingrenzung des Untersuchungsgegenstandes zunächst zum Ziel, einen Eindruck von der großen Bandbreite der im Wirtschaftsleben vorzufindenden Sachzuwendungsarten zu verschaffen. Vor dem Hintergrund dieser großen Vielfalt erscheint umso bemerkenswerter, daß der Gesetzgeber auf die in der Praxis vorgefundene tatsächliche Situation nicht mit ausdifferenzierter Gestaltung des Gesetzes reagiert hat. Der der Typologie folgende Überblick über die Normen, die zur einkommensteuerrechtlichen Erfassung all dieser Fälle vorhanden sind, macht deutlich, daß die Entwicklung sachgerechter Kriterien zur steuerrechtlichen Qualifizierung der Sachzuwendungen im deut-

[8] So enthielt beispielsweise § 7 des Preußischen EStG 1891 die Aussage, daß das Roheinkommen alle „Jahreseinkünfte in Geld oder Geldeswert" umfaßt. § 15 Abs. 1 als eine der besonderen Vorschriften rechnete zu den Einkünften aus gewinnbringender Beschäftigung außer Geld auch alle „...Hebungen und Vorteile jeder Art..." und regelte speziell die Besteuerung der unentgeltlich genutzten Dienstwohnung; mit der Anordnung, daß der fiktive Mietwert mit höchstens 15 % des baren Gehalts anzusetzen ist, wurde auch hier schon eine (teilweise) Steuerbefreiung gewährt. Ebenso bestimmte § 4 EStG 1920, daß „der Gesamtbetrag der in Geld oder Geldeswert bestehenden Einkünfte" steuerbar ist. Für die Bewertung letzterer erklärte § 37 die ortsüblichen Mittelpreise für maßgeblich. Mit dem EStG 1925 kam es zu keinen grundlegenden inhaltlichen Änderungen, aber zu genaueren Formulierungen: § 7 Abs. 2 Nr. 2 bezeichnete nun die Zuflüsse im Rahmen der Überschußeinkünfte als „Einnahmen" und § 14 faßte als Einnahmen „alle dem Steuerpflichtigen zufließenden Güter, die in Geld oder Geldeswert bestehen" zusammen. § 21 regelte nun mit dem gleichen Inhalt wie § 37 EStG 1920 die Bewertung der geldwerten Güter. Den vorläufigen Abschluß bildete das EStG 1934 mit ebenfalls nur formalen Änderungen: die Vorschriften über den Einnahmebegriff und über die Bewertung der Güter in Geldeswert wurden nun in § 8 zusammengefaßt.

schen Einkommensteuerrecht im wesentlichen den Rechtsanwendungsinstanzen übertragen worden ist; zur rechtlichen Beurteilung der mannigfaltigen Situationen stehen nur recht karge gesetzliche Vorschriften bereit. Daß die Gerichte die ihnen übertragene Aufgabe in der Vergangenheit nur in rechtlich bedenklicher Weise bewältigt haben, wird im Anschluß aufgezeigt, wenn rückblickend die inzwischen überholten Überlegungen der Rechtsprechung zu den „Annehmlichkeiten" und „Gelegenheitsgeschenken" dargestellt werden. Die Aufgabe dieser „Rechtsfiguren" war Bestandteil der grundlegenden Wende des BFH in Zusammenhang mit dem Arbeitslohnbegriffs; in seiner Entscheidung zu der einkommensteuerrechtlichen Relevanz von Vorsorgeuntersuchungen leitender Angestellter hat sich der BFH hinsichtlich des Begriffs des Arbeitslohnes und speziell hinsichtlich der Maßstäbe, die bei der Beurteilung von Sachzuwendungen angelegt werden, neu positioniert. Der abschließende Blick auf verschiedene Gesichtspunkte, die seither als (möglicherweise) entscheidungserhebliche Aspekte immer wieder in den Urteilen auftauchen, macht dann deutlich, daß einige der Überlegungen, die die frühere Judikatur mitbestimmten, nicht völlig verworfen worden sind, wenngleich man die vorgenannten Begrifflichkeiten gänzlich aufgegeben hat. Im Anschluß an diese Annäherung an die Erscheinung der „Sachzuwendungen" und ihre Behandlung in der Rechtsprechung des BFH wird die Bedeutsamkeit einer überzeugenden Klärung der Qualifizierungsfragen mit Ausführungen zu der Relevanz der Ergebnisse für andere steuerrechtliche Fragen und Komplexe unterstrichen; hier bestehen etwa interessante Querverbindungen zwischen umsatz- und einkommensteuerrechtlichen Tatbeständen.

Der zweite Teil ist dann im wesentlichen der kritischen Auseinandersetzung mit der Rechtsprechung des BFH gewidmet. Hierbei vollzieht die Darstellung die von der aktuellen Rechtsprechung deutlich betonte klare Trennung nach zwischen der Frage, ob durch eine Sachzuwendung auf Seiten des Steuerpflichtigen eine steuerlich relevante Bereicherung durch Zufluß eines geldwerten Gutes eingetreten ist und der weiteren Frage, ob eine solche Bereicherung mit der Einkunftsart der nichtselbständigen Arbeit in einem einkommensteuerlich relevanten Zusammenhang steht, so daß der Fiskus auf den Vermögenszugang zugreifen kann. Die für die einkommensteuerrechtliche Beurteilung von Sachzuwendungen maßgeblichen Vorschriften der §§ 2 Abs. 1 Nr. 4, 8 Abs. 1, 19 EStG sind recht vage gefaßt und bedürfen deshalb näherer Konkretisierung durch die Rechtsanwendungsinstanzen. Methodische und verfassungsrechtliche Vorbemerkungen zeigen auf, daß die Verwaltung und die Gerichte insbesondere wegen der Bedeutung des Steuerrechts als Lastenverteilungsrecht gefordert sind, sich bei der Konkretisierung der gesetzlichen Vorgaben durch Auslegung und Rechtsfortbildung zentral am Leistungsfähigkeitsprinzip zu orientieren. Da aber nur eine gleichmäßige Besteuerung der Steuerpflichtigen auch eine gerechte Besteuerung sein kann, müssen dann, wenn bei einer strikt leistungsfähigkeitsbezogenen Auslegung der vom Gesetzgeber verfaßten Regelungen diese tatsächlich nicht gleichmäßig vollzogen werden können, unter bestimmten Voraussetzungen auch Praktikabilitätsüberlegungen bei der Interpretation der einschlägigen Gesetzesnormen Berücksichtigung finden. Das zwischen Leistungsfähigkeits- und Praktikabilitätsprinzip naturgemäß bestehende Spannungsverhältnis ist letztendlich mit Hilfe von Verhältnismäßigkeitsüberlegungen aufzulösen: der Gewinn an Praktikabilität darf im Ergebnis nicht außer Verhältnis stehen zu dem Verlust an Einzelfallgerechtigkeit.

Die nähere Betrachtung des Erfordernisses, daß Gegenstand der Bereicherung ein geldwertes Gut ist, macht deutlich, daß der BFH bei der Interpretation des Tatbestandsmerkmals „Gut in Geldeswert" zu Recht eine wirtschaftliche Betrachtung zugrunde legt, die im wesentlichen nach einer einer Geldleistung vergleichbaren Steigerung der wirtschaftlichen Leistungsfähigkeit der Zuwendungsempfänger fragt und sich insbesondere vom zivilrechtlichen Verständnis des Sachbegriffs löst. Ob eine Zuwendung des Arbeitgebers als „Gut in Geld" oder „Gut in Geldeswert" i.S. des § 8 Abs. 1 EStG einzuordnen ist, bedarf einer eindeutigen Antwort, da nur im letztgenannten Fall die Freigrenze des § 8 Abs. 2 S. 9 EStG zur Anwendung kommt; auf einige hinsichtlich ihrer Zuordnung unklare Vorteile wird deshalb näher eingegangen. Auch wenn Sachzuwendungen nur geringer finanzieller Wert zukommt, stellen sie „Güter in Geldeswert" dar; Praktikabilitätsüberlegungen können hier zu keinem anderen Verständnis der gesetzlichen Vorgaben führen. Zusammengefaßt zeigt sich, daß der Aspekt der Praktikabilität bei der Interpretation dieses Tatbestandsmerkmals keine Bedeutung erlangt

Der im Gesetz angesprochene „Zufluß" ist im wesentlichen bedeutsam für den Zeitpunkt der Besteuerung von Sachzuwendungen; hier stellen sich dem Rechtsanwender in der Regel keine großen Probleme. Besondere Aufmerksamkeit wird der Frage gewidmet, wann bei der Überlassung von „stock options" im Sinne des § 8 Abs. 1 EStG ein „Gut in Geldeswert" zufließt; dies wird man auf jeden Fall differenzierend sehen müssen je nachdem, ob man handelbare oder nicht handelbare Optionen zu beurteilen hat.

Unter welchen Voraussetzungen es auf Seiten des Zuwendungsempfängers zu einer einkommensteuerlich relevanten Bereicherung kommt, ist die nächste zu klärende Frage. Hier hat der BFH in der jüngeren Rechtsprechung deutlich gemacht, daß es nur auf eine objektive Bereicherung in der Person des Arbeitnehmers ankommen kann und deshalb insbesondere ohne Bedeutung bleiben muß, ob es nach den (subjektiven) Vorstellungen der Beteiligten zu einer Bereicherung gekommen ist; nur diese Position ist auch mit der Forderung einer leistungsfähigkeitsgerechten Besteuerung vereinbar. „Objektiv bereichert“ ist der Steuerpflichtige auch dann, wenn ihm ein Vorteil aufgedrängt wird oder auf seiner Seite in Zusammenhang mit diesem Vorteil eine fiktive Möglichkeit bestehen würde, Werbungskosten gegenzurechnen; der BFH nimmt auch (bisher) keine entsprechende restriktive Interpretation der gesetzlichen Regelungen vor. Bei der Frage nach dem Umfang der objektiven Bereicherung werden zunächst die im Gesetz enthaltenen grundsätzlichen Regelungen näher beleuchtet und anschließend hinterfragt, ob Praktikabilitätsüberlegungen dafür sprechen, in bestimmten Fällen die objektive Bereicherung anhand der (anteiligen) Ausgaben des Zuwendenden zu bestimmen; eine solche Vorgehensweise praktizieren Finanzverwaltung und Gerichte etwa bei Betriebsveranstaltungen, und sie ist im Ergebnis auch zu befürworten. Hingegen kann der Hinweis auf das Ziel praktikabler Gesetze nicht die Bedenken gegen die Einführung der Freigrenze in § 8 Abs. 2 S. 9 und des Rabattfreibetrages gemäß § 8 Abs. 3 S. 2 EStG zerstreuen; bei genauerer Betrachtung muß man diesen Vorschriften wohl vorhalten, verdeckte Subventionen zu sein.

Die ganz überwiegende Zahl der vor Gericht ausgetragenen Streitfälle konzentriert sich auf die Frage, ob der vom Gesetz geforderte Zusammenhang mit der Einkunftsart „nichtselbständige Arbeit“ vorliegt. Deshalb setzt diese Untersuchung dort auch den zentralen Schwerpunkt. Mit dem Weg der Rechtsprechung, diese Verbindung als „Veranlassung“ einzufordern, ist es gelungen, für den Aufwendungs- und Einnahmebereich in terminologischer Hinsicht „kausalrechtliche Symmetrie“ herzustellen. Daß der Nutzen der Übernahme des Kriteriums der Veranlassung weiter geht, insbesondere für das inhaltliche Verständnis des erforderlichen Zusammenhangs zwischen steuerlich relevanter Tätigkeit des Steuerpflichtigen und der bei ihm eingetretenen Bereicherung etwas gewonnen ist, läßt sich verneinen, wenn man die Interpretation dieses Kriteriums durch den BFH auf Aufwendungs- und Einnahmenseite näher betrachtet und Gemeinsamkeiten zu erkennen versucht. Insbesondere weist „Veranlassung“ nicht unbedingt darauf hin, daß der steuerlich erforderlichen Zusammenhang dann vorliegt, wenn sich die Zuwendung „im weitesten Sinne als Gegenleistung für das Zurverfügungstellen der individuellen Arbeitskraft“ erweist - so konkretisiert der BFH aber den „Veranlassungszusammenhang“ im Bereich der Einnahmen aus nichtselbständiger Arbeit. Deshalb wird in der Folge untersucht, welche Hinweise auf ein inhaltliches Verständnis sich eigentlich den gesetzlichen Vorgaben entnehmen lassen. Hier wird deutlich, daß sich den in § 19 Abs. 1 EStG aufgezählten Beispielen für steuerpflichtige Einnahmen aus dieser Einkunftsart das Vorhandensein eines Gegenleistungsverhältnisses als Grundidee entnehmen läßt, denn die dort genannten Leistungen sind solche, die im zivilrechtlichen Synallagma stehen. Darauf, daß es aber auf einen rechtlichen Zusammenhang, insbesondere einen Anspruch des Arbeitnehmers auf die Zuwendung, nicht ankommen kann, wenn die Umschreibung „andere Bezüge und Vorteile, die für eine Beschäftigung [...] gewährt werden" näher konkretisiert wird, weist schon das Gesetz in § 19 Abs. 1 S. 2 EStG hin. Da das Einkommensteuerrecht grundsätzlich die wirtschaftlichen Ergebnisse der Betätigung des Steuerpflichtigen am Markt erfassen möchte, erscheint es vor diesem Hintergrund zutreffend, die erforderliche Verbindung bei Vorliegen eines wirtschaftlich verstandenen, weiten Gegenleistungsverhältnisses zu bejahen.

Ein großer Teil der Untersuchung widmet sich dann der Frage, wie der BFH den Veranlassungszusammenhang einkunftsartspezifisch bei den Einnahmen aus nichtselbständiger Arbeit konkretisiert hat. Nicht zur Gruppe der im wirtschaftlichen Synallagma stehenden Zuwendungen gehören Leistungen, die der Arbeitgeber gegenüber dem Arbeitnehmer erbringt, weil er hierzu etwa aufgrund einer anderen zwischen den beiden Personen bestehenden rechtlichen Verbindung verpflichtet ist, weil er mit der Leistung hoheitlichem Zwang Folge leistet oder auch, weil er aufgrund besonderer privater Verbindungen einen geldwerten Vorteil zuwendet. Dieser Gruppe von Zuwendungen sind nach der in dieser Untersuchung vertretenen Ansicht auch die „Aufmerksamkeiten" zuzurechnen, die der BFH nicht als steuerbare Gegenleistungen ansieht; unter diesem Stichwort nimmt das Gericht auf der Grundlage einer typisierenden Betrachtung, die auf der Geringwertigkeit der geldwerten Vorteile und der gesellschaftlichen Üblichkeit der Hingabe solcher Güter aufbaut, verschiedene Vorteile von der Besteuerung aus.

Schließlich wird ausführlich untersucht, ob die Rechtsprechung Zustimmung verdient, wenn sie Sachzuwendungen, die im "ganz überwiegend eigenbetrieblichen Interesse" des Arbeitgebers erfolgen, außerhalb des weiten Gegenleistungsverhältnisses ansiedelt, weil ihnen keinen Entlohnungscharakter zukäme. Diese Rechtsprechung stellt sich angesichts der sehr weiten und unbestimmten gesetzlichen Vorgaben als nicht von vorneherein abzulehnender Versuch einer Konkretisierung der gesetzlichen Vorgaben dar. Bei näherer Betrachtung dieser ständigen Rechtsprechung zeigt sich, daß der BFH jedenfalls bei der Beurteilung von Vorteilen im Bereich der allgemeinen Lebensführung mit der Vermutung ansetzt, daß ihnen Gegenleistungscharakter zukommt. Unter dem Stichwort „ganz überwiegend eigenbetriebliches Interesse" wird dann nach Hinweisen darauf gesucht, ob die konkret zu beurteilende Situation solch bemerkenswerten Unterschiede gegenüber einer Zahlung von vertraglich vereinbartem Lohn aufweist, daß eine abweichende rechtliche Würdigung des gewährten Vorteils (eben als nicht steuerbarer Vermögenszugang) sachgerecht erscheint. Die Ausgangsvermutung kann überhaupt nur dann widerlegt werden, wenn es möglich erscheint, daß der Arbeitgeber die Zuwendung auch getätigt hätte, wenn er nicht auf Entlohnung des Arbeitnehmers abgezielt hätte. Ein Blick auf die Erkenntnisse der Wirtschaftswissenschaften macht deutlich, daß betriebliche Zusatzleistungen an die Belegschaft aus einer Vielzahl anderer Überlegungen angeraten werden, die im Ergebnis darauf abzielen, langfristig den wirtschaftlichen Erfolg des Unternehmens zu steigern. Die in der Betriebswirtschaft gewonnenen Erkenntnisse können jedoch zur Klärung der steuerrechtlichen Problematik nur im Ansatz beitragen, da sie Antworten auf andere Fragen geben wollen. Der BFH sucht deshalb auch eigenständig nach Wegen, um die im Steuerrecht erforderliche Wertungsaufgabe zu lösen. Ob er insbesondere eine nachvollziehbare Selektion innerhalb der in der wirtschaftlichen Forschungsdisziplin diskutierten Arbeitgeberinteressen durchführt und ob bei der in den gerichtlichen Entscheidungen vorgenommenen Abwägung der Gesamtumstände verallgemeinerungsfähige Wertungsmuster erkennbar sind, die Zustimmung verdienen, wird schließlich näher hinterfragt. Es zeigt sich auch, daß die von der Rechtsprechung näher erörterten Aspekte vor dem Hintergrund einer subjektivierenden oder objektivierenden Konkretisierung des erforderlichen „Veranlassungszusammenhangs“ zwar unterschiedliche Rechtsqualität besitzen, im Ergebnis aber jedenfalls unentbehrlich sind. Sowohl objektive Gegebenheiten als auch subjektive Überlegungen sind relevant für die Würdigung des Einzellfalles. Den bei der Abwägung von der Judikative in den Mittelpunkt gestellten Gesichtspunkten wie der Höhe des Vorteils und der Zielgruppe, an die sich die Sachzuwendung richtet, kommt nicht die Bedeutung generell verbindlicher Entscheidungskriterien zu, sie erlangen Aussagekraft lediglich dann, wenn man sie in Zusammenhang mit dem angeblich verfolgten Arbeitgeberinteresse sieht.

Besondere Beachtung verdienen die Sonderregeln, anhand derer der BFH die Vorteile aus Betriebsveranstaltungen beurteilt. Bei näherer Betrachtung zeigt sich, daß es sich hierbei um typisierende Betrachtungen handelt, die in legitimer Weise zur Vereinfachung beitragen können; der Rechtsprechung muß jedoch verwehrt bleiben, den Steuerpflichtigen mit unwiderlegbaren Vermutungen zu konfrontieren. Abschließend wird die Möglichkeit der Aufteilung eines geldwerten Vorteils in einen steuerbaren und nicht steuerbaren Teil erörtert, wenn sich zeigt, daß die Zuwendung des Vorteils „gemischt veranlaßt“ war. Der BFH hat sich in jüngerer Zeit hinsichtlich einer solchen Aufteilung und getrennten Beurteilung der einzelnen Teile etwas geöffnet; dies zu Recht, denn im Bereich der Einnahmen sieht das

Einkommensteuergesetz keinerlei Beschränkung für eine Aufteilung vor. Wenn klare Anhaltspunkte vorliegen für die Möglichkeit einer getrennten Beurteilung einzelner Teile einer Einnahme auf ihre Veranlassung hin, ist eine solche vorzunehmen, auch wenn der beruflich veranlaßte Teil hinsichtlich des zeitlichen oder finanziellen Umfangs nur geringer Bedeutung hat. Eine Aufteilung kommt danach jedenfalls dann in Betracht, wenn sich die verschiedenen Anlässe nicht gleichzeitig verwirklichen.

Teil 2: Grundlegungen und erste Bestandsaufnahme

A) Begriffliche Klärung und Begrenzung des Untersuchungsgegenstandes

I.) „Sachzuwendung“ als Bezeichnung des Untersuchungsgegenstandes

Der zur Bezeichnung des Untersuchungsgegenstandes gewählte Begriff „Sachzuwendung“ findet sich in keiner der für die Einkünftequalifikation zentral wichtigen Vorschriften des Einkommensteuergesetzes. Von Zuwendungen ist hingegen mehrfach in § 3 EStG die Rede. So ordnet etwa § 3 Nr. 20 Steuerfreiheit an für „die aus öffentlichen Mitteln des Bundespräsidenten aus sittlichen oder sozialen Gründen gewährten Zuwendungen an besonders verdiente Personen oder ihre Hinterbliebenen“, § 3 Nr. 49 legt fest, daß bestimmte „laufende Zuwendungen eines früheren aliierten Besatzungssoldaten an seine [...] Ehefrau“ steuerfrei sind. Auf die Situation, daß die Zuwendung zwischen Arbeitgeber und Arbeitnehmer erfolgt, bezieht sich § 3 Nr. 15 EStG: „Zuwendungen, die Arbeitnehmer anläßlich ihrer Eheschließung oder der Geburt eines Kindes von ihrem Arbeitgeber erhalten, soweit sie jeweils 358 Euro nicht übersteigen“, sind hiernach steuerfrei. Mit Wirkung vom Veranlagungszeitraum 1999 aufgehoben[9] wurde § 3 Nr. 52 EStG, der der Exekutive die Möglichkeit eröffnete, aus Vereinfachungs- oder sozialen Gründen „besondere Zuwendungen des Arbeitgebers an den Arbeitnehmer“ steuerfrei zu stellen. Nun wird § 3 EStG gemeinhin als Steuerbefreiungsvorschrift bezeichnet, und es wäre deshalb den einzelnen gesetzlichen Anordnungen wohl Ziel und Zweck zuzusprechen, grundsätzlich steuerpflichtige Einnahmen von der Besteuerung freizustellen. Für den Begriff „Zuwendung“ läge in Anbetracht dieser Hintergründe nahe, ihm zu unterstellen, daß er nur Leistungen bezeichnete, die die gesetzlichen Merkmale einer Einnahme erfüllten. Dieses systematische Argument ist aber schon deshalb schwach, weil § 3 EStG in sich unsystematisch ist, denn er enthält nicht nur konstitutive Befreiungen, sondern in erheblichem Umfang auch solche rein deklaratorischer Art[10]. Die gesetzlichen Vorschriften sprechen also nicht dagegen, den Terminus „Zuwendung“ als einen Begriff einzuordnen, der

[9] Durch das Steuerentlastungsgesetz 1999/2000/2002 v. 24.03.1999, BGBl. I 1999, S. 402, BStBl. I 1999 S. 304.

[10] Vgl. hierzu nur *W. Heinicke*, in: L. Schmidt, EStG, § 3 „Vorbemerkung“ und die ausführlichen Darlegungen unter den einzelnen Stichworten.

keine rechtliche Aussage hinsichtlich der Steuerpflicht der betreffenden Leistung enthält, sondern gewissermaßen „neutral“ ist.

Anders ist es mit dem Begriff der „Sachbezüge“. § 3 Nr. 5 EStG enthält dieses Wort, die fehlende Systematik des § 3 EStG läßt aber keine Rückschlüsse darauf zu, ob damit (nur) grundsätzlich steuerbare Leistungen angesprochen sind. § 8 Abs. 2 S. 1 EStG zählt jedoch beispielhaft „Wohnung, Kost, Waren, Dienstleistungen“ auf und ordnet sie mit dem Hinweis auf die „sonstigen“ dem Oberbegriff der „Sachbezüge“ zu. Das Charakteristische der Bezüge, die dieser Terminus zusammenfaßt, ist nach dem Wortlaut des § 8 Abs. 2 S. 1 EStG darin zu sehen, daß sie Einnahmen sind, die nicht in Geld bestehen. Dieser Gruppe stehen, wie aus einer Gesamtschau der beiden ersten Absätze des § 8 EStG deutlich wird, eben die Einnahmen in Geld gegenüber. Für die Bewertung der nicht in Geld bestehenden Einnahmen enthält § 8 Abs. 2 S. 1 EStG eine konkrete Vorgabe: maßgeblich ist der um übliche Preisnachlässe geminderte übliche Endpreis am Abgabeort. Das Gesetz führt den Begriff der Sachbezüge also erst in einer Bewertungsvorschrift ein, welche unmittelbar an die Grundnorm der Einnahmenqualifizierung, nämlich § 8 Abs. 1 EStG, anknüpft. Auf einen Teil der in Abs. 1 genannten möglichen Einnahmen – die „Güter in Geldeswert“ – bezieht sich Abs. 2, der also dort ansetzt, wo nach Klärung der Abgrenzungsprobleme des § 8 Abs. 1 EStG die Frage nach dem „Ob“ des Vorliegens einer steuerbaren Einnahme positiv entschieden ist[11]. Erst dann macht die Anwendung einer Bewertungsvorschrift Sinn, wenn nämlich Anlaß besteht, Wirtschaftsgüter in eine Geldrechnung einzufügen[12]. Um das zu ermöglichen, müssen sie mit der gleichen Einheit beurteilt werden wie die anderen möglichen Einnahmen. So bezieht sich der Terminus „Sachbezüge“ auf Güter in Geldeswert, die als einkommensteuerrechtlich relevant einzuordnen sind, da sie die Anforderungen erfüllen, die § 8 Abs. 1 EStG an einen Wertzugang stellt. Hieraus resultiert die Unbrauchbarkeit des Begriffes „Sachbezüge“ für die Bezeichnung des Untersuchungsgegenstandes dieser Arbeit, denn sie will gerade hinterfragen, in welchen Fällen Einnahmen im Sinne des EStG vorliegen.

Ebenfalls nicht uneingeschränkt brauchbar erscheint die Umschreibung „Güter in Geldeswert“ (§ 8 Abs. 1 EStG), denn bei einigen in dieser Untersuchung angesprochenen Zuwendungen ist eben schon fraglich, ob ihnen überhaupt schon ein solcher Geldwert zugesprochen werden kann.

---

[11] *G. Crezelius*, in: Kirchhof/Söhn, EStG, § 8 Rn. C 4.
[12] Hierzu *J. P Meincke*, DStJG 7 (1984), S. 7 (8).

Da sich also der Terminus der „Zuwendung" als „neutralster" erwiesen hat, soll er zur Bildung des Oberbegriffes verwendet werden. Die Ergänzung mit dem Wortteil „Sach" soll die Abgrenzung zu Barleistungen des Arbeitgebers verdeutlichen, nicht aber in Hinblick auf § 90 BGB ein ausschließlich gegenständliches Verständnis implizieren. Vielmehr sollen damit alle Zuwendungen des Arbeitgebers erfaßt werden, die nicht in Geld oder in sonstigen anerkannten inländischen Zahlungsmitteln[13] bestehen. Der Begriff „Sachzuwendung" weist den untersuchten Leistungen nur diese Charakteristika zu, die Bezeichnung sagt hingegen noch nichts über deren einkommensteuerliche Beurteilung aus.

II.) Begrenzung auf das Verhältnis von Arbeitgeber und Arbeitnehmer

Weiterhin will die vorliegende Untersuchung sich auf Zuwendungen konzentrieren, die Arbeitgeber bei ihnen Beschäftigten machen. Keiner näheren Betrachtung unterzogen werden sollen Zuwendungen von Dritten, die in Hinblick auf das Dienstverhältnis beziehungsweise auf die nichtselbständige Tätigkeit gemacht werden, so beispielsweise Trinkgelder[14], Schmier- oder Bestechungsgelder oder Streik- und Aussperrungsunterstützungen. Ebenso bleiben außen vor die Vorteile, die der Arbeitnehmer durch eigenmächtigen Zugriff gegen den Willen des Arbeitgebers erlangt, beispielsweise durch Diebstahl oder Unterschlagung.

Es erfolgt insbesondere keine Auseinandersetzung mit der von *J. Lang* gegen die h.M. im Schrifttum vertretenen These, daß es auch Einnahmen aus nichtselbständiger Arbeit außerhalb des Dienstverhältnisses gibt[15]. Seines Erachtens ist nämlich nicht allein das Dienstverhältnis die Quelle der Einnahmen aus dieser Einkunftsart, sondern es können darüber hinaus dem Arbeitnehmer noch Einnahmen aus nichtselbständiger Arbeit zufließen. Die Grenze, die § 2 Abs. 1 LStDV ziehe, sei lediglich für die Frage der Lohnsteuerpflicht von Relevanz und damit für eine Frage, die von der Frage der Einkommensteuerbarkeit deutlich getrennt werden

[13] So beispielsweise Schecks; vgl. zum Begriff „Geld" *D. Birk*, in: Herrmann/Heuer/Raupach, EStG, § 8 Rn. 22; *H. Glenk*, in: Blümich, EStG, § 8 Rn. 11.

[14] Zur rechtlichen Einordnung von üblicherweise von einem Dritten für eine Arbeitsleistung gezahlte Trinkgelder als „Einkünfte aus nichtselbständiger Arbeit" BFH v. 24.10.1997, BStBl. II 1999 S. 323. Nach Ansicht des BFH führte die einkommensteuerliche Erfassung von freiwilligen Trinkgeldern nicht zu einem Verstoß gegen Art. 3 Abs. 1 GG unter dem Gesichtspunkt der Gleichheit im Belastungserfolg, BFH v. 19.02.1999, BStBl. II 1999 S. 361. Dazu etwa *G. Rößler*, DStZ 1999 S. 648 f. und *H. Richter*, DStR 1999 S. 843. Zur Steuerfreiheit von Trinkgeldern vgl. § 3 Nr. 51 EStG und *W. Heinicke*, in: L. Schmidt, EStG, § 3 „Trinkgelder".

[15] *J. Lang*, DStJG 9 (1986), S. 15 (insbes. S. 51 ff., 70 ff.). Dagegen beispielsweise *S. Temminghoff*, Lohnsteuerpflichtige Zuwendungen, S. 28; zur h.M. vgl. auch etwa die Kommentierung von *H. Pflüger*, in: Herrmann/Heuer/Raupach, EStG, § 19 Rn. 154.

müsse; deshalb verkürze die Konkretisierung des § 19 Abs. 1 EStG anhand des § 2 Abs. 1 LStDV den Anwendungsbereich der gesetzlichen Vorschrift. § 2 LStDV sei deshalb keine zutreffend „tatbestandskonkretisierende" Rechtsverordnung. Ihm folgend hat *H.-J. Brick*[16] die Ansicht vertreten, daß die grundlegenden einkommensteuerrechtlichen Prinzipien das restriktive Verständnis der gesetzlichen Vorgaben nicht forderten, daß es ihnen vielmehr sogar zuwider liefe. Der BFH hat in einem jüngeren Urteil, das die Gewährung von Trinkgeldern durch Dritte betraf, ausdrücklich betont, daß sich seines Erachtens die Umschreibung „für eine Beschäftigung" in § 19 Abs. 1 Nr. 1 EStG und der den Arbeitslohncharakter der Zuwendung in § 38 Abs. 1 S. 2 EStG kennzeichnende Begriff „im Rahmen des Dienstverhältnisses" decken[17]; das Gericht hält also weiterhin eine Begrenzung des Anwendungsbereichs des § 19 Abs. 1 EStG auf Einnahmen in Zusammenhang mit dem Dienstverhältnis für zutreffend.

B) Typologie von Sachzuwendungen

Der folgende Abschnitt soll einen Einblick in die praktische Situation geben, wie sie im Wirtschaftsleben vorzufinden ist. Der Anspruch, einen erschöpfenden Überblick über sämtliche Sachzuwendungsarten aufzuzeigen, liegt diesen Ausführungen nicht zugrunde, da ihm wegen der großen Vielfalt der möglichen Ausgestaltungen nicht zufriedenstellend Rechnung getragen werden könnte. Von eben dieser Vielfalt soll aber ein Eindruck vermittelt werden, und zugleich soll schon auf die verschiedensten Besonderheiten hingewiesen werden, die für die einkommensteuerrechtliche Beurteilung von Sachzuwendungen relevant sein können.

I.) Betriebliche/soziale Einrichtungen bzw. Ausstattung des Arbeitsplatzes

Als „Ausgestaltungen des Arbeitsplatzes" läßt sich eine große Bandbreite von betrieblichen Besonderheiten und Angeboten zusammenfassen, die - so kann man grundsätzlich sagen - eine Verbesserung der allgemeinen Arbeitsbedingungen zum Ziel haben. Stellt man die Frage nach den einkommensteuerlichen Konsequenzen für die Arbeitnehmer, so stößt man auf die eigentlich einhellige Ansicht, daß nicht jede Annehmlichkeit des Arbeitsplatzes den Fiskus auf den Plan rufen kann. Daß damit für die rechtliche Würdigung der so verschiedenartig vorzufindenden Zuwendungen nicht viel gewonnen ist, dieser Verdacht drängt sich bei

---

[16] *H.-J. Brick*, Einnahmen aus nichtselbständiger Arbeit, 1992.
[17] Vgl. BFH v. 24.10.1997, BStBl. II 1999 S. 323 (324).

solch vagen Aussagen umgehend auf und wird alsbald bestätigt, wenn man sich die Frage stellt, wann diese Grenze überschritten ist.

1.) Raumangebot und Raumausstattung

Es ist nachweisbar, daß die räumliche und sachliche Umwelt das Wohlbefinden des Einzelnen und das Zusammenleben der Menschen beeinflußt. Viele Arbeitgeber ziehen daraus und auch aus dem Umstand, daß für ihre Beschäftigten die Arbeitsräume neben der eigenen Wohnung der wichtigste Umgebungsraum sind, Konsequenzen bei der Entscheidung für eine bestimmte Raumausgestaltung. Die Ansicht, daß sich in der sachlichen und menschlichen Gestaltung der Arbeitsplätze und Arbeitsräume die innere Einstellung der Unternehmen zu ihren Mitarbeitern widerspiegelt[18], ist weit verbreitet.

Ganz Unterschiedliches bieten Arbeitgeber ihren Arbeitnehmern, wenn es allein um Räumlichkeiten geht. So gibt es Unternehmen, die bei der Raumplanung und -gestaltung nur einen gewissen Mindeststandard gewähren[19] und sich auf eine eher spartanische Ausstattung mit einfachen Arbeitsmitteln beschränken. Andere zeigen sich besonders arbeitnehmerfreundlich, sie richten moderne Arbeitsplätze ein, achten hierbei besonders auf gesundheitsbewußte Einrichtung, beispielsweise mit Stehhilfen, Schwenkkränen und höhenverstellbaren Arbeitsböcken[20]. Häufig stellen Firmen auch gepflegte und helle Sozialräume zur Verfügung oder gar - ohne daß sie es aus rechtlichen Gesichtspunkten müßten - Dusch- und Waschräume[21]. Für sie ist die Einrichtung, Pflege und Nutzung solcher Räume eine wichtige Komponente im Bereich der freiwilligen sozialen Leistungen.

Eine andere diesem Bereich zuzurechnende Art von Zuwendungen ist das Bereitstellen von Parkplätzen. Für viele Berufstätige gestaltet sich heutzutage schon die Fahrt mit dem Pkw zur Arbeitsstätte insofern als problematisch, als gerade bei in-

---

[18] So beispielsweise *F. Grätz / K. Mennecke*, ... zuzüglich zum Gehalt, S. 100.

[19] Die beispielsweise nicht über das hinausgehen, was für die Ausgestaltung von Arbeitsräumen nach der ArbStättV (v. 20.03.1975) gefordert ist.

[20] Aus dem Bereich der Arbeitswissenschaft *G. Kahabha*, in: H. Schneider, Mensch und Arbeit, S. 299 (insbes. S. 337) mit Hinweisen auf eine menschengerechte Ausgestaltung des Arbeitsplatzes.

[21] Auf die vorgenannten Maßnahmen des Arbeitgebers - Bereitstellung von Aufenthalts- und Erholungsräumen sowie betriebseigene Dusch- und Badeanlagen - beschränkt sich die exemplarische Auflistung von „Leistungen zur Verbesserung der Arbeitsbedingungen", die nach H 70 LStR 2002 nicht als Arbeitslohn anzusehen sind. Vgl. zu diesem Bereich zunächst BFH v. 17.09.1982, BStBl. II 1983 S. 39.

nerstädtisch angesiedelten Unternehmen die Parkplatzsuche schwierig ist. Als zeitlicher und eventuell auch finanzieller Vorteil kann es sich deshalb erweisen, daß ihnen vom Arbeitgeber in der Nähe der Firma Parkplätze zur Verfügung gestellt werden, sei es auf dem firmeneigenen Gelände, sei es, daß extern die entsprechenden Flächen angemietet werden[22]. Doch auch für den Arbeitgeber erweist es sich regelmäßig als Vorteil, wenn gesichert ist, daß die Beschäftigten jedenfalls nicht aus dem Grund „Parkplatzsuche" zu spät und infolge des damit verbundenen Stresses schlechtgelaunt am Arbeitsplatz erscheinen.

2.) Überlassung von Kraftfahrzeugen, Beförderungsleistungen

Dem Bereich der „Personenbeförderung" sind unterschiedlichste Arten von Sachzuwendungen zuzuordnen. Zum einen die unentgeltliche Überlassung von Dienstwagen auch für Heimfahrten oder allgemein zum persönlichen Gebrauch[23]; das Einkommensteuergesetz enthält in § 8 Abs. 2 S. 2-5 für die Bewertung eines aus der Nutzung betrieblicher Fahrzeuge zu privaten Fahrten entstehenden finanziellen Vorteils besondere Regelungen. Auch die Überlassung von Job-Tickets, die der Arbeitnehmer für die Fahrt zwischen Wohnung und Arbeitsstätte mit öffentlichen Verkehrsmitteln nutzen kann, ist eine Spielart der zu dieser Gruppe gehörenden Zuwendungen; in diesem Zusammenhang auf Seiten des Arbeitnehmers gegebene wirtschaftliche Vorteile erhöhen aber nicht seine Steuerbemessungsgrundlage, denn sie werden von der Befreiungsvorschrift des § 3 Nr. 34 EStG erfaßt. Weiterhin soll hier nur der Fall der Sammelbeförderung erwähnt werden[24]: der Arbeitgeber bringt die Arbeitnehmer mit einem von ihm bereitgestellten Transportmittel gemeinsam zur Arbeitsstätte, was sich insbesondere dann anbietet, wenn diese mit öffentlichen Verkehrsmitteln nur unter beträchtlichen Schwierigkeiten erreichbar ist. Auch hinsichtlich dieser Zuwendungsart ordnet das EStG Steuerfreiheit an (§ 3 Nr. 32) für den Fall, daß die Beförderung für den betrieblichen Einsatz des Arbeitnehmers notwendig ist.

---

[22] Teilweise wird der standortgünstige Parkplatz sogar als Statussymbol angesehen; so *F. Grätz / K. Mennecke*, Handbuch, S. 130.

[23] Allgemein hierzu *F. Grätz / K. Mennecke*, Handbuch, S. 141. *U. Rieger / C. Abel / P. Heckenbücker*, Personal 1998 S. 258 (261 f.) weisen darauf hin, daß Firmenwagen als betriebliche Nebenleistung in allen Unternehmen eine große Bedeutung haben, sei es aus der funktionalen Notwendigkeit, für den Außendienst Fahrzeuge zur Verfügung zu stellen, sei es aus Gründen einer ausgewogenen Gesamtvergütung oder aus Statusgründen.
Zu einem solchen Fall, bei dem aber auch noch ein Fahrer gestellt wurde und der Wagen zudem büromäßig eingerichtet war, BFH v. 27.09.1996 , BStBl. II 1997 S. 147.

[24] Zu den in diesem Zusammenhang relevanten umsatzsteuerrechtlichen Fragen hier zunächst nur der Hinweis auf BFH v. 11.03.1988, BStBl. II 1988 S. 643 und 651 und v. 21.07.1994, BStBl. II 1994 S. 881.

3.) Maßnahmen zur gesundheitlichen Versorgung der Arbeitnehmer

Nun gibt es auch Arbeitgeber, die ihren Beschäftigten im Bereich des Gesundheitswesens besondere Fürsorge zukommen lassen. Bei vielen ist diese Situation Resultat der Erkenntnis, daß sich hier - über die gesetzlich vorgeschriebenen Verpflichtungen hinausgehend - Möglichkeiten bieten, den Krankenstand der Belegschaft gerade auch im unternehmerischen Sinne durch direktes betriebliches Engagement positiv zu beeinflussen; betriebliche Angebote zur Gesundheitsförderung erweisen sich in ihren Augen auch als Beitrag zur Verbesserung der Rentabilität des Unternehmens[25].

Stetes Anwachsen der Gesamtarbeitsbelastung der Arbeitnehmer - und speziell der jeweiligen Führungskräfte -, mit dem regelmäßig eine Zunahme der Gefahr der Gesundheitsgefährdung einhergeht, läßt sich in der heutigen Zeit nicht leugnen. Durch die zunehmende Technisierung der Betriebe und die veränderten Arbeitsinhalte hat sich die körperliche und psychische Beanspruchung der Mitarbeiter gewandelt: die körperlich schwere Arbeit verschwindet zunehmend, die psychische Belastung hingegen steigt immer weiter an[26]. Verstärkt wird die problematische Situation zum einen durch Veränderungen im Freizeitverhalten, zum anderen durch besondere Be- oder Entlastungen im Privatbereich, die mit gesellschaftlichen Entwicklungen[27] zusammenhängen; effizienter Ausgleich der arbeitsbedingten Beanspruchung des Einzelnen kann infolge dieses Wandels aus den außerhalb der beruflichen Sphäre gelegenen Bereichen nicht mehr erwartet werden. Die Arbeitnehmer sind sich dieser Situation bewußt und verfügen zudem über ein gesteigertes allgemeines Gesundheitsbewußtsein. All diese Umstände haben zu einer Erhöhung des Stellenwertes von (zusätzlichen) Maßnahmen der gesundheitlichen Betreuung durch den Arbeitgeber geführt und lassen einen weiteren Bedeutungsgewinn erwarten[28].

Auch in diesem Bereich ist die Bandbreite der möglichen Zuwendungsformen groß; sie reicht von dem Angebot, sich unentgeltlich von einem Betriebsarzt un-

---

[25] Vgl. etwa *P. Nieder*, Personalwirtschaft 9/1999 S. 92 (insbes. 92 f); *E. Hemmer*, Personal 1999 S. 142 (142).

[26] *P. Müller-Seitz*, Betriebssport, Sp. 635 (635).

[27] So z.B. Technisierung der Haushalte, starke Mobilität, Tendenz zur Kleinfamilie und zum Ein-Personen-Haushalt.

[28] *E. Hemmer*, Personal 1999 S. 142; vgl. aber auch seinen Hinweis darauf, daß der prozentuale Anteil solcher Leistungen an direkten Maßnahmen zur Gesundheitsförderung recht gering ist (S. 144). Desweiteren *B. Dembkowski*, in: Clermont / Schmeisser, S. 415 (423 ff.) und *M. Treixler*, Personal 1999 S. 68 (zu möglichen Maßnahmen und Kosten-Nutzen-Überlegungen).

tersuchen zu lassen, über kostenlose Medikamentenabgabe[29], Nichtraucher- oder Streßbewältigungsseminare, psychotherapeutische Beratungen, Ernährungsberatung[30] bis hin zur unentgeltlichen Gewährung eines Kuraufenthaltes[31]. Jüngst hatte der BFH über die einkommensteuerliche Qualifizierung von Massageanwendungen zu entscheiden, die Arbeitnehmer auf Kosten des Arbeitgebers im Betrieb wahrnehmen konnten[32]. Üblicherweise werden die einzelnen Angebote jedoch nicht der gesamten Belegschaft ohne Differenzierung eröffnet. Vor allem außergewöhnliche und gerade auch finanziell aufwendigere Maßnahmen - so z.B. vom Arbeitgeber veranlaßte unentgeltliche Vorsorgeuntersuchungen, die einiges an Zeit und Aufwand erfordern - kommen meist den betrieblichen Führungskräften zugute[33]; die Unternehmen investieren hier also speziell in die Personen in leitenden Positionen, und zwar regelmäßig aus der Überlegung heraus, daß diese schwerer zu ersetzen sind als andere Arbeitnehmer, ein plötzlicher Ausfall den Betrieb also nachhaltig beeinträchtigen würde. Mit Hilfe regelmäßiger eingehender Gesundheitschecks, die Informationen über die individuellen Gesundheitsdaten und Gesundheitsrisiken liefern, soll möglichst vermieden werden, daß eine solche Situation eintritt.

4.) Freizeitbezogene Maßnahmen und Einrichtungen

Vom beruflichen Feld weiter entfernt sind betriebliche Freizeitangebote, die vor allem in größeren Firmen vorzufinden sind. Hinter dem Eröffnen solcher Möglichkeiten für die Arbeitnehmer steht sicher bei vielen Unternehmen die Überlegung, der Polarisierung der Bereiche Arbeit und Freizeit entgegenzuwirken, indem durch Institutionen der Berufswelt den Berufstätigen differenzierte Alternativen für den arbeitsfreien Teil des Alltages gezielt angeboten werden[34].

---

[29] Vgl. dazu BFH v. 24.01.1975, BStBl. II 1975 S. 340 (noch aus der Zeit der „Annehmlichkeiten-Rechtsprechung").

[30] Zu den verschiedenen Beratungen vgl. *H. Jung*, Personalwirtschaft, S. 615.

[31] Hierzu aus der Rechtsprechung BFH v. 31.10.1986, BStBl. II 1987 S. 142; v. 05.11.1993, BFH/NV 1994, S. 313.

[32] BFH v. 30.05.2001, BStBl. II 2001 S. 671.

[33] Vgl. z.B. *A. Duczek*, Personalführung 1994, S. 702 (703). Aus der Rechtsprechung dazu zentral BFH v. 17.09.1982, BStBl. II 1983 S. 39; vgl. auch BFH v. 09.03.1990, BStBl. II 1990 S. 711.

[34] *F. Grätz / K. Mennecke*, Handbuch, S. 187.

a) Angebote im Bereich des Sports

Wie oben schon angesprochen, sind sich die meisten Unternehmen bewußt, daß die gesundheitliche Umsorgung der Beschäftigten in der gegenwärtigen Zeit mehr und mehr erforderlich ist. Es lässt sich, wie bereits erwähnt[35], im Berufsleben insgesamt eine Verlagerung von ursprünglich überwiegend physischen Arbeitsanforderungen auf zunehmend nervös-mental belastende Arbeitsfelder feststellen, was insgesamt zu verstärktem Bewegungsmangel der Berufstätigen am Arbeitsplatz führt und auch zur Zunahme einseitiger physischer Belastungen. Körperlicher Ausgleich durch Beschäftigungen in der Freizeit kann, und das verstärkt die problematische Situation, nur noch bedingt erreicht werden, denn die Technisierung hat auch von diesem Bereich längst Besitz ergriffen[36].
Vor diesem Hintergrund ist Betriebssport als geeignete Präventionsmaßnahme gegen die aus den genannten Umständen resultierenden Gefahren für die Gesundheit der Arbeitnehmer anerkannt, spielt also in den zuvor genannten Bereich der gesundheitlichen Umsorgung hinein[37].

Die Möglichkeiten der Ausgestaltung des betrieblichen Sportangebots sind breit gefächert. So wird von Unternehmensseite beispielsweise zur Entspannung und Lockerung Pausengymnastik angeboten, wobei die Teilnahme regelmäßig auf freiwilliger Basis erfolgt[38]. „Betriebssport" beschränkt sich indes nicht auf Betätigungen während der Arbeitszeit. Viele Unternehmen bieten interessierten Mitarbeitern kostenlos oder gegen geringes Entgelt Sportgeräte und -anlagen auch für die Freizeit an[39], eröffnen diesen so die Möglichkeit, sportliche Aktivitäten länger und intensiver zu betreiben als beim Sport während der regulären Arbeitszeit. Auf der Angebotspalette ist teilweise besonders Attraktives vorzufinden: Sie reicht von Tennisplätzen[40], Schwimmhallen und Fitneßgeräten bis hin zu Ruder- und Segelbooten, Reitpferden, u.ä. Die Anlagen oder Sportgeräte sind entweder betriebseigen, oder aber sie werden von den Unternehmen extern angemietet. Be-

---

[35] Vgl. oben Teil 2, B) I.) 3.).

[36] So sind beispielsweise die mehrstöckigen Gebäude inzwischen ganz überwiegend mit Fahrstühlen ausgestattet, und gerade auch die berufstätige Bevölkerung kann zur Fortbewegung meist auf einen Pkw zurückgreifen.

[37] Zum möglichen Nutzen von betrieblichen Sportprogrammen als Mittel zur Vermeidung von Krankheitsausfällen und zum allgemeinen Streßabbau *H. Jung*, Personalwirtschaft, S. 615 f.

[38] Diese Form des Betriebssports ist insbesondere in Japan und der Volksrepublik China der Schwerpunkt des Angebots, abweichend von der hiesigen Situation ist die Teilnahme daran dort jedoch regelmäßig Pflicht.

[39] *P. Müller-Seitz*, Betriebssport, Sp. 635 (637).

[40] Dazu beispielsweise BFH v. 27.09.1996, BStBl. II 1997 S. 146; v. 08.11.1996, BFH/NV 1997 S. 473; FG Münster v. 21.06.1989, EFG 1990 S. 178; FG Hamburg v. 07.02.1996, EFG 1996 S. 542.

trachtet man insgesamt den Bereich der betrieblichen Freizeitangebote, der im übrigen allgemein seit längerer Zeit ständig an Bedeutung gewinnt, so hat sich in verschiedenen Untersuchungen gezeigt, daß der Sport bei allen Anbietern von Freizeitaktivitäten im Mittelpunkt des Engagements steht[41].

Sich im Bereich des Betriebssports zu engagieren, erscheint für viele Unternehmen lohnenswert. Das jeweilige Angebot stellt sich nämlich als ein Faktor zur Steigerung der Attraktivität eines Arbeitsplatzes dar, eröffnet den Unternehmen damit Möglichkeiten, sich am Arbeitsmarkt zu profilieren. Auch spricht man ihm die Eignung zu, innerhalb der Belegschaft Bindungswirkungen zu erzeugen. Dieser Effekt wird gerade auf die soziale Integrationsfunktion des Sports zurückgeführt, die insbesondere mit Mannschaftssportarten wirksam verfolgt werden kann. Weiterhin geht man auf Arbeitgeberseite davon aus, daß auf diesem Weg gesteigerte Leistungskapazität und Leistungsbereitschaft der Arbeitnehmer und längerfristig erhöhte Arbeitsergiebigkeit erreicht werden kann.

Von den vielen positiven Seiten, die Betriebssport für den einzelnen Arbeitnehmer hat, sind damit die meisten schon angesprochen. Wer den Arbeitsplatz gewechselt hat, dem wird häufig auf diesem Weg ermöglicht, mit den neuen Arbeitskollegen zwanglos Kontakt zu knüpfen und sich so leichter in den Betrieb zu integrieren. Viele Berufstätige schätzen es auch, nahe der Arbeitsstätte Freizeitaktivitäten ausüben zu können, schließlich ist dies in der Regel bequemer und erspart zudem Zeit. Nicht zu vergessen ist der je nach angebotener Sportart erwachsende finanzielle Vorteil, denn häufig erübrigt es sich für die Arbeitnehmer, einem Sportclub beizutreten und den dort verlangten Vereinsbeitrag zu entrichten oder bei anderen sportlichen Einrichtungen für deren jeweilige Benutzung höhere Gebühren zu bezahlen.

b) Angebote im Bereich Kultur

Kulturelle bzw. allgemeinbildende Aktivitäten und entsprechende betriebliche Einrichtungen formen den zweiten, im Wirtschaftsleben erheblichen Bereich betrieblicher Freizeitangebote. Hierbei sind die Arbeitgeber jedoch schon zurückhal-

---

[41] Zwar beteiligen sich kleinere Unternehmen in merklich geringerem Umfang im Freizeitbereich, aber innerhalb der entsprechend engagierten Firmen ist der Anteil des Sports am Gesamtangebot ungefähr gleich hoch, unabhängig von der Betriebsgröße. Vgl. z.B. *U. Kollenberg*, Freizeit und Wirtschaft, S. 60.

tender[42], und es zeigt sich im Speziellen, daß sich in dieser Sparte vor allem die großen Unternehmen[43] engagieren. Ganz vorne auf der Liste der dauerhaft zur Verfügung stehenden Angebote stehen Werksbüchereien[44]. Für die Firmen haben diese den Vorteil, daß die einer Erstinvestition folgenden jährlichen Aufwendungen nur recht gering sind und sich der Raum- und Personalbedarf regelmäßig unproblematisch gestaltet. Die Arbeitnehmer können direkt am Arbeitsplatz Freizeitlektüre ausleihen und sparen auf diesem Weg Ausgaben, die sie bei anderen Bibliotheken herkömmlicherweise tätigen müßten.

Teilweise wird von den Unternehmen für die Mitarbeiter ein umfassendes allgemeinbildendes[45] Programm erstellt, dessen Angebot beispielsweise Aufführungen und Ausstellungen zu den Themenbereichen Graphik, Malerei, Bildhauerei, Fotografie, aber auch mit Bezug zu sonstigen Hobbys umfaßt; hinzu kommen Theateraufführungen und musikalische Gastspiele mit hohem Niveau[46]. Zwar erhalten die Arbeitnehmer regelmäßig nicht unentgeltlich Zugang zu den Veranstaltungen, die Firma trägt jedoch den ganz überwiegenden Teil der Kosten, so daß es für die Bediensteten, hat man das Angebot am freiem Markt im Auge, jedenfalls finanziell vorteilhaft ist, das betriebliche Angebot wahrzunehmen.

Mit Angeboten in diesem Bereich kann zunächst von Arbeitgeberseite auf die Allgemeinbildung der Belegschaft Einfluß genommen werden. Zudem wird das „Wir-Gefühl" gestärkt[47]. Das Unternehmen kann auf diesem Wege vermitteln, daß man an den Einzelnen nicht nur in ihrer Rolle als Arbeitnehmer interessiert ist, sondern sich auch außerhalb des Berufes um ihr Wohlbefinden und ihre Unterhaltung kümmern möchte. Hinzu kommt eine mögliche Attraktivitätssteigerung auch

---

[42] Zurückhaltender zunächst im Vergleich zum Angebot von Betriebssport. Ebenso lautet jedoch auch das Ergebnis einer Gegenüberstellung der generellen Situation in Deutschland und der in den USA oder Japan; *R. Streich*, Freizeitangebote, Sp. 914 (921).

[43] Das sind Firmen mit über 2000 Mitarbeitern. Dazu beispielsweise *U. Kollenberg*, Freizeit und Wirtschaft, S. 93.

[44] Solche Büchereien sind eine traditionsreiche und stark frequentierte Sachzuwendungsart: die ersten werkseigenen Bibliotheken entstanden schon um die Jahrhundertwende bei den Firmen Zeiss (1896), Krupp (1899) und Bayer (1902). Bei Bayer lieh sich Ende der 70er Jahre jeder zweite Mitarbeiter etwa 15mal im Jahr ein Buch aus. Vgl. *F. Grätz / K. Mennecke*, Handbuch, S. 193.

[45] Meist jedoch mit primär kultureller Ausrichtung. Ein Seminar des Bayer-Bildungswerkes beschreibt *W. Scharf*, Personalwirtschaft 9/1993, S. 42.

[46] Einer der "Vorreiter" in dieser Hinsicht ist wohl die Rosenthal AG mit ihrem 'Rosenthal-Feierabend'. Ausführlich dazu *Rosenthal AG* (Hrsg.), 25 Jahre Rosenthal-Feierabend, 1982 und *K. Kalkbrenner*, Vermögensbeteiligung, S. 46.

[47] *C. Uhle*, Betriebliche Sozialleistungen, S. 191 f.

außerhalb des Betriebes und somit verbunden die Möglichkeit, leichter neue interessante Mitarbeiter zu gewinnen.

c) Betriebseigene Ferienheime und -häuser

Große Unternehmen leisten sich teilweise auch die Unterhaltung eigener Ferienunterkünfte in touristisch interessanter Umgebung oder mieten solche eigens an. „Verwendungsmöglichkeiten" für diese Unterkünfte hat der Arbeitgeber verschiedene. Zum einen kann er sie seinen Arbeitnehmern unentgeltlich oder preisgünstig in deren Urlaubszeit vermieten[48]; der BFH sieht in einer solchen Überlassung von Ferienhäusern an Betriebsangehörige Zuwendung von Lohn für deren Arbeit[49]. Diese Gebäude werden häufig aber auch für fachliche Tagungen genutzt, also für Veranstaltungen, die in deutlicher Weise auf betriebliche Interessen zielen.

5.) Einrichtungen zur Kinderbetreuung

Die klassische Rollen- und damit auch Aufgabenverteilung zwischen den Geschlechtern, wie sie noch bis in die zweite Hälfte des vergangenen Jahrhunderts hinein in der Gesellschaft vorherrschend war, besteht so schon länger nicht mehr fort; daß dies arbeitsmarktpolitische Konsequenzen mit sich bringen muß, ist vielen Arbeitgebern inzwischen bewußt. Weniger Frauen entschließen sich dazu, ihre berufliche Tätigkeit für eine Familienphase zu unterbrechen, jedenfalls geht die Entwicklung deutlich dahin, nur für kurze Zeit nach der Geburt eines Kindes aus dem Erwerbsleben auszusteigen, und immer mehr Frauen wollen nach einer Unterbrechung zumindest als Teilzeitkraft wieder ins Berufsleben zurückkehren[50]. Viele dieser Frauen stehen aber vor dem Problem, für die Zeit der Abwesenheit eine geeignete Betreuungsperson für das Kind finden zu müssen[51].

Nicht wenige Unternehmen erkennen, daß sich ihr Engagement in diesem Bereich durchaus lohnen kann, wenn sie nämlich durch ein betriebliches Angebot an Kin-

---

[48] Kritisch zur Zeitgemäßheit dieser Einrichtung *F.-J. Kador*, Gestaltung betrieblicher Sozialeinrichtungen, S. 17 (18).

[49] BFH v. 09.04.1997, BStBl. II 1997 S. 539.

[50] Vgl. zur immer häufigeren Entscheidung für die Kombination von Beruf und Familie *H. Jung*, Personalwirtschaft, S. 627 f.; *S. Olbert-Bock / P. Freudenstein*, Personalwirtschaft 9/1998 S. 21.

[51] Zu der Situation von Frauen am Arbeitsmarkt und den Perspektiven der Frauenerwerbstätigkeit, auch in Hinblick auf das Teilproblem der Erwerbstätigkeit von Müttern vgl. z.B. den Beitrag von *C. Ochs / C. Weinkopf*, in: Arbeit und Sozialpolitik 1994, S. 41.

derbetreuung qualifizierte und bewährte Mitarbeiterinnen im Betrieb halten oder frühzeitig aus dem Erziehungsurlaub zurückgewinnen können. Vor allem größere Firmen haben sich deshalb seit jeher dafür entschieden, Betriebskindergärten einzurichten. Eine solche Institution können sich jedoch kleinere Unternehmen meist nicht leisten. Diese beschreiten deshalb häufig andere Wege[52]: sie übernehmen beispielsweise zumindest teilweise die durch die Unterbringung in betriebsfremden Kinderbetreuungsstätten beim Arbeitnehmer anfallenden Kosten[53], finanzieren für die Kinder der Mitarbeiter Belegrechte in bereits bestehenden Einrichtungen[54], unterstützen eine Elterninitiative, die sich aus der Belegschaft zusammensetzt[55] oder fördern Tagespflegepersonal, etwa indem die Qualifizierung von Tagesmüttern bezuschußt oder ein direkter Beitrag zur Bezahlung geleistet wird. Viele Unternehmen sehen in dieser Art der Zuwendung Möglichkeiten, die Identifikation der Arbeiter und Angestellten mit dem Betrieb zu verstärken, sich ein möglichst gutes Arbeitgeberimage sowie - oft durch ein günstiges Presseecho bewirkt - zusätzliche Akzeptanz im Wohnumfeld und in der Öffentlichkeit zu verschaffen[56].

Daß diese betrieblichen Kinderbetreuungsleistungen sich großer Beliebtheit erfreuen, ist leicht nachvollziehbar. Denn hier gestaltet sich die Situation für die Beschäftigten nicht nur deshalb positiv, weil außerhalb des Betriebes regelmäßig die Nachfrage nach Kindergartenplätzen das Angebot deutlich übersteigt und man oft erst nach längerer Wartezeit eine Betreuungsstelle bekommt. Hinzu kommen sowohl der meist vorhandene finanzielle Vorteil, weil die Unternehmen regelmäßig geringere Kosten in Rechnung stellen, als andernorts für die Betreuung verlangt wird. Nicht zu vergessen sind ferner praktische Aspekte: achten die Arbeitgeber, soweit sie nicht über einen „klassischen" Betriebskindergarten verfügen, darauf, daß die angebotene Betreuungsstätte sich in Unternehmensnähe befindet, so erübrigen sich für die Eltern Umwege weitgehend. Mit langen und auch teilweise flexiblen Öffnungszeiten versucht man auch in zeitlicher Hinsicht den Bedürfnissen

---

[52] Ein Überblick über mögliche Kinderbetreuungsmaßnahmen findet sich beispielsweise bei *H. Jung*, Personalwirtschaft, S. 630 ff. und *B. Gessner*, Betriebliche Gestaltungsmöglichkeiten, S. 70 (77).

[53] Hierzu etwa BFH v. 25.07.1986, BStBl. II 1986 S. 868.

[54] So zum Beispiel das Unternehmen American Express, Frankfurt bei der St. Jakobsgemeinde oder die Rowenta GmbH, Erbach bei der Stadt Erbach; *C. Tietze*, in: Personalwirtschaft 1996, S. 20.

[55] Diese Richtung wurde von der Hoechst AG, Frankfurt, mit ihrem Kinderbetreuungskonzept eingeschlagen; dazu näher *K. Schwerdtner*, Personalführung 1993 S. 134.
Unterstützt wird durch Überlassung technischer und organisatorischer Ressourcen aus dem Unternehmen, durch Bereitstellung geeigneter Räumlichkeiten und natürlich die Übernahme anteiliger Kosten.

[56] *F. Grätz / K. Mennecke*, Handbuch, S. 81 f.

gerade ganztags berufstätiger Mitarbeiter gerecht zu werden, oder auch auf die Bedürfnisse derjenigen zu reagieren, die aufgrund zunehmender Arbeitszeitflexibilisierung nicht jeden Tag die gleiche Anzahl von Stunden arbeiten.

Der Steuergesetzgeber hat ab 1992 Leistungen und zusätzlich zum Lohn gezahlte Zuschüsse des Arbeitgebers für betriebliche und außerbetriebliche Einrichtungen, in denen nicht schulpflichtige Arbeitnehmer-Kinder außer Haus untergebracht und betreut werden, steuerfrei gestellt (§ 33 Nr. 33 EStG).

6.) Verpflegung im Betrieb oder während betrieblicher Veranstaltungen[57]

Dem Bereich der Verpflegung im Betrieb, zumindest im weiteren Sinne, lassen sich zunächst die Fälle zuordnen, daß Arbeitgeber der Belegschaft während der Arbeitszeit, teilweise auch zum Verbrauch außerhalb dieser, Deputate verschiedenster Art überlassen; als typische Fälle werden in gerichtlichen Entscheidungen und im Schrifttum immer wieder der Haustrunk[58] in Brauereien und die Freizigaretten genannt. Ob man in steuerlicher Hinsicht in allen Fällen - Handwerker mit körperlich anstrengender Tätigkeit, denen kostenlos Erfrischungsgetränke überlassen werden oder Büroangestellte, die für Kaffee und Tee nichts aufwenden müssen - eine einheitliche Betrachtung anstellen kann oder gar muß, läßt sich sicher bezweifeln. Diese Zusatzleistungen sind für die Unternehmen deshalb besonders interessant, weil sie sie nichts oder nur sehr wenig kosten, für das allgemeine Betriebsklima jedoch eine recht große Bedeutung haben. Auch handelt es sich hierbei oft um stark traditionsbehaftete Zuwendungsformen; Überlegungen hinsichtlich deren Einschränkung oder gar Abschaffung stoßen meist schon aus emotionalen Gründen auf Gegenwehr[59].

Zu den „klassischen" betrieblichen Zusatzleistungen zählt auch die Betriebs- oder Werksverpflegung; vor allem in größeren Unternehmen sind Verpflegungseinrichtungen wie Kantinen oder Cafeterien fest etabliert. Auf diesem Wege wird angestrebt, Einfluß auf eine gesunde Ernährung der Bediensteten ausüben und auch durchgehende Arbeitszeit aufrechterhalten zu können[60]. Die wesentliche grundle-

---

[57] Zum Komplex der Verpflegung und Bewirtung vgl. BFH v. 07.12.1984, BStBl. II 1985 S. 164 (Erhöhung des Essensfreibetrages); v. 05.05.1994, BStBl. II 1994 S. 771; v. 04.08.1994, BStBl. II 1995 S. 59.

[58] Vgl. dazu BFH v. 27.03.1991, BStBl. II 1991 S. 720 (zum Haustrunk im Brauereigewerbe).

[59] *F. Grätz / K. Mennecke*, Handbuch, S. 137.

[60] *F.-J. Kador*, Gestaltung betrieblicher Sozialleistungen, S. 17 (19). *G. Olesch*, Personal 1999 S. 456 weist auf die Motivations- und Bindungswirkung, die allgemeine Steigerung der Zufrie-

gende Entscheidung der Firmen muß dabei in der Regel darüber gefällt werden, ob eine eigene Werksküche eingerichtet oder beibehalten werden soll, oder ob man den Weg gehen will, das Essen durch „fremde Küchen“[61] bereitstellen zu lassen. In jüngerer Zeit tendieren viele Firmen zu letzterem, bei Catering-Services herrscht hohe Konjunktur[62].

Für die Arbeitnehmer liegen die Vorteile eines solchen Angebots hauptsächlich im Bereich der Aufwandsersparnis, und zwar nicht nur in zeitlicher, sondern auch in finanzieller Hinsicht. Zum einen ersparen sie sich Wege, da sie sich nicht außer Haus um die Verpflegung kümmern müssen, zum anderen bemühen sich die Unternehmen dadurch um besondere Attraktivität dieses Angebots, daß das Essen zu einem Preis angeboten wird, der günstiger ist als der, den die Mitarbeiter in externen Restaurantbetrieben zahlen müssten, oder daß Speisen und Getränke sogar kostenlos abgegeben werden[63].

Weiterhin werden nicht selten vor allem dann, wenn die Bewältigung einer betrieblichen Aufgabe die Zusammenarbeit einer Gruppe von Mitarbeitern erfordert, „Arbeitsessen“ veranstaltet, die gewissermaßen in den Arbeitsablauf integriert sind und unter anderem zum Ziel haben, eine Unterbrechung des gedanklichen Austausches zwischen den einzelnen Personen zu vermeiden und auch ein besonderes Zusammengehörigkeitsgefühl zu verschaffen.

7.) Zurverfügungstellen von Personalcomputern, Internetzugang und anderen Telekommunikationsgeräten

In Unternehmen ist es üblich, daß jedem Mitarbeiter ein Telefon zur dienstlichen Nutzung zur Verfügung gestellt wird. Verstärkt geht inzwischen die Tendenz dahin, insbesondere Mitarbeitern im Außendienst Mobiltelefone und ISDN-Telefonanlagen zu überlassen, um es ihm zu ermöglichen, zu jeder Zeit und an jedem Ort Nachrichten zu empfangen und zu senden[64]. Nicht unüblich ist in dieser Situation, daß der Arbeitnehmer diese Kommunikationsmöglichkeiten auch privat nutzen darf, und meist übernimmt auch der Arbeitgeber dann die gesamten Ko-

---

denheit und Identifikation mit dem Unternehmen hin und erwartet deshalb von solchen Leistungen auf Dauer eine Kostenersparnis im Betrieb.

[61] *F. Grätz / K. Mennecke*, Handbuch, S. 147.

[62] Vgl. *C. Altmann / S. Wiltz*, Betriebsverpflegung, Sp. 665 (668 ff.)

[63] Hierzu aus der Rechtsprechung BFH v. 07.12.1984, BStBl. II 1985 S. 164; BFH v. 14.06.1985, BFH/NV 1986 S. 303.

[64] *U. Albert*, DStR 1999 S. 1133 (1133 f.).

sten, die bei der Nutzung des betreffenden Telefons angefallen sind. Es gibt aber auch den anderen Fall, daß nämlich dem Arbeitnehmer ausdrücklich untersagt wird, sein Mobiltelefon zu privaten Zwecken einzusetzen, und daß er sogar diesbezüglich eine Verpflichtungserklärung unterzeichnen muß[65]. Ob dieses Verbot auch tatsächlich eingehalten wird, läßt sich aber wohl nur anhand eines Einzelgesprächsnachweises klären[66].

Ähnlich ist die Situation im Computerbereich. Hier ist in jüngerer Zeit in den Mittelpunkt der Diskussion gerückt, ob die Privatnutzung eines betrieblichen Internetzugangs als geldwerter Vorteil zu besteuern ist. Das BMF hatte in einem Schreiben vom 24.05.2000[67] eine solche Besteuerung eingefordert und ein Absehen vom Ansatz des entsprechenden Vorteils nur unter sehr engen Voraussetzungen für möglich erachtet. Insbesondere wurde vom Arbeitgeber eine strenge Kontrolle des tatsächlichen Umgangs auf Seiten des Arbeitnehmers gefordert. Auf massive Proteste von verschiedener Seite hin, die insbesondere auf den unverhältnismäßigen Überwachungsaufwand abzielten, wurde das Schreiben aufgehoben[68]. Dem folgte schließlich die Aufnahme einer Befreiungsvorschrift im Einkommensteuergesetz (§ 3 Nr. 45 EStG), die sich auf Vorteile des Arbeitnehmers aus der privaten Nutzung von betrieblichen Personalcomputern und Telekommunikationsgeräten bezieht[69].

II.) „Kommunikative" Betriebsveranstaltungen

Betriebsveranstaltungen haben, so die herkömmliche Ansicht, allgemein zum Ziel, das Klima innerhalb der Belegschaft zu verbessern. Sie werden als grundsätzlich geeignetes Mittel angesehen, um dem Kommunikationsdefizit entgegenzuwirken, das in der heutigen Zeit mehr und mehr - vor allem in größeren Betrieben - vorzufinden ist. In ungezwungener Atmosphäre soll gerade der persönliche Kontakt zwischen den Mitarbeitern ermöglicht, aufrechterhalten und verbessert werden[70].

---

[65] *P. Starke*, FR 1998 S. 874 (876).
[66] *U. Albert*, DStR 1999 S. 1133 (1136).
[67] BMF v. 24.05.2000, BStBl. I 2000 S. 613.
[68] BMF v. 16.10.2000, BStBl. I 2000 S. 1421.
[69] Eingeführt durch Art. 3 Nr. 1 Buchst. b und Nr. 5 Buchst. a des Gesetzes zur Änderung des Investitionszulagengesetzes vom 20.12.2000, BGBl. I 2000 S. 1850. Zur Frage, ob diese Vorschrift dahingehend einschränkend auszulegen ist, daß privat veranlaßte Telefonkosten nicht erfaßt sind, *B. Welling*, DStR 2001 S. 650.
[70] Vgl. zu diesem Sachzuwendungsbereich vorerst nur BFH v. 25.05.1992 (VI R 85/90), BStBl. II 1992 S. 655; v. 25.05.1992 (VI R 91/89), BStBl. II 1992 S. 856; v. 06.12.1996, BStBl. II 1997 S. 331.

Auch in diesem Bereich gibt es „typische" Veranstaltungen: Sie beschränken sich nicht auf „geselliges Beisammensein" im Betrieb, sondern viele Arbeitgeber laden die Belegschaft zu Jubiläums- oder Weihnachtsfeiern in auswärtige Restaurants ein, organisieren eine Tanzveranstaltung oder einen Betriebsausflug. Bei der Hewlett Packard GmbH beispielsweise werden unter dem Motto „Wo hart gearbeitet wird, muß auch gefeiert werden" ein großes Sommer-Picknick, eine Weihnachtsfeier und zur Feier besonderer Geschäftsereignisse sogenannte „beerbusts" angeboten[71]. Für diese Veranstaltungen läßt sich generell als Gemeinsames festhalten, daß sie auf betrieblicher Ebene ablaufen, außerhalb des betrieblichen Arbeitsablaufes stattfinden und gesellschaftlichen Charakter haben[72].

Auffällig ist, daß in jüngerer Zeit der Trend dahin geht, diese betrieblich organisierten Veranstaltungen zunehmend aufwendig zu gestalten, und sie finden auch immer häufiger statt. Überwiegend beschränken sie sich jedoch auf einen Tag, und der Arbeitgeber übernimmt in diesem Fall die vollen Kosten der Betriebsveranstaltung, so beispielsweise für Fahrt, die Karten für eine Theatervorstellung, eine Weinprobe, die Miete eines Saales und Tanzkapelle, etc.[73]. Teilweise führen die Betriebsausflüge aber auch zu entfernteren Zielen und werden dann auf zwei oder mehr Tage ausgedehnt; in diesen Fällen übernehmen meist die Arbeitnehmer einen Teil der Kosten. Vermehrt wird bei Betriebsveranstaltungen auch der Partner des Arbeitnehmers eingeladen und so ansatzweise in das berufliche Umfeld integriert. Angesichts dieser Situation liegt die Frage nahe, inwieweit diese Unterschiede und Abstufungen zu einer differenzierten einkommensteuerrechtlichen Beurteilung führen können oder gar müssen.

III.) Geschenke zu besonderen Gelegenheiten[74]

Sachgeschenke des Arbeitgebers[75] an seine Arbeitnehmer sind eine landläufige Angelegenheit; die Anlässe, zu denen sie gewährt und inzwischen wohl auch er-

---

[71] *H. Fischer*, HP-Leistungsnetz, S. D 8.

[72] Zur Umschreibung des Begriffs vgl. R 72 Abs. 2 S. 1 LStR 2002; *H. Barein*, in: Littmann/Bitz/Pust, EStG, § 19 Rn. 236; *K. J. Wagner*, Die Pauschalierung, S. 42 m.w.N.

[73] Zur Variante Theaterbesuch mit anschließendem Beisammensein BFH v. 21.02.1986, BStBl. II 1986 S. 406.

[74] Vgl. hierzu aus der früheren Rechtsprechung zu „Gelegenheitsgeschenken" BFH v. 29.09.1955, BStBl. III 1955 S. 330; BFH v. 04.05.1962, BStBl. III 1962 S. 281; BFH v. 12.11.1976, BStBl. II 1977 S. 182; aus der jetzigen Judikatur prägend BFH v. 22.03.1985, BStBl. II 1985 S. 641.

wartet werden, sind vielzählig und vielfältig. Manchmal sind betriebliche oder mit der Person des Arbeitgebers verbundene Gelegenheiten Anknüpfungspunkt, solche Geschenke an die Beschäftigten zu geben; insbesondere bei Weihnachtsfeiern werden üblicherweise „Weihnachtspäckchen" verteilt, aber auch sonstige Betriebsveranstaltungen werden oft zum Anlaß genommen, der Belegschaft Sachgeschenke zukommen zu lassen. Überwiegend sind es jedoch persönliche Ereignisse beim Arbeitnehmer, denen der Arbeitgeber mit Sachgeschenken Rechnung trägt: (vor allem runde) Geburtstage, Eheschließungen, die Silberne Hochzeit, Geburt, Erstkommunion oder Konfirmation der Kinder der Arbeitnehmer, Krankenhausaufenthalte, und so manches mehr. Mit der Zuwendung von Geschenken aus Anlaß von Dienstjubiläen beispielsweise ergreifen die Firmen die Gelegenheit, den Mitarbeitern für realisierte Unternehmenstreue zu danken.

Je nach Anlaß oder den jeweiligen (vor allem finanziellen) Möglichkeiten des Unternehmens fallen die Geschenke ganz unterschiedlich aus, gerade was ihren objektiven Wert betrifft. Die Gefahr, daß darüber hinaus die subjektive Wertschätzung auf Seiten des Beschenkten von diesem objektiven Kriterium merklich abweicht, ist unübersehbar; die Situation, daß ein Sachgeschenk den Geschmack des Bedachten verfehlt, ist schließlich aus dem privaten Lebensbereich bekannt. Anders als bei Bargeschenken, die auch häufig bei den angesprochenen Anlässen gewährt werden, oder der üblichen Lohnzahlung in bar kann es zudem sein, daß dem Empfänger das Sachgeschenk in der konkreten Form auch deshalb gar nicht gelegen kommt, weil er es nicht verwenden kann. Diese Aspekte sind immer wieder Ansatzpunkt für Überlegungen, vielleicht schon bei der grundsätzlichen Frage nach dem Vorliegen von Einnahmen auf Seiten des Beschenkten, zumindest aber auf der Bewertungsebene subjektive Momente zu berücksichtigen. Weiterhin ist in diesem Bereich auffällig, daß die Arbeitgeber je nach Branchenzugehörigkeit die Auswahl der Geschenke in ganz unterschiedlicher Weise treffen. Unternehmen, die für den „Normalverbraucher" attraktive Produkte herstellen oder vertreiben, greifen häufig auf dieses Sortiment zurück, da bei ihnen dann geringere Kosten entstehen, als wenn sie die betreffenden Gegenstände zunächst am freien Markt erwerben müßten.

---

[75] Im Wirtschaftsleben findet sich im übrigen häufig die Situation, daß solche Geschenke von Dritten gegeben werden; diese Konstellation wird jedoch in der vorliegenden Untersuchung ausgeklammert.

IV.) Reisen (Incentive- und Dienstreisen)

Incentivereisen[76] sind eine noch recht neue Zuwendungsform, hinter deren Gewährung die Überlegung steht, den damit Bedachten zu mehr und besseren Leistungen anzuspornen; gerade im Verhältnis von Arbeitgeber und Arbeitnehmer erfreuen sie sich mehr und mehr der Beliebtheit (auch) als Mittel zur Motivierung[77,78]. Die Auswahl der „Anzuspornenden" erfolgt regelmäßig auf der Grundlage der schon erbrachten Leistungen, d.h. die Reisen werden denjenigen gewährt, die in der Vergangenheit besonderen Einsatz oder besondere Erfolge erbracht haben. Genau betrachtet zielt diese Zuwendungsform also in zwei Richtungen: für Vergangenes soll belohnt bzw. ausgezeichnet, für Zukünftiges besonders motiviert werden.

Die Ausgestaltung und Ausstattung der Incentivereisen kann ganz unterschiedlich ausfallen, regelmäßig wird man sie jedoch der Luxus-Kategorie zuordnen können. Sie führen meist ins Ausland und dort vor allem zu touristisch interessanten Zielen. Dennoch kann man sie wohl nicht generell einer normalen Urlaubsreise gleichsetzen, die der Arbeitgeber spendiert. Schließlich sind Incentivereisen auch dadurch gekennzeichnet, daß regelmäßig neben dem touristischen ein betriebliches Programm von den Reisenden zu absolvieren ist[79]. Es gibt aber auch Fahrten, bei denen Arbeitnehmer besondere Aufgaben übernehmen müssen, beispielsweise als Reiseleiter eingesetzt werden, oder es werden während der Reise betriebliche Besprechungen abgehalten[80]. Solche Umstände rücken, je nach Umfang und Gewicht des berufsbezogenen Programms, die Reise häufig in die Nähe einer Dienstreise. Denn Dienstreisen beschränken sich in der betrieblichen Praxis häufig nicht auf berufsbezogene Aktivitäten, sonder werden oft mit Freizeitaktivitäten oder mit Urlaub verbunden. Im Bereich der Reisen läßt sich vielfach feststellen, daß die subjektive Wertschätzung der Einzelnen beachtlich von deren objektivem wirt-

---

[76] Hierzu beispielsweise BFH v. 09.03.1990, BStBl. II 1990 S. 711; vgl. zum Reisetyp 'Verbundreise' *H.-P. Reuter*, StVJ 1990 S. 237 (241 ff.).

[77] Hierzu beispielsweise *W. de Ruiter / T. Koch*, Leistungsförderung, S. 1025 (1030 ff.). Das immer größer werdende Interesse an dieser Sachzuwendungsart wird auch daraus deutlich, daß in der Reisebranche in den letzten Jahren ein stetes Anwachsen der Zahl an Reisebüros, die sich auf die Planung und Durchführung solcher Incentivereisen spezialisiert haben, festzustellen ist.

[78] Der Ursprung der Incentivereisen liegt jedoch nicht im engen betriebsinternen Bereich; so stand beispielsweise bei den ersten zur höchstrichterlichen Entscheidung vorgelegten Fällen die Frage nach dem Vorliegen von Betriebseinnahmen im Vordergrund. Vgl. die Nachweise bei *H.-P. Reuter*, StVJ 1990 S. 237 (242, Fn. 11 f.).

[79] Schon allein dieser Umstand beschränkt die Freiheit des Reisenden in zeitlicher Hinsicht. Vgl. dazu beispielsweise *U. Albert*, FR 1990 S. 413 und *H.-P. Reuter*, StVJ 1990 S. 237.

[80] Vgl. bezüglich der Aufwendungen für Konferenzräume oder Referenten BFH v. 09.02.1997, BFH/NV 1997 S. 401.

schaftlichen Wert abweicht. Unterschiedlich ist schließlich der Kreis der Teilnehmer gezogen: nicht unüblich ist es inzwischen, neben den Arbeitnehmern auch deren (Ehe-)Partner, teilweise darüber hinaus wichtige Personen wie Vorstandsmitglieder und Führungskräfte zu der betreffenden Fahrt einzuladen.

Die Diskussionen über die einkommensteuerrechtliche Beurteilung von Vorteilen aus der Gewährung von Incentivereisen haben immer wieder die Überlegung zum Gegenstand, daß je nach Ausgestaltung und Ablauf der Reise gerade der Arbeitgeber erheblichen (greifbaren) Nutzen daraus zieht, daß sein Arbeitnehmer an ihr teilnimmt. So ist denn die Qualifizierung der Arbeitgeberaufwendungen als Betriebsausgaben auch in diesen Fällen regelmäßig anerkannt[81]. Bei der Frage nach dem Vorliegen von Einnahmen aus nichtselbständiger Arbeit auf Seiten des Reisenden wird nach teilweise im Schrifttum vertretener Ansicht diesem Umstand zu wenig Rechnung getragen. Regelmäßig liege in den Incentive-Fällen auf Einnahmenseite eine gemischte Veranlassung vor; deshalb müsse man zumindest erwägen, auf Seiten des Arbeitnehmers eine Aufteilung des Vorteils in einen steuerbaren und einen nichtsteuerbaren Teil vorzunehmen[82].

V.) Personalrabatte

Von nicht unerheblicher wirtschaftlicher Relevanz sind für die Unternehmen auch Sachzuwendungsmöglichkeiten, die ihnen einen besonderen Kundenkreis eröffnen. Ganz zentral ist dabei zu denken an die Personalrabatte. Diese tauchen in der wirtschaftlichen Wirklichkeit in Bezug auf verschiedenartigste Güter auf und werden in den ganz unterschiedlichen Branchen gewährt. Die Aussicht, gewisse Waren oder Dienstleistungen in Zukunft unentgeltlich oder zumindest verbilligt vom Arbeitgeber überlassen zu bekommen, ist sicher für einen nicht unerheblichen Teil von Arbeitnehmern ein Gesichtspunkt, der bei der Arbeitsplatzsuche eine Rolle spielt.

Der Fiskus war bei der einkommensteuerlichen Berücksichtigung der in diesem Zusammenhang den Arbeitnehmern zufließenden Vorteile lange Zeit sehr zurückhaltend, der Preisvorteil führte nur unter bestimmten Voraussetzungen zu steuer-

---

[81] Vgl. BFH v. 09.03.1990, BStBl. II 1990 S. 711 (714).

[82] *H. Polke*, DB 1984 S. 1497; *U. Albert*, FR 1990 S. 413; zur Frage der Möglichkeit einer Aufteilung aus der Rechtsprechung bei Reisen BFH v. 09.08.1996, BStBl. II 1997 S. 97.

pflichtigem Arbeitslohn[83]. Auf diesem Wege wurde den Arbeitgebern die Möglichkeit eröffnet, ihre Bediensteten finanziell vorteilhaft zu bedenken, ohne daß deren Bereicherung in entsprechendem Umfang bei der Besteuerung berücksichtigt wurde.

In den Genuß eines finanziellen Vorteils können die Bediensteten beispielsweise dann kommen, wenn sie das Angebot des Arbeitgebers wahrnehmen, Aktien mit merklichem Kursvorteil zu erwerben. Der BFH mußte sich auch mit Vorteilen aus der Einforderung von ermäßigten Krankenversicherungsbeiträgen von Versicherungsangestellten befassen[84]. Wirtschaftlich am bedeutendsten aber waren sicher die Geschäfte im Kfz-Handel, und hauptsächlich hieran entzündete sich in den 80er Jahren die Diskussion über die sachgerechte einkommensteuerliche Beurteilung der Vorteile aus Personalrabatten. Denn die Bediensteten der Automobilindustrie kamen in den Genuß eines „Jahreswagen-Privilegs“: Sie erwarben von ihrem Arbeitgeber mit erheblichem Rabatt[85] Autos, mit deren Wiederverkauf nach Ablauf eines Jahres regelmäßig mindestens zum Einkaufspreis sie sich einen wirtschaftlichen Vorteil verschafften. Auf diesen griffen die Finanzämter bei der Berechnung der Einkommensteuerbemessungsgrundlage nicht zu. Sie verneinten[86] die Steuerbarkeit der Vorteile insbesondere dann, wenn die verbilligt abgegebenen Waren im Betrieb des Arbeitgebers nicht vorrangig zur Bedarfsdeckung der Arbeitnehmer hergestellt oder gehandelt wurden und auch eine Weiterveräußerung durch letztere nicht im Vordergrund stand. Weiterhin wurde gefordert, daß der gewährte Rabatt nicht über den hinausging, der auch unternehmensfremden Kunden eingeräumt wurde[87]. Diesen Anforderungen wurde in der Automobilindustrie dadurch Rechnung getragen, daß die Verfügungsmöglichkeit der Arbeitnehmer über Personenkraftwagen durch die einjährige „Behaltefrist“ beschränkt war.

Im Rahmen des Steuerreformgesetzes 1990 wurde § 8 Abs. 3 EStG eingeführt, der die Bewertung der aus dem Umstand der Rabattgewährung resultierenden Vorteile regelt und damit verdeutlicht, daß nach Ansicht des Gesetzgebers diese Vorteile grundsätzlich steuerbare Einnahmen darstellen. Eine steuerlich günstige Behandlung wird der verbilligten Überlassung von Waren an Arbeitnehmer weiterhin zu-

---

[83] Vgl. vorerst zur Entwicklung der Rechtsprechung RFH v. 06.11.1929, RStBl. 1930 S. 106; v. 05.01.1939, RStBl. 1939 S. 299 (300); BFH v. 15.03.1974, BStBl. II 1974 S. 413; v. 02.02.1990, BStBl. II 1990 S. 472.

[84] BFH v. 01.12.1995, BStBl. II 1996 S. 239.

[85] Vgl. z.B. die Angaben in einem Beitrag der „Rheinpfalz“ vom 07.08.1993 (Nr. 181), „Besteuerung von Jahreswagen bleibt“: zulässiger Höchstbetrag 21,5 % Rabatt.

[86] Als Ergebnis einer „Auslegung der gesetzlichen Vorgaben“.

[87] Vgl. z.B. R 53 Abs. 3 LStR 1987.

teil, denn der Gesetzgeber entschied sich bei der Neuregelung dafür, einen Bewertungsabschlag in Höhe von 4 % des im allgemeinen Geschäftsverkehr verlangten Endpreises vorzunehmen. Zusätzlich wurde für die auf dieser Grundlage berechneten Vorteile ein Freibetrag eingeführt.

Bleibt man bei der Situation der Autohersteller, so ist festzuhalten, daß sich bei diesen das gesetzgeberische Tätigwerden umgehend wirtschaftlich bemerkbar machte. Ende der 80er Jahre noch hatte beispielsweise Mercedes-Benz jährlich bis zu 80.000 Wagen mit Rabatt an die Belegschaft verkauft[88], der Anteil der Jahreswagen betrug in dieser Zeit mehr als 25 v.H. der gesamten Pkw-Produktion des Herstellers[89]. Dieser Vertriebszweig erlitt in unmittelbarem Zusammenhang mit der Gesetzesänderung deutliche finanzielle Einbußen: So waren es schon 1990 nur noch rund 57.000 und 1993 gar nur etwa 20.000 Jahreswagen, die weitergegeben wurden[90]. Hier zeigt sich, daß die Belegschaftsrabatte ein nicht unbedeutendes absatzpolitisches Instrument darstellten. Wenngleich bei der jetzigen Gesetzeslage der steuerliche Vorteil nicht mehr so weitgehend ist, so ist das Gewähren von Rabatten wohl weiterhin ein geeignetes Mittel, um die Belegschaft selbst zur eigenen Produktpalette hinzuziehen. Hiermit kann auch die Überlegung zusammenhängen, daß sich möglicherweise eine zusätzliche Werbewirkung dadurch erzielen läßt, daß die Belegschaft die eigenen Produkte benutzt und somit „nach außen trägt".
Im Rahmen dieser Untersuchung soll insbesondere keine allgemeine verfassungsrechtliche Beurteilung des § 8 Abs. 3 EStG erfolgen; gesetzliche Vorschriften werden vielmehr primär aus dem Blickwinkel des Spannungsverhältnisses von Leistungsfähigkeits- und Praktikabilitätsprinzip beleuchtet. Deshalb soll an dieser Stelle nur auf folgendes hingewiesen werden. § 8 Abs. 3 EStG bewirkt schon innerhalb der Gruppe der Arbeitnehmer tatsächliche Ungleichbehandlungen, da Berufstätige, deren Arbeitgeber für den Letztverbraucher unattraktive oder auch geringwertige Produkte herstellen oder Dienstleistungen anbieten, rein faktisch benachteiligt werden. Der Arbeitnehmer, der beispielsweise chemische Rohprodukte, Papier verschiedenster Art oder Getränkedosen verbilligt beziehen kann, wird den Freibetrag mit bedeutend geringerer Wahrscheinlichkeit ausnutzen als eben derjenige, der bei einem Autohersteller arbeitet. Verfassungsrechtliche Bedenken

[88] "Die Rheinpfalz" v. 07.08.1993 (Nr. 181); „impulse", Heft 11/93, S. 170 (170): „Jetzt können Ihre Leute billiger bei Ihnen einkaufen".
[89] *H. Glenk*, DStR 1989 Beihefter zu Heft 19, 1.c) aa).
[90] So die oben genannten Beiträge in der „Rheinpfalz" und in „impulse".

gegen diese Regelung bestehen auch deshalb, weil sie nur Vorteile aus Rabatten, die der Einkunftsart „nichtselbständige Tätigkeit“ zuzuordnen sind, erfaßt[91].

VI.) Übernahme von Mitgliedsbeiträgen zu gesellschaftlichen Clubs

Arbeitgeber haben inzwischen auch einen Weg entdeckt, die Bediensteten über ihre eigentliche Arbeitszeit hinaus - zumindest auch - für Zwecke des Unternehmens einzusetzen. So wirken sie teilweise mehr oder weniger intensiv darauf hin, daß in herausgehobenen Positionen befindliche Arbeitnehmer in private Clubs eintreten, wenn der Zuschnitt der Vereine erwarten läßt, daß sie dort auf für den Arbeitgeber wichtige Personen treffen würden wie beispielsweise maßgebliche Leute der heimischen Wirtschaft, des Handwerks und der Verwaltung[92]. Die eingeforderten Beiträge für die Mitgliedschaft werden von den Arbeitgebern ersetzt. Selten widersetzen sich die Arbeitnehmer diesem Wunsch des Arbeitgebers, auch wenn sie bei einer Ablehnung der betreffenden Zuwendung zumeist nicht mit beruflichen Nachteilen rechnen müssen. Gerade in den Fällen, in denen die Mitgliedschaft in Sportvereinen erworben wird, ist es oft so, daß die betreffenden Arbeitnehmer den vom Verein angebotenen Sport selbst gar nicht ausüben.
Dennoch ist unübersehbar, daß die Mitgliedschaft in privaten Clubs häufig auch dem Aufbau oder zur Intensivierung persönlicher, privater Kontakte dient und sich auch berufliche Kontakte oftmals gerade aus den in den Clubs geknüpften privaten Beziehungen ergeben, eine deutliche Trennung zwischen beruflichem und privatem Bereich also häufig nicht oder nur schwer möglich erscheint[93].

VII.) Betriebliche Weiterbildungsangebote

Zu den bedeutenden betrieblichen Zusatzleistungen zählen weiterhin betriebliche Weiterbildungsmaßnahmen, mit denen eine Anpassung der Fähigkeiten der Arbeitnehmer an sich wandelnde berufliche Anforderungen angestrebt wird[94]. Diese Zielsetzung ist regelmäßig sowohl beim Arbeitgeber als auch beim Arbeitnehmer vorzufinden, denn auch für letzteren sind umfassende und aktuelle Kenntnisse

---

[91] Eine ausführliche Auseinandersetzung mit den verfassungsrechtlichen Bedenken gegen § 8 Abs. 3 EStG findet sich bei *C. Kuhlmann*, Die Besteuerung, S. 171 ff (insbes. S. 214 ff.).
[92] So die Ausführungen des FG Rheinland-Pfalz, dessen Darlegungen zur Frage der Arbeitslohnqualität der Vorteile wurden vom BFH in seiner Revisionsentscheidung v. 15.05.1992, BStBl. II 1993 S. 840 verworfen. Die Revision scheiterte aber aus anderen Gründen.
[93] Hierauf weist der BFH hin in seinem Urteil v. 15.05.1992, BStBl. II 1993 S. 840 (841).
[94] *F.-J. Kador*, Gestaltung betrieblicher Sozialleistungen, S. 17 (19 f.).

wegen der Verbesserung seiner Position und Chancen am Arbeitsmarkt von Interesse. Für die Arbeitgeber stellt Weiterbildung ein wichtiges Erfolgspotential zur Erreichung von Unternehmenszielen wie Wettbewerbsfähigkeit, Erhöhung der Flexibilität der Mitarbeiter, u.ä. dar[95]. Auch hier ist die Vielfalt der von den Unternehmen angebotenen Veranstaltungen bemerkenswert. Schon inhaltlich läßt sich zumindest grob unterscheiden zwischen Maßnahmen, die deutlich berufs- beziehungsweise betriebsbezogen sind und solchen, die Kenntnisse vermitteln, die herkömmlicherweise der Allgemeinbildung zugewiesen werden. In zeitlicher Hinsicht wiederum sind manche Arbeitgeber bereit, der Belegschaft die Teilnahme an den Weiterbildungsveranstaltungen während deren regulärer Arbeitszeit zu ermöglichen, in anderen Fällen hingegen finden die Veranstaltungen in der Freizeit der Arbeitnehmer statt.

VIII.) Überlassung von „stock options"

Schon Mitte der 80er Jahre taten es die ersten Aktiengesellschaften in Deutschland amerikanischen Gesellschaften gleich und überließen insbesondere Führungskräften zum Zwecke der Entlohnung Optionsrechte auf Aktien („stock options") des eigenen Unternehmens; eine weitergehende Verbreitung dieses Vergütungsinstruments hierzulande zeichnete sich erst vor einigen Jahren ab[96]. Die Vorteilhaftigkeit der Optionen wird schnell deutlich, wenn man sich ihre ökonomische Wirkungsweise vor Augen führt: der Inhaber hat das Recht, Aktien zu einem festen Bezugspreis während oder am Ende der Laufzeit der Option zu erwerben; er nimmt damit mit einem – im Vergleich zu einer Direktinvestition in die betreffende Aktie – geringeren Einsatz von Kapital in vollem Umfang an Kurssteigerungen teil[97]. Die Arbeitgeber zielen mit der Gewährung von Aktienoptionen darauf ab, die bestmöglichen Arbeitskräfte für verantwortungsvolle Positionen zu gewinnen und auch zu behalten; weiterhin soll diesen Personen ein zusätzlicher Anreiz geboten werden. Durch die Koppelung der finanziellen Interessen der Arbeitnehmer an die langfristige Wertentwicklung der Aktie erhofft man sich schließlich auch, den geschäftlichen Erfolg der Gesellschaft zu fördern[98]. Über-

---

[95] Ausführlich *M. Becker*, Personalentwicklung, S. 174 f.; *N. Rohleder*, Grundlagen der betrieblichen Personalwirtschaft, S. 114 f.; *H. Hofmann*, Personalwirtschaft 2000 S. 50 (50).

[96] *L. Knoll*, DStZ 1999 S. 242 (242). Zur Verbreitung dieser Vergütungsform z.B. *D. Feddersen*, ZHR 1997 S. 269 (271); *T. Peutner*, Personal 1999 S. 220; *J. Brandhoff*, Personal 1999 S. 222. Vgl. auch *R. Fiedler-Winter*, Personalwirtschaft 1999 S. 42 mit einem interessanten Überblick zu den Stock Option-Plänen bei Daimler Chrysler, Hoechst und Continental.

[97] *T. Isensee*, DStR 1999 S. 143 (144); vgl. auch die Rechenbeispiele bei *W. Neyer*, BB 1999 S. 503 (503f).

[98] So die Ausführungen des FG München im Urteil v. 11.01.1999, DStRE 1999 S. 429 (429).

wiegend wird in der Ausgabe von Stock Options ein nützliches Instrument zur Förderung der Motivation und des Einsatzes des Managements gesehen[99]. Vieldiskutiert ist diese Sachzuwendungsart in Hinblick auf die Frage, wann ein aus diesem Ankaufsrecht möglicherweise resultierender finanzieller Vorteil beim Steuerpflichtigen zufließt, zu welchem Zeitpunkt er objektiv bereichert ist[100].

[99] *T. Isensee*, DStR 1999 S. 143 (143) m.w.N. zu positiven, aber auch zu kritischen Stimmen im Schrifttum.

[100] Vgl. aus jüngster Zeit folgende Entscheidungen des BFH: v. 24.01.2001 (I R 100/98), BStBl. II 2001 S. 509; v. 24.01.2001 (I R 119/98), BStBl. II 2001 S. 512; v. 20.06.2001, BStBl. II 2001 S. 689.

C) Die aktuelle Gesetzeslage: Überblick über die maßgeblichen Vorschriften

Das Gesetz, auf dessen Grundlage die Steuerbarkeit und Steuerpflichtigkeit dieser einzelnen Vorteile zu beurteilen ist, ist recht abstrakt gefaßt und bietet - so zumindest der erste Eindruck - wenig „Material" für die einkommensteuerrechtliche Würdigung all dieser Zuwendungsausgestaltungen. Es sind als grundlegende Normen die §§ 2 Abs. 1 Nr. 4, 19 und § 8 EStG heranzuziehen, wenn die Frage zu klären ist, ob diese Vorgänge sich im Ergebnis erhöhend auf den Umfang der Steuerbemessungsgrundlage des Zuwendungsempfängers auswirken. Der BFH und auch die überwiegenden Stimmen im Schrifttum rekurrieren darüber hinaus auf § 2 Abs. 1 LStDV.

§ 2 ist eine der Grundvorschriften des EStG[101]. Sie erklärt in Absatz 1 sieben verschiedene Betätigungsweisen, denen ein Mindestmaß an ökonomischer Ausrichtung innewohnt, insofern für steuerlich erheblich, als nur deren Erfolge für die Ermittlung der Einkommensteuer relevant sind[102]. Über das Tatbestandsmerkmal des Erzielens von Einkünften weist diese Norm in jeden der nachfolgend im Gesetz angeführten Einkommensteuertatbestände; in § 2 Abs. 1 EStG erfolgt keine weitere Tatbestandsausgestaltung, sondern diese wird den zur jeweiligen Einkunftsart erlassenen speziellen Vorschriften überlassen (vgl. auch § 2 Abs. 1 S. 3 EStG).

Diese Funktion erfüllt für den vorliegenden Problembereich § 19 EStG[103]. Dieser Paragraph regelt Näheres zu den „Einkünften aus nichtselbständiger Arbeit", zählt insbesondere in Abs. 1 S. 1 eine Reihe von Vorteilen auf, die zu diesen Einkünften gehören. Die Vorschrift ist terminologisch undeutlich gefaßt: so wird hier schon von „Einkünften" gesprochen, obwohl lediglich „Einnahmen" aus der be-

[101] Zur Bedeutung des § 2 EStG vgl. die Vorstellung des Gesetzgebers in BT-Drucks. 7/1470, S. 238: Es sollte eine zentrale Vorschrift geschaffen werden, die „Elemente der Steuerbemessungsgrundlage, ihr Verhältnis zueinander und den Weg für die Ermittlung der Jahreseinkommensteuerschuld normiert."

[102] Die Unterscheidung zwischen Gewinn- und Überschußeinkunftsarten wurde mit dem EStG 1925 (v. 10.08.1925, RGBl. 1925 I, S. 189) eingeführt, insbesondere mit den §§ 6 Abs. 1, 7 Abs. 2 EStG.

[103] Die Wurzeln von § 19 befinden sich bei § 9 Nr. 1 EStG 1920 (vom 29.03.1920, RGBl. I 1920 S. 359), der ohne Unterscheidung von selbständiger und nichtselbständiger Arbeit sich zum 'Einkommen aus Arbeit' äußerte. Die bis heute unveränderte Fassung des § 19 Abs. 1 fand sich dann als Neuerung im EStG 1934 (vom 16.10.1934, RGBl. I 1934 S. 1005).

betreffenden Einkunftsart gemeint sind[104]. Auch wird nicht eigentlich definiert, „nichtselbständige Arbeit" bezeichnet, sondern das Gesetz gibt nur eine eher allgemeine Sammelbezeichnung vor: „Bezüge und Vorteile, die für eine Beschäftigung im öffentlichen oder privaten Dienst gewährt werden".

Von zentraler Bedeutung für die einkommensteuerliche Qualifizierung von Sachzuwendungen an Arbeitnehmer ist schließlich § 8 EStG. § 2 Abs. 2 Nr. 2 EStG macht für die Überschußeinkunftsarten deutlich, daß „Einnahmen" die Ausgangsgröße bei der Ermittlung des zu versteuernden Einkommens[105] bilden. § 8 Abs. 1 EStG legt nun allgemeingültig für alle Wertzugänge die Anforderungen fest, die es zu erfüllen gilt, um ein solcher Anknüpfungspunkt der Besteuerung zu sein: Güter in Geld oder Geldeswert müssen Gegenstand des Wertzugangs sein, und diese sind steuerlich nur relevant, wenn sie den Steuerpflichtigen „im Rahmen einer der Einkunftsarten des § 2 Abs. 1 Nr. 4 bis 7 EStG zufließen"[106].

§ 8 Abs. 2 EStG bezeichnet Einnahmen, die nicht in Geld bestehen, als „Sachbezüge" und enthält für diese verschiedene Bewertungsvorschriften. Satz 1 enthält

---

[104] Von diesen Einnahmen im Sinne des § 8 Abs. 1 sind die Werbungskosten abzuziehen, erst dann sieht man sich den „Einkünften" gegenüber; vgl. § 2 Abs. 2 Nr. 2 EStG.

[105] Vgl. zum weiteren Ablauf der Ermittlung die folgenden Absätze des § 2 EStG und zur Erläuterung die Ausführungen bei *K. Tipke / J. Lang*, Steuerrecht, § 9 Rn. 40 ff.

[106] Diese Vorschrift gilt ihrem Wortlaut nach für die Überschußeinkunftsarten („... im Rahmen einer der Einkunftsarten des § 2 Abs. 1 Satz 1 Nr. 4 bis 7 zufließen"). Ob ihr darüber hinaus Geltung auch für die Gewinneinkunftsarten zuzusprechen ist, ist umstritten. *D. Birk* (in: Herrmann/Heuer/Raupach, EStG, § 8 Rn. 5) und *H. Pust* (in: Littmann/Bitz/Pust, EStG, § 8 Rn. 13 f.) lehnen sowohl eine unmittelbare Geltung als auch eine nur entsprechende Anwendung ab. Dies sei aus rechtssystematischen Gründen nicht erforderlich, da sich schon aus der Methode der Gewinnermittlung die Anforderungen ergeben, die erfüllt sein müssen, um vom Vorliegen von Betriebseinnahmen auszugehen. Die Begriffe Einnahmen und Betriebseinnahmen seien jedoch weitgehend deckungsgleich. Dies beruhe aber nur auf einer Übernahme des § 8 Abs. 1 EStG zugrunde liegenden Rechtsgedankens, nicht auf einer entsprechenden Anwendung dieser Vorschrift im Bereich der Gewinneinkunftsarten. Der BFH betont die Deckungsgleichheit der Begriffe Einnahmen und Betriebseinnahmen (v. 26.11.1997, BFH/NV 1998 S. 961 (961); v. 27.05.1998, BStBl. 1998 II, S. 619) und definiert Betriebseinnahmen als „alle Zugänge von Gütern in Geld oder Geldeswert, die durch den Betrieb veranlaßt sind". Worauf diese Deckungsgleichheit strenggenommen zurückzuführen ist, läßt das Gericht offen (vgl. etwa BFH v. 06.03.1974, BStBl. II 1974 S. 341 (342): ausdrücklich offengelassen, ob entsprechende Anwendung des § 8 Abs. 1; v. 15.07.1975, BStBl. II 1975 S. 815 (817): sinngemäße Anwendung der Begriffsbestimmung der Einnahmen in § 8 EStG; v. 26.11.1997, BFH/NV 1998 S. 961 (962): „in Anlehnung an..."). *J. Lang* (Bemessungsgrundlage, S. 288) hält eine entsprechende Anwendung des § 8 Abs. 1 im Bereich der Gewinneinkünfte aus rechtssystematischen Gründen für erforderlich. Nach *H. Glenk* (in: Blümich, EStG, § 8 Rn. 4) hat § 8 Abs. 1 auch für die Gewinneinkünfte (konstitutive) Bedeutung. Alle Ansichten führen jedoch zum Ergebnis, daß sich die Begriffe „Einnahmen" und "Betriebseinnahmen" inhaltlich decken.

den grundlegenden Bewertungsmaßstab[107]: diese Einnahmen „sind mit den um übliche Preisnachlässe geminderten üblichen Endpreisen am Abgabeort anzusetzen". Satz 2 - 5[108] regeln speziell die Bewertung der privaten Nutzung von Dienstfahrzeugen, Satz 6 - 8 erklären für verschiedene Sachbezüge amtliche Sachbezugswerte als maßgeblich, und schließlich beläßt nun § 8 Abs. 2 S. 9 EStG Sachbezüge bis monatlich insgesamt 50 Euro je Arbeitnehmer steuerfrei.
§ 8 Abs. 3 EStG ist als vorrangige Sondervorschrift zu § 8 Abs. 2 EStG konzipiert. Bestimmte unentgeltliche Arbeitgeberzuwendungen an Arbeitnehmer - betroffen sind die Personalrabatte - sind hiernach abweichend von Abs. 2 zu bewerten und bis zu 1224 Euro pro Jahr steuerfrei zu stellen.

Uneinigkeit besteht über die Bedeutung, die § 2 Abs. 1 LStDV für Fragen der Besteuerung des Arbeitnehmers zuzusprechen ist[109]. Das, was § 19 EStG unterläßt, nämlich eine genaue Umschreibung dessen, was unter „Einkünften aus nichtselbständiger Arbeit" (oder jedenfalls als Einnahmen aus nichtselbständiger Arbeit) zu verstehen ist, nimmt nämlich scheinbar mit § 2 Abs. 1 LStDV eine Regelung vor, die im Rang unterhalb des EStG steht. Sie faßt in Satz 1 „alle Einnahmen, die dem Arbeitnehmer aus dem Dienstverhältnis zufließen", unter dem Begriff „Arbeitslohn" zusammen[110]. Die herrschende Meinung ordnet diese Vorschrift als zutref-

[107] Die Bewertungsregel des Abs. 2 fand mit dem EStG 1934 Eingang in § 8; damals sprach das Gesetz jedoch dem ortsüblichen Mittelpreis am Verbrauchsort die maßgebliche Bedeutung zu. Erst seit dem Steuerreformgesetz 1990 (v. 25.07.1988, BGBl. I 1988 S. 1093) wird auf die üblichen Endpreise am Abgabeort abgestellt.

[108] § 8 Abs. 2 wurde durch das Steueränderungsgesetz 1977 (BGBl. I 1977 S. 1586) um S. 2 erweitert. Zur Regelung der Jahreswagenproblematik fügte man mit dem Steuerreformgesetz 1990 (v. 10.08.1988, BGBl. I 1988 S. 1093) noch Abs. 3 an.

[109] So äußern sich beispielsweise *M. Popp / U. Albert*, DB 1984 S. 632 (632), kritisch zur rechtlichen Relevanz des § 2 Abs. 1 LStDV: Insbesondere ergäbe sich aus dem EStG keine ausreichende Ermächtigungsnorm für diese Vorschrift, zum Erreichen der in § 51 Abs. 1 Nr. 1 EStG genannten Ziele (Wahrung der Gleichmäßigkeit der Besteuerung, Beseitigung von Unbilligkeiten und Härten, Vereinfachung des Besteuerungsverfahrens) sei § 2 Abs. 1 LStDV nämlich nicht erforderlich. Auch nach Ansicht von *P. Kirchhof*, in: Kirchhof, EStG, § 51 Rn. 101, können die in der Änderungsverordnung vom 10.10.1989 (BGBl. I 1989 S. 1845 f.) genannten Ermächtigungen die Verordnungsbestimmung nicht rechtferigen.
Vgl. i.ü. näher zur Rechtssatzqualität der Durchführungsverordnungen im Steuerrecht *K.D. Drüen / H. W. Kruse*, in: Tipke/Kruse, AO, § 4 Rn. 65 ff.

[110] In früheren Fassungen des EStG ist der Begriff des Arbeitslohns z.T. auch in den Einkunftsermittlungsvorschriften verwendet worden. Schon § 9 Nr. 1 EStG 1920, der noch nicht zwischen nichtselbständiger und selbständiger Arbeit trennte, nannte 'Arbeitslohn' als mögliches 'Einkommen aus Arbeit'. Im EStG 1925 (vom 10.08.1925, RGBl. I 1925 S. 189) wurden erstmals die Einkünfte aus nichtselbständiger Arbeit in § 6 Nr. 4 und § 36 als eigene Einkunftsart behandelt, und § 36 Abs. 1 Nr. 1 enthielt den Klammerzusatz 'Arbeitslohn'. Diesen strich der Gesetzgeber jedoch wieder in der Nachfolgevorschrift des § 19 Abs. 1 EStG 1934 (vom 16.10. 1934, RGBl. I 1934 S. 1005). Weit später tauchte der Arbeitslohnbegriff nochmals im EStG auf. Die durch das Einkommensteuerreformgesetz 1974 (vom 05.08.1974, BGBl. I 1974 S. 1769) eingeführten Einkunftsermittlungsvorschriften der Abs. bis 5 des § 19 enthielten die

fende Auslegung des § 19 Abs. 1 EStG ein, als korrekte Ausfüllung des gesetzlich festgelegten Rahmens[111].

D) Die wesentlichen Grundzüge der Rechtsprechung des BFH zum Begriff des Arbeitslohns und der rechtlichen Qualifizierung von Sachzuwendungen

I.) Rückblick: „Annehmlichkeiten" und „Gelegenheitsgeschenke"

„Die Charakterisierung einer Zuwendung als Arbeitslohn kann nur in Auslegung gesetzlicher Tatbestandsmerkmale erfolgen".[112] Diese ausdrückliche Positionierung des BFH war Mitte der 80er Jahre als Schlußpunkt unter eine Rechtsprechung gedacht, die jahrzehntelang von den Schlagworten „Gelegenheitsgeschenke" und „Annehmlichkeiten" geprägt war. Die Zeit der „gesetzlosen Steuerbefreiungen im Lohnsteuerrecht"[113], die nach im Schrifttum weit verbreiteter Ansicht unter dem Deckmantel dieser Bezeichnungen gewährt wurden, sollte damit endgültig beendet werden.

Der Gedanke, daß es Zuwendungen des Arbeitgebers an den Arbeitnehmer gibt, die als „Annehmlichkeiten" bei der Bemessung der Einkommensteuer außen vor bleiben, tauchte schon in der Rechtsprechung des RFH auf. Der Begriff wurde erstmals in einer Entscheidung verwendet, die sich mit der steuerlichen Erheblichkeit des Brauereiarbeitern gewährten Freitrunkes beschäftigte. Im Ergebnis ordnete das Gericht die kostenlose Überlassung von Bier zum Eigenverbrauch nicht als Arbeitslohn ein, da keine objektive Bereicherung gegeben sei. Der Freitrunk habe mehr die „Natur einer Bedingung, unter der die Arbeit zu leisten sei, als die einer eigentlichen Entlohnung"[114].

Bezeichnung 'Arbeitslohn' als Kurzform für 'Einnahmen aus nichtselbständiger Arbeit'; diese Vorschriften wurden jedoch 1990 (durch das Steuerreformgesetz vom 25.07.1988, BGBl. I 1988 S. 1093) ersatzlos gestrichen. Seither findet sich der Begriff „Arbeitslohn" in keiner der einkommensteuerrechtlichen Vorschriften zur Einkünfteermittlung mehr, sondern nur noch in den Regelungen über den Lohnsteuerabzug (§§ 38 ff. EStG).

[111] Vgl. nur BFH v. 27.03.1991, BStBl. II 1991 S. 720 (721); BFH v. 23.10.1992, BStBl. II 1993 S. 303 (304) m.w.N. zur Rechtsprechung. *H. Pflüger*, in: Herrmann/Heuer/Raupach, EStG, § 19 Rn. 22; *J. Stolterfoht*, DStJG 5 (1982), S. 271 (282, Fn. 42). Vgl. in diesem Zusammenhang auch die Hinweise oben unter Teil 2, A) II.).

[112] BFH v. 22.03.1985 VI R 26/82, BStBl. II 1985 S. 641 (643).

[113] So der Titel eines Beitrages von *K. Offerhaus*, DStJG 9 (1986), S. 117.

[114] RFH v. 15.05.1929, RStBl. 1929 S. 412 zum Freitrunk im Brauereigewerbe. Vgl. auch RFH v. 05.06.1929, StuW 1929 Nr. 603 zu Freifahrkarten von Bahnangestellten: hier sahen die

Der BFH übernahm diesen Begriff in seine Rechtsprechung und verknüpfte mit ihm regelmäßig soziale Überlegungen. So sahen die Richter beispielsweise wertmäßig begrenzte Sachzuwendungen bei einem Weihnachtsfest als Annehmlichkeiten an, deren innerer Grund, auch nach dem Empfinden der Beteiligten, die von sozialen Erwägungen beeinflußte Gestaltung der Beziehungen zwischen Arbeitgeber und Arbeitnehmer sei[115]. Im Laufe der Zeit kristallisierten sich zwei Aspekte heraus, die als die Charakteristika der Annehmlichkeiten angesehen wurden.

So diente der Begriff zum einen der Kennzeichnung der Situation, daß die fragliche Zuwendung schon gar nicht als geldwerter Vorteil anzusehen war[116]. Zum anderen rückte der Aspekt des mit der Zuwendung verfolgten Interesses in den Mittelpunkt[117]. In einem Urteil vom 22.10.1976 nahm der BFH eine ausdrückliche Zweiteilung vor: steuerfreie „Annehmlichkeiten" seien zum einen Vorteile, die sich aus der Sicht des Arbeitnehmers lediglich auf die Art und Weise bezögen, in der er seine Arbeitsleistung zu erbringen habe; solche Leistungen sähe auch „nach der Verkehrsanschauung ein objektiver Betrachter [...] nicht als individuelle Gegenleistung des Arbeitgebers für die Zurverfügungstellung der Arbeitskraft des einzelnen Arbeitnehmers an [...]"[118]. Dieser Gruppe rechnete der BFH vor allem Aufwendungen des Arbeitgebers zur Ausgestaltung des Arbeitsplatzes oder zur Erfüllung seiner arbeitsrechtlichen Fürsorgepflicht zu. Als Beispiele wurden die Gestellung typischer Berufskleidung genannt, die Bereitstellung von Aufenthalts- und Erholungsräumen, von firmeneigenen Duschräumen und Kindergärten, desweiteren die unentgeltliche Abgabe von Getränken im Betrieb. Auch betriebsübliche Sozialleistungen seien in eingeschränktem Umfang nicht steuerbare Zuwendungen[119]. Die zweite Gruppe bildeten die Fälle, in denen ein Vorteil vom Arbeitgeber im ganz überwiegend eigenbetrieblichen Interesse erbracht werde; in diesem Fall trete die objektive Bereicherung des Arbeitnehmers in den Hintergrund[120]. Entscheidende Bedeutung zur Abgrenzung steuerbarer von nicht steuerbaren Zuwendungen maß die Rechtsprechung diesem Gesichtspunkt zu bei der

---

Richter der Rahmen der „Annehmlichkeiten" als überschritten an, ohne sich jedoch mit dieser "Erscheinung" näher auseinanderzusetzen.

[115] BFH v. 03.12.1953, BStBl. III 1954 S. 65 (66); BFH v. 02.10.1968, BStBl. II 1969 S. 115 (116) stellte erheblich auf die Fürsorgepflicht des Arbeitgebers ab, der mit der Gewährung von Freitrunk in branchenüblicher Weise nachgekommen werde.

[116] BFH v. 26.04.1963, BStBl. III 1963 S. 329; v. 10.06.1966, BStBl. III 1966 S. 607 (608) und v. 24.01.1975, BStBl. II 1975 S. 340 (342).

[117] Vgl. BFH v. 07.07.1961, BStBl. III 1961 S. 443 (444); v. 10.11.1961, BStBl. III 1962 S. 50 (50) und v. 26.04.1963, BStBl. III 1963 S. 329 (329).

[118] BFH v. 22.10.1976, BStBl. II 1977 S. 99 (102).

[119] BFH v. 22.10.1976, BStBl. II 1977 S. 99 (102).

[120] BFH v. 22.10.1976, BStBl. II 1977 S. 99 (102) mit Hinweisen auf andere Entscheidungen.

rechtlichen Beurteilung der Vorteile aus auf Kosten des Betriebes durchgeführten Kreislauftrainingskuren[121], aus der Rabattgewährung hinsichtlich Gegenständen des täglichen Bedarfs[122], der Gewährung eines Essensfreibetrages bzw. -zuschusses[123] oder auch aus der Übernahme der Unterkunfts- und Verpflegungskosten für ehrenamtliche Helfer von Wohlfahrtsverbänden[124]. Es folgte eine schrittweise Distanzierung vom Begriff der „Annehmlichkeiten“ und schließlich der ausdrückliche Verzicht. Im „Vorsorgeuntersuchungsurteil“ im Jahre 1982 stellten die Richter nicht die von der Vorinstanz angesprochene Frage, ob es sich bei den konkreten Zuwendungen um „sogenannte Annehmlichkeiten“ handelte, weil schon die Auslegung der gesetzlichen Vorgaben zu dem Ergebnis geführt hatte, daß die Sachzuwendungen nicht steuerbar waren[125], und im „Lehrabschlußprämienurteil“ von 1985 schließlich stellte das Gericht dann fest, man habe sich schon drei Jahre zuvor von dem bislang benutzten Begriff der Annehmlichkeit gelöst[126].

Auch mit der „Rechtsfigur“ der „Gelegenheitsgeschenke“ ging der BFH lange Zeit großzügig um, was beispielsweise die Aussage deutlich macht, daß „bei der Abgrenzung der Gelegenheitsgeschenke vom steuerpflichtigen Arbeitslohn wegen der wünschenswerten Förderung der persönlichen Beziehungen zwischen dem Arbeitgeber und seinen Arbeitnehmern keine allzu enge Auslegung angebracht“ sei[127]. Als steuerfreies „Gelegenheitsgeschenk“ qualifizierten die Richter eine Zuwendung dann, wenn sie bei einem besonderen persönlichen, einmaligen oder nicht oft wiederkehrenden Anlaß dem Arbeitnehmer zukam, nach Art und Höhe nicht ungewöhnlich und übermäßig war und bei der der Gedanke einer Aufmerksamkeit und der Ehrung, nicht aber der einer Entlohnung für geleistete Dienste im Vordergrund stand[128]. Relevanz sprachen die Gerichte aber nur bestimmten Anlässen zu[129]. Speziellen gesetzlichen Regelungen (beispielsweise betreffend die

[121] BFH v. 24.01.1975, BStBl. II 1975 S. 340.
[122] BFH v. 15.03.1974, BStBl. II 1974 S. 413.
[123] BFH v. 21.03.1975, BStBl. II 1975 S. 486.
[124] BFH v. 28.02.1975, BStBl. II 1976 S. 134.
[125] BFH v. 17.09.1982, BStBl. II 1983 S. 39 (42).
[126] BFH v. 22.03.1985, BStBl. II 1985 S. 641 (643).
[127] BFH v. 22.03.1967, BStBl. III 1967 S. 375 (375); v. 02.10.1968, BStBl. II 1969 S. 116 (117).
[128] So schon BFH v. 04.05.1962, BStBl. III 1962 S. 281 (282).
[129] Bedeutsame Anlässe waren insbesondere Kommunion, Konfirmation oder Schulentlassung von Kindern des Arbeitnehmers, Silberne oder Goldene Hochzeit des Arbeitnehmers oder sein Eintritt in den Ruhestand (*K. Offerhaus*, DStJG 9 (1986), S. 117 (124)). Hingegen wurden regelmäßig wiederkehrende Ereignisse wie Weihnachten, Ostern oder der jährliche Geburtstag nicht als besonderer Anlaß anerkannt; für die „runden“ Geburtstage gingen die Ansichten in Rechtsprechung und Literatur auseinander; vgl. dazu die Nachweise bei *C. Etzel*, Lohnsteuerliche Beurteilung, S. 112 f.

Jubiläumszuwendungen) maß man abschließende Bedeutung nur dahingehend bei, daß somit für „andere ähnliche Fälle der allgemeine Rechtsgedanke des Gelegenheitsgeschenkes in der Regel nicht zu Steuerfreiheit führen“ könne[130]. Deutliche Zurückhaltung setzte sich dann aber in den 70er Jahren mehr und mehr durch. Man zog den Kreis der möglichen Gelegenheitsgeschenke immer enger, indem die einschränkenden Gesichtspunkte – das Erfordernis der Seltenheit und Üblichkeit der Zuwendung und das der Besonderheit des Anlasses – verstärkt betont wurden, und mit dem Lehrabschlußprämien-Urteil wurde die „Gelegenheitsgeschenke-Rechtsprechung“ endgültig verabschiedet. Die Richter führten aus, es müsse dem Gesetzgeber überlassen bleiben festzulegen, Zuwendungen zu welchen Anlässen nicht steuerlich zu erfassen seien. Durch Auslegung der maßgeblichen gesetzlichen Vorschriften jedenfalls sei es nicht möglich, einzelne herausgehobene Ereignisse im Leben eines Arbeitnehmers oder seiner Angehörigen sachgerecht zum Anlaß für steuerfreie Zuwendungen zu erklären, andere hingegen nicht[131].

II.) Die zentralen Überlegungen in der aktuellen Rechtsprechung - „neuer“ Arbeitslohnbegriff

1.) Neupositionierung des BFH

Die Distanzierung des BFH von seiner Rechtsprechung zu „Annehmlichkeiten“ und „Gelegenheitsgeschenken“ war Bestandteil einer grundlegenden Wende der Rechtsprechung in Hinblick auf den Arbeitslohnbegriff. In der ersten Hälfte der 80er Jahre bezog der BFH ausdrücklich eine klare systematische Position: „Die Charakterisierung einer Zuwendung als Arbeitslohn kann nur in Auslegung gesetzlicher Tatbestandsmerkmale erfolgen“[132]. Auszulegen ist § 19 Abs. 1 Nr. 1 EStG, der zu den Einnahmen aus nichtselbständiger Arbeit neben ausdrücklich genannten Zuwendungen „andere Bezüge und Vorteile, die für eine Beschäftigung ... im privaten Dienst gewährt werden“, zählt. Welche Voraussetzungen nach Ansicht des BFH erfüllt sein müssen, um das Vorliegen von Arbeitslohn zu bejahen, arbeitete der BFH erstmals in seiner Entscheidung zu den Vorsorgeuntersuchun-

---

[130] BFH v. 26.02.1965, BStBl. III 1965 S. 366 (366).

[131] BFH v. 22.03.1985, BStBl. II 1985 S. 641. Schon im Urteil v. 12.11.1976, BStBl. II 1977 S. 181 hatte das Gericht darauf hingewiesen, daß es mit Rücksicht auf die gesetzlich geregelten Fälle steuerfreier Gelegenheitsgeschenke nur noch in Ausnahmefällen vertretbar sei, jenseits der vom Gesetzgeber ausgewählten Sachverhalte bestimmte Geschenke als steuerfreie anzuerkennen.

[132] BFH v. 22.03.1985, BStBl. II 1985 S. 641 (643).

gen deutlich heraus: „Demnach liegt Arbeitslohn vor, wenn dem Arbeitnehmer (1.) Geld oder geldeswerte Güter (2.) für eine Beschäftigung im privaten Dienst (3.) zugeflossen sind“[133]. Die Richter des BFH betonten in dieser Entscheidung erstmals auch die zentrale Bedeutung des Veranlassungsprinzips, das ihres Erachtens auch bei den Einnahmen aus nichtselbständiger Arbeit maßgeblich sei für die Frage, ob eine Bereicherung „für eine Beschäftigung im privaten Dienst“ erlangt worden sei: „Der Senat geht insbesondere mit Rücksicht darauf, daß nach seiner Rechtsprechung der Begriff der Werbungskosten (= Ausgaben) bei den Einkünften aus nichtselbständiger Arbeit vom Veranlassungsprinzip geprägt ist, davon aus, daß auch für den Arbeitslohn (= Einnahmen aus nichtselbständiger Arbeit) das Veranlassungsprinzip anzuwenden ist“[134]. Eine Einnahme sei in diesem Sinne „nur dann durch das Dienstverhältnis veranlaßt, wenn sie sich im weitesten Sinne als Gegenleistung für die Zurverfügungstellung [...] der individuellen Arbeitskraft (Dienste) erweist“[135]. Eine solche Gegenleistung liegt nach Ansicht des BFH jedenfalls dann nicht vor, wenn die Zuwendung „im ganz überwiegend eigenbetrieblichen Interesse“ des Leistenden erfolgt[136]. Diese deutliche Positionierung setzte ein Ende unter die Phase, in der man sich in der Rechtsprechung im wesentlich nur darüber im Klaren war, daß der Begriff „Arbeitslohn“ weit und umfassend ist[137]. Über die Qualifizierung von Sachzuwendungen als „Gelegenheitsgeschenke“ oder „Annehmlichkeiten“ wurde nach der systematischen Neuausrichtung der Rechtsprechung nicht mehr diskutiert.

2.) Der Neupositionierung nachfolgende Änderungen bei der rechtlichen Qualifizierung von Sachzuwendungen

Nach der systematischen Positionierung des BFH kam es überwiegend zu einer strengeren Beurteilung von Sachzuwendungen; andere Fälle wurden nun aber auch differenzierter betrachtet. Auf einige der wesentlichen Veränderungen soll nachfolgend beispielhaft hingewiesen werden.

Hatte das Gericht etwa noch in den 70er Jahren den Vorteil der Arbeitnehmer aus der Gewährung von Personalrabatten in den zur Entscheidung stehenden Fällen

[133] BFH v. 17.09.1982, BStBl. II 1983 S. 39 (40).
[134] BFH v. 17.09.1982, BStBl. II 1983 S. 39 (41).
[135] BFH v. 17.09.1982, BStBl. II 1983 S. 39 (41).
[136] BFH v. 17.09.1982, BStBl. II 1983 S. 39 (41).
[137] Etwa BFH v. 08.03.1968 (VI R 1175/66), BStBl. II 1968 S. 738; v. 19.04.1974, BStBl. II 1975 S. 592; v. 19.07.1974, BStBl. II 1975 S. 181; v. 13.04.1976, BStBl. II 1976 S. 694; v. 15.12.1977, BStBl. II 1978 S. 239; v. 17.07.1981, BStBl. II 1991 S. 773.

grundsätzlich als nicht steuerbar qualifiziert, so wurde nun klargestellt, daß bei dieser Sachzuwendungsart die drei Tatbestandsvoraussetzungen für steuerbaren Arbeitslohn regelmäßig gegeben sind. Der BFH nahm nun den Standpunkt ein, daß sich eine objektive Bereicherung des Zuwendungsempfängers zumeist nicht leugnen lasse und daß die auf Seiten des Arbeitgebers denkbaren Interessen des Arbeitgebers an der verbilligten Überlassung beispielsweise von Waren - insbesondere die Vermeidung von Diebstählen und die Bindung der Belegschaft an die eigene Produktpalette - regelmäßig nicht überzeugend als Argumente gegen das Ziel des Arbeitgebers sprächen, den Arbeitnehmer zusätzlich zu entlohnen[138]. Zur Zeit der Annehmlichkeiten-Rechtsprechung war der BFH auch der Ansicht, Essensgeldzuschüsse seien bis zur Höhe von 1,50 DM pro Arbeitstag steuerfrei, sowohl bei Gewährung in Form von Barzuschüssen an Kantinen oder Gaststätten als auch in Form von Essensmarken, die den Arbeitnehmern selbst gegeben werden[139]. Die Errichtung von Betriebskantinen und die Ausgabe von Essenmarken liege im Hinblick auf die Einführung durchgehender Arbeitszeiten wesentlich im Interesse des Arbeitgebers; die betreffenden Leistungen seien deshalb als steuerfreie Annehmlichkeiten einzuordnen, die der Ausgestaltung des Arbeitsplatzes im weiteren Sinne dienten. Diese großzügige Haltung gab das Gericht nach der systematischen Neupositionierung auf und stellte klar, daß der Vorteil aus einer verbilligten Essengewährung durch den Arbeitgeber zwar grundsätzlich steuerfrei sein könne, wenn hinter der Zuwendung ein ganz überwiegend eigenbetriebliches Interesse gestanden habe. Die verbilligte Essensgewährung selbst könne aber im Regelfall nicht entscheidend auf das Interesse des Arbeitgebers zurückgeführt werden, die Einnahme der Mahlzeiten so zu gestalten, daß dadurch die Arbeitsleistung für den Betrieb möglichst wenig beeinträchtigt werde; deshalb sei der betreffende Vorteil des Arbeitnehmers grundsätzlich steuerbarer Arbeitslohn[140].

In bemerkenswerter Weise änderte sich die Haltung der obersten Finanzrichter gegenüber Zuwendungen, die die Belegschaft bei Betriebsveranstaltungen erhält; hier nahmen sie eine differenzierte Position ein. Wurden früher Zuwendungen aus Anlaß von Betriebsveranstaltungen generell als auf Seiten des Arbeitnehmers steuerbare Leistungen eingeordnet, so qualifizierte man nun die Gewährung übli-

[138] BFH v. 04.06.1993, BStBl. II 1993 S. 687. Im Urteil v. 02.02.1990, BStBl. II 1990 S. 472, war der BFH nicht näher auf die Interessen der jeweils Beteiligten eingegangen, sondern hatte einen steuerbaren geldwerten schon aus der Überlegung heraus bejaht, daß der Arbeitnehmer ein nicht unerhebliches eigenes Interesse an der Erlangung der finanziellen Vorteile gehabt habe.

[139] BFH v. 21.03.1975, BStBl. II 1975 S. 486.

[140] BFH v. 07.12.1984, BStBl. II 1985 S. 164. In dieser Entscheidung konnte der BFH aber im Ergebnis offen lassen, ob der damalige Essensfreibetrag berechtigterweise berücksichtigt wird, da die Finanzverwaltung im zugrunde liegenden Fall den Freibetrag gewährt hatte, der BFH aber keine „Verböserung" aussprechen darf.

cher geldwerter Vorteile bei herkömmlichen Betriebsveranstaltungen als Vorteile, die im ganz überwiegend eigenbetrieblichen Interesse des Arbeitgebers gewährt werden[141]. Nur beim Überschreiten gewisser Grenzen hinsichtlich Art und Umfang der Leistungen seien die Zuwendungen als steuerbare Gegenleistung für das Zurverfügungstellen der individuellen Arbeitskraft einzuordnen.

Auch ihre früher strikt ablehnende Haltung gegenüber der Möglichkeit, einen geldwerten Vorteil aufzuteilen in einen steuerbaren und einen nicht steuerbaren Teil, haben die BFH-Richter in jüngerer Zeit aufgegeben. Ein unmittelbarer zeitlicher Zusammenhang der beiden Entwicklungen läßt sich jedoch nicht feststellen, denn die angesprochene Offenheit läßt sich den BFH-Urteilen erst seit der Entscheidung des Gerichts zu geldwerten Vorteilen aus der Teilnahme an einer Mitarbeiterkonferenz auf Kreta im Jahre 1996 entnehmen. Hier wies der BFH darauf hin, daß seines Erachtens „ausnahmsweise eine Aufteilung zwischen Arbeitslohn und Zuwendungen im betrieblichen Eigeninteresse in Betracht kommen [kann], wenn die Kosten rein betriebsfunktionaler Elemente sich leicht und eindeutig von sonstigen Zuwendungen mit Entlohnungscharakter abgrenzen lassen“[142].

3.) Fortwirken früherer Erwägungen in der neuen Rechtsprechung?

Vor dem Hintergrund der verbreiteten Kritik an der älteren Rechtsprechung[143] und der ausdrücklichen Neupositionierung der neueren Rechtsprechung muß der Blick auf die Judikatur der letzten Jahre jedoch neugierig machen. Denn es ist nicht etwa so, daß sich die in der Phase der Rechtsprechung vor der Vorsorgeuntersuchungsurteil angestellten Erwägungen in jüngeren Entscheidungen des BFH überhaupt nicht mehr finden. So nimmt insbesondere der Aspekt des „ganz überwiegend eigenbetrieblichen Interesses“ als ein den Veranlassungszusammenhang zwischen Einnahme und nichtselbständiger Betätigung[144] negativ konkretisierendes Merkmal inzwischen einen festen Platz in der Rechtsprechung ein. Sobald ein eigenbetriebliches Interesse des Arbeitgebers vorliegt, das das Interesse des Ar-

[141] Die Wende markierte die Entscheidung des BFH v. 22.03.1985, BStBl. II 1985 S. 532 (533), dort auch Nachweise zur früheren Rechtsprechung.
[142] BFH v. 09.08.1996, BStBl. II 1997 S. 97.
[143] Vgl. aus dem kritischen Schrifttum zur Annehmlichkeiten-Rechtsprechung *J. Stolterfoht*, DStJG 5 (1982), S. 271 (284 und 289); *W. Drenseck*, in: L. Schmidt, EStG, 12. Auflage 1983, § 19 Anm. 7 c; *K. Offerhaus*, DStJG 9 (1986), S. 117; *G. Baumdicker*, DStR 1977 S. 683 (insbes. 687 f.). Zur Kritik an der Gelegenheitsgeschenke-Rechtsprechung *K. Offerhaus*, BB 1982 S. 1061 (1067); *G. Dietrich*, DB 1976 S. 309 (311); *J. Stolterfoht*, FR 1976 S. 417 (419).
[144] Zur Übernahme des Veranlassungsprinzip auch in diesen Bereich hier zunächst nur BFH v. 17.09.1982, BStBl. II 1983 S. 39 (41). Näheres dazu in Teil 3, C).

beitnehmers an der Entlohnung deutlich überwiegt, erweise sich eine Einnahme nicht „im weitesten Sinne als Gegenleistung für die Zurverfügungstellung der individuellen Arbeitskraft“[145]. Hier sieht man sich also einem Aspekt gegenüber, der früher als eine der Teilgruppen der „Annehmlichkeiten“ prägender Gesichtspunkt angesehen wurde. In jüngeren Entscheidungen weist der BFH vermehrt darauf hin, daß der Hinweis auf ein ganz überwiegend eigenbetriebliches Interesse des Arbeitgebers an der Zuwendung das Ergebnis einer Würdigung des Sachverhalts dahingehend beschreibe, daß ein geldwerter Vorteil sich „bei objektiver Würdigung aller Umstände nicht als Entlohnung, sondern lediglich als notwendige Begleiterscheinung betriebsfunktionaler Zielsetzung“[146] erweise und deshalb nicht als Arbeitslohn anzusehen sei. Ob die mit der Zuwendung verfolgte Zielsetzung gegenüber dem Interesse des Arbeitnehmers, den Vorteil zu erlangen, im Vordergrund stehe, sei aus den Begleitumständen zu erschließen, insbesondere aus Anlaß, Art und Höhe des Vorteils, Auswahl der Begünstigten, freie oder gebundene Verfügbarkeit, Freiwilligkeit oder Zwang zur Annahme des Vorteils und seiner besonderen Geeignetheit für den angeführten betrieblichen Zweck[147].

Auch greift der BFH gelegentlich auf den im EStG nicht enthaltenen Begriff der „Aufmerksamkeiten“ zurück und führt aus, daß der Arbeitslohncharakter bei „bloßen Aufmerksamkeiten [...], die auch im gesellschaftlichen Verkehr ausgetauscht werden und bei denen deshalb ein geldwerter Vorteil ausscheiden und ein Leistungsentgelt nicht gegeben sein kann“[148], zu verneinen sei. Typischerweise handelt es sich dabei um Zuwendungen, denen ein nur geringer objektiver Wert zugesprochen werden kann. Ob dies in den Augen des BFH der entscheidende Aspekt ist, der für die Steuerfreiheit der entsprechenden Zuwendungen spricht oder ob vielmehr andere Erwägungen sein Ergebnis tragen, spricht der BFH nicht deutlich aus. Die Stellungnahmen im Schrifttum zu dieser „Rechtsfigur“ vermögen auch nicht recht ein klares Bild zu verschaffen[149].

Mit Überlegungen zum Wert der Sachzuwendung, insbesondere zu dessen Relevanz für die einkommensteuerliche Beurteilung, verläßt man den Bereich der Veranlassungsproblematik. Genau genommen geht es dabei um eine der Fragen, die vom BFH schon an einer früheren Stelle diskutiert werden. Systematisch zu

---

[145] So beispielsweise BFH v. 25.05.1992, BStBl. II 1993 S. 45 (46).

[146] BFH v. 04.06.1993, BStBl. II 1993 S. 687 (689); v. 27.09.1996, BStBl. II 1997 S. 146 (147); v. 25.05.2000, BStBl. II 2000 S. 690 (691).

[147] BFH v. 22.03.1985, BStBl. II 1985 S. 532 (533); BFH v. 04.06.1993, BStBl. II 1993 S. 687 (689); v. 25.05.2000, BStBl. II 2000 S. 690 (691); v. 30.05.2001, BStBl. II 2001 S. 671 (672).

[148] Seit BFH v. 22.03.1985, BStBl. II 1985 S. 641 (644).

[149] Dazu mehr unter Teil 3, C) IV.) 5.) f).

Recht, denn § 8 Abs. 1 EStG fordert für nicht in Geld bestehende Vorteile, daß ihnen Geldwert zugesprochen werden kann; andernfalls sind sie schon nicht tauglicher Gegenstand einer Einnahme. Der Standpunkt des BFH in diesem Zusammenhang ist folgender: als „Güter in Geld oder Geldeswert" sind alle Vorteile anzusehen, denen ein wirtschaftlicher Wert zugesprochen werden kann. Davon gehen die Richter dann aus, wenn sich der Zuwendungsgegenstand eignet, auf Seiten des Empfängers eine objektive Bereicherung zu bewirken, das Vermögen des Arbeitnehmers muß wirtschaftlich vermehrt worden sein[150]. Keine Relevanz für die Höhe der Steuerbemessungsgrundlage komme hingegen sogenannten „ideellen" Vorteilen zu[151]; was sich der Rechtsanwender unter solchen Vorteilen vorzustellen hat, hat der BFH jedoch bisher nicht näher erläutert.

Schon diese Feststellungen lassen Zweifel aufkommen, ob es dem BFH tatsächlich gelungen ist, eine „neue" Rechtsprechung zu entwickeln, die von rechtssystematischer Durchdringung gekennzeichnet ist, oder ob nicht vielmehr Kasuistik prägend ist für die Entscheidungen und die Richter dabei früheren Überlegungen verhaftet geblieben sind. Mit diesen Fragen wird sich die nachfolgende Untersuchung schwerpunktmäßig beschäftigen.

E) Relevanz der Entscheidung der Abgrenzungsprobleme für andere steuerrechtliche Fragen

Der Blick ins Einkommensteuergesetz könnte dazu verleiten, den Antworten auf die angedeuteten Fragen eine im Ergebnis nur geringe Relevanz zuzusprechen. Schließlich enthält das Gesetz selbst den „Auffangtatbestand" des § 22 Nr. 3 EStG, der regelmäßig die problematischen Fälle erfaßt, die nicht der Einkunftsart „nichtselbständige Arbeit" zugeordnet werden können, so daß letztendlich auch diese Leistungen steuerbar sind. Diese Sichtweise wäre jedoch aus folgenden Überlegungen allzu verkürzt. Der Gesetzgeber hat sich ausdrücklich für die klare Unterscheidung von Einkunftsarten entschieden und § 22 EStG als in dem Sinne nachrangige Vorschrift konzipiert, daß sie tatsächlich erst und nur dann zum Zuge kommen kann, wenn die Zuordnung von Wertzugängen zu einer der anderen Ein-

---

150 So schon BFH v. 07.07.1961, BStBl. III 1961 S. 443 (444); v. 07.12.1984, BStBl. II 1985 S. 164 (166); v. 21.07.1987, BFH/NV 1988 S. 224 (225). Vgl. auch BFH v. 22.07.1988 III R 175/85, BStBl. II 1988 S. 995 (996) zur Frage der Qualifizierung von Vorteilen als Betriebseinnahmen.

151 BFH v. 17.09.1982, BStBl. II 1983 S. 39 (41): Das Finanzgericht hatte unentgeltlichen Vorsorgeuntersuchungen leitender Angestellter, die der Arbeitgeber veranlaßt hatte, einen objektiven wirtschaftlichen und nicht nur einen ideellen Wert zugesprochen .

kunftsarten unter rechtlichen Aspekten nicht in Betracht kommt[152]. Die klare und vorbehaltslose Zuordnung ist auch deshalb unumgänglich, weil Einnahmen im weiteren unterschiedlichen Regelungen unterliegen, je nachdem, welcher Einkunftsart sie zugeordnet werden. So wird für Einnahmen auf der Abzugsseite § 9 a Satz 1 Nr. 1 EStG relevant, wenn man sich im Rahmen der Einkünfte aus nichtselbständiger Tätigkeit bewegt. Diese Vorschrift sieht für solche Einnahmen den Abzug eines Werbungskosten-Pauschbetrages in Höhe von 1044 Euro vor[153]; dieser Pauschbetrag kann jedenfalls dann wie ein Freibetrag wirken, wenn sein Abzug mit steuerfreiem oder pauschal versteuertem Werbungskostenersatz des Arbeitgebers[154] zusammentrifft. Durch § 22 Nr. 3 S. 2 EStG werden andererseits Einkünfte aus dieser Vorschrift zuzuordnenden Leistungen insoweit begünstigt behandelt, als das Gesetz für sie eine Freigrenze von 256 Euro festlegt. Nur wenn die Einkünfte diesen Betrag überschreiten, sind sie zu versteuern - dann aber in vollem Umfang[155].

Die Bedeutsamkeit der Abgrenzungsfragen ist aber nicht auf diese Zusammenhänge beschränkt. Welches Gewicht sie auch für andere steuerrechtliche Bereiche haben, soll nachfolgend aufgezeigt werden.

I.) Einbehaltungs- und Abführungspflichten des Arbeitgebers im Lohnsteuerverfahren, Auswirkungen auf dessen Haftung und (mögliche) Steuerschuld

Die besondere Bedeutung der Steuer auf die Einnahmen aus nichtselbständiger Arbeit für die Unternehmen ist maßgeblich begründet in der speziellen Erhebungsform, die das Gesetz für die Lohnsteuer[156] anordnet. Durch sie erhält die

[152] Was aber nicht bedeutet, daß sonstige Einkünfte i.S. des § 22 etwa alle Einkünfte sind, die von §§ 2 Abs. 1 Nrn. 1 - 6, 13 - 21 EStG nicht erfaßt werden; vielmehr fallen hierunter nur die Einkünfte i.S. des § 22 EStG. Dies macht § 2 Abs. 1 Nr. 7 EStG deutlich. Vgl. weiter den Überblick bei *K. Tipke / J. Lang*, Steuerrecht, § 9 Rn. 574 ff.

[153] Das BVerfG hat mit der Entscheidung vom 10.04.1997, BVerfGE 96, S. 1 (9 f.) die Verfassungsmäßigkeit des Pauschbetrages bestätigt; vgl. auch den Vorlagebeschluß des BFH v. 19.02.1993, BStBl. II 1993 S. 551.

[154] Etwa §§ 3 Nr. 16, 40 Abs. 2 S. 2 EStG.

[155] Zu Freibeträgen ausführlich beispielsweise *W. Traxel*, Die Freibeträge, 1986; vgl. auch *J. Lang*, Systematisierung, S. 106 f.

[156] Hier soll die vor allem von *J. Lang*, DStJG 9 (1986), S. 15, insb. S. 51 ff., ausgelöste Diskussion außen vor bleiben, ob es nämlich über den lohnsteuerpflichtigen Arbeitslohn hinaus Einnahmen gibt, die durch die nichtselbständige Erwerbstätigkeit veranlaßt sind, so z.B. die Streik- und Aussperrungsunterstützungen. Beurteilungsschwierigkeiten tun sich dem Arbeitgeber auch dann schon auf, wenn man von ihm verlangt, mit dem Dienstverhältnis zusammenhängende Wertzuflüsse auf Seiten des Arbeitnehmers auf ihre lohnsteuerrechtliche Bedeutung/Relevanz hin zu überprüfen.

Lohnsteuer den Charakter einer Vorauszahlung auf die mit Ablauf des Kalenderjahres entstehende und auf die Einkünfte aus nichtselbständiger Arbeit entfallende Einkommensteuerschuld[157]. Die Steuer wird an der Quelle erhoben, nämlich durch Abzug vom Arbeitslohn, wobei der Gesetzgeber die Pflicht, dieses vorzunehmen, dem Arbeitgeber auferlegt hat (vgl. § 38 Abs. 3 S. 1 EStG)[158]. So ist es an ihm, die Besteuerungsgrundlagen zu ermitteln und anhand dieser die anfallende Steuer zu berechnen, einzubehalten und, was § 41 a EStG anordnet, für Rechnung des Arbeitnehmers an das Finanzamt abzuführen[159].

Folge daraus ist zwar nicht, daß der Arbeitgeber die rechtliche Stellung als Schuldner der Lohnsteuer erhält; dies bleibt der Arbeitnehmer (§ 38 Abs. 2 S. 1 EStG)[160]. § 42 d Abs. 1 EStG sieht für ihn aber eine grundsätzliche Haftung vor: Fehler beim Lohnsteuerabzug - deren recht häufiges Vorkommen niemanden verwundert angesichts der zunehmenden Kompliziertheit des Einkommensteuerrechts - haben regelmäßig die Konsequenz , daß der Arbeitgeber gegenüber dem Finanzamt für daraus resultierende Steuerfehlbeträge einzustehen hat, dem Steuergläubiger also der Zugriff auf die Vermögensgegenstände des Arbeitgebers gewährt wird[161]. Diese Einbindung in die Haftung selbst riefe - sofern nicht von vorne herein pauschal versteuert wird - dem Grunde nach jedoch keine allzu schwerwiegenden Konsequenzen für den betroffenen Arbeitgeber hervor. Da den Arbeitnehmer als Lohnsteuerschuldner im Ergebnis die steuerliche Last trifft, besteht für den vom Finanzamt in Anspruch genommenen Arbeitgeber auf zivilrechtlicher Grundlage[162] die Möglichkeit, den Arbeitnehmer in Regreß zu neh-

---

[157] BFH v. 29.04.1992, BStBl. II 1992 S. 752 (753); 18.07.1986, BStBl. II 1986 S. 152 (153); *W. Drenseck*, in: L. Schmidt, EStG, § 38 Rn. 1; vgl. auch *R. Eckhoff*, Rechtsanwendungsgleichheit, S. 344 ff.

[158] Daß diese Regelung, dem Arbeitnehmer die Einbehaltungspflicht aufzuerlegen, mit der Verfassung vereinbar ist, ist höchstrichterlich festgestellt worden: BFH v. 05.07.1963, BStBl. III 1963 S. 468. Das BVerfG hat die hiergegen eingelegte Verfassungsbeschwerde als offensichtlich unbegründet nicht zur Entscheidung angenommen, Az. 1 BvR 514/63, DB 1964 S. 204 (205).

[159] Auf der Seite des Arbeitnehmers erfolgt dann eine Anrechnung der einbehaltenen Lohnsteuer (§ 36 Abs. 2 Nr. 2); vgl. auch § 42 b Abs. 2 S. 5 und § 46 Abs. 2 Nr. 8 EStG.

[160] Die Schuldnerstellung hat der Arbeitgeber nur dann inne, wenn er sich für die das Besteuerungsverfahren vereinfachende Möglichkeit entscheidet, den Arbeitslohn pauschal zu versteuern nach §§ 40 - 40b EStG (vgl. §§ 40 Abs. 3, 40 a Abs. 4, 40 b Abs. 3); zur Lohnsteuerpauschalierung näher *J. Giloy*, Nettolohnverträge und Lohnsteuerpauschalierung, DStJG 9 (1986), S. 209 (217 ff.).

[161] Ausführlich zu Lohnsteuerschuld und Arbeitgeberhaftung *H. Mösbauer*, BB 1995 S. 2194 ff., *E. Olbertz*, DB 1998 S. 1787; *J. Giloy*, NWB Fach 6 S. 4267 und darüber hinaus speziell auch zu deren Verhältnis *B. Gast-de-Haan*, DStJG 9 (1986), S. 141 ff.

[162] So die h.M., vgl. BAG v. 14.06.1974, DB 1974 S. 2210; *E.-M. Gersch*, in: Herrmann/Heuer/Raupach, EStG, § 42 d, Rn. 121; dagegen ist nach Ansicht von *W. Schick*, Grundfragen des Lohnsteuerverfahrens, S. 28 der bestehende Anspruch öffentlich-rechtlicher Art;

men. Diese Situation tritt jedoch regelmäßig erst dann ein, wenn im Rahmen von Lohnsteuerprüfungen die Finanzbehörde Zuwendungen als steuerpflichtige einordnet, die der Arbeitgeber nicht als solche berücksichtigt hat, und auf der nunmehr veränderten Besteuerungsgrundlage vom Staat erhebliche Geldbeträge nachgefordert werden. Dann aber steht der Arbeitgeber regelmäßig vor dem Problem, diese Beträge dem einzelnen Arbeitnehmer zuordnen zu müssen, wozu er jedoch meist nicht in der Lage ist. Praktische Folge ist dann die Übernahme der nachgeforderten Steuerbeträge durch den Arbeitgeber im Wege der Pauschalierung nach § 40 Abs. 1 Nr. 2 EStG. In dieser Situation handelt es sich noch immer um eine Steuer, die aufgrund einer Tatbestandsverwirklichung durch die Arbeitnehmer entsteht, also um eine von der Steuer des Arbeitnehmers abgeleitete Steuer. Der BFH ging bis vor wenigen Jahren in solchen Fällen vom Vorliegen einer „Unternehmenssteuer" eigener Art[163] aus, da nun der Arbeitgeber - eben häufig ein „Unternehmen" - Schuldner dieser Steuer und nicht mehr nur als Haftender betroffen ist[164]. Diese Rechtsprechung ist inzwischen zu Recht aufgegeben worden mit dem Argument, daß die Steuerschuldnerschaft des Arbeitgebers nur steuertechnischer (formeller) Art, die pauschale Lohnsteuer vom Arbeitgeber lediglich übernommene Lohnsteuer sei[165].

II.) Die umsatzsteuerrechtliche Behandlung der Abgrenzungsprobleme: interessante Parallelen bzw. Abweichungen vom Einkommensteuerrecht

Die einkommensteuerrechtliche Qualifizierung von Sachzuwendungen hat in der Praxis auch Auswirkungen auf den Umfang der vom Arbeitgeber zu entrichtenden Umsatzsteuer; diese Zusammenhänge sollen im folgenden aufgezeigt werden. Auch die umsatzsteuerliche Behandlung von Zuwendungen des Arbeitgebers an seine Arbeitnehmer ist seit jeher umstritten[166].

---

ebenso *H. Schäfer*, Die Dreiecksbeziehung, S. 252 ff., insbes. 257 ff., der sich ausführlich und ablehnend mit der ganz überwiegend vertretenen These auseinandersetzt, eine öffentlich-rechtliche Forderung verliere mit dem Übergang auf ein Privatrechtssubjekt ihren öffentlichen Rechtscharakter und werde zu einer privatrechtlichen Forderung.

[163] Dies die Wortwahl des BFH im Urteil v. 05.11.1982, BStBl. II 1983 S. 91 (92) für den Fall der pauschalen Lohnsteuer nach § 40 Abs. 3 EStG. Das Gericht bezeichnet sie, zusammengefaßt, als eine auf den Zeitpunkt der Unanfechtbarkeit des Pauschalierungsbescheides auflösend bedingte originär in der Person des Arbeitgebers entstehende Unternehmenssteuer.

[164] Ausführlich zu Fragen in diesem Zusammenhang *K. J. Wagner*, Die Pauschalierung, S. 65 ff.; vgl. auch *G. Crezelius*, BB 1985 S. 2057 (insbes. 2058 f.).

[165] Mit dem Urteil v. 06.05.1994, BStBl. II 1994 S. 715 (insbes. 716) m.w.N.

[166] Vgl. die Nachweise bei *H. Söhn*, StuW 1976 S. 250 (251).

Nicht problematisch ist zunächst die umsatzsteuerrechtliche Würdigung in dem Fall, daß sich Arbeitsleistung und Sachzuwendung als arbeitsvertraglich vereinbarte Verpflichtungen gegenüberstehen, der Arbeitnehmer für die Erlangung der Zuwendung deshalb kein zusätzliches Entgelt aufbringen muß. Setzt sich die gesamte Entlohnung nach einer entsprechenden Vereinbarung anteilig aus Bar- und Sachlohn zusammen, so liegt ein klassischer Leistungsaustausch vor, da eben auf den Sachlohn ein Teil der Arbeitsleistung entfällt[167]. Ob Umsatzsteuerpflicht vorliegt, ist deshalb auf der Grundlage des § 1 Abs. 1 Nr. 1 S. 1 UStG zu beurteilen.

Komplizierter scheint sich die Situation bei den teilentgeltlichen Zuwendungen zu gestalten, da man hier auf den ersten Blick annehmen könnte, daß ein Leistungsaustauschverhältnis nur teilweise besteht. Betrachtet man die Konstellation aber genauer, so wird schnell klar, daß der Umstand, daß ein Arbeitnehmer im Vergleich zu außerhalb des Unternehmens stehenden Personen ein geringeres Entgelt für den Erhalt einer Leistung aufbringt, sich nur bei der Frage nach der Höhe der Bemessungsgrundlage auswirkt. Für die Grundsatzfrage nach der Umsatzsteuerbarkeit hingegen ist die Tatsache der Rabattgewährung ohne Belang. Gegen Entgelt sind die Leistungen jedenfalls ausgeführt - schließlich erwartet der Arbeitgeber für die Zuwendung eine Gegenleistung und hat für sie gegenüber dem einzelnen Arbeitnehmer einen unmittelbaren Anspruch auf Geldzahlung -, so daß ein Leistungsaustausch, wie ihn § 1 Abs. 1 Nr. 1 S. 1 UStG voraussetzt, unproblematisch vorliegt. Die Leistung ist steuerbar, sofern den sonstigen Anforderungen, die diese Norm statuiert, Genüge getan ist.

Als letzte Gruppe verbleiben die unentgeltlichen Zuwendungen, die der Arbeitgeber freiwillig, also ohne rechtliche Verpflichtung, gewährt. Der BFH war zur Zeit der Geltung des UStG 1967/73 der Ansicht, betriebliche Sachzuwendungen unterlägen auch in den Fällen der Besteuerung nach dem UStG, wenn die Arbeitnehmer, um sie zu erhalten, kein besonderes Entgelt aufzuwenden hätten, da nämlich als Entgelt der anteilige Wert ihrer Arbeitsleistung gelte[168]. Seit dem Urteil vom 07.05.1981[169] vertritt der BFH zu diesem Problem eine andere Auffassung. Ein Leistungsaustausch setze bei den fraglichen Leistungen voraus, daß die Sachzuwendungen Vergütungen für geleistete Dienste darstellten, sie in concreto Gegenstand der arbeitsvertraglichen Beziehungen geworden seien und mit den Zu-

---

[167] Vgl. dazu BFH v. 07.05.1981, BStBl. II 1981 S. 495.
[168] Z.B. BFH v. 06.02.1975, BStBl. II 1975 S. 255 („tauschähnlicher Umsatz“).
[169] BFH v. 07.05.1981, BStBl. II 1981 S. 495 mit Anmerkung v. *E. Weiß*, UR 1981 S. 149, betreffend Arbeitnehmerbeförderung und die Rechtslage vor 1980.

wendungen geleistete Dienste abgegolten werden sollen[170]. Als Konsequenz sahen die Richter des V. Senats bei sogenannten freiwilligen Sachzuwendungen mangels Gegenleistung einen Leistungsaustausch nicht als gegeben an, denn insbesondere die Arbeitsleistung des Arbeitnehmers sei - da er die volle Arbeitsleistung dem Arbeitgeber ohnehin schulde - keine Gegenleistung im Sinne des § 1 Abs. 1 Nr. 1 S. 1 UStG[171]. Der Gesetzgeber ergriff die Initiative und schrieb in § 1 Abs. 1 Nr. 1 S. 2 b des UStG 1980 fest, daß „die Steuerbarkeit [nicht] entfällt [...], wenn ein Unternehmer Lieferungen oder sonstige Leistungen an seine Arbeitnehmer oder deren Angehörige auf Grund des Dienstverhältnisses ausführt, für die die Empfänger der Lieferung oder sonstigen Leistung [...] kein besonders berechnetes Entgelt aufwenden...“. Diese Vorschrift sollte nach Ansicht des Gesetzgebers „in erster Linie klarstellende Bedeutung“[172] haben. Der BFH hingegen ordnete in den Arbeitnehmerbeförderungsurteilen II und III[173] § 1 Abs. 1 Nr. 1 S. 2 b UStG 1980 als eigenen, konstitutiven Besteuerungstatbestand ein. Bei Sachzuwendungen liege kein Leistungsaustausch vor, wie ihn § 1 Abs. 1 Nr. 1 S. 1 fordere, Eigenverbrauch (§ 1 Abs. 1 Nr. 1 Buchst. a und b UStG 1980) sei auch nicht gegeben. Vielmehr sei der Tatbestand des § 1 Abs. 1 Nr. 1 S. 2b UStG erfüllt, dessen Anwendungsbereich zwischen den beiden vorgenannten Regelungen liege. Nach dieser Auffassung hing die Steuerbarkeit der betreffenden Zuwendungen nur davon ab, daß sie auf Grund des Dienstverhältnisses erbracht wurden, denn § 1 Abs. 1 Nr. 1 S. 2 b UStG verlange keinen Leistungsaustausch i.S. des § 1 Abs. 1 Nr. 1 S. 1 UStG. Damit rückte auch hier der Kausalzusammenhang zwischen Zuwendung und Arbeitsverhältnis in den Mittelpunkt der Betrachtung, und man sah sich im Ergebnis den aus dem Einkommensteuerrecht bekannten Grenzziehungsproblemen gegenüber.

Gegen § 1 Abs. 1 Nr. 1 S. 2 b UStG 1980/1991 bestehende gemeinschaftsrechtliche Bedenken - das Gemeinschaftsrecht kennt keinen Tatbestand mit einem Anwendungsbereich zwischen den Leistungen gegen Entgelt und Eigenverbrauch[174] -

---

[170] Im Folgenden z.B. BFH v. 06.06.1984, BStBl. II 1984 S. 686 und v. 04.10.1984, BStBl. II 1984 S. 808.

[171] BFH v. 11.03.1988, BStBl. II 1988 S. 643.

[172] BR-Drucks. 145/78.

[173] BFH v. 11.03.1988, BStBl. II 1988 S. 643 (V R 30/84) und BStBl. II 1988 S 651 (V R 114/83). Diese Rechtsauffassung wurde bestätigt im Urteil vom 21.07.1994, BStBl. II 1994 S. 881. Zu den Entscheidungen aus 1988 vgl. auch *E. Husmann*, UR 1988, S. 303.

[174] Der BFH legte durch Beschluß vom 11.05.1995 (V R 105/92), UR 1995 S. 388 dem EuGH verschiedene Fragen zur Besteuerung von Sachleistungen des Arbeitgebers an seine Arbeitnehmer zur Vorentscheidung vor. Grund waren Zweifel an der Vereinbarkeit seiner Rechtsauffassung mit der 6. USt-Richtlinie. Dazu *W. Widmann*, UR 1995 S. 435. Es folgte das Urteil des EuGH v. 16.10.1997 Rs. C-258/95, UVR 1997 S. 430 mit Anmerkung *W. Wagner*.

haben den Gesetzgeber zu einer erneuten Gesetzesänderung bewogen. Durch das Steuerentlastungsgesetz 1999/2000/2002 wurden die eigenständigen Umsatztatbestände, die unentgeltliche Wertabgaben betrafen[175], durch sogenannte Gleichstellungstatbestände ersetzt (§ 3 Abs. 1 b und Abs. 9 a UStG)[176]. Hiernach sind unentgeltliche Wertabgaben an das Personal entgeltlichen Leistungen gleichzustellen, sie unterliegen als fiktiv-entgeltliche Leistungen der Umsatzsteuer gemäß § 1 Abs. 1 Nr. 1 UStG[177]. „Unentgeltlich" i.S. der vorgenannten Regelungen sind Leistungen dann, wenn sie nicht im Rahmen eines Leistungsaustausches hingegeben werden. Ein Leistungsaustausch im Sinne des Umsatzsteuerrechts liegt jedenfalls dann vor, wenn sich die Arbeitsleistung des Arbeitnehmers einerseits und die Lohnzahlung sowie sonstige Zuwendung des Arbeitgebers andererseits als gegenseitige rechtliche Verpflichtungen bzw. Berechtigungen derart gegenüberstehen, daß auch die sonstige betriebliche Zuwendung des Arbeitgebers eine Vergütung für geleistete Dienste ist, sich also die einander gewährten Leistungen nach dem Willen der Beteiligten ausgleichen sollen[178].

Von dieser grundsätzlichen Steuerbarkeit auch unentgeltlicher Leistungen an Arbeitnehmer macht das Umsatzsteuergesetz selbst ausdrücklich Ausnahmen. Zum einen, indem es bestimmte Leistungen im Ergebnis nicht der Besteuerung unterwirft. Die Steuerbefreiungen des § 4 gelten nämlich grundsätzlich auch für die unentgeltlichen Wertabgaben des § 3 Abs. 1 b, Abs. 9 a UStG. So ergibt sich etwa aus § 4 Nr. 12 a UStG die Steuerfreiheit der unentgeltlichen Überlassung von Wohnraum, nach § 4 Nr. 10 b UStG ist das Verschaffen unentgeltlichen Versiche-

---

Die vom EuGH in diesem Urteil festgelegten Grundsätze zur Beurteilung unentgeltlicher Beförderung von Arbeitnehmern von der Wohnung zur Arbeitsstätte und zurück mit einem betrieblichen Kfz durch den Arbeitgeber hat der BFH in richtlinienkonformer Auslegung des § 1 Abs. 1 Nr. 1 S. 2 UStG 1980/1991 übernommen, vgl. BFH v. 11.05.2000, BStBl. II 2000 S. 505 m.w.N.

175 § 1 Abs. 1 Nr. 1 S. 2 b, § 1 Abs. 1 Nr. 2 S. 2, § 1 Abs. 1 Nr. 3 UStG 1993 (v. 27.04.1993, BGBl. I S. 565, 1160).

176 Zu den Neuerungen *C. Wäger*, in: Oppenhoff & Rädler, Steuerentlastungsgesetz, S. 279; *H.-D. Rondorf*, NWB, Fach 7, S. 5185.

177 Bei der unentgeltlichen Lieferung von Gegenständen wird für eine Besteuerung desweiteren vorausgesetzt, daß der unentgeltlich zugewandte Gegenstand oder seine Bestandteile zum vollen oder teilweisen Vorsteuerabzug berechtigt haben, § 3 Abs. 1b S. 2 UStG.

178 Sind diese Anforderungen nicht erfüllt, kommt eine Qualifizierung einer betrieblichen Zuwendung als entgeltlich aber auch dann in Betracht, wenn die Leistung im Hinblick auf eine erwartete oder erwartbare Gegenleistung erbracht wird und die betreffende Gegenleistung des Arbeitnehmers wegen der betrieblichen Zuwendung des Arbeitgebers erbracht wird; vgl. BFH v. 07.05.1981, BStBl. II 1981 S. 495 (496). Ferner BFH v. 06.06.1984, BStBl. II 1984 S. 686; v. 30.01.1997, BStBl. II 1997 S. 335 (335).
Das Tatbestandsmerkmal „Personal" ist Art. 5 Abs. 6 der 6. EG-RL entnommen. Es dürfte im wesentlichen die Arbeitnehmer des betreffenden Unternehmers erfassen. Hierzu ausführlicher *S. Martin*, in: Sölch/Ringleb, USt, § 3 Rn. 361 f.; *O. Michl*, in: Offerhaus/Söhn/Lange, USt, § 3 Rn. 74c.

rungsschutzes, nach § 4 Nr. 8 Buchst. a UStG das Gewähren unverzinslicher oder niedrig verzinslicher (Arbeitgeber-)Darlehen oder nach § 4 Nr. 8 Buchst. f die unentgeltliche oder verbilligte Überlassung von Aktien (meist des eigenen Unternehmens) nicht umsatzsteuerpflichtig.

Zum anderen legen § 3 Abs. 1 b Nr. 2, Abs. 9 a Nr. 1 und Nr. 2 UStG 1999 eine weitere Ausnahme fest: Aufmerksamkeiten sind nicht steuerbar[179]. Hier bedient sich das Gesetz eines Begriffes, an den im Einkommensteuerrecht besondere Konsequenzen geknüpft werden: Denn obwohl das Einkommensteuergesetz keinen solchen „Typ" von Zuwendungen kennt und somit für „Aufmerksamkeiten" keine besondere steuerliche Behandlung vorsieht, ist man doch in Rechtsprechung, Verwaltung und Schrifttum überwiegend der Ansicht, bestimmte Sachzuwendungen unter diesem Begriff zusammenfassen und bei der Bemessung der Einkommensteuer unberücksichtigt lassen zu können. Das Umsatzsteuergesetz enthält keine Definition des Begriffes der Aufmerksamkeiten. Die umsatzsteuerliche Behandlung der Aufmerksamkeiten erfolgt seit dem Besteuerungszeitraum 1991 parallel zur ertragsteuerrechtlichen[180] mit dem Ergebnis, daß hierunter Zuwendungen des Arbeitgebers verstanden werden, die nach ihrer Art und ihrem Wert Geschenken entsprechen, die im gesellschaftlichen Verkehr üblicherweise ausgetauscht werden und zu keiner ins Gewicht fallenden Bereicherung des Arbeitnehmers führen - diese Umschreibung greift etwa auch Abschnitt 12 Abs. 3 S. 1 UStR 2000 auf[181].

Schließlich wird auch auf den Aspekt des „ganz überwiegend eigenbetrieblichen Interesses" zurückgegriffen[182], auf den sich der BFH inzwischen in vielen seiner Entscheidungen zur Frage der Einkommensteuerbarkeit von Sachzuwendungen konzentriert. § 3 Abs. 1 b Nr. 2, Abs. 9 a Nr. 1 und Nr. 2 UStG beziehen sich ausdrücklich nur auf unentgeltliche Leistungen, die für den privaten Bedarf des Per-

---

[179] Eingang ins Gesetz fand der Begriff der Aufmerksamkeiten in § 1 Abs. 1 Nr. 1b UStG 1980. Der Finanzausschuß des deutschen Bundestages war der Ansicht, im Gesetz solle „ausdrücklich bestimmt werden, daß die sog. Aufmerksamkeiten keine steuerbaren Sachleistungen an Arbeitnehmer darstellen; damit soll eine Gleichbehandlung im Einkommensteuer- und Umsatzsteuerrecht erzielt werden.". Vgl. Beschlußempfehlung und Bericht des Finanzausschusses, BT-Drucks. 8/2827 v. 09.05.1979, S. 4 und 72; zur Entstehungsgeschichte der Vorschrift siehe *G. Mößlang*, DStZ 1987 S. 419 (419 f.).

[180] *H.-J. Bülow*, in: Vogel/Schwarz, UStG, § 1 Rn. 188.

[181] Unter Hinweis auf die Entscheidung des BFH v. 22.3.1985, BStBl. II 1985 S. 641 und R 73 LStR 2000.

[182] So beispielsweise im Urteil des BFH v. 28.05.1998, BStBl. II 1998 S. 589 (590) zu unentgeltlicher Verpflegung des Bordpersonals auf Personenschiffen; FG Köln v. 30.05.1995, EFG 1995 S. 988 (989) zur Frage der Umsatzsteuerpflichtigkeit der kostenlosen Beförderung von Arbeitnehmern. Beide Entscheidungen ergingen zu § 1 Abs. 1 Nr. 1 S. 2 Buchst. b UStG 1980.

sonals erbracht werden. Diesen werden im Schrifttum Zuwendungen gegenübergestellt, die für Zwecke des Unternehmens hingegeben werden, eben im ganz überwiegend eigenbetrieblichen Interesse des Arbeitgebers erfolgen, bei denen der unternehmerische Zweck so im Vordergrund steht, daß die Deckung des privaten Bedarfs des Arbeitnehmers dahinter zurücktritt[183]. Daß die letztgenannten Zuwendungen keine umsatzsteuerbaren Leistungen sind, wird etwa damit begründet, daß in solchen Fällen die Zuwendung im Betrieb verhaftet bleibt, gerade nicht aus dem Unternehmen heraustritt und an den Arbeitnehmer als Endverbraucher gelangt[184]. Gleich dem Einkommensteuerrecht sieht man sich jedoch im Umsatzsteuerrecht der Schwierigkeit gegenüber, diesen Gesichtspunkt sachgerecht inhaltlich auszufüllen und die Grenze zum Überwiegen festzulegen. Auch in diesem Punkt erfolgt eine Handhabung parallel zur einkommensteuerrechtlichen.

Einen Hinweis auf die Hingabe der Leistungen für den privaten Bedarf enthält das EStG - anders als das UStG - jedoch nicht. Dies wirft die Frage auf, ob dennoch vielleicht auch im Einkommensteuerrecht „Sachzuwendungen für den privaten Bedarf des Arbeitnehmers“ und „Sachzuwendungen im ganz überwiegend eigenbetrieblichen Interesse“ gegenüber gestellt werden müssen, erstere als steuerbare, letztere als nicht steuerbare Leistungen.

[183] *F. Klenk*, in: Sölch/Ringleb, USt, § 3 Rn. 363.
[184] *W. Jakob*, Umsatzsteuer, S. 110 f.

Teil 3: Die Rechtsprechung des BFH zum Problem der einkommensteuerrechtlichen Qualifizierung von Sachzuwendungen - Ergebnis unbedenklicher Rechtsanwendung?

Im folgenden Teil der Untersuchung soll der oben angedeuteten Frage nachgegangen werden, ob der BFH mit seiner Rechtsprechung zur einkommensteuerrechtlichen Beurteilung von Sachzuwendungen an Arbeitnehmer tatsächlich der von ihm selbst formulierten Forderung, sie müsse sich als Ergebnis einer Auslegung der gesetzlichen Vorgaben erweisen, Rechnung trägt. Aus den §§ 2 Abs. 1 Nr. 4, 19 Abs. 1, 8 Abs. 1 EStG wird deutlich, daß die Abgrenzung zwischen steuerbaren und nicht steuerbaren Zuwendungen hauptsächlich unter zwei Aspekten vorzunehmen ist. Zum einen ist zu klären, ob in der jeweiligen Situation dem Arbeitnehmer ein, wie § 8 Abs. 1 EStG es umschreibt, „Gut in Geldeswert zugeflossen" ist. An dieser Stelle ist aufzuzeigen, ob auf Seiten des Steuerpflichtigen eine Vermögensmehrung eintritt. Zum anderen setzt die Qualifizierung dieses Wertzugangs als steuerbare Einnahme aus nichtselbständiger Arbeit voraus, daß zwischen diesem und der entsprechenden auf Einkünfteerzielung gerichteten Tätigkeit ein einkommensteuerrechtlich relevanter Zusammenhang besteht. Hier geht es um die Frage, ob eine eingetretene Vermögensmehrung tatsächlich für die Besteuerung von Bedeutung ist.

A) Methodische Vorbemerkungen

Der Vorwurf, daß sich die Gerichte und auch die Finanzverwaltung bei der einkommensteuerrechtlichen Beurteilung von Sachzuwendungen an Arbeitnehmer nicht im Rahmen der Gesetze bewegten, wurde insbesondere in Bezug auf die bis in die 80er Jahre aufrechterhaltene Rechtsprechung zu den sogenannten „Gelegenheitsgeschenken" erhoben. Die hierzu entwickelten Grundsätze entbehrten der gesetzlichen Grundlage und seien unzulässiges Richterrecht, so ganz überwiegend die Stimmen im Schrifttum[185]. Ob sich die „neue Rechtsprechung" zum Begriff des Arbeitslohns im Rahmen verfassungsrechtlich zulässiger Interpretation bewegt oder ob ihr jedenfalls teilweise weiterhin vorzuwerfen ist, sie gewähre „gesetzlose Steuerbefreiungen", soll nachfolgend geprüft werden.

---

[185] Vgl. nur *K. Offerhaus*, DStJG 9 (1986), S. 117 (123) und die Ausführungen in Teil 2, D) I.).

Diese vom BFH gewissermaßen vorgegebene Ausgangsfrage verlangt zunächst methodische Grundlegungen für die weiteren Ausführungen. Hierfür ist vorab insbesondere zu klären, in welchen Situationen Auslegung als Methode der Gesetzesanwendung erforderlich ist und wie weit eine solchen Interpretation der gesetzlichen Vorgaben gehen kann, ohne sich in einen verfassungsrechtlich bedenklichen Bereich zu begeben.

I.) Verfassungsrechtliche Grenzen der Betätigung der Rechtsanwendungsinstanzen

„Steuerpflichtige, Steuerbeamte und Steuerrichter sind der Herrschaft eines abschließenden Normensystems unterworfen“[186]. Sie sind an den Grundsatz der Gesetzmäßigkeit der Besteuerung gebunden. Steuerrecht ist „rechtsstaatlich angeordnetes Eingriffsrecht“[187], das „für den Einzelfall durch Normverwirklichung einseitig und hoheitlich eine konkrete Rechtsfolge herbeiführt“[188]. Durch das Auferlegen von Steuern belastet der Staat den Steuerpflichtigen im Schutzbereich der Grundrechte[189]. Dies darf nur in der Weise geschehen, daß die Belastung des Einzelnen mit Steuern durch Gesetz angeordnet wird. Und diese Gesetze finden nur dann Anwendung - mit der regelmäßigen Folge der Steuerfestsetzung -, wenn durch einen (wirtschaftlichen) Vorgang einer der gesetzlichen Tatbestände erfüllt wird, an den eine Steuer als Rechtsfolge geknüpft ist[190]. Zudem muß die Rechtsfolge gesetzlich festgelegt sein. Auch die Gerichte und Verwaltungsbehörden haben sich bei der Rechtsanwendung an den Grundsätzen der Gleichmäßigkeit und Gesetzmäßigkeit der Besteuerung auszurichten. Daraus folgt, daß sie sich zu Recht dem Vorwurf übermäßiger Besteuerung ausgesetzt sehen, wenn sie „Steuern erfinden“[191]; Exekutive und Judikative dürfen die Steuerpflicht des Einzelnen

---

186 *K. Tipke / J. Lang*, Steuerrecht, § 4 Rn. 150.

187 *A. Hensel*, Steuerrecht, S. 3.

188 *G. Felix*, FS-Spitaler, S. 135 (146).

189 *P. Kirchhof*, FS-Kruse, S. 17 (18). Betroffen sind insbesondere Art. 14 Abs. 1, Art. 12 Abs. 1 und Art. 2 Abs. 1 GG, vgl. hierzu BVerfG v. 25.09.1992, BVerfGE 87 S. 153 (169) und v. 22.06.1995, BVerfGE 93 S. 121 (137). Es können aber auch etwa Art. 3 und 6 GG berührt sein, BVerfG v. 10.11.1998, BVerfGE 99 S. 216 (231) und v. 10.11.1998, BVerfGE 99 S. 246 (259).

190 Dies ergibt sich aus dem Grundsatz der Tatbestandsmäßigkeit der Besteuerung. Durch Auslegung dürfen auch keine zusätzlichen Steuertatbestände geschaffen werden, vgl. *Kühn/Hofmann*, AO, Anhang zu § 4, 1 a).
Ausführlich zur Frage der Abgrenzung dieses Grundsatzes vom Grundsatz der Gesetzmäßigkeit der Besteuerung mit besonderem Schwerpunkt auf der rechtsvergleichenden Betrachtung *H. Hahn*, Die Grundsätze der Gesetzmäßigkeit, 1984.

191 *K. Tipke*, Steuerrechtsordnung, Bd. 1, S. 161.

nicht über das hinaus ausdehnen, was nach den gesetzlichen Vorgaben geschuldet ist[192].

Ebenso rechtlich unzulässig wäre aber eine steuerliche Rechtsanwendungspraxis, die eine zu geringe Besteuerung vornähme. Denn in diesem Fall läge eine Kollision mit dem sich aus Art. 20 Abs. 3 GG ergebenden Grundsatz des „Vorrangs des Gesetzes“[193] vor, nach dem Rechtsverordnungen und Verwaltungsakte nicht gegen das Gesetz verstoßen dürfen. Setzen die Finanzbehörden aber die vom einzelnen Steuerpflichtigen zu zahlende Steuer geringer fest, als sie es als Ergebnis einer Subsumtion des Sachverhaltes unter die gesetzlichen Vorgaben müßten, bewegen sie sich nicht mehr im Rahmen der Gesetze, vielmehr wird in rechtsstaatlich nicht zulässiger Weise das vorrangige Gesetz nicht beachtet. § 85 AO schreibt in Übereinstimmung mit diesen Überlegungen denn auch die Pflicht der Finanzbehörden fest, die Steuern nach Maßgabe der Gesetze gleichmäßig festzusetzen und zu erheben[194]; nur in eng begrenzten Ausnahmefällen, die §§ 156, 163 AO festlegen, kann von der Steuerfestsetzung überhaupt abgesehen oder können Steuern zugunsten des Steuerpflichtigen abweichend festgesetzt werden. Eine andere Handhabung mißachtete im übrigen die Bedeutung des Steuerrechts als Lastenverteilungsrecht[195]. Der Staat ist zur Erfüllung allgemeiner Staatsaufgaben und Erbringung allgemeiner Staatsleistungen auf Finanzmittel angewiesen; diese verschafft er sich durch die Belastung aller Mitglieder der staatlichen Gemeinschaft mit Zahlungspflichten. Art. 3 Abs. 1 GG verlangt ihm aber ab, diese Bela-stung bei der Gesetzesanwendung in gerechter und gleichmäßiger Weise vorzunehmen. Es müssen die Angehörigen aller Sozialgruppen erfaßt werden und auch diese im einzelnen, vornehmlich im Wege der Anwendung des gleichen Maßes bei der Bestimmung der für die Höhe der Steuer maßgeblichen Bemessungsgrundlage,

---

[192] Solche enge Vorgaben fordert gerade auch die Eigenschaft des Steuerrechts als Eingriffsrecht. Näheres zu den unterschiedlichen Effekten, nämlich Belastungs- und Aufkommenswirkungen einer Einnahme des Staates durch Steuern bei *P. Kirchhof*, Handbuch des Staatsrechts, S. 87 (99 ff.).

[193] Diese Begrifflichkeit prägte *O. Mayer*, Deutsches Verwaltungsrecht, Bd. 1, S. 72.
Zu diesem Aspekt des Prinzips der Gesetzmäßigkeit der Besteuerung weiterhin *H.-J Papier*, Die finanzrechtlichen Gesetzesvorbehalte, insbes. S. 158 ff.; *J.A. Brinkmann*, Tatbestandsmäßigkeit, S. 4.

[194] Der Vorwurf, daß die Finanzverwaltung mit ihrer rechtlichen Beurteilung und der Besteuerung verschiedener Sachzuwendungsarten diese in § 85 AO festgelegte Pflicht nicht erfüllt, findet sich etwa bei *S. Temminghoff*, Lohnsteuerpflichtige Zuwendungen, S. 63 und 71.

[195] *C. Lambrecht*, DStJG 12 (1989), S. 79 (104 ff.); vgl. auch *K.-D. Drüen*, FS-Kruse, S. 191 (211): „Das Steuerrecht hat eine ambivalente Rechtsnatur: Es ist gleichermaßen Eingriffs- und Verteilungsrecht, weil der Steuergesetzgeber mit der Entscheidung über die Steueranknüpfung und -ausgestaltung eine Belastungsentscheidung und zugleich eine Verteilungsentscheidung trifft.“ *H.-W. Kruse*, DStJG 5 (1982), S. 71 (82): "Die steueranspruchsbegründenden Gesetze sollen die finanziellen Lasten unter den Bürgern austeilen.“

gleich behandelt werden. Gleichheit meint nicht nur Rechtssetzungs-, sondern auch Rechtsanwendungsgleichheit[196]. Durch eine gewissermaßen „steuerpflichtigenfreundliche“ Haltung von Gerichten und Verwaltung in Einzelfällen geriete das im Gesetz angelegte Gleichgewicht aus der Balance[197].

II.) Rechtsanwendung im Rahmen dieser Grenzen

Wann sich die Rechtsanwendungsinstanzen im Rahmen dieser durch das Verfassungsrecht abgesteckten Grenzen bewegen, ist die Frage, die sich diesen grundlegenden Überlegungen anschließt. Aufgabe dieser Instanzen ist es festzustellen, ob ein wirtschaftlicher Vorgang einen der gesetzlichen Tatbestände erfüllt, die die Steuergesetze als Anknüpfungspunkt für die Auferlegung von Steuerlasten festgelegt haben. Nun zeigt sich bei einem Blick in die vorhandenen Gesetze jedoch schnell, daß die dem Rechtsanwender an die Hand gegebenen rechtlichen Regelungen regelmäßig nicht eindeutig und abschließend formuliert sind, sie also nicht etwa nur ein bestimmtes Verständnis zulassen. Gerade die gesetzlichen Vorschriften, anhand derer Sachzuwendungen an Arbeitnehmer rechtlich zu würdigen sind, sind knapp und unbestimmt gefaßt.

Aus diesem Befund läßt sich aber nicht unbedingt folgern, daß solche Regelungen in Hinblick auf das verfassungsrechtliche Bestimmtheitsgebot bedenklich oder gar als klarer Verstoß gegen dieses Gebot anzusehen sind. Denn das Bestimmtheitsgebot verlangt nicht, daß der Gesetzestext klar erkennbar die Handlungsanweisung für jede denkbare Situation enthält - die Erfüllung einer solchen Forderung würde den Text überfrachten[198]. Ein Verstoß gegen den Bestimmtheitsgrundsatz liegt deshalb erst dann vor, wenn der Gesetzgeber nicht „wenigstens seine Grundgedanken, das Ziel seines gesetzgeberischen Wollens, vollkommen deutlich macht[199] oder „wenn es wegen der Unbestimmtheit nicht mehr möglich ist, aus der Zielsetzung des Gesetzes, dem sachlichen Zusammenhang der Vorschriften oder ihrer Entstehungsgeschichte „objektive Kriterien“ zu gewinnen, „die eine willkürliche Handhabung durch die Behörden und Gerichte ausschließen“[200]. „Die in Abstraktheit und Generellität angelegte Offenheit eines Gesetzestatbestandes ist

---

[196] Grundlegend zur Zinsbesteuerung BVerfG v. 27.06.1991, BVerfGE 84, S. 239 (271 ff.).
[197] *H. Weber-Grellet*, StuW 1999 S. 311 (313).
[198] *J.M. Mössner*, FS-Kruse, S. 161 (165); vgl. auch ausführlich zu verfassungsrechtlichen Bestimmtheitsanforderungen *L. Osterloh*, Gesetzesbindung, S. 109 ff., insbes. 166 ff.
[199] BVerfG v. 07.04.1964, BVerfGE 17 S. 306 (314); vgl. auch *L. Woerner*, DStJG 5 (1982), S. 23 (42).
[200] *H.-J. Papier*, DStJG 12 (1989), S. 61 (68); BVerfG v. 12.01.1967, BVerfGE 21 S. 73 (80).

nicht Folge mangelnder gesetzgeberischer Entscheidungs- oder Formulierungskraft, sondern gesetzgeberische Notwendigkeit. Wollte das Parlament alle Erscheinungsweisen und Kollisionslagen des Steuerrechts im voraus regeln, so müßte es voluminöse Kodices schaffen, die das Steuerwesen letztlich nicht verrechtlichen, sondern die Freiheit zerstören und die Gesetzgebung ad absurdum führen würden"[201]. Den Finanzbehörden und den im Rahmen des Prozesses zur Letztentscheidung befugten Gerichten kommt in einer solchen Situation die legitime Aufgabe zu, die rechtlichen Regelungen zu interpretieren und auf der Grundlage der dort gewonnenen Erkenntnisse konkrete wirtschaftliche Vorgänge auf ihre einkommensteuerrechtliche Erheblichkeit hin zu beurteilen. Eine solche Flexibilität der Gesetze scheint auch erforderlich. Denn „ein statisches Normensystem kann - ohne dessen ständige Anpassung und Konkretisierung in der Rechtsanwendung - eine dynamische wirtschaftliche Wirklichkeit nicht abschließend erfassen"[202]. Dies hat auch das BVerfG erkannt und deshalb darauf hingewiesen, daß sich der Gesetzgeber abstrakter und unbestimmter Formulierungen bedienen können muß, um es etwa den Verwaltungsbehörden möglich zu machen, ihre Aufgaben zu erfüllen und dabei den besonderen Umständen des Einzelfalles und den schnell wechselnden Situationen des Lebens gerecht zu werden[203].

1.) Grundsätzliches zur Auslegung

Gesetzeskonkretisierung haben die Rechtsanwendungsinstanzen zunächst im Wege der Auslegung des Gesetzes zu betreiben. Auslegung ist zum einen erforderlich, wenn der Wortlaut einer Rechtsnorm den Willen des Gesetzgebers unvollkommen wiedergibt oder der Wortlaut auf das Vorliegen einer Gesetzeslücke schließen läßt. Daneben muß das Gesetz ausgelegt werden, wenn der Gesetzgeber unbestimmte (normative) Rechtsbegriffe, „wertausfüllungsbedürftige" Tatbestandsmerkmale, verwendet; hier hat die Legislative bewußt innerhalb bestimmter Grenzen die gesetzlichen Regelungen offen gestaltet[204] und die weitere Konkretisierung des Gesetzes anderen Instanzen anvertraut. In diesen Fällen wird besonders deutlich, daß die Auslegung, allgemein die Anwendung der Gesetze gerade nicht zielgenau durch das Dictum des Gesetzgebers determiniert ist.

---

[201] *P. Kirchhof*, FS-BFH/RFH, S. 285 (287).
[202] *R. Eckhoff*, Rechtsanwendungsgleichheit, S. 303.
[203] BVerfG v. 08.01.1981, BVerfGE 56 S. 1 (12).
[204] *Kühn/Hofmann*, AO, Anhang zu § 4, 1. a).

Auslegung dient also dazu, den Sinngehalt einer Norm klarzustellen[205]. Das BVerfG stellt an diesem Punkt der Sache nach auf den objektivierten Willen des Gesetzgebers ab, so wie er sich aus dem Wortlaut der Gesetzesbestimmung und dem Sinnzusammenhang ergibt, in dem diese steht[206]. Die verwendeten Termini dürfen deshalb nicht isoliert, sondern müssen in dem Kontext betrachtet werden, in dem sie stehen. Der BFH folgt der verfassungsgerichtlichen Rechtsprechung im Wesentlichen[207]. Die Orientierung am Wortlaut des Gesetzes ist Ausgangspunkt für das Verständnis der dort verwendeten Begriffe[208]. Um den gesetzgeberischen Willen zu erschließen, ist aber neben dem Wortlaut die Entstehungsgeschichte und die systematische Stellung einer Vorschrift im Gesetz zu berücksichtigen; ferner sind die Gesetzesbegründung und die Gesetzesmaterialien heranzuziehen[209].

Desweiteren ist zu bedenken, daß die Gesetzessprache eine spezifische Übermittlungsfunktion hat, sie dient im Ergebnis dazu, den Zweck der Norm zu verwirklichen[210]. Zwar bestehen unterschiedliche Ansichten zur Ranghöhe der teleologischen Auslegung im Steuerrecht. Insbesondere *K. Tipke* befürwortet die Übertragung des im Zivilrecht betonten „Primats der teleologischen Auslegung" ins Steuerrecht; der Normzweck sei die maßgebliche Leitlinie bei der Auslegung einer Norm bzw. eines bestimmten Begriffes, die anderen Auslegungsmethoden seien gegenüber der teleologischen Auslegung nachrangig[211]. *H.W. Kruse* betont demgegenüber die steuerrechtlichen Besonderheiten, die es bei der Auslegung der Steuergesetze zu beachten gilt und plädiert deshalb für einen zurückhaltenderen Umgang mit einer Auslegung nach dem Zweck[212]. Im Ergebnis ist man sich jedoch einig, daß teleologische Gesichtspunkte bei der Auslegung der Steuergesetze grundsätzlich zu berücksichtigen sind. Welches Gewicht man ihnen beimißt, dürfte davon abhängen, „wie überzeugend das teleologische Argument im konkreten

---

205 *H.W. Kruse / K.-D. Drüen*, in: Tipke/Kruse, AO, § 4 Rn. 214.

206 St. Rspr., vgl. nur BVerfG v. 21.05.1952, BVerfGE 1 S. 299 (312); v. 09.11.1988, BVerfGE 79 S. 106 (121).

207 BFH v. 09.10.1975, BStBl. II 1976 S. 105 (107); v. 06.10.1993, BStBl. II 1994 S. 189 (190); v. 18.05.1994, BStBl. 1994 II, S. 713 (714).

208 *K. Larenz*, Methodenlehre, S. 320 ff.

209 Die „klassischen" Auslegungskriterien sind: grammatikalische, logische, historische und sy- stematische Auslegung. Ergänzt wurde diese Gruppe mit dem teleologischen Kriterium. Zu den Wurzeln vgl. *H.W. Kruse / K.-D. Drüen*, in: Tipke/Kruse, AO, § 4 Rn. 251 m.w.N.

210 *K. Tipke / J. Lang*, Steuerrecht, § 5 Rn. 52.

211 *K. Tipke / J. Lang*, Steuerrecht, § 5 Rn. 52; *H. Heinrichs*, in: Palandt, BGB, Einleitung Rn. 38; *F.J. Säcker*, in: Münchener Kommentar, BGB, Einleitung Rn. 128 ff.

212 *H.W. Kruse*, Lehrbuch des Steuerrechts, S. 25 ff.; vgl. auch *E. Höhn*, FS-Tipke, S. 213 (236): „Teleologische Kriterien und Argumente sind im Verwaltungsrecht, namentlich im Steuerrecht, zurückhaltender und kritischer zu beurteilen, als dies i.d.R. gemäß den vorwiegend am Zivilrecht entwickelten Methodenlehren geschieht."

Fall ist“[213]. Hierbei ist zu beachten, daß diese Auslegung nicht am allgemeinen Gesetzeszweck, sondern am konkreten Normzweck auszurichten ist[214].

Neben diesen klassischen Auslegungsgesichtspunkten steht aber inzwischen eine Vielzahl anderer Kriterien, die es bei einer Auslegung zu beachten gilt[215]. So wird bei der Auslegung auch die Auffassung aller gerecht und billig Denkenden - die Volksanschauung - berücksichtigt. Mit Hilfe der Ergebnisbetrachtung etwa soll eine gefundene Deutung des Gesetzessinnes überprüft werden. In der Praxis hat auch die Fallvergleichung und die Fallvariation eine große Bedeutung erlangt. Hier soll ein bestimmtes Ergebnis durch den Vergleich mit vorentschiedenen oder gedachten Fällen zusätzliche Überzeugungskraft erhalten; es geht um die Gleichbehandlung wesentlich gleicher und die Ungleichbehandlung wesentlich verschiedener Fälle. Zentrale Bedeutung kommt in diesem Zusammenhang der Herausarbeitung der Beurteilungskriterien zu, die für die Lösung eines Rechtsproblems maßgebliche Bedeutung haben[216].

Aus dem Vorstehenden wird auch deutlich, daß Gesetzesauslegung kein wertneutraler Subsumtionsakt ist, sondern daß jede Auslegung (auch) auf persönlicher Werteinsicht und Willensentscheidung des Rechtsanwenders fußt[217].

2.) Auslegung im Grenzbereich zur Rechtsfortbildung, Abgrenzung zu einer dem Gesetzgeber vorbehaltenen Gesetzeskorrektur

Neben der Auslegung gehört auch die Fortbildung des Rechts zu den anerkannten Aufgaben und Befugnissen der Gerichte[218]. Nach herrschender Meinung hat Rechtsfortbildung i.e.S. dort ihren Platz, wo über die Steuerwürdigkeit eines Sachverhalts auch nach Auslegung des Gesetzes nicht abschließend entschieden werden kann, der Lebenssachverhalt aber einer Entscheidung bedarf[219]. Dies sind die Fälle, in denen die Regelung eines bestimmten Sachbereichs keine besondere

---

[213] *K.-D. Drüen*, FS-Kruse, S. 191 (207 f.).

[214] *H.W. Kruse / K.-D. Drüen*, in: Tipke/Kruse, AO, § 4 Rn. 279; *E. Höhn*, FS-Tipke, S. 213 (221).

[215] *H.W. Kruse / K.-D. Drüen*, in: Tipke/Kruse, AO, § 4 Rn. 297 ff.; *H.G. Ruppe*, in: Herrmann/Heuer/Raupach, EStG, Einführung ESt, Rn. 640 ff.

[216] *K. Vogel*, JbFSt 1978/79 S. 34 (41); *H.G. Ruppe*, in: Herrmann/Heuer/Raupach, EStG, Einführung ESt, Rn. 644 m.w.N.

[217] *K.-D. Drüen*, FS-Kruse, S. 191 (205).

[218] BVerfG v. 27.12.1991, BStBl. II 1992 S. 212 (213).

[219] *D. Birk*, in: Hübschmann/Hepp/Spitaler, AO/FGO, § 4 Rn. 690; *A. Raupach*, DStJG 21 (1998), S. 175 (196).

Bestimmung für eine Frage enthält, die nach dem gesetzlichen Grundgedanken und der gesetzesimmanenten Teleologie hätte mitgeregelt werden müssen[220]. Es ist also eine Lücke in den gesetzlichen Vorgaben festzustellen, ein Fehlen der erforderlichen gesetzlichen Anordnung, die nur mit Hilfe einer Weiterentwicklung der gesetzlichen Vorgaben über ihren möglichen Wortsinn hinaus ausgefüllt werden kann. Verfassungrechtlich unbedenklich ist eine solche Lückenausfüllung jedoch nur dann, wenn die erkannte Lücke eine planwidrige Unvollständigkeit des Gesetzes ist[221]. Die Grenze zwischen extensiver Auslegung und zulässiger Rechtsfortbildung läßt sich aber nicht klar ziehen. Denn Auslegung und Rechtsfortbildung sind keine wesensverschiedenen Methoden der Rechtsanwendung, sondern erweisen sich bei genauerer Betrachtung als Stufen desselben gedanklichen Verfahrens - schon innerhalb der Grenzen der Auslegung kommt es zur Rechtsfortbildung, wenn nämlich der Richter eine Norm konkretisierend auf einen bestimmten Fall anwendet[222].

Fehlt es an einer solchen planwidrigen Lücke im Gesetz, besteht für die Rechtsprechung keine Möglichkeit mehr, in verfassungsrechtlich zulässiger Weise Rechtsfortbildung zu betreiben. Vielmehr ist dann der Bereich der Gesetzeskorrektur eröffnet, die aber dem Gesetzgeber vorbehalten sein muß: nur er ist dazu aufgerufen, allein unter Berufung auf allgemeine Rechtsprinzipien, die konkrete Ableitungen nicht zulassen, oder auch aus rechtspolitischen Erwägungen neue Regelungen oder Rechtsinstitute zu schaffen[223].

---

[220] BFH v. 19.07.1972, BStBl. II 1972 S. 858 (859); v. 16.02.1996, BStBl. II 1996 S. 385 (386); FG Niedersachsen v. 15.02.2001, EFG 2001 S. 904 (905 f.).

[221] *D. Birk*, in: Hübschmann/Hepp/Spitaler, AO/FGO, § 4 Rn. 690, sog. Rechtsfortbildung praeter legem. Der BFH hat diese bis 1983 im Steuerrecht abgelehnt, wenn sie sich zuungunsten des Steuerpflichtigen auswirkt (Verbot steuerbegründender oder -verschärfender Analogie, z.B. BFH v. 14.02.1958, BStBl. III 1958 S. 267 (268); BFH v. 28.04.1982, BStBl. II 1982 S. 556 (559); in der Entscheidung v. 20.10.1983 bekannte sich der IV. Senat erstmals zur Zulässigkeit einer steuerverschärfenden Rechtsfortbildung (BStBl. II 1984 S. 221 (224)). In den nachfolgenden Entscheidungen konnte der BFH die Frage der Zulässigkeit steuerverschärfender Analogie regelmäßig offenlassen; auch in der Literatur ist diese Problematik noch nicht geklärt; vgl. hierzu m.w.N. zum Streitstand *R.-D. Scholtz*, in: Koch/Scholtz, AO, § 4 Rn. 18 und *H.W. Kruse / K.-D. Drüen*, AO, § 4 Rn. 355 ff. (insbes. 260 ff).

[222] *H.G. Ruppe*, in: Herrmann/Heuer/Raupach, EStG, Einf. ESt Rn. 660 f.; *H.W. Kruse / K.-D. Drüen*, AO, § 4 Rn. 205 f., 341.

[223] *R.-D. Scholtz*, in: Koch/Scholtz, AO, § 4 Rn. 18; BVerfG v. 19.10.1983, BVerfGE 65 S. 182 (194).

3.) Leistungsfähigkeitsprinzip als zentrale Leitlinie bei der Ausgestaltung und Auslegung von Fiskalzwecknormen

Die gesetzlichen Vorschriften, die für die einkommensteuerliche Beurteilung von Sachzuwendungen dem Grunde nach maßgeblich sind, sind Fiskalzwecknormen, also Vorschriften, die dazu dienen, den notwendigen Finanzbedarf der öffentlichen Haushalte zu decken. Zugleich verfolgen sie den Zweck, die steuerlichen Lasten zu verteilen. Ihnen kommt die Aufgabe zu, darüber zu entscheiden, welche Sachverhalte als besteuerungswürdig anzusehen sind. Diese Entscheidung darf jedoch nicht „freischwebend" getroffen werden, sondern es sind die verfassungsrechtlichen, insbesondere grundrechtlichen, Bindungen zu beachten. Dieses Gebot ist sowohl bei der Schaffung von Fiskalzwecknormen als auch bei deren Interpretation zu beachten.

a) Fiskalzweck als ungeeigneter Auslegungsgesichtspunkt

Bei Fiskalzwecknormen scheidet eine teleologische Auslegung im herkömmlichen Sinne aus, denn solche Vorschriften sind nicht an ein auf den einzelnen Eingriffsakt bezogenes Regelungsziel gebunden[224].

Der Fiskalzweck alleine ist aus verschiedenen Gründen kein für die Auslegung von Fiskalzwecknormen brauchbarer Anknüpfungspunkt. Zum einen vermag er nicht zu erklären, warum eine gesetzliche Vorschrift so und nicht anders gestaltet ist[225]. Zum anderen würde die Maßgeblichkeit des Fiskalzwecks für die Auslegung dazu führen, daß in jedem Fall diejenige Auslegung die richtige wäre, die zu einer möglichst hohen Steuereinnahme führte[226]. Diese Konsequenz wäre aber nicht mit einem Verständnis von Steuergerechtigkeit vereinbar, das im Leistungsfähigkeitsprinzip die grundlegenden Vorgaben für die Verschonung des existenznotwendigen Einkommens sieht[227]. Denn der durch die Steuergesetze verfolgte Zweck, den Finanzbedarf des Staates zu decken und die sich hieraus ergebenden Lasten gerecht unter den Betroffenen zu verteilen, ist ein maßloser[228], so daß es

---

[224] *D. Birk*, StuW 1990 S. 300 (305).
[225] *K. Vogel*, DStZ/A 1977 S. 5 (9); *D. Birk*, StuW 1990 S. 300 (305).
[226] *H.W. Kruse*, JbFSt 1975/76, S. 35 (42 f.); vgl. auch *H.W. Kruse / K.-D. Drüen*, in: Tipke/Kruse, AO, § 4 Rn. 278.
[227] *M. Lehner*, FS-Tipke, S. 237 (240) m.w.N.
[228] *K. Vogel*, VVDStRL 47 (1989) S. 64 (66).

im Ergebnis zu einem Erdrosseln wirtschaftlicher Leistungsfähigkeit kommen könnte; dies wäre aber nicht verhältnismäßig im engeren Sinne[229].

Die Steuergesetze verfolgen vor diesem Hintergrund gerade das Ziel, den Konflikt aufzulösen, der zwischen dem angesprochenen Interesse des Staates an der Erzielung möglichst hoher Einnahmen und dem Interesse des Steuerpflichtigen, nach Möglichkeit geringe Steuern zu zahlen, besteht[230]. Zur Erreichung dieses Zwecks legen die einzelnen Normen bestimmte Tatbestände fest, an welche die Besteuerung anknüpft, oder ordnen die Steuerfreiheit bestimmter Sachverhalte an. Um herauszufinden, ob ein bestimmter Lebenssachverhalt nun einen der gesetzlich als steuerbar festgelegten Tatbestände erfüllt, ist im Rahmen der teleologischen Auslegung nach dem speziellen Zweck zu fragen, der der betreffenden einzelnen Norm zugrunde liegt[231]. An diesem hat sich der Rechtsanwender zu orientieren.

b) Leistungsfähigkeitsprinzip als maßgeblicher Aspekt

Mangels eines konkreten, die Auslegung anleitenden Regelungszwecks geht es bei der Auslegung von Fiskalzwecknormen darum, der Norm den Inhalt zu geben, welcher der Verteilungsgerechtigkeit entspricht[232]. Hier kommt nun das Leistungsfähigkeitsprinzip zum Zuge, denn es gilt als oberster Vergleichsmaßstab steuerlicher Lastengleichheit[233], und die steuerliche Belastungsgleichheit steht als Ausdruck steuerlicher Gerechtigkeit in direktem Zusammenhang mit Art. 3 Abs. 1 GG. So entnimmt denn auch das BVerfG dem Gleichheitssatz des Art. 3 Abs. 1 den „Grundsatz der Steuergerechtigkeit“[234].

Durch Beachtung dieses Grundsatzes schon bei der Gesetzgebung soll gewährleistet werden, daß der einzelne Steuerpflichtige entsprechend seinem individuellen finanziellen Vermögen zum Tragen der Steuerlasten herangezogen wird. Die Bedeutung dieses Prinzips ist aber nicht auf den Bereich der Legislative beschränkt.

---

[229] *K. Vogel*, GS-Martens, S. 265 (270); vgl. auch *D. Birk*, Das Leistungsfähigkeitsprinzip, S. 256.

[230] *H. Urbas*, Die wirtschaftliche Betrachtungsweise, S. 86.

[231] *A. Spitaler*, StbJb 1957/58, S. 143 (157 f.); *K. Tipke*, In dubio pro fisco?, S. 39 (55); *K.-D. Drüen*, FS-Kruse, S. 191 (207).
Zur Einteilung der Steuernormen in drei Normgruppen – Fiskalzweck, Sozialzweck- und Vereinfachungsnormen – vgl. *K. Tipke*, Steuerrechtsordnung, Bd. 1, S. 119 ff.

[232] *D. Birk*, StuW 1990 S. 300 (305).

[233] *K. Tipke / J. Lang*, Steuerrecht, § 4 Rn. 81 f.

[234] Oder auch das „Gebot der Steuergerechtigkeit“; BVerfGE 6 S. 50 (70); E 43 S. 108 (118); E 66 S. 214 (223). Zum Zusammenhang von Steuergerechtigkeit und Leistungsfähigkeit vgl. auch *D. Birk*, Das Leistungsfähigkeitsprinzip, S. 153 ff.; *H.-W. Arndt*, NVwZ 1988 S. 787 (790 f.).

Vielmehr ist der Grundsatz der Besteuerung nach der individuellen wirtschaftlichen Leistungsfähigkeit auch als Hauptmaxime der Interpretation von Fiskalzwecknormen anzuführen[235]. Bei der Auslegung von Fiskalzwecknormen kommt es also darauf an, daß der Finanzbedarf des Staates unter Berücksichtigung des Grundsatzes der Lastengleichheit und des Leistungsfähigkeitsprinzips gesichert wird.

Dieses Postulat der Besteuerung nach der wirtschaftlichen Leistungsfähigkeit ist zwar ausdrücklich weder im Grundgesetz[236] noch in den geltenden Steuergesetzen festgeschrieben, ist aber in Rechtsprechung und Schrifttum überwiegend als sachgerechtes Fundamentalprinzip der Einkommensteuer anerkannt[237], das seinen Ursprung im grundrechtlichen Gleichheitssatz findet. Insbesondere *K. Tipke*[238] ordnet das Leistungsfähigkeitsprinzip dogmatisch dem Gleichheitssatz zu. *D. Birk*[239] und *P. Kirchhof*[240] entfalten dieses Prinzip zusätzlich freiheitsrechtlich. Unabhängig von dem jeweiligen Schwerpunkt scheint aber Einigkeit dahingehend zu bestehen, daß das Leistungsfähigkeitsprinzip durch eine Mehrheit verfassungsrechtlicher Grundwertungen konstituiert wird, insbesondere Gleichheit, Freiheit und Sozialstaatlichkeit[241]. Das BVerfG hat betont, es sei „ein grundsätzliches Gebot

---

[235] *K. Tipke / J. Lang*, Steuerrecht, § 4 Rn. 20.

[236] Demgegenüber bestimmte Art. 134 der WRV, daß „alle Steuerbürger ohne Unterschied ... im Verhältnis ihrer Mittel zu allen öffentlichen Lasten nach Maßgabe der Gesetze bei[tragen]."
Auch führen ausländische Verfassungen das Leistungsfähigkeitsprinzip an, so beispielsweise Art. 13 der französischen Menschenrechtserklärung von 1789 und Art. 53 der italienischen Verfassung von 1947. Gerade auch in jüngeren Verfassungen Mittel- und Osteuropas ist die Forderung der Austeilung der Steuerlasten an alle Bürger nach Maßgabe ihrer wirtschaftlichen Leistungsfähigkeit ausdrücklich normiert, so z.B. in § 70 der ungarischen Verfassung von 1990 („Jeder Staatsbürger der Ungarischen Republik hat seinen Beitrag entsprechend seinen Einkommens- und Vermögensverhältnissen für die öffentlichen Lasten zu leisten.") und Art. 51 der kroatischen Verfassung („Jedermann ist verpflichtet, zur Begleichung öffentlicher Abgaben in Übereinstimmung mit seinen wirtschaftlichen Möglichkeiten beizutragen. Das Steuersystem basiert auf den Grundsätzen der Gleichheit und Gerechtigkeit."); zitiert nach *K. Tipke*, Steuerrechtsordnung, Bd. 1, S. 245.

[237] Von den Befürwortern seien nur genannt *K. Tipke*, Steuerrechtsordnung, Bd. 1, insbes. S. 478 ff.; *J. Lang*, FS-Kruse, S. 313 (320, 338); *K.-H. Friauf*, StuW 1985 S. 308 (213 f.); *P. Kirchhof*, StuW 1985 S. 319 (319) m.w.N.: „Diese Belastungsidee soll die Gesetzgebung anleiten, die Gesetzesauslegung bestimmen, die individuelle Veränderbarkeit der Steuerrechtsfolgen beschränken und das Steuerrecht verstehbar, berechenbar und lehrbar machen."
Kritiker sind beispielsweise *W. Leisner*, StuW 1983 S. 97 ff. (insbes. S. 100); *D. G. Bodenheim*, Der Zweck der Steuer, S. 234 ff.; *H.W. Kruse*, DStJG 5 (1982), S. 71 (77 ff.); *W. Gassner / M. Lang*, Das Leistungsfähigkeitsprinzip.

[238] *K. Tipke*, Steuerrechtsordnung, Bd. 1, S. 488 ff.

[239] *D. Birk*, Das Leistungsfähigkeitsprinzip, S. 123 ff., 179 ff., 202 ff.

[240] *P. Kirchhof*, StuW 1985 S. 319 (323 f.).

[241] Vgl. BFH v. 09.05.2001, BStBl. II 2001 S. 552 (553): „Der Grundsatz der Besteuerung nach der wirtschaftlichen Leistungsfähigkeit, der sich aus einem Zusammenwirken des Demokratieprinzips, der Freiheitsrechte, der Gleichheitsrechte und des Sozialstaatsgedankens ableitet, ist

der Steuergerechtigkeit, daß die Besteuerung nach der wirtschaftlichen Leistungsfähigkeit ausgerichtet wird"[242]. Die Steuerlasten müßten auf die Steuerpflichtigen gleichmäßig im Verhältnis der wirtschaftlichen Leistungsfähigkeit verteilt werden[243]. Als Hauptindikator dieser Leistungsfähigkeit wird das Einkommen angesehen; dem trägt das geltende Steuerrecht mit der Einkommensteuer Rechnung. Die individuelle Steuerbelastung wird nach der finanziellen Fähigkeit bemessen, Steuerleistungen im Verhältnis zum Einkommen erbringen zu können. Die Einkommensteuertatbestände erweisen sich damit als Konkretisierungen der Besteuerung nach der finanziellen Leistungsfähigkeit.

Der Gesetzgeber ist über Art. 1 Abs. 3, 20 Abs. 3 GG an den Gleichheitssatz gebunden, „das Gebot dieser sog. Rechtssetzungsgleichheit richtet an den Gesetzgeber den am Wertsystem des Grundgesetzes orientierten Gerechtigkeitsauftrag"[244]. Der Legislative kommt beispielsweise die Aufgabe zu, nicht ohne sachlichen Grund die Gruppe der Bezieher von Einkünften einer bestimmten Einkunftsart gegenüber Beziehern anderer Einkünfte zu privilegieren oder zu benachteiligen. Ebenso darf er keine Regelungen schaffen, die innerhalb einer dieser Gruppen zu einer unterschiedlichen Belastung einzelner Steuerpflichtiger führen, ohne daß sich diese Ungleichbehandlung durch sachgerechte Gründe rechtfertigen ließe. Für den Gesetzgeber bedeutet die Beachtung des Leistungsfähigkeitsprinzips, bei der Ausgestaltung der gesetzlichen Vorschriften die wirtschaftliche Leistungsfähigkeit als zentrale Bezugsgröße des verfassungsmäßigen Verteilungsmaßstabes der steuerlichen Belastungswirkung zugrunde zu legen[245] und dieses Prinzip auch konsequent durchzuführen. Insbesondere muß die Steuerbemessungsgrundlage als zahlenmäßige Konkretisierung die Vorgaben aus dem vom Gesetzgeber in relativ freier Auswahl zu bestimmenden Steuergegenstand „systemgerecht" fortführen[246].

Als ersten Ansatzpunkt bei der Feststellung der Steuerbemessungsgrundlage, des zu versteuernden Einkommens, hat der Gesetzgeber die „Einkünfte" des Steuerpflichtigen gewählt (§ 2 Abs. 1 EStG). Deren Definition in § 2 Abs. 2 EStG positiviert das objektive Nettoprinzip, welches das Leistungsfähigkeitsprinzip dahin-

---

freiheitsschützend (Art. 2, Art. 14 GG), fordert zugleich aber auch sozial ausgewogene Verteilungsgerechtigkeit (Art. 3 Abs. 1, Art. 20 GG).

242 BVerfGE 13 S. 290 (297); E 43 S. 108 (120); E 61 S. 319 (343 f.); E 66 S. 214 (223).

243 BVerfGE 35 S. 324 (335); E 47 S. 1 (29).

244 *K. Tipke / J. Lang*, Steuerrecht, § 4 Rn. 70. Zur Bindung des Steuergesetzgebers vgl. aus der höchstrichterlichen Rechtsprechung BVerfGE 1 S. 52; 42 S. 72; weiterhin *P. Kirchhof*, Handbuch des Staatsrechts, S. 977 f.

245 *D. Birk*, Leistungsfähigkeitsprinzip, S. 259; *H. H. von Arnim*, VVDStRL 39 (1981) S. 286 (319).

246 *P. Kirchhof*, Besteuerung, S. 278 f.

gehend konkretisiert, daß nur das wirtschaftliche Ergebnis einer Erwerbstätigkeit Ausdruck steuerlicher Leistungsfähigkeit ist[247]. Deshalb erlangen nicht sämtliche Vermögenszugänge beim Steuerpflichtigen Relevanz für die Frage, auf welchen Betrag sich dessen Einkommensteuerschuld im Ergebnis beläuft. Vielmehr sind gleich auf der ersten Stufe der Einkommensermittlung die Erwerbseinnahmen und Erwerbsaufwendungen zu saldieren. Lediglich in der Höhe des Differenzbetrages, der sich daraus ergibt, erweist sich der Einzelne als im Sinne des Einkommensteuerrechts objektiv leistungsfähig(er). Denn nur das Nettoeinkommen steht ihm zur Befriedigung privater Bedürfnisse zu Verfügung[248]. Es soll grundsätzlich die durch Marktteilnahme erreichte finanzielle Leistungskraft des Steuerpflichtigen durch die Besteuerung des Zuwachses an disponiblem Vermögen in Anspruch genommen werden.

Die einzelnen Steuernormen sind nun wiederum zu konkretisieren, und zwar im Wege der Auslegung, und auch in diesem Bereich der Rechtsanwendung ist von neuem auf das Leistungsfähigkeitsprinzip als maßgeblichen Orientierungsgesichtspunkt zurückzugreifen[249]. Die gesetzgeberische Grundidee kann nur dann realisiert werden, wenn sich die Rechtsanwendungsinstanzen auch bei ihrer Interpretation des Gesetzes an dieser Grundvorstellung ausrichten. Deshalb verspricht ein Gesetzesvollzug, der sich exakt am Leistungsfähigkeitsprinzip ausrichtet, zunächst größtmögliche Steuergerechtigkeit, weil Lastenverteilungsgerechtigkeit. So ist denn auch formuliert worden, daß „die Auslegung des EStG [...] damit zugleich stets Erkenntnis dieser Leistungsfähigkeit [ist]“[250]. Aber auch wenn man die Anerkennung des Leistungsfähigkeitsprinzips als obersten Rechtsgrundsatz befürwortet, so sind damit inhaltlich keine abschließenden Erkenntnisse gewon-

---

[247] *K. Tipke / J. Lang*, Steuerrecht, § 9 Rn. 54; *A. Uelner*, FS-Schmidt, S. 21 (23 ff.)

[248] *H.G. Ruppe*, in: Herrmann/Heuer/Raupach, EStG, Einf. ESt Rn. 2.
Vgl. dazu auch *R. Jüptner*, Leistungsfähigkeit und Veranlassung, S. 111: „Aus der Summe aller Einnahmen ergibt sich nach Abzug der Ausgaben das, was zur Steuerzahlung zur Verfügung steht, die gesetzlich ausgewogene Zahlungsfähigkeit des Steuerpflichtigen.“
Auf der zweiten Stufe der Einkommensermittlung, für die vorliegende Arbeit aber ohne Relevanz, wird das subjektive Nettoprinzip umgesetzt. Da sich als Bemessungsgrundlage der Einkommensteuer nur das für die Steuerzahlung disponible Einkommen eignet, ist vom Gesamtbetrag der Einkünfte der Abzug solcher privater Ausgaben zugelassen, die als unvermeidbare Einkommensverwendung einzuordnen sind (§ 2 Abs. 4 und 5 EStG). Nur der nach dieser Saldierung verbleibende Betrag steht dem Steuerpflichtigen de facto zur privaten Bedürfnisbefriedigung zur Verfügung.

[249] Zum Erfordernis, die Auslegung des Begriffs der „Einkünfte aus nichtselbständiger Arbeit“ letztlich wiederum am Leistungsfähigkeitsprinzip zu orientieren, *K. Tipke*, StuW 1975 S. 327 (328); *ders.*, Steuerrechtsordnung, Bd. 1, S. 503.
Kritisch gegenüber dem Postulat der Verteilungsgerechtigkeit als für die Auslegung tauglichem Normzweck *K.-D. Drüen*, FS-Kruse, S. 191 (209 ff.).

[250] *W. Jakob / R. Jüptner*, Steuerfragen, S. 69.

nen. Denn das Leistungsfähigkeitsprinzip ist recht unbestimmt, sein Inhalt ist „wie bei jedem Rechtsprinzip einem steten Wandel sozialer Anschauungen, rechtlicher und ökonomischer Erkenntnisse unterworfen“[251].

c) Wirtschaftliche Betrachtungsweise

Die Rechtsanwendungsinstanzen bedienen sich im Bereich des Steuerrechts der wirtschaftlichen Betrachtungsweise. Zwar enthält die geltende AO keine allgemeine Anweisung mehr für eine Auslegung, die sich an wirtschaftlichen Überlegungen ausrichtet (wie noch § 4 RAO 1919 und § 9 RAO 1931)[252]. Dieses Schweigen des Gesetzgebers beruht aber darauf, daß es sich bei den früheren Regelungen „um allgemein geltende Auslegungsregeln handelt, die im Steuerrecht ebensowenig der Kodifikation bedürfen wie im übrigen Recht“[253]. Sie gelten also weiterhin.

„Die wirtschaftliche Betrachtungsweise dient der gleichmäßigen Erfassung gleicher wirtschaftlicher Leistungsfähigkeit und damit dem Gleichheitssatz“[254]. Diese Betrachtungsweise läßt sich einordnen als besondere Auslegungsanweisung für steuerrechtliche Tatbestände, insbesondere für solche, die zivilrechtliche Begriffe enthalten[255]. Sie richtet sich an diejenigen, die das Gesetz anwenden[256]. Nach h.M. stellt die wirtschaftliche Betrachtungsweise eine sich am wirtschaftlichen Normzweck orientierende teleologische Interpretation dar[257]. Sie erfordert ein tieferes Eindringen in den Lebenssachverhalt als eine eher begriffsjuristische Betrachtungsweise[258].

Dem Grunde nach verfolgen die Rechtsanwendungsinstanzen mit dieser Betrachtungsweise zwei Ziele: es soll zum einen gewährleistet werden, daß der wirt-

---

251 *J. Lang*, FS-Kruse, S. 313 (337 f.).

252 Die AO enthält aber mehrere Einzelvorschriften zur wirtschaftlichen Betrachtungsweise. Diese bezwecken die steuerliche Erfassung der wirtschaftlichen Ergebnisse bestimmter Vorgänge: § 40 (von gesetz- oder sittenwidrigem Handeln); § 41 (von unwirksamen Geschäften und Scheingeschäften), § 42 AO (vom Mißbrauch zivilrechtlicher Gestaltungsmöglichkeiten).

253 BT-Drucks. 7/4292 v. 07.11.1975, III. Einzelbegründung zu § 4 AO 1977.

254 *K. Tipke*, Steuerrechtsordnung, Band 3, S. 1309; kritisch gegenüber einem „Verquicken“ des Gleichheitssatzes mit der wirtschaftlichen Betrachtungsweise *H.W. Kruse / K.-D. Drüen*, in: Tipke/Kruse, AO, § 4 Rn. 335.

255 *M. Lehner*, FS-Tipke, S. 237 (237); *K. Tipke / J. Lang*, Steuerrecht, § 5 Rn. 65. Zur wirschaftlichen Betrachtungsweise bei der Normauslegung *H.-J. Papier*, DStJG 12 (1989), S. 61 (74 f.).

256 *R. Walz*, Steuergerechtigkeit, S. 212; *K. Tipke*, Steuerrechtsordnung, Bd. 3, S. 1291 ff.

257 *K. Tipke / J. Lang*, Steuerrecht, § 5 Rn. 65; *M. Groh*, StuW 1989 S. 227 (230); *H. Urbas*, Die wirtschaftliche Betrachtungsweise, S. 190 f.; *R. Eckhoff*, Rechtsanwendungsgleichheit, S. 308.

258 *C. Lambrecht*, DStJG 12 (1989), S. 79 (83).

schaftliche Gehalt eines Sachverhalts erfaßt wird, zum anderen ist sicherzustellen, daß die einzelne gesetzliche Vorschrift in ihrer Tragweite entfaltet wird[259]. Demgegenüber vernachlässigt diese Betrachtungsweise die rechtliche Einkleidung der Sachverhalte[260].

4.) Zur Reichweite von Praktikabilitätsüberlegungen, insbesondere bei der Interpretation von Fiskalzwecknormen

Bei der Frage, wie umfassende Steuergerechtigkeit bei der Rechtsanwendung gewährleistet werden kann, liegt nach alledem der Verweis auf eine möglichst eng am Leistungsfähigkeitsprinzip orientierte Interpretation der gesetzlichen Vorschriften nahe; so jedenfalls das Ideal.

a) Praktikabilität als legitime Richtlinie bei Gesetzgebung und Auslegung

Nun ist die Situation in der Rechtswirklichkeit jedoch weit von diesem Ideal entfernt, und dies hat auch seine Gründe. „Die umfassende Verwirklichung der im Gesetz angelegten Einzelfallgerechtigkeit scheitert an roher Faktizität" - so hat es *J. Isensee* formuliert[261]. Die Finanzbehörden sind es, denen grundsätzlich die Ermittlung des rechtlich erheblichen Sachverhalts zukommt; dies bestimmt der im Steuerrecht allgemein geltende Untersuchungsgrundsatz (§ 88 AO)[262]. Den Aufwand, der erforderlich wäre, um diese angestrebte Einzelfallgerechtigkeit zu erreichen, kann die Verwaltung in der Praxis regelmäßig nicht leisten. Schon die Erforschung und Beachtung sämtlicher Besonderheiten eines Einzelfalls ist zumeist sehr zeit- und arbeitsintensiv. Kommt dann noch hinzu, daß sich die Finanzverwaltung in einem Bereich bewegt, in dem sie sich typischerweise mit einer Vielzahl von Steuerpflichtigen und wirtschaftlichen Vorgängen auseinandersetzen muß[263] - wie dies bei der Einkunftsart der „nichtselbständigen Arbeit" der Fall ist - übersteigt die Erfüllung dieser Aufgaben bald die Kapazitäten der Behörden.

---

[259] *H.W. Kruse / K.-D. Drüen*, in: Tipke/Kruse, AO, § 4 Rn. 320 m.w.N.

[260] *H. Urbas*, Die wirtschaftliche Betrachtungsweise, S. 187 f.; vgl. auch *K. Tipke*, JZ 1975 S. 558 (560).

[261] *J. Isensee*, StuW 1994 S. 3 (9).

[262] Ergänzt wird dieser Grundsatz durch die nachfolgenden Vorschriften, insbesondere § 90 AO, der die Mitwirkungspflicht der Beteiligten bei der Aufklärung des Sachverhaltes festlegt.

[263] Zur Situation in der Finanzverwaltung *H. Egge*, StuW 1994 S. 272 und aus sozialwissenschaftlicher Sicht *J. Weingarten*, Finanzverwaltung und Gesetzesvollzug.
Vgl. auch *J. Lang*, FS-Kruse, S. 313 (325) zur Einschränkung des Leistungsfähigkeitsprinzips durch Vereinfachungszwecknormen: „Steuergesetze müssen in Massenverfahren durchgeführt

Angesichts dieser Situation ist die Forderung nach Praktikabilität naheliegend oder gar unumgänglich. Nur wenn die Finanzbehörden die Steuergesetze praktikabel handhaben können, läßt sich verhindern, daß das Gesetz ungleichmäßig vollzogen wird. Denn es ist alles andere als eine „gerechte“ Besteuerung erreicht, wenn etwa ein Steuerpflichtiger zeitnah entsprechend seiner finanziellen Leistungsfähigkeit besteuert wird, andere Steuerpflichtige demgegenüber erst geraume Zeit später oder womöglich auch gar nicht einer Besteuerung unterworfen werden. § 85 S. 1 AO ordnet entsprechend dann auch an, daß die Steuern sowohl „nach Maßgabe des Gesetzes“ als auch „gleichmäßig“ festgesetzt und erhoben werden; diese Anweisung läßt sich als Optimierungsauftrag ansehen, der Gesetzesvollzug nach § 85 S. 1 AO hat sich um größtmögliche Verwirklichung sowohl der Gesetzmäßigkeit als auch der Gleichmäßigkeit der Besteuerung zu bemühen[264] und nach Wegen zu suchen, um dieses Ziel zu erreichen.

Das Praktikabilitätsprinzip, das vom Ansatz her der Forderung nach Einzelfallgerechtigkeit in der Besteuerung zuwiderläuft, steht zur Einzelfallgerechtigkeit in einem Spannungsverhältnis[265]. Aber schon der Gesetzgeber sieht sich mit der Erkenntnis konfrontiert, daß gerade bei Massenerscheinungen Einfachheit und Praktikabilität des Rechts zu den notwendigen Voraussetzungen eines gleichheitsgerechten Gesetzesvollzugs gehören[266]. Werden dem Rechtsanwender nicht praktikable, praktisch undurchführbare Gesetze an die Hand gegeben, läßt sich eine gleichmäßige Anwendung dieser rechtlichen Regelungen nicht umsetzen; die Beachtung von Praktikabilitätsaspekten schon bei der Gesetzgebung soll dazu beitrage, Gleichmäßigkeit und damit auch Gerechtigkeit bei der Besteuerung sicherzustellen. Gerade das Massenverfahren des Lohnsteuerabzugs erzeugt Sachzwänge der Steuerpraktikabilität[267]; deshalb hat das Praktikabilitätsprinzip bei der Einkunftsart „nichtselbständige Arbeit“ das wohl größte Gewicht. Zur Vereinfachung entscheidet sich der Gesetzgeber häufig für Typisierungen oder auch Pauschalierungen, die aufwendige Einzelfallermittlungen überflüssig machen.

Die Frage, wie weit die rechtlichen Möglichkeiten der Finanzgerichte und -verwaltung reichen, wenn es darum geht, für die Norminterpretation den Aspekt

---

werden und bedürfen besonders dort der Typisierung und Pauschalierung, wo Steuernormen massenweise anzuwenden sind.“

264 *R. Seer*, Verständigung im Steuerverfahren, S. 233.

265 S. *Tiemann*, Stbg. 1993 S. 436; *K.-H. Belser*, Verfassungsrechtliche Zulässigkeit, S. 105 ff.

266 Vgl. hierzu, insbesondere im Zusammenhang mit Fragen der Zulässigkeit steuerrechtlicher Typisierungen, *L. Osterloh*, in: M. Sachs, GG, Art. 3 Rn. 104 ff. (insbes. 108). Desweiteren etwa *H. Weber-Grellet*, StuW 1999 S. 311 (318).

267 *J. Lang*, Bemessungsgrundlage, S. 278.

„Praktikabilität" des Gesetzesvollzugs als Richtschnur heranzuziehen, stellt sich gerade im Bereich der Besteuerung von Sachzuwendungen mit Nachdruck. Daß diese Maxime grundsätzlich Anerkennung als eigenständige materielle Auslegungsrichtlinie verdient, ist überwiegend akzeptiert[268]. Es besteht Einigkeit dahingehend, daß Rechtsprechung und auch die Verwaltung grundsätzlich Praktikabilitätsüberlegungen in eine Gesetzesinterpretation einbringen dürfen. Den oben angesprochenen Sachzwängen der Steuerpraktikabilität darf jedoch nicht uneingeschränkt nachgegeben werden; vielmehr gilt es Grenzen abzustecken, und zwar primär gegenüber dem Leistungsfähigkeitsprinzip. Damit befindet man sich bei der schwierigen Abwägung zwischen den Erfordernissen individueller Gerechtigkeit und Praktikabilität der Gesetzesanwendung, die, wenn das Gesetz keine eindeutigen Präferenzen vorgibt, auch zu den legitimen Aufgaben der Gesetzesanwender gehört[269]. Wenig gewinnbringend wäre es freilich, dem Praktikabilitätsprinzip in diesem Kollisionsfall die Möglichkeit zur Entfaltung allein mit dem Hinweis darauf abzusprechen, daß es als „technisches Prinzip" in der Wertigkeitshierarchie des deutschen Steuerrechts[270] - eigentlich unstreitig - einen niedrigeren Platz einnimmt als das Leistungsfähigkeitsprinzip als „ethisches Prinzip".

Vielmehr ist im Auge zu behalten, daß „mangelnde Praktikabilität im Sinne mangelnder praktischer Umsetzbarkeit von Entscheidungskriterien [...] zugleich zu mangelnder Gleichmäßigkeit und Gerechtigkeit der Besteuerung [führt]"[271]. Im Ergebnis wird man hier allgemeine rechtsstaatliche Prinzipien, insbesondere den Grundsatz der Verhältnismäßigkeit ins Spiel bringen müssen, was bedeutet, daß in letzter Konsequenz der Vorteil aus dem Gewinn an Praktikabilität und der Nachteil aus dem Verlust an Einzelfallgerechtigkeit zueinander nicht außer Verhältnis stehen dürfen[272]. Das Leistungsfähigkeitsprinzip ist gegen das Praktikabilitätsprinzip sachgerecht abzuwägen[273]. Der Gewinn an Praktikabilität darf nicht durch einen wesentlichen Verlust an Einzelfallgerechtigkeit erkauft werden. Der Prinzi-

---

[268] Vgl. BVerfGE 21 S. 209 (217 f.); BVerfGE 78 S. 214 (227 ff.); BFH v. 13.12.1985, BStBl. II 1986 S. 221 (223); *L. Osterloh*, Gesetzesbindung, S. 77 f.; *J. Isensee*, Typisierende Verwaltung, S. 179; *R. Walz*, Steuergerechtigkeit, S. 173 ff.

[269] *L. Osterloh*, Gesetzesbindung, S. 168.

[270] Zur unterschiedlichen Wertigkeit der beiden Prinzipien vgl. nur *J. Lang*, StuW 1975 S. 113 (115); *K. Tipke / J. Lang*, Steuerrecht, § 4 Rn. 130.

[271] *L. Osterloh*, Gesetzesbindung, S. 77 m.w.N.; vgl. auch *R. Borell / L. Schemmel*, Steuervereinfachung, S. 71 f.

[272] *W. Traxel*, Die Freibeträge, S. 16. Auch das BVerfG verweist beispielsweise im Zusammenhang mit Typisierungen auf das Verhältnismäßigkeitsprinzip, das ein angemessene Beziehung zwischen den Vorteilen der Typisierung und der mit ihr notwendig verbundenen Ungleichheit der steuerlichen Belastung verlange; vgl. z.B. BVerfGE 21 S. 12 (27 f.); E 37 S. 38 (55 f.); E 78 S. 214 (226 ff.).

[273] *J. Lang*, FS-Kruse, S. 313 (325).

piengegensatz ist im Wege einer mittleren Lösung auszugleichen, die Rechtfertigung beispielsweise von Typisierungen mit dem Grundsatz der Steuerpraktikabilität darf jedenfalls nicht zu einem Alibi ausarten, welches das Leistungsfähigkeitsprinzip aushöhlt[274].

b) „Typisierung" als u.U. zulässige Vereinfachungsmaßnahme bei der Rechtsanwendung

Großen Gewinn an Praktikabilität verspricht man sich von Typisierungen, sei es auf der Ebene der Gesetzgebung, sei es auf der Ebene der Rechtsanwendung. Auch „Gleichheit durch Typisierung tritt in Widerspruch zur Individualgerechtigkeit durch sachgerechte Berücksichtigung der Ungleichheit"[275]. Auf diesem Wege soll Steuergerechtigkeit durch Gleichbehandlung erreicht werden[276]. Zur Frage, wie kategorisch Praktikabilität auf diesem Wege erstrebt werden darf, werden seit langer Zeit intensive Diskussionen geführt - hierauf soll an späterer Stelle dieser Untersuchung eingegangen werden[277]. An dieser Stelle sei zunächst darauf hingewiesen, daß der Weg, sich Typisierungen zu bedienen, nach h.M. nicht nur dem Gesetzgeber, sondern auch der Verwaltung und den Gerichten eröffnet ist; letztere seien „im Rahmen und nach Maßgabe gesetzlicher Ermächtigungen grundsätzlich, insbesondere zum Zweck rechtssicherer, praktikabler und gleichmäßiger Anwendung unbestimmter Rechtsbegriffe, zum typisierenden und pauschalierenden Gesetzesvollzug berechtigt[278]. Uneinigkeit besteht schon hinsichtlich der zutreffenden rechtlichen Qualifizierung der Typisierung im Rahmen der Rechtsanwendung. Überwiegend ordnet man Typisierung ein als Anwendung des Gesetzes auf einen unwiderlegbar (sog. materielle Typisierung) oder einen widerlegbar (formelle Typisierung) vermuteten Sachverhalt[279]. *J. Schulze-Osterloh*[280] etwa hat aber darauf hingewiesen, daß sich Typisierung im Steuerrecht bei näherer Betrachtung nicht unbedingt als Feststellung eines fingierten Sachverhalts, sondern vielmehr als Ergebnis einer Gesetzesauslegung erweist, die hinsichtlich ihrer grundsätzlichen Zulässigkeit nach den allgemeinen methodischen Grundsätzen zu beurteilen ist.

---

[274] So *J. Lang*, StuW 1975 S. 113 (115) in Hinblick auf die entsprechende Aufgabe des Gesetzgebers.

[275] *R. Eckhoff*, Rechtsanwendungsgleichheit, S. 82.

[276] *H. Weber-Grellet*, StuW 1999 S. 311 (319).

[277] Vgl. insbesondere Teil 3, C) IV, 5.) f) und 7.) g) cc).

[278] *L. Osterloh*, in: M. Sachs, GG, § 3 Rn. 112; *J. Isensee*, StuW 1994 S. 3 (insbes. 10 ff.).

[279] *F. Ossenbühl*, Verwaltungsvorschriften, S. 347 f.; *G. Crezelius*, Rechtsanwendung, S. 210 f., 216 ff.

[280] *J. Schulze-Osterloh*, StuW 1977 S. 122 (133 m.w.N.); vgl. mit einer Mittelmeinung *J. Isensee*, Typisierende Verwaltung, S. 65.

B) Wirtschaftliche Bereicherung durch Zufluß eines geldwerten Gutes

Der erste Teil der Forderung, die das EStG in § 8 Abs. 1 an eine Einnahme erhebt, lautet, daß ein „Gut in Geld oder Geldeswert" dem Steuerpflichtigen „zufließt". Mit der erstgenannten Umschreibung äußert sich das Gesetz noch recht vage zum Gegenstand der Einnahme. Was genau unter einem solchen Gut zu verstehen ist oder wann man ihm „Geldeswert" zusprechen kann bzw. muß, ist also im Wege der Auslegung zu erschließen. So muß auch die Antwort auf die weiteren Fragen gefunden werden, die der Aspekt des „Zufließens" eröffnet: zu welchem Zeitpunkt kommt der Steuerpflichtige derart in den Genuß dieses Gegenstandes, daß auf seiner Seite eine steuerlich relevante Veränderung seiner Situation vorliegt, und wie muß seine Zugriffsmöglichkeit auf den in Frage stehenden Vorteil gestaltet sein?

I.) Anforderungen an den Gegenstand einer steuerbaren Sachzuwendung

Für die vorliegende Fragestellung hat die Orientierung der Auslegung der gesetzlichen Vorgaben am Leistungsfähigkeitsprinzip zunächst die grundsätzliche Aussage zur Folge, daß als Gegenstand einer Einnahme nur solche „Güter" in Frage kommen, denen die Eignung zugesprochen werden kann, den Empfänger in diesem Sinne leistungsfähiger zu machen, ihn bei objektiver Betrachtung wirtschaftlich zu bereichern.

1.) Unerheblichkeit „ideeller Vorteile" für die Besteuerung

Vorteile, denen kein materieller, wirtschaftlicher Wert zukommt, erhöhen nicht die steuerlich relevante Leistungsfähigkeit des Steuerpflichtigen. Dies sind Vorteile, die sich mit dem vom BFH[281] eingeführten Ausdruck „ideelle Vorteile" bezeichnen lassen; im allgemeinen Sprachgebrauch bilden die Begriffe „materiell/wirtschaftlich" und „ideell" ein Gegensatzpaar. Für solche Vorteile ist kennzeichnend, daß sie einer objektiven Bewertung nicht zugänglich sind; daß eine solche Bewertung aber Voraussetzung ist, um Güter in Geldeswert in eine Geldrechnung einzufügen, macht § 8 Abs. 2 EStG deutlich. Nur objektiv bewertbare

[281] BFH v. 17.09.1982, BStBl. II 1983 S. 39 (41); v. 22.07.1988, BStBl. II 1988 S. 995 (996); BFH v. 26.11.1997, BFH/NV 1998 S. 961 (962).

Güter können relevant sein für die Besteuerung und Eingang finden in die Steuerbemessungsgrundlage.

Ohne Auswirkung auf das Vermögen des Steuerpflichtigen bleibt deshalb beispielsweise der Spaß, den derjenige, der sein Hobby zum Beruf gemacht hat, bei der Ausübung seiner beruflichen Tätigkeit empfindet. Mag sein Tätigsein ihm auf geistiger Ebene Freude bereiten und ihn seines Erachtens in diesem Rahmen auch bereichern, so vergrößert sich sein Vermögen dadurch nicht; aber nur eine solche Bereicherung ist steuerrechtlich von Bedeutung. Ebenso ist die Situation zu beurteilen, daß am Arbeitsplatz des Steuerpflichtigen wegen der netten Kollegen eine ausgesprochen gute Atmosphäre herrscht. Durch einen solchen Umstand vergrößert sich nicht seine Fähigkeit zur Steuerzahlung, die „Bereicherung" erwächst aus dem Hinzukommen einer Position, die andere als Vermögenswerte impliziert, und die in dieser Eigenschaft einkommensteuerlich unberücksichtigt bleibt. Dieser Gruppe zugehörend ist auch der Gewinn von Image innerhalb und außerhalb des Betriebes, den eine Person erzielen kann, wenn ihr ein neuerer und schönerer Geschäftswagen als den anderen Beschäftigten zur Verfügung gestellt wird oder sein Büro mit den modernsten Einrichtungsgegenständen, elektrischen und elektronischen Geräten ausgestattet wird[282]. Zum Bereich des Ideellen sind weiterhin angenehme Umstände zu rechnen wie beispielsweise die Existenz einer fortschrittlichen Arbeitszeitregelung oder Informationspolitik im Unternehmen. Solche Sachverhalte sind zumeist durch mit ihnen verbundene Symbolik gekennzeichnet. Diese (Status-)Symbole werden häufig auch als Führungsinstrumente eingesetzt[283].

Bedenklich sind in diesem Zusammenhang deshalb Ausführungen wie die Stellungnahme von *G. Crezelius*, wenn er darlegt: „Gesondert geprüft werden müssen ideelle Vorteile, durch die der Steuerpflichtige Aufwendungen erspart, indem zum Beispiel betriebliche Sportanlagen bereitgestellt werden, die von Arbeitnehmern oder Gesellschaftern genutzt werden"[284]. Oder auch der Hinweis von *P. Kirchhof* auf die Möglichkeiten der Nutzung von Bibliotheken oder das Angebot üblicher Getränke zum Verbrauch im Betrieb unter dem Stichwort „ideelle Vorteile"[285]. Denn in diesen Fällen erlangt der Steuerpflichtige Vorteile, für deren Erhalt am Markt er je nach konkreter Ausgestaltung der jeweiligen Situation Vermögen einsetzen müßte; erhält er die Zuwendung unentgeltlich oder zu günstigen Konditio-

---

[282] Vgl. auch *H. Barein*, in: Littmann/Bitz/Pust, EStG, § 19 Rn. 239: „Ideeller Natur sind nur die Begleitumstände wie Erlebnis und Entspannung."

[283] *J. Weibler*, Personalführung, S. 379 ff; *R. Bröckermann*, Personalführung, S. 157.

[284] *G. Crezelius*, in: Kirchhof/Söhn, EStG, § 8 Rn. B 60.

[285] *P. Kirchhof*, in: Kirchhof, EStG, § 8 Rn. 24.

nen, läßt sich ein wirtschaftlicher Wert der Arbeitgeberleistung wohl nicht leugnen. Wird Gütern vom Markt ein in Geld ausdrückbarer Wert beigemessen, sind sie nicht mehr nur „ideelle Vorteile"[286]. Dieser Begriff darf als Bezeichnung nur beschränkt Anwendung finden, und zwar zur Kennzeichnung der Fälle, in denen kein wirtschaftlicher Vorteil erlangt wird. Der Ausdruck darf demgegenüber nicht dazu genutzt werden, solche Wertzugänge aus der Diskussion über ihre einkommensteuerliche Erheblichkeit herauszuhalten, bei denen man sich möglicherweise aus anderen Gründen scheut, von einem geldwerten Vorteil zu sprechen - sei es, weil sie einen nur geringen Wert haben oder weil sie nur mit Mühe einzelnen Steuerpflichtigen zugeordnet werden können.

2.) Keine Beschränkung auf Sachen im Sinne des BGB

Den Gegenstand der Leistungen, die in dieser Untersuchung als „Sachzuwendungen" bezeichnet werden, umschreibt § 8 Abs. 1 EStG als „Güter in Geldeswert"; diesen steht die Gruppe der „Güter in Geld" gegenüber. Damit sind die möglicherweise zu Einnahmen führenden Zuwendungsobjekte abschließend genannt. Eine nähere Bestimmung des hier interessierenden Begriffes des „Gutes in Geldeswert" fehlt aber im EStG. Die Bewertungsvorschrift des § 8 Abs. 2 EStG greift diese Teilgruppe von Einnahmen mit modifizierter Umschreibung auf („Sachbezüge") und führt eine Reihe von Beispielen an für „Einnahmen, die nicht in Geld bestehen". Daß diese Auflistung nur exemplarisch ist, wird schon aus der am Ende offenen Formulierung („...und sonstige Sachbezüge") deutlich.

a) Keine generelle Bindung des Steuerrechts an das zivilrechtliche Verständnis gleichlautender Begriffe

Die Wortwahl des Gesetzes in § 8 Abs. 2 EStG, wo zusammenfassend von „Sachbezügen" die Rede ist, könnte als Argument herangezogen werden für eine enge Interpretation des Begriffes des „Gutes in Geldeswert", die sich am zivilrechtlichen Verständnis des Terminus „Sache" im Sinne des § 90 BGB ausrichtet. Diese Überlegung führt zur Frage, ob bei der Auslegung steuerrechtlicher Vorschriften eine Bindung an die zivilrechtliche Interpretation gleichlautender Begriffe besteht. Dies wird von der ganz herrschenden Meinung im Steuerrecht nur in Ausnahme-

[286] *D. Birk*, Herrmann/Heuer/Raupach, EStG, § 8 Rn. 23.

fällen angenommen; für die hier zur Diskussion stehende Interpretationsfrage besteht sie jedenfalls nicht, wie nachfolgend gezeigt werden soll.

Die anspruchsbegründenden Steuertatbestände beschreiben verschiedene Lebensvorgänge, deren Relevanz im Bereich des Zivilrechts seit langem Gegenstand gesetzlicher Regelungen und gerichtlicher Entscheidungen ist; der steuerrechtlichen Bedeutsamkeit dieser Sachverhalte wurde man sich jedoch erst später bewußt[287]. Zunächst griff man, wenn sich das Steuerrecht der Begriffssprache des Zivilrechts bediente, ohne nähere Betrachtung das zivilrechtliche Verständnis auf. In der sich anschließenden Phase der Gegenbewegung herrschte die Ansicht vor, die zivilrechtliche Tatbestandsumschreibung sei nur ein Hilfsmittel, den Typus einer wirtschaftlichen Veranstaltung oder eines wirtschaftlichen Zustands zu umschreiben[288]. § 4 RAO 1919 (§ 9 RAO 1931) forderte in dieser Zeit dann auch, daß „bei der Auslegung der Steuergesetze [...] ihr Sinn und Zweck, ihre wirtschaftliche Bedeutung und die Entwicklung der Verhältnisse zu berücksichtigen [sind]." Vom BVerfG und auch vom BFH wurde schließlich eine erneute Kehrtwende vollzogen. Die Gerichte entwickelten den sogenannten Primat des Zivilrechts vor dem Steuerrecht: wenn Steuergesetze Begriffe des Zivilrechts verwenden, seien die Begriffsinhalte gleich, soweit sich nicht aus den Steuerrechtsnormen hinreichend deutlich anderes ergäbe. Auch der Grundsatz der Einheitlichkeit der Rechtsordnung fordere einen solchen Standpunkt ein[289].

Inzwischen hat sich aber die Ansicht durchgesetzt, daß es bei der Auslegung steuergesetzlicher Begriffe „keine teleologische Prävalenz des Zivilrechts"[290] gibt. Die Auffassung vom „Primat des Zivilrechts über das Steuerrecht" wird kaum mehr vertreten[291]. Das Steuerrecht lebt nicht etwa von der Teleologie und Dogmatik des Zivilrechts. Entscheidend streitet für diese Meinung die Erkenntnis, daß es sich bei Steuerrecht und Zivilrecht um nebengeordnete Rechtsgebiete handelt, denen

[287] *H.W. Kruse / K.-D. Drüen*, in: Tipke/Kruse, AO, § 4 Rn. 322.

[288] Insbes. *K. Ball*, Steuerrecht und Privatrecht, 1924; *E. Becker*, Reichsabgabenordnung, 1930.

[289] Vgl. nur BFH v. 21.06.1957, BStBl. III 1957 S. 300 (zur Beurteilung des Bestehens einer Ehe); v. 23.07.1957, BStBl. III 1957 S. 306 (zur Interpretation der Begriffe „Miete" und „Pacht" in § 8 Nr. 8 GewStG); BFH v. 12.07.1967, BStBl. III 1967 S. 781 (782); BVerfG v. 24.01.1962, BVerfGE 13 S. 331 (340). Gegen den Gedanken der Einheit der Rechtsordnung etwa *H. Weber-Grellet*, StuW 1999 S. 311 (312 f.).

[290] *K. Tipke / J. Lang*, Steuerrecht, § 1 Rn. 16 ff. Zum Verhältnis von Steuerrecht und Zivilrecht vgl. auch *P. Kirchhof*, FS-Kruse, S. 17 (22 f.) und *H.G. Ruppe*, in: Herrmann/Heuer/Raupach, EStG, Einführung ESt, Rn. 451 ff.

[291] Vgl. als wichtigsten der wenigen Anhänger *G. Crezelius*, Steuerrechtliche Rechtsanwendung, insbes. S. 359.

jeweils eine eigenständige Teleologie innewohnt[292]. Die Unterschiede liegen im wesentlichen darin begründet, daß letzteres der ausgleichenden Gerechtigkeit dient, das Steuerrecht demgegenüber der zuteilenden (austeilenden) Gerechtigkeit. Das Steuerrecht soll mit dem Gebot einer gleichmäßigen und insofern gerechten Verteilung der Steuerlast eigene Gerechtigkeitsgehalte verwirklichen. Die Wertungen des Zivilrechts, die regelmäßig lediglich im Blick haben, die Interessen der beteiligten Zivilrechtssubjekte auszugleichen, hat das Steuerrecht deshalb von einem eigenen Standpunkt aus zu hinterfragen[293].

Folglich ist im Steuerrecht nach Zweck und Wertung der anzuwendenden Norm zu bestimmen, ob und in welchem Umfang die anzuwendende Norm den Regelungsgehalt des anderen Rechtsgebiets übernommen hat. Im Steuerrecht ist es die wirtschaftliche Betrachtungsweise, die als teleologische Methode die Maßgeblichkeit zivilrechtlicher Regelungsinhalte zu bestimmen hat[294]. Dort, wo das Steuerrecht ausdrücklich an zivilrechtliche Institutionen anknüpft, hat der Rechtsanwender nach h.M. den zivilrechtlichen Regelungsinhalt als maßgeblichen zu beachten. Anders ist die Situation jedoch, wenn das Steuerrecht zwar Begriffe zivilrechtlicher Herkunft aufgreift, sie aber auf den steuerrechtlichen Normzweck zugeschnitten verwendet. Beispielhaft sei hier der Tatbestand der Einkünfte aus Vermietung und Verpachtung (§ 21 EStG) genannt, der in seinem Katalog zwar auch Vermietungen und Verpachtungen im zivilrechtlichen Sinne als für die Besteuerung bedeutsame Betätigungen anführt, sich aber nicht auf diese beschränkt. In diesen Fällen ist der Sinngehalt der maßgeblichen steuerrechtlichen Vorschrift durch Auslegung zu ermitteln, die sich an der eigenständigen Zielsetzung und den systemtragenden Prinzipien des Steuerrechts ausrichten muß. Hier greift die wirtschaftlich-teleologische Auslegung ohne weiteres Platz[295]. Es sind also zivilrechtliche Begriffe auf der Grundlage einer wirtschaftlichen Betrachtungsweise zu interpretieren, wenn und soweit damit den tatsächlichen wirtschaftlichen Gegebenheiten Rechnung getragen werden kann.

---

[292] Vgl. aus der Rechtsprechung BVerfG v. 27.12.1991 (Kammerbeschluß), BStBl. II 1992 S. 212 (insbes. 213 f.); dazu Anmerkung von *J.P. Meincke*, StuW 1992 S. 186 (188 ff.), der dem Zivilrecht wiederum stärkere Bedeutung für das Verständnis steuerrechtlicher Normen beimessen möchte). BFH v. 21.07.1982, BStBl. II 1982 S. 758 (insbes. 761). Zum im Schrifttum überwiegenden Standpunkt *K. Tipke / J. Lang*, Steuerrecht, § 1 Rn. 16 ff. und *L. Osterloh*, JuS 1994, S. 993 ff.

[293] *R. Eckhoff*, Rechtsanwendungsgleichheit, S. 308.

[294] *K. Tipke / J. Lang*, Steuerrecht, § 1 Rn. 19. Vgl. dazu auch *H.-J. Papier*, DStJG 12 (1989), S. 61 (74 f.).

[295] *K. Tipke / J. Lang*, Steuerrecht, § 5 Rn. 69.

b) Wortlaut des Gesetzes und Leistungsfähigkeitsprinzip als Argumente für ein abweichendes Verständnis

Der Wortlaut des § 8 EStG macht deutlich, daß das Einkommensteuergesetz eben nicht an das zivilrechtliche Verständnis einer „Sache" anknüpfen, also die Gruppe der Güter in Geldeswert gerade nicht auf Sachen i.S. des BGB beschränken will.

aa) Kein durch § 8 Abs. 1 EStG gebildetes Gegensatzpaar „Geld - Sachen"

Ein erster Hinweis darauf, daß das Einkommensteuergesetz die Gruppe der Vermögenswerte, die nach Grund und Höhe als Einnahmen zu erfassen sind, nicht lediglich aus Geld und Sachen i.S. des § 90 BGB zusammengesetzt sehen will, ergibt sich aus § 8 Abs. 1 EStG. Der Gesetzgeber hat hier, wo die grundlegenden Anforderungen an den Gegenstand einer Einnahme festgelegt werden, nämlich gerade nicht den Begriff „Sache" verwendet, sondern führt ihn erst im Rahmen des Abs. 2 ein, wo die Bewertung der nicht in Geld bestehenden Güter im einzelnen geregelt wird.

bb) Auswahl der Beispiele in § 8 Abs. 2 EStG

Zwar spricht § 8 Abs. 2 EStG von „Sachbezügen", doch macht schon die Auswahl der Beispiele für solche Zuwendungen deutlich, daß von Seiten des Gesetzgebers eine Begrenzung der Vorschrift auf körperliche Gegenstände und somit an dieser Stelle eine inhaltliche Bindung an das Zivilrecht nicht gewollt ist. So werden in Satz 1 neben solchen Gegenständen - Kost und Waren - ausdrücklich „Dienstleistungen" angeführt[296], die auf Seiten des Zuwendungsempfängers steuerbare Einnahmen bewirken können. Beispielhaft seien hierzu die betrieblichen Kinderbetreuungseinrichtungen genannt, in denen die Kinder von Firmenangehörigen während deren Arbeitszeit kostenlos oder gegen recht geringe Bezahlung in Obhut gegeben werden können. Zum anderen kann etwa darauf hingewiesen werden, daß § 8 Abs. 2 S. 2 EStG die Bewertung der privaten Nutzung eines betrieblichen Kraftfahrzeuges zu privaten Fahrten als speziellen Fall regelt, damit also davon ausgeht, daß der betreffende Vorteil einen „Sachbezug" darstellt. Angeknüpft wird hier nun gerade nicht an die Übertragung des Eigentums an dem Fahrzeug,

[296] Diese Ergänzung erfolgte durch das Jahressteuergesetz 1996 (v. 11.10.1995, BGBl. I 1995 S. 1250). § 8 Abs. 3 EStG greift gerade auch diese Dienstleistungen nochmals auf.

sondern an die Nutzung, es soll also der Nutzungsvorteil bewertet werden[297]. In diesem Punkt sind also schon die gesetzlichen Vorgaben deutlich. Die Umschreibung „geldwerter Vorteil“ begrenzt die Gruppe möglicherweise einkommensteuerlich erheblicher Sachzuwendungen nicht auf Sachen i.S. des § 90 BGB.

cc) Leistungsfähigkeitsüberlegungen

Eine andere als die vom zivilrechtlichen Verständnis der „Sache“ losgelöste Auslegung des Sachbezugsbegriffs und damit eine weite Interpretation der Formulierung „Güter in Geldeswert“ wäre vor allem auch aus Leistungsfähigkeitsgesichtspunkten kein sachgerechtes Verständnis. Denn wenn man die Situation eines Steuerpflichtigen, der ein für ihn finanziell vorteilhaftes[298] Nutzungsrecht wahrnimmt[299], mit der Situation vergleicht, in der er sich befände, wäre ihm die Nutzung nicht in der konkreten Art und Weise eröffnet worden, so ist seine tatsächliche wirtschaftliche Lage in jedem Fall besser als die hypothetisch angenommene. Ebenso stellt sich die Situation dar, wenn Dienstleistungen kostenlos oder verbilligt in Anspruch genommen werden. Hierzu zählen die Fälle, in denen Unternehmen für ihre Mitarbeiter Berufsbekleidung unentgeltlich bereitstellen oder eigene Einrichtungen unterhalten, in welchen die Kinder von Firmenangehörigen während deren Arbeitszeit kostenlos oder gegen recht geringe Bezahlung betreut werden. Vornehmlich den Mitarbeitern, die in der betrieblichen Hierarchie weit oben stehen, wird häufig ein Firmenwagen zur Verfügung gestellt, den sie auch privat nutzen dürfen; von diesem Angebot wird regelmäßig Gebrauch gemacht. In diesem Bereich der Sachzuwendungen bewegt man sich schließlich auch, wenn Arbeitnehmern die Möglichkeit eröffnet wird, sich in betriebseigenen Stätten sportlich zu betätigen oder in sich in firmeneigenen Ferienunterkünften preisgünstig einzumieten. Für die Eröffnung dieser Nutzungsmöglichkeiten und die Zuwen-

---

[297] Vgl. in diesem Zusammenhang das Urteil des BFH v. 04.11.1994, BStBl. II 1995 S. 338, in dem der BFH gegen die damalige Verwaltungsmeinung (R 32 Abs. 1 Nr. 2 LStR 1990) die Ansicht vertreten hat, auch Nutzungsüberlassungen seien als „Dienstleistungen“ i.S. des § 8 Abs. 3 EStG anzusehen, dies mit der Konsequenz, daß für die Bewertung von Personalrabatten in Verbindung mit Nutzungsüberlassungen nicht § 8 Abs. 2 EStG maßgeblich ist. Dies folge aus einem wirtschaftlichen Verständnis des Begriffs „Dienstleistungen“. Mangels Bindung der steuerrechtlichen Auslegung an das Zivilrecht sei keine Beschränkung auf Dienstleistungen i.S. des § 611 BGB geboten. Mit der favorisierten Auslegung sei auch der mögliche Wortsinn nicht überschritten. Schließlich spreche für dieses Verständnis, daß der Gesetzgeber mit § 8 Abs. 3 EStG die Belegschaftsrabatte generell regeln wollte und deshalb vermutet werden kann, daß er mit der Wortwahl nicht beabsichtigte, einen Teil der in Betracht kommenden Sachbezüge auszuklammern. Desweiteren BFH v. 01.09.1998, BStBl. II 1999 S. 213 (215).

[298] Zu einem solchen finanziellen Vorteil kann es nur dann kommen, wenn es um Nutzungsvorteile geht, für deren Erhalt am Markt (üblicherweise) ein Entgelt gezahlt wird.

[299] Beispielsweise der Arbeitnehmer eines Mietwagenunternehmens, der beim Arbeitgeber ein Kraftfahrzeug verbilligt anmieten kann.

dung der sonstigen Leistungen oder zumindest für deren tatsächliche Inanspruchnahme müßte der Steuerpflichtige am allgemeinen Markt einen Teil des Vermögens aufwenden, das ihm zum Bestreiten seines privaten Lebensunterhalts zur Verfügung steht. Bleiben ihm solche Ausgaben jedenfalls teilweise erspart, weil der Arbeitgeber dem Arbeitnehmer die entsprechenden Zuwendungen kostenlos oder verbilligt gewährt, so steht der Arbeitnehmer im Ergebnis wirtschaftlich besser dar als ohne die betreffende Leistung des Arbeitgebers: sein Vermögen hat keine Minderung erfahren, ein wirtschaftlicher Nutzungsvorteil ist ihm aber dennoch zugute gekommen.

3.) Fälle unklarer Qualifizierung von Zuwendungen als „Güter in Geld" oder „Güter in Geldeswert"

Der Fall, daß der Arbeitnehmer eine Zuwendung in Geld erhält, wirft bei der rechtlichen Würdigung regelmäßig keine bemerkenswerten Probleme auf. Bei verschiedenen Zuwendungsformen ist jedoch schon eine nähere Betrachtung dahingehend anzustellen, ob die jeweiligen Vorteile als Geld oder geldwerte Güter zu qualifizieren sind. Die Unterscheidung ist insbesondere deshalb von Belang, weil die Regelungen der § 8 Abs. 2 und 3 EStG, die besondere (und regelmäßig für den Steuerpflichtigen günstigere) Vorschriften zum Ansatz und zur Bewertung der erlangten Güter enthalten, nicht für Barzuwendungen gelten. Fragen werfen in diesem Zusammenhang etwa folgende Zuwendungsformen auf.

a) Ausländische Zahlungsmittel

Zum einen wird darüber diskutiert, ob ausländische Zahlungsmittel als „Geld" i.S. des § 8 Abs. 1 EStG zu qualifizieren sind oder vielmehr als geldwerte Güter. Für die Einordnung als geldwerte Güter wird vorgebracht, daß ausländische Zahlungsmittel bewertet werden müssen, und daß dies nach § 8 Abs. 2 EStG mit dem Kurswert zu erfolgen hat[300]. Bei inländischen Zahlungsmitteln ist der Nennbetrag anzusetzen (Nominalwertprinzip). Die Finanzverwaltung sieht demgegenüber in der Auszahlung von Arbeitslohn in Fremdwährung keinen Sachbezug, sondern die Überlassung von Gütern in Geld (R 31 Abs. 1 S. 6 LStR 2002). Diese Position der Verwaltung erscheint zwar in Hinblick auf die zuvor angesprochene Notwendigkeit einer Bewertung unsystematisch, ist aber aus folgenden Überlegungen sach-

[300] *S. Temminghoff*, Lohnsteuerpflichtige Zuwendungen, S. 11; *H. Glenk*, in: Blümich, EStG, § 8 Rn. 11; *D. Birk*, in: Herrmann/Heuer/Raupach, EStG, § 8 Rn. 22 f.

gerecht: Ein anderes Verständnis würde dazu führen, daß für in ausländischer Währung gezahlten Arbeitslohn die Freigrenze des § 8 Abs. 2 S. 9 EStG zum Tragen käme. Für eine solche Ungleichbehandlung von Lohnzahlungen in inländischer und ausländischer Währung besteht jedoch keine sachliche Rechtfertigung[301]. Die Ungleichbehandlung der verschiedenen Lohnempfänger wäre auch von einigem Gewicht, wenn man berücksichtigt, daß die Freigrenze seit 2002 monatlich 50 Euro beträgt.

Hiervon abweichend ist aber wohl Fremdwährung zu beurteilen, die zur Zeit der Auszahlung nicht handelbar ist. Solches Geld ist nicht in (annähernd) gleicher Weise wirtschaftlich verwertbar wie Geld, das bei Auszahlung ohne weiteres im Geschäftsverkehr eingesetzt werden kann, weil es sich dabei um eine zum Zeitpunkt der Überlassung an dem Empfänger als amtliches Zahlungsmittel zugelassene Währung handelt. Wegen dieses Unterschiedes erscheint es sachgerecht, Fremdwährung, die nicht handelbar ist, als Gut in Geldeswert zu qualifizieren. So war auch die Haltung der Finanzverwaltung in Hinblick auf vor 2002 ausgegebene Euro-Starter-Kits[302]. Konsequent wäre es, wenn dies gleichermaßen für die Auszahlung von Arbeitslohn in DM ab dem Jahr 2002 angenommen würde - eine entsprechende Stellungnahme von Seiten der Finanzverwaltung fehlt jedoch bisher.

b) Warengutscheine

Klärungsbedürftig erscheint auch, welcher der beiden in § 8 Abs. 1 EStG genannten Gruppen von Einnahmen Warengutscheine zuzuordnen sind, die dem Arbeitnehmer vom Arbeitgeber überlassen werden. Das Schrifttum hat sich hierzu bisher kaum geäußert. *H. Pflüger*[303] nennt zwar Gutscheine und Essensmarken als Beispiele für Einnahmen, die nicht in Geld bestehen, begründet diesen Standpunkt jedoch nicht. Gerichtliche Entscheidungen liegen zu dieser Frage, soweit ersichtlich, bisher nicht vor. Die Finanzverwaltung nimmt inzwischen folgende Differenzierung vor, ohne aber eine Begründung anzuführen: Warengutscheine, die beim Arbeitgeber einzulösen sind, stellen immer einen Sachbezug dar, auch wenn der Gutschein auf einen Geldbetrag lautet. Der betreffende Vorteil fließt erst zu, wenn der Gutschein eingelöst wird. Bei Gutscheinen, die zum Einkauf bei einem Dritten berechtigen, fließt Arbeitslohn schon bei Hingabe der Gutscheine zu. Hier

---

301 *H. Pust*, in: Littmann/Bitz/Pust, EStG, § 8 Rn. 27.

302 Vgl. FinMin. Bayern, Erlaß v. 28.11.2001, DStR 2001 S. 2116. *W. Drenseck*, in: L. Schmidt, EStG, § 8 Rn. 43 hält diese Praxis für „schlicht rechtswidrig".

303 *H. Pflüger*, in: Herrmann/Heuer/Raupach, EStG, § 19 Anm. 106.

liegt lediglich dann ein Sachbezug vor, wenn sich der Gutschein (nur) auf eine konkret bezeichnete Sache bezieht. Fehlt eine solche Bezeichnung, handelt es sich bei der Zuwendung immer um eine solche in Geld[304]. Die hinsichtlich der bei einem Dritten einzulösenden Gutscheine vorgenommene Differenzierung erscheint einleuchtend, denn nur im letztgenannten Fall hat der Arbeitnehmer in gleicher Weise wie beim Erhalt von Bargeld Freiheit bei der Entscheidung, welche Güter er aus der Angebotspalette des Dritten in Höhe des ausgewiesenen Betrages erwerben will. Nur bei einer solchen Vergleichbarkeit der Situationen sollen aber die gesetzlichen Vorschriften, die Güter in Geld betreffen, auch zur Anwendung kommen. Daß eine solche Unterscheidung bei Gutscheinen, die beim Arbeitnehmer einzulösen sind, nicht vorgenommen wird, erscheint zunächst nicht unbedingt einsichtig; denn in diesen Fällen besteht gleichermaßen wirtschaftliche Vergleichbarkeit zur Überlassung von Geld, wenn dem Arbeitnehmer nicht nur die Möglichkeit eröffnet wird, einen bestimmten Gegenstand zu erwerben oder eine konkrete Leistung in Anspruch zu nehmen. Bei näherer Betrachtung zeigt sich aber, daß die differenzierende Handhabung der Verwaltung konsquent ist, denn die Finanzverwaltung geht – wie gerade angesprochen - davon aus, daß bei der Überlassung von Gutscheinen durch den Arbeitgeber der Vorteil erst bei Einlösung des Gutscheins zufließt. Dann aber hat sich der Arbeitnehmer auf ein bestimmtes geldwertes Gut festgelegt, er erlangt wirtschaftliche Verfügungsmacht also definitiv nur hinsichtlich eines nicht in Geld bestehenden Gutes.

c) Übernahme von Versicherungsprämien zu Gunsten des Arbeitnehmers

Welch weitreichende Bedeutung einer Entscheidung darüber zukommen kann, ob eine Zuwendungsart den Gütern in Geld oder den Gütern in Geldeswert zuzuordnen ist, hat jüngst ein Urteil des FG Düsseldorf[305] aufgezeigt. Hier hing von der rechtlichen Qualifizierung der Übernahme von Versicherungsprämien in Höhe von 50 DM ab, ob die Klägerin die monatlich an Aushilfen gezahlten Löhne nach § 40 a EStG hatte pauschal versteuern dürfen oder das Finanzamt zu Recht einen Haftungsbescheid über Lohnsteuer, Kirchensteuer und Solidaritätszuschlag erlassen hatte. Denn eine Beurteilung der Arbeitgeberleistungen als Zahlung von Bar-

---

[304] Vgl. OFD Berlin v. 23.06.2000, FR 2000 S. 1004; dazu ohne Wertung *R. Hartmann*, INF 2001 S. 42 (45).
Die Finanzverwaltung will seit jüngster Zeit die für Sachbezüge geltende Freigrenze des § 8 Abs. 2 S. 9 EStG nicht mehr auf Warengutscheine, die bei Dritten einzulösen sind, anwenden, wenn neben der konkret bezeichneten Ware oder Dienstleistung auch deren Wert in Euro angegeben ist; vgl. z.B. OFD Nürnberg, Verfügung v. 15.01.2003, DStR 2003 S. 157.

[305] FG Düsseldorf v. 04.04.2001, EFG 2001 S. 1422 (Rev. eingelegt, Az. des BFH: VI R 68/01).

lohn hätte die für die Besteuerung maßgeblichen monatlichen Bezüge der Empfänger von 590 DM auf 640 DM ansteigen lassen - mit der Konsequenz, daß die Pauschalierungsgrenze von 630 DM überschritten gewesen wäre[306] -, weil die Prämien mangels Anwendbarkeit des § 8 Abs. 2 S. 9 EStG nicht außer Ansatz geblieben wären. Die Richter vertraten in ihrer Entscheidung den Standpunkt, daß die Übernahme von Versicherungsprämien durch den Arbeitgeber als Versicherungsnehmer zu Gunsten seines Arbeitnehmers eine Sachzuwendung darstelle, auf die § 8 Abs. 2 S. 9 EStG anwendbar sei. Für die Qualifizierung solcher Arbeitgeberleistungen müsse auf den konkret verwirklichten Sachverhalt abgestellt werden; unerheblich sei, ob dieser Sachverhalt wirtschaftlich einer Geldleistung an den Arbeitnehmer gleichstehe, mit der dieser selbst die Versicherungsleistung erkauft habe[307].

Die Position der Finanzrichter verdient Zustimmung. Die wirtschaftliche Vergleichbarkeit von tatsächlich verwirklichtem und hypothetischem Sachverhalt legt nahe, daß beide Sachverhalte grundsätzlich steuerrechtlich gleich behandelt werden. Der Gesetzgeber hat aber die wirtschaftliche Vergleichbarkeit der Zuwendung von Geld oder geldwerten Gütern dadurch berücksichtigt, daß beide Vorgänge zu Einnahmen führen können und im Ergebnis über den Weg der Bewertung in dieselbe (Geld-)Rechnung aufgenommen werden. Indem das Gesetz jedoch nur für einen Teil der möglichen Einnahmen besondere Regelungen vorsieht, macht es deutlich, daß trotz wirtschaftlicher Vergleichbarkeit in bestimmten Fragen eine unterschiedliche Behandlung stattfinden soll; deshalb ist für eine klare Grenzziehung zwischen Einnahmen in Geld und solchen in Geldeswert der Aspekt der wirtschaftlichen Vergleichbarkeit gerade zurückzustellen. Hier kann es nur auf den tatsächlich verwirklichten Sachverhalt ankommen. Eine andere Handhabung würde die Grenze zwischen Barzahlungen und Sachleistungen verwischen und somit die eindeutige und für die Steuerpflichtigen vorhersehbare Zuordnung der Leistungen im Ergebnis vereiteln. Entscheidend ist deshalb im hier diskutierten Fall, daß bei der Übernahme von Versicherungsleistungen kein Geld direkt an den Arbeitnehmer geflossen ist, sondern die Zahlung unmittelbar an den Versicherer erfolgte.

---

306 Durch das Steuerentlastungsgesetz 1999/2000/2002 sind ab 01.04.1999 die Lohngrenzen festgeschrieben worden, die Pauschalierungsgrenze lag seither bei 630 DM, seit 01.01.2002 bei 325 Euro. Am 01.04.2003 ist die Neuregelung in Kraft getreten, nach der die Pauschalierungsgrenze 400 Euro beträgt; die Vorschriften sind erstmals auf Arbeitsentgelt anzuwenden, das für einen nach dem 31.03.2003 endenden Lohnzahlungszeitraum gezahlt wird, § 52 Abs. 4a, § 52 b EStG.

307 Ebenso FG Brandenburg v. 25.05.2000, EFG 2000 S. 855 hinsichtlich Zahlungen des Arbeitgebers für die Zusatzversorgung seiner Arbeitnehmer.

4.) Keine Identität von „Gut“ und „Wirtschaftsgut“

Man könnte desweiteren die Frage stellen, ob nicht die Begriffe „Gut“ i. S. des § 8 Abs. 1 EStG und „Wirtschaftsgut“ i.S. der §§ 4, 5 EStG Gleiches bezeichnen. Ein übereinstimmendes Verständnis ist beispielsweise aus der Überlegung heraus befürwortet worden, daß die „Bereicherung des Steuerpflichtigen [...] möglichst einheitlich für alle Einkunftsarten rechtsdogmatisch determiniert und eine am Buchstaben des Gesetzes haftende Vergrößerung der Unterschiede zwischen Gewinn- und Überschußeinkunftsarten vermieden werden [soll]“[308]. Die Vertreter der entgegengesetzten Ansicht sehen in dem im Gesetz angelegten Dualismus der Einkunftsarten hingegen gerade ein Argument für eine Unterscheidung der Begriffe[309].

Schon die gesetzlichen Vorgaben sprechen aber dagegen, die beiden Termini a priori gleichzusetzen. Schließlich steht es dem Gesetzgeber offen, ein solch gleichlautendes Verständnis durch entsprechende Änderung des Wortlauts des § 8 Abs. 1 EStG zu manifestieren. Er hat sich aber dafür entschieden, von Wirtschaftsgütern nur im Zusammenhang der Bilanzierungsvorschriften zu sprechen. Diese auch augenscheinliche Unterscheidung wird mit guten Gründen beibehalten, denn der Begriff des Wirtschaftsgutes wurde speziell für das Bilanzsteuerrecht und dessen Erfordernisse entwickelt; er faßt die Anforderungen zusammen, denen ein Vorteil genügen muß, um im Rahmen der Bilanzierung Berücksichtigung zu finden. Das Gesetz legt die betreffenden Voraussetzungen aber auch nicht ausdrücklich fest, sondern überläßt diese Aufgabe den Anwendern des Gesetzes. Der Bundesfinanzhof interpretiert den Begriff des Wirtschaftsgutes im Sinne der §§ 4, 5 EStG weit[310]. Demnach sind (aktive) Wirtschaftsgüter Sachen, Tiere und nichtkörperliche Gegenstände (Rechte) im Sinne der §§ 90, 90a BGB, weiterhin zählen hierzu grundsätzlich bloße vermögenswerte Vorteile[311] einschließlich „tatsächlicher Zustände“ und „konkreter Möglichkeiten“[312]. Dies aber eben nur unter bestimmten Voraussetzungen, deren Vorliegen sie als bilanzfähig ausweist[313]. Das

---

[308] *J. Lang*, DStJG 9 (1986), S. 15 (60, Fn. 210) m.w.N.

[309] Beispielsweise *G. M. Zach*, Die Besteuerung, S. 32 f. im Rahmen einer Auseinandersetzung mit dem EStG 1974 - Referentenentwurf.

[310] Zudem hält ihn das Gericht für identisch mit dem handelsrechtlichen Begriff des „Vermögensgegenstandes“; vgl. BFH GrS v. 26.10.1987, BStBl. II 1988 S. 348 (352); BFH v. 26.08.1992, BStBl. II 1992 S. 977 (978); a.A. in diesem Punkt *J. Costede*, StuW 1995 S. 115 (117).

[311] Vgl. § 266 Abs. 2 HGB: „Rechte und Werte“.

[312] Zu den genannten einzelnen Wirtschaftsgütern vgl. BFH v. 23.05.1984, BStBl. II 1984 S. 723; v. 09.07.1986, BStBl. II 1987 S. 14; v. 26.08.1992, BStBl. II 1992 S. 977.

[313] Zu diesen Voraussetzungen BFH v. 22.07.1988, BStBl. II 1988 S. 995 (996 f.) und BFH v. 06.12.1990, BStBl. II 1991 S. 346 (347): Der Kaufmann muß sich die Erlangung des Wirt-

letztgenannte Erfordernis ist aber bei § 8 EStG ohne Bedeutung, so daß die geldwerten Güter des § 8 EStG nicht auf bilanzierbare Wirtschaftsgüter beschränkt sind[314].

Ein übereinstimmendes Verständnis der genannten Begriffe führte dazu, daß bei Beziehern von Überschußeinkünften Zuwendungen unberücksichtigt blieben, welche die objektive Leistungsfähigkeit der Betreffenden steigern, ohne daß für eine solche Begrenzung ein sachliches Bedürfnis besteht. Vorrangig ist hierbei an Nutzungsvorteile zu denken. Das Erlangen solche Vorteile erhöht, wie zuvor schon dargelegt, die objektive Leistungsfähigkeit des Empfängers. Sie sind im Rahmen der Überschußeinkunftsarten als „geldwerte Vorteile" zu erfassen. Bei diesen Einkunftsarten ist schon die umfassende Einbeziehung zugegangener (Nutzungs-)Vorteile erforderlich, weil die Veränderung des der Einkunftserzielung dienenden Vermögens bei der Ermittlung der Steuerbemessungsgrundlage keine Berücksichtigung findet. Unterbliebe diese Erfassung, wären die betreffenden Vorteile mangels späteren Vermögensvergleichs der Besteuerung im Rahmen der Überschußeinkunftsarten entzogen. Nutzungsvorteile sind aber keine Wirtschaftsgüter[315]. Dies begründet im Rahmen der Gewinneinkunftsarten jedoch nicht die Gefahr, daß die betreffenden Vorteile gänzlich unberücksichtigt bleiben; sie werden lediglich zu einem späteren Zeitpunkt steuerlich erfaßt. Denn bei den Gewinneinkunftsarten wird die geschuldete Einkommensteuer anhand eines Vermögensvergleichs ermittelt, es wird also die Veränderung des der Einkünfteerzielung dienenden Vermögens brachtet. Nutzungsvorteile werden bei Gewinneinkünften in der Regel erst (aber dann auf jedem Fall) erfaßt, wenn sie sich in einer Vermögensmehrung in Gestalt eben von Wirtschaftsgütern i.S. der §§ 4 ff. EStG niedergeschlagen haben[316].

„Wirtschaftsgüter" erweisen sich demnach gewissermaßen als Teilgruppe der „geldwerten Güter", die Begriffe bezeichnen nicht Gleiches[317].

---

schaftsgutes etwas kosten lassen, die Gegenstände müssen nach der Verkehrsauffassung einer selbständigen Bewertung zugänglich sein und in der Regel einen Nutzen für mehrere Wirtschaftsjahre erbringen. Ferner gehört zu den Wesensmerkmalen eines Wirtschaftsgutes auch dessen Übertragbarkeit; dabei genügt es, daß es zusammen mit dem Betrieb übertragen werden kann.

[314] Vgl. auch BFH GrS v. 26.10.1987, BStBl. II 1988 S. 348 (352).

[315] BFH GrS v. 26.10.1987, BStBl. II 1988 S. 348; *G. Söffing*, JbFSt 1978/79, S. 199 (212); *H. Weber-Grellet*, in: L. Schmidt, EStG, § 5 Rn. 100: Nutzungsvorteile sind nur wertbestimmende Eigenschaften der genutzten Wirtschaftsgüter.

[316] BFH GrS v. 26.10.1987, BStBl. II 1988 S. 348 (352); auch BFH v. 26.09.1995, BStBl. II 1996 S. 273 (274). Der Rechtsprechung zustimmend *M. Jachmann*, in: Lademann, EStG, § 8 Rn. 15.

[317] Vgl. zur fehlenden gänzlichen Deckung von „Betriebseinnahme" und „Wirtschaftsgut" auch BFH v. 26.09.1995, BStBl. II 1996 S. 273.

5.) Unzulässige Gleichsetzung von „geringem Geldwert“ und „fehlendem Geldwert“

Eine weitere Frage, die sich stellt, ist die, ob von einem „vermögenswerten Vorteil“ nur dann gesprochen werden kann, wenn der Sachzuwendung mehr als ein nur sehr geringer Wert zukommt. Mit anderen Worten: Ist geringfügigen Vorteilen von vorne herein die Eignung abzusprechen, Gegenstand einer Einnahme zu sein, hängt also - ergebnisbezogen formuliert - die Qualifizierung von Zuwendungen als Einnahme vom Umfang der Bereicherung des Steuerpflichtigen ab[318]? Im Ergebnis ist diese Frage zu verneinen, wie die nachfolgenden Überlegungen deutlich machen.

a) Entgegen ersten Bedenken keine Gleichsetzung durch den BFH

Solche Erwägungen anzustellen, liegt aber bei einem ersten Blick auf die jüngere höchstrichterliche Finanzrechtsprechung nahe. Zur Zeit der Annehmlichkeiten-Rechtsprechung hatte der BFH noch betont: „Ein lohnsteuerpflichtiger geldwerter Vorteil [ist] auch dann anzunehmen [...], wenn er nur einen relativ geringen Betrag je Arbeitnehmer ausmacht“[319]. Dann führte der BFH jedoch in unmittelbarem zeitlichen Zusammenhang mit der Aufgabe der Rechtsprechung zu den Gelegenheitsgeschenken den Begriff der „Aufmerksamkeiten“ in seine Judikatur ein, und zwar mit Äußerungen, die Zweifel an der Aufrechterhaltung seines bisherigen Standpunktes aufkommen ließen. Auch für den Fall, daß der Arbeitgeber mit der Zuwendung gleichzeitig - neben dem Ziel der Entlohnung - soziale Ziele verfolgt, sei festzuhalten: Dieser Umstand „läßt die Veranlassung der Zuwendung durch das individuelle Dienstverhältnis unberührt und führt nur dann zur Steuerfreiheit, wenn dies ausdrücklich gesetzlich geregelt ist... Auch bei sozial beeinflußten Sonderzuwendungen ist daher der Arbeitslohncharakter nicht zu verneinen, sofern es sich nicht um bloße Aufmerksamkeiten handelt, die auch im gesellschaftlichen Verkehr ausgetauscht werden und bei denen deshalb ein geldwerter Vorteil ausscheiden und ein Leistungsentgelt nicht gegeben sein kann“[320]. Hier sieht man sich also einer Gruppe nicht einkommensteuerbarer Zuwendungen gegenüber, de-

---

[318] In diese Richtung gehen zum Teil die Ausführungen von *K. Offerhaus*, BB 1982 S. 1061 (1068 f.).

[319] BFH v. 22.10.1976, BStBl. II 1977 S. 99 (103).

[320] BFH v. 22.03.1985, BStBl. II 1985 S. 641 (644); vgl. auch BFH v. 21.09.1990, BStBl. II 1991 S. 262 (265). Die Finanzverwaltung nimmt zu Aufmerksamkeiten in R 70 LStR 2002 Stellung und rechnet sie ebenfalls nicht zum Arbeitslohn.

ren Beurteilung offenbar an die Voraussetzung eines geringen Wertes gebunden ist. Sich mit dem Begriff „Aufmerksamkeiten“ tiefergehend auseinanderzusetzen, hat der BFH in der Folge unterlassen. Ausführungen des obersten Finanzgerichts wie die zuvor zitierten machen jedenfalls auf den ersten Blick nicht hinreichend deutlich, an welchen Gesichtspunkt sein Ergebnis anknüpft, wonach diese Zuwendungen nicht einkommensteuerbar sein sollen. Die Unterschiede bzw. Zusammenhänge zwischen den angeführten Aspekten „geldwerter Vorteil“, „Austausch im gesellschaftlichen Verkehr“ und „Leistungsentgelt“ bleiben zunächst im Unklaren.

So liegt es nahe, den Aufmerksamkeitenbegriff lediglich als Sammelbegriff für einen Teil der vormals als „Annehmlichkeiten“ bzw. „Gelegenheitsgeschenke“ steuerfrei belassenen Zuwendungen anzusehen, der die Gefahr in sich birgt, die Gerichte - wie zur Zeit der Rechtsprechung zu den „Annehmlichkeiten“ und „Gelegenheitsgeschenken“ - wieder auf einen Weg abseits der gesetzlichen Vorgaben zu leiten[321]. Gesetzlich festgelegt ist der Inhalt des Begriffs der „Aufmerksamkeiten“ im EStG nicht, er wird auch in keiner Vorschrift verwendet[322]. Gegen die Verwendung dieses Terminus im Sinne eines „griffigen Schlagwortes“ wäre lediglich dann nichts einzuwenden, wenn sichergestellt wäre, daß ihm nur die Aufgabe zukommt, aus materiellrechtlichen Gründen nicht steuerbare Zuwendungen zusammenzufassen. Sollte es so sein, daß der Begriff der Sache nach eingesetzt wird, um über mangelnde systemgerechte Argumente für die einkommensteuerliche Nichtberücksichtigung der betreffenden Vorteile hinweg zu täuschen, wäre jedoch auf ihn zu verzichten.

Dies führt zurück zur Frage, ob die Rechtsprechungspraxis zu den „Aufmerksamkeiten“ die Vermutung bestätigt, die obersten Bundesrichter gingen bei geringwertigen Sachzuwendungen davon aus, daß schon keine einkommensteuerlich relevante objektive Bereicherung auf Seiten des Empfängers eintrete. Die oben dargelegte Umschreibung der „Aufmerksamkeiten“ differenziert hier nicht sauber. Bei näherer Betrachtung zeigt sich jedoch, daß dies nicht der Standpunkt des Gerichts ist. Zwar sprechen die Richter davon, daß im Falle der Gewährung von Aufmerksamkeiten ein geldwerter Vorteil ausscheide; dies ist aber nicht im strengen Sinne dahingehend zu verstehen, daß diesen Zuwendungsgegenständen die

[321] So die Bedenken von *W. Drenseck*, in: L. Schmidt, EStG, § 19 Rn. 50 „Gelegenheitsgeschenke“; ebenso *K. Tipke / J. Lang*, Steuerrecht, 13. Auflage, S. 354, Fn. 91.

[322] Anders als im UStG, wo in § 3 Abs. 1b Nr. 2, Abs. 9 a S. 1 UStG festgelegt ist, daß Aufmerksamkeiten keine umsatzsteuerbaren Leistungen darstellen. Eine Begriffsumschreibung enthält das UStG aber weder in dieser Vorschrift noch an anderer Stelle.

grundsätzliche Eignung fehlt, ein geldwerter Vorteil, also grundsätzlich Gegenstand eines Sachbezuges zu sein.

Vielmehr stellt das Gericht zusätzlich auf den Aspekt ab, daß solche Zuwendungen auch im gesellschaftlichen Verkehr ausgetauscht werden; dem tatsächlichen Wert des Vorteils wird in diesem Zusammenhang letztendlich indizielle Bedeutung zugesprochen. Die gesellschaftliche Üblichkeit ist es, die gegebenenfalls gegen den Entlohnungscharakter einer Sachzuwendung sprechen kann. Doch dies ist eine Überlegung, die systematisch erst im Rahmen des Zusammenhangs zwischen Einnahme und Einkunftsart relevant werden kann. So sieht es auch der BFH, wie spätere Entscheidungen deutlich machen: Als die Richter über die Einkommensteuerpflicht der aus der Gewährung von kostenlosem Haustrunk erlangten Vorteile zu befinden hatten, kamen sie bei der Frage, ob der Zuwendung ein ganz überwiegend eigenbetriebliches Interesse zugrunde lag, auf Aufmerksamkeiten zu sprechen. Die unentgeltliche oder verbilligte Überlassung von frei verfügbaren Sachwerten an die Arbeitnehmer erfolge „in der Regel als Gegenleistung für eine erbrachte oder zu erbringende Arbeitsleistung und nicht im ganz überwiegenden eigenbetrieblichen Interesse des Arbeitgebers, es sei denn, es handelt sich um „bloße Aufmerksamkeiten“, die auch im gesellschaftlichen Verkehr ausgetauscht werden“[323]. Die Erwägungen zum Interesse wären überflüssig, wenn die Steuerbarkeit der betreffenden Zuwendungen schon daran scheitern würde, daß in ihnen keine geldwerten Vorteile zu sehen wären. Auch in der umstrittenen[324] Entscheidung zur rechtlichen Qualifizierung des Vorteils, der Arbeitnehmern einer Bank aus der kostenlosen Überlassung von EC-Karten und EC-Formularen erwächst, spricht der BFH die Geringwertigkeit der betreffenden Zuwendungen erst bei der Frage an, ob die Vorteile „für eine Beschäftigung“ des Arbeitnehmers gewährt wurden[325]. Nichtsteuerbare Aufmerksamkeiten liegen also nach der jüngeren Rechtsprechung nicht schon dann vor, wenn dem Arbeitnehmer geringwertige Vorteile zugewendet werden.

Dieser Standpunkt verdient Zustimmung. Denn auch wenn der Steuerpflichtige nur geringfügige Vermögenswerte erlangt, so wird dennoch sein Vermögen vergrößert. Er ist im steuerrechtlichen Sinne finanziell leistungsfähiger, solange es

---

[323] Und weiter: „Regelmäßige Bierlieferungen sind indes nicht als gesellschaftsübliche Geschenke anzusehen...“; BFH v. 27.03.1991, BStBl. II 1991 S. 720 (722).

[324] Nichtanwendungserlaß des BMF v. 13.03.1991, BStBl. I 1991 S. 388.

[325] BFH v. 21.09.1990, BStBl. II 1991 S. 262 (insbes. 266): hier ging es um eine Zuwendung in Höhe von DM 7,10 pro Person und pro Jahr.
Die Frage, ob es sich bei diesen Vorteilen um „Aufmerksamkeiten“ handelt, stand hier jedoch nicht zur Diskussion.

sich eben um nur irgendeine materielle Zuwendung handelt. „Nur von geringem Vermögenswert“ mit „ohne Vermögenswert“ gleichzusetzen, wäre nicht systemgerecht[326].

b) Keine andere Interpretation aus Praktikabilitätserwägungen geboten

Zu keinem anderen Ergebnis kann in diesem Zusammenhang auch die Überlegung führen, daß das steuerliche Massenfallrecht möglicherweise leichter zu bewältigen wäre, wenn man das Tatbestandsmerkmal „Güter in Geldeswert“ im oben genannten Sinne vorteilhaft für den Steuerpflichtigen interpretierte. Denn eine solche Auslegung würde sowohl an die ermittlungspflichtigen Behörden als auch an die Steuerpflichtigen keine geringeren Anforderungen hinsichtlich der Sachverhaltsermittlung stellen als eine Auslegung, die sich streng am Leistungsfähigkeitsprinzip orientierte. Es müßte nämlich nun im Einzelfall festgestellt werden, ob ein lediglich geringer Geldwert vorliegt, damit stellt sich aber schon die Frage nach der konkreten Höhe des Vorteils. Zudem sähe man sich einer neuen Grenzziehungsproblematik gegenüber, weil nun zu klären wäre, wo die Grenze zwischen für die Besteuerung erheblicher und unerheblicher wirtschaftlicher Bereicherung verläuft. Auf diesem Weg würde also keine praktikablere Lösung gefunden, die einen Verstoß gegen das Leistungsfähigkeitsprinzip rechtfertigen könnte.

c) Ausdrückliche gesetzliche Freigrenze

Dieses Ergebnis wird ferner durch § 8 Abs. 2 S. 9 EStG bestätigt, der bestimmt, daß sämtliche - grundsätzlich mit den üblichen Endpreisen am Abgabeort zu bewertende[327] - „Sachbezüge“, die der Arbeitnehmer erhält, dann bei der Ermittlung der Steuerbemessungsgrundlage unberücksichtigt bleiben, wenn ihr Gesamtwert pro Monat den Betrag von 50 Euro nicht übersteigt. Die Freigrenze bezieht sich nicht auf einzelne Sachbezüge, sondern zur Prüfung, ob die Grenze überschritten

---

[326] Daß es nicht systemgerecht wäre, in den Fällen eines ganz geringen Vorteils, anknüpfend an diesen Umstand, von der Steuerpflicht abzusehen, gibt auch *K. Offerhaus* zu im Zuge von Darlegungen, in denen er die Steuerfreiheit solcher Vorteile aus Vereinfachungsgründen befürwortet; so im BB 1982 S. 1061 (1068 f.).

[327] Somit ist die Freigrenze beispielsweise nicht anwendbar auf mit einem amtlichen Sachbezugswert bewertete Sachzuwendungen und auch nicht auf Sachbezüge, die von der Regelung des § 8 Abs. 3 EStG erfaßt werden; weitere Fälle bei *M. Jachmann*, in: Lademann, EStG, § 8 Rn. 167.

ist, müssen alle steuerbaren geldwerten Vorteile zusammengerechnet werden[328]; es kann somit theoretisch zur Zusammenfassung einer ganzen Vielzahl von geldwerten Vorteilen von sehr geringem Wert kommen. Auch der Gesetzgeber geht also davon aus, daß selbst geringwertige Vorteile grundsätzlich als steuerbare Einnahme in Frage kommen, solche Vorteile können „Sachbezüge" sein.

6.) Möglichkeit der Umwandlung des Vorteils in Geld als erhebliches Kriterium für den Gesichtspunkt „geldwert"?

Teilweise ist im Schrifttum gefordert worden, daß der zugewendete geldwerte Vorteil in Geld umgewandelt werden kann; von einer im Rahmen des Einnahmenbegriffs zu fordernden objektiven Bereicherung könne nur gesprochen werden, wenn „der Vorteil die Verfügbarkeit von Geld beim Steuerpflichtigen erhöht"[329]. Zur Begründung hat *K.-J. Wolff* darauf hingewiesen, daß die wirtschaftliche Leistungsfähigkeit sich in einer auf Geld beruhenden Wirtschaft in der Verfügbarkeit von Geld ausdrücke; diesem Gedanken müsse durch eine entsprechende Interpretation des Begriffs „geldwertes Gut" Rechnung getragen werden. Deshalb sei zu fordern, daß der Steuerpflichtige den Zuwendungsgegenstand in Geld umsetzen, ihn entgeltlich übertragen kann. „Denn nur dann kann sich das in der Hand des Steuerpflichtigen verfügbare Geld vermehren"[330].

Diese Überlegung liegt tatsächlich nahe, wenn man steuerliche Leistungsfähigkeit nur dann als gegeben ansähe, wenn der Steuerpflichtige - ganz praktisch gesprochen - „eine dickere Brieftasche hat" bzw. unproblematisch - im Wege des Verkaufs des Zuwendungsgegenstandes oder Tausches in Bargeld - haben könnte.

Ein solches Verständnis erweist sich jedoch schon in Hinblick auf den oben dargelegten Inhalt des Begriffs „Sachbezüge" als zu eng. Dies wird deutlich, wenn man sich die Konsequenzen einer solchen Auslegung für die vielfältigen Zuwendungsarten vergegenwärtigt. Ernsthaft kämen demnach als möglicher Gegenstand einer Einnahme neben Geld nur Sachen im engeren Sinne, die dem Steuerpflichtigen zu Eigentum oder zumindest zur freien Verfügbarkeit überlassen werden, in Betracht. Der ganze Bereich der Nutzungsvorteile und Dienstleistungen hingegen

---

[328] *M. Jachmann*, in: Lademann, EStG, § 8 Rn. 167; zum Standpunkt der Finanzverwaltung H 31 (1 - 4) LStR 2002.

[329] *K.-J. Wolff*, FR 1981 S. 369 und 401 (373).

[330] *K.-J. Wolff*, FR 1981 S. 369 und 401 (373) mit einer näheren Untersuchung verschiedener „Annehmlichkeiten".

bliebe bei der Besteuerung der geldwerten Güter außen vor. Denn diese bilden einen großen Teil der Fälle, in denen auf Seiten des Zuwendungsempfängers eine Ersparnis von Aufwendungen festzustellen ist. Daß dies aber Konstellationen sind, in denen die Annahme einer steuerbaren Einnahme grundsätzlich in Betracht kommt, darauf ist schon oben[331] hingewiesen worden. Ein Steuerpflichtiger, der eine Wohnung oder ein Kraftfahrzeug kostenlos oder verbilligt nutzen kann, erspart Ausgaben, die er hätte tätigen müssen, wenn er sich diese Nutzungsmöglichkeit anderweitig am Markt verschafft hätte. Und das Ersparte kann er nun anderweitig einsetzen zur Befriedigung seiner Konsumbedürftnisse, zur Zahlung seiner Steuerlasten, etc.

Im übrigen erklärt das EStG Sachzuwendungen nicht erst dann zum tauglichen Anknüpfungspunkt der Besteuerung, wenn der betreffende Vorteil am Markt in Geld umwandelbar ist. § 8 Abs. 1 EStG fordert den „Geldwert" nicht in Geld bestehender Güter mit dem Ziel, sie in eine einheitliche Rechnung mit dem vom Steuerpflichtigen eingenommenen Geld einzufügen. Hierzu genügt es aber, daß der Vorteil in Geld ausgedrückt werden kann, in dieser Einheit messbar, im Ergebnis also bewertbar ist. Er muß geeignet sein, zu einer einem Geldzufluß gleich zu erachtenden Steigerung der Leistungsfähigkeit zu führen[332]. Die Bereicherung des Empfängers einer Zuwendung hängt nicht davon ab, ob dieser über sie in dem Sinne weiter verfügen kann, daß er den erlangten geldwerten Vorteil in Geld umsetzen kann[333]. Für Zwecke des Einkommensteuerrechts ist nur erforderlich, daß den Gütern Geldbeträge zugeordnet werden (können).

II.) „Zufluß" als Merkmal mit „Doppelfunktion"

Von der Frage der persönlichen Zuordnung von Einnahmen zu unterscheiden, aber oft nicht streng zu trennen ist der Gesichtspunkt, daß Zuwendungen erst beziehungsweise nur dann als steuerbare Einnahmen in Betracht kommen, wenn sie dem Steuerpflichtigen „zufließen". Dieses Erfordernis nennt § 8 Abs. 1 EStG[334]. Ergänzend bestimmt § 11 Abs. 1 S. 1 EStG, daß „Einnahmen [...] innerhalb des Kalenderjahres bezogen [sind], in dem sie dem Steuerpflichtigen zugeflossen

[331] Vgl. Teil 3, B) I.) 2.).

[332] Vgl. *G. Crezelius*, in: Kirchhof/ Söhn, EStG, § 8 Rn. B 59.

[333] BFH v. 09.03.1990, BStBl. II 1990 S. 711 (715).

[334] Jedenfalls mit Geltung für die Überschusseinkunftsarten. Zur Frage eines möglicherweise weiteren Geltungsbereichs vgl. die Ausführungen oben in Fn. 106.
Auch § 2 Abs. 1 LStDV stellt ab auf „Einnahmen, die dem Arbeitnehmer aus dem Dienstverhältnis zufließen".

sind". Die letztgenannten Vorschrift regelt das „Wann" der Bewertung, sie hat – anders als § 8 Abs. 1 EStG – nicht etwa darüber hinausgehend zum Ziel, über das „Ob" der Steuerbarkeit von erlangten Vorteilen zu entscheiden[335].

1.) Maßgeblichkeit für den Besteuerungszeitpunkt

Der Aspekt des Zuflusses ist also zunächst in zeitlicher Hinsicht relevant, dies macht § 11 EStG deutlich. Der „Zufluß" steht im Mittelpunkt der Überlegungen, wenn es gilt, den Besteuerungszeitpunkt zu bestimmen: „Einnahmen sind innerhalb des Kalenderjahres bezogen, in dem sie dem Steuerpflichtigen zugeflossen sind".

2.) „Zufluß" als Tatbestandsmerkmal der Einnahme

Die Art der Verwendung des Terminus in § 8 Abs. 1 EStG könnte dafür sprechen, das Zufließen auch als Tatbestandsmerkmal der Einnahme anzusehen. An dieser Diskussion, die zunächst vor allem hinsichtlich der Betriebseinnahmen geführt wurde[336], beteiligt sich der BFH nicht. Aus der Rechtsprechung wird aber jedenfalls deutlich, daß ohne Zufluß des geldwerten Vorteils eine objektive Bereicherung des Zuwendungsempfängers und damit eine rechtsfolgenauslösende steuerbare Einnahme nicht in Betracht gezogen wird. Im Schrifttum wird inzwischen überwiegend darauf hingewiesen, daß „Zufluß" auch ein Element des Einnahmebegriffs ist, nämlich in § 8 EStG mit darüber entscheidet, ob überhaupt eine Einnahme vorliegt[337]. Dies wird damit begründet, daß der Gesichtspunkt des „Zuflusses" als Tatbestandsmerkmal des § 8 EStG garantieren solle, daß der Staat erst den „sicheren" Vermögenszuwachs steuerlich belaste, also erst Zugriff haben könne, wenn der Steuerpflichtige die wirtschaftliche Verfügungsmacht über das geldwerte Gut und nicht schon dann, wenn er lediglich eine rechtliche Forderung auf ein solches Gut erlangt habe[338].

---

335 *G. Crezelius*, in: Kirchhof/Söhn, EStG, § 8 Rn. A 19.

336 Vgl. z.B. *W. Mathiak*, FR 1976 S. 157 (insbes. 158 f.) und *H. Weber-Grellet*, in: Kirchhof/Söhn, EStG, § 4 Rn. D 66; ablehnend schon in der Frage der grundsätzlichen Diskussionsnotwendigkeit *C. Traskalik*, in: Kirchhof/Söhn, EStG, § 11 Rn. B 11.

337 *D. Birk*, in: Herrmann/Heuer/Raupach, EStG, § 8 Rn. 6, 35; *P. Kirchhof*, in: Kirchhof, EStG, § 8 Rn. 27 ff. *W. Drenseck* (in: L. Schmidt, EStG, § 8 Rn. 14) spricht seine in der Vorauflage angemeldeten Bedenken nun nicht mehr deutlich an.

338 *D. Birk*, in: Herrmann/Heuer/Raupach, EStG, § 8 Rn. 6.

Im Ergebnis dürfte diese Diskussion im wesentlichen theoretischer Natur sein, da die Annahme steuerbarer Einnahmen auf jeden Fall voraussetzt, daß ein „Zufluß" von Gütern in Geld oder Geldeswert stattgefunden hat.

3.) Inhaltlicher Aussagegehalt

Das Gesetz bezieht nicht Stellung dazu, was unter „Zufluß" zu verstehen ist, der Begriff wird in keiner der genannten Vorschriften erläutert[339]. Im Mittelpunkt der einschlägigen Rechtsprechung steht die „wirtschaftliche Verfügungsmacht".

Die Gerichte sehen seit einer Entscheidung des RFH im Jahr 1928[340] Vorteile dann als zugeflossen an, wenn „der Empfänger wirtschaftlich über sie verfügen kann oder verfügt hat; das ist in der Regel der Zeitpunkt des Leistungserfolges oder der Möglichkeit, den Leistungserfolg herbeizuführen"[341]. Werden dem Steuerpflichtigen Wirtschaftsgüter überlassen, so kommt es dann zum Zufluß, wenn das wirtschaftliche Eigentum auf ihn übergeht; Sachzuwendungen in Form von Dienstleistungen oder Nutzungsvorteilen fließen dann zu, wenn der Steuerpflichtige sie in Anspruch nimmt, denn in diesem Moment übt der Vorteilsempfänger seine wirtschaftliche Verfügungsmacht aus[342]. Allein die Zusage des Arbeitgebers, gegenüber dem Arbeitnehmer künftig eine Leistung zu erbringen, bewirkt regelmäßig noch keinen Zufluß[343]. Dies ist aber anders, wenn der Arbeitgeber mit seinen Leistungen dem Arbeitnehmer einen unmittelbaren und unentziehbaren Rechtsanspruch gegenüber einem Dritten verschafft[344]. Mit dieser Haltung der

---

339 Speziellere Aussagen zum Zuflußzeitpunkt finden sich zwar in § 44 Abs. 2 und 3 EStG. Jedoch wird diesen Vorschriften überwiegend eine nur auf die Erhebung der Kapitalertragsteuer beschränkte Bedeutung zugesprochen, § 44 Abs. 2 wird von der h.M. nicht als lex specialis zu § 11 Abs. 1 EStG eingeordnet. Vgl. zu diesem Problem die (kritische) Stellungnahme von *C. Traskalik*, in: Kirchhof/Söhn, EStG, § 11 Rn. A 16 und B 119 ff.
Mangels Zuflusses führt die Zahlung von Geld durch den Arbeitgeber an den Arbeitnehmer ausnahmsweise nicht zu Einnahmen in den Fällen von Auslagenersatz und durchlaufenden Geldern. Denn hier gelangt das Geld nicht in die Verfügungsmacht des Arbeitnehmers. Näher dazu *J. Giloy*, in: Kirchhof/Söhn, EStG, § 19 Rn. B 357 ff.

340 RFH v. 13.11.1928, RStBl. 1929, S. 224 (LS); Abdruck des Urteils in RFHE 24, S. 272.

341 So z.B. BFH v. 26.07.1983, BStBl. II 1983 S. 755 (757); v. 10.12.1985, BStBl. II 1986 S. 342 (343). Kritisch gegenüber dieser Rechtsprechung, die sich teilweise zu stark vom Wortlaut des § 11 EStG löse, *W. Heinicke*, in: L. Schmidt, EStG, § 11 Rn. 12. Er nennt den „Eintritt des Leistungserfolges" bzw. den „Zeitpunkt der tatsächlichen Verfügung" als andere mögliche Anknüpfungspunkte.

342 BFH v. 23.07.1999, BStBl. II 1999 S. 684 (685); BFH v. 09.03.1990, BStBl. II 1990 S. 711 (715).

343 BFH v. 23.07.1999, BStBl. II 1999 S. 684 (685); BFH v. 03.07.1964, BStBl. II 1965 S. 83 (84).

344 BFH v. 24.01.2001, BStBl. II 2001 S. 512 (514) zu Aktienoptionen; BFH v. 16.04.1999, BStBl. II 2000 S. 406 (407) zu Beiträgen zur Gruppenunfallversicherung; vgl. auch BFH

Rechtsprechung deckt sich die oben[345] angesprochene Ansicht der Finanzverwaltung bezüglich des Zuflußzeitpunktes bei Warengutscheinen - zum Zufluß eines Vorteils kommt es nur dann schon bei Hingabe des Gutscheins, wenn dieser bei einem Dritten einzulösen ist.

Von „Zufluß" kann in inhaltlicher Hinsicht auch nur dann die Rede sein, wenn eine Vermögensverschiebung zwischen zwei Personen stattgefunden hat. Es muß also etwas von außen in die Vermögenssphäre des Arbeitnehmers gelangen[346]. Dies setzt zum einen voraus, daß der Arbeitnehmer einen ihm in Aussicht gestellten Vorteil auch tatsächlich in Anspruch genommen hat. Im übrigen genügt es nicht, wenn lediglich Wertsteigerungen im vorhandenen Privatvermögen erzielt werden; dieses Vermögen ist ein schon als Einkommen versteuertes Vermögen[347], an dessen Bildung der Staat nicht ein zweites Mal partizipieren soll. Bei aus der Veräußerung von Vermögensgegenständen erzielten Einnahmen liegt zwar demgegenüber ein „Zufluß" im angesprochenen Sinne vor. Der Gesetzgeber hat aber deutlich gemacht, daß er solche Vorteile im Rahmen der Überschußeinkunftsarten nur ausnahmsweise der Besteuerung unterwerfen will, nämlich dann, wenn im konkreten Fall die Voraussetzungen eines „privaten Veräußerungsgeschäfts" i.S. des § 23 EStG erfüllt sind. Somit brächte die Veräußerung eines Wirtschaftsgutes durch den Arbeitnehmer an den Arbeitgeber grundsätzlich nur dann eine Steuerpflicht des ersteren mit sich, wenn zwischen Anschaffung und Veräußerung höchstens zehn (Grundstücke und bestimmte Grundstücksrechte) lägen bzw. ein Jahr (andere Wirtschaftsgüter)[348].

4.) Sonderproblem: Zuflußzeitpunkt bei der Überlassung von „stock options"

Bei der überwiegenden Zahl der in dieser Untersuchung angesprochenen Sachzuwendungen sieht man in der Rechtspraxis keine bemerkenswerten Schwierigkeiten bei der Bestimmung des maßgeblichen Zuflußzeitpunktes. Anders ist dies in dem Fall, daß dem Arbeitnehmer vom Arbeitgeber Anteilsoptionen („stock options") gewährt werden. Solche Optionen kommen im Wirtschaftsleben in sehr

---

v. 27.03.1992, BStBl. II 1992 S. 663 (664) zu irrtümlich geleisteten und später dem Arbeitgeber wieder erstatteten „Arbeitgeber-Anteilen" zur Renten- und Arbeitslosenversicherung.

345 Teil 3, B) I.) 3.) b).

346 *H. Pflüger*, in: Herrmann/Heuer/Raupach, EStG, § 19 Rn. 125.

347 *P. Kirchhof*, in: Kirchhof, EStG, § 8 Rn. 14; *D. Birk*, in: Herrmann/Heuer/Raupach, EStG, § 8 Rn. 36.

348 Zur rechtlichen Beurteilung der Situation, daß der Arbeitgeber vom Arbeitnehmer einen Vermögensgegenstand zu einem Preis erwirbt, der den marktüblichen übersteigt, vgl. die Ausführungen unter Teil 3, C) IV.) 5.) a).

unterschiedlichen Gestaltungsformen vor. Sie alle lassen sich jedoch auf die Grundidee zurückführen, daß einer Führungskraft das Recht eingeräumt wird, in der Zukunft (zu einem bestimmten Zeitpunkt oder innerhalb einer bestimmten Zeitspanne) eine gewisse Anzahl von Anteilen des arbeitgebenden Unternehmens zu einem bestimmten Preis zu erwerben. Dieser Preis entspricht dem gemeinen Wert zum Zeitpunkt der Einräumung der Option. Für den Optionsinhaber ist diese Zuwendungsform von Interesse, weil er, anders als beim unmittelbaren Aktienkauf, eine bis zur Ausübung der Option eingetretene Wertsteigerung realisieren kann, ohne langfristig Kapital für den Erwerb der Aktien aufnehmen zu müssen. Für den Zuwendenden liegt ein wesentlicher Vorzug der Gewährung von stock options darin, daß für die später zu gewährenden Anteile keine Barmittel aufgewendet werden müssen, weil die Gesellschaft die Aktien selbst schaffen kann[349].

a) Überblick über den aktuellen Streitstand

Die Besteuerung von vergütungshalber gewährten Aktienoptionen hat sich in den letzten Jahren zu einem der umstrittensten Besteuerungsprobleme entwickelt[350]. Im Rahmen dieser Untersuchung kann nur ein kurzer Überblick über den Streitstand gegeben werden. In Zusammenhang mit dieser Sachzuwendungsart werden Diskussionen hauptsächlich zu der Frage geführt, zu welchem Zeitpunkt man von einem Zufluß eines geldwerten Gutes sprechen kann[351]. Hierzu hatte der BFH in jüngerer Zeit mehrfach Stellung zu nehmen. Nähme man eine Besteuerung der Option schon bei Einräumung der Option vor (Anfangsbesteuerung), würden bei Ausübung der Optionen mögliche Wertsteigerungen in das Privatvermögen des Optionsinhabers fallen und nicht Arbeitslohn darstellen[352]. Der Wertzuwachs wäre der einkommensteuerlich unbeachtlichen Privatsphäre zuzuordnen.

---

349 Aus dem umfangreichen Schrifttum *K. Deutschmann*, Vergütungshalber gewährte Aktienoptionen, 2000; H. *Pflüger*, in: Herrmann/Heuer/Raupach, EStG, § 19 Rn. 213; *R. Portner / A. Bödefeld*, DStR 1995 S. 629; *G.M. Bredow*, DStR 1996 S. 2033; *N. Herzig*, DB 1999 S. 1; *N. Herzig / U. Lochmann*, DB 2001 S. 1436; *O. Jacobs / R. Portner*, FR 2003 S. 757. Vgl. desweiteren die Nachweise oben in Teil 2, B) VIII.).

350 Zu bilanziellen Fragen, die hier ausgeklammert werden, z.B. *N. Herzig*, DB 1999 S. 1 (6 ff.); *N. Herzig / U. Lochmann*, WPg. 2001 S. 82. Zur internationalen Bilanzierung *P. Oser / H. Vater*, DB 2001 S. 1261.

351 Der Gegenleistungscharakter der Gewährung der Option ist regelmäßig unproblematisch gegeben und deshalb kein Gegenstand gerichtlicher Auseinandersetzungen.

352 Zu beachten wäre allerdings § 23 EStG bei Ausübung der Option und einer Veräußerung der Aktien innerhalb der Haltefristen.

Daß bei der Einräumung von Aktienoptionen durchgängig eine solche Anfangsbesteuerung geboten sei, haben *R. Portner / A. Bödefeld*[353] Mitte der 90er Jahre vertreten. Inzwischen hat sich aber im Schrifttum eine differenzierende Sichtweise durchgesetzt, die bei der näheren Betrachtung im wesentlichen danach unterscheidet, ob die stock options handelbar oder nicht handelbar sind.

Hinsichtlich nicht handelbarer Optionen hat der BFH die sich ihm bietenden Gelegenheiten genutzt, um seine Position deutlich herauszuarbeiten. In ständiger Rechtsprechung vertritt das Gericht die Ansicht, daß in der Gewährung eines nicht handelbaren Optionsrechts lediglich die Einräumung einer Chance zu sehen und deshalb die Besteuerung des Vorgangs zum Zeitpunkt der Einräumung der Option abzulehnen ist; die Anforderungen des § 8 Abs. 1 EStG seien in diesem Moment noch nicht erfüllt. In seinen Entscheidungen vom 24.01.2001[354] machte der BFH deutlich, daß er keine Anfangs-, sondern eine Endbesteuerung befürwortet. In seinem jüngsten Urteil nun hat der BFH auch der Überlegung eine Absage erteilt, daß zwar keine Anfangsbesteuerung in Betracht kommt, aber jedenfalls eine Besteuerung zum Zeitpunkt der erstmaligen Ausübbarkeit der Option. Vielmehr fließe Arbeitslohn erst zu bei Optionsausübung und damit in Höhe der Differenz zwischen Kurswert und Übernahmepreis[355]. Die Verwaltung vertritt ebenfalls die Ansicht, daß die Übertragung von nicht marktgängigen Optionen auf den Arbeitnehmer bei diesen nicht zum Zufluß von Arbeitslohn führt[356]. Eine Besteuerung des dem Arbeitnehmer zufließenden Vorteils nach Sperrfristende findet aber im Schrifttum und wohl auch bei den Finanzgerichten zunehmend Anhänger[357].

---

353 *R. Portner / A. Bödefeld*, DStR 1995 S. 629; *R. Portner*, DStR 1997 S. 1876 und DB 2002 S. 235; vgl. auch *G.M. Bredow*, DStR 1996 S. 2033.

354 BFH v. 24.01.2001, BStBl. II 2001 S. 509 (I R 100/98) und 512 (I R 119/98).

355 BFH v. 20.06.2001, BStBl. II 2001 S. 689. So schon der VI. Senat: BFH v. 10.03.1972, BStBl. II 1972 S. 596 (597), bestätigt durch BFH v. 08.08.1991, BStBl. II 1991 S. 929 (930) und v. 23.07.1999, BStBl. II 1999 S. 684.
Der I. Senat hatte sich im Januar 2001 noch nicht klar gegen die Möglichkeit ausgesprochen, in bestimmten Fällen eine Besteuerung schon nach Ablauf der Sperrfrist, aber vor Ausübung der Option vorzunehmen; BFH v. 24.01.2001, BStBl. II 2001 S. 509 und 512. Dies hatte das Gericht früher abgelehnt, vgl. BFH v. 10.03.1972, BStBl. II 1972 S. 596 (597).

356 Vgl. BMF v. 28.08.1998, IV B 6 – S-2332 – 29/98; OFD Berlin v. 25.03.1999, StEK EStG § 19 Nr. 344. Jüngst dazu BMF v. 10.03.2003, BStBl. I 2003 S. 234: Zeitpunkt des verbilligen Aktienerwerbs und damit Zuflußzeitpunkt ist der Tag, an dem die Aktie überlassen wird. Dies ist der Tag der Ausbuchung der Aktien aus dem Depot des Überlassenden oder dessen Erfüllungsgehilfen. Ebenso FinMin. NRW v. 27.03.2003, DStR 2003 S. 689.

357 *R. Eckert*, DB 1999 S. 2490; *J. Kroschel*, BB 2000 S. 176 (179 ff.); *M. Kessler / O. Strnad*, BB 2000, S. 641 (insb. 644 ff.). Diese Möglichkeit zieht auch in Betracht FG Baden-Württemberg v. 24.06.1999, EFG 2000 S. 64 (Rev. eingelegt).

Zu steuerlichen Fragen bei der Einräumung und Ausübung von handelbaren Aktienoptionsrechten liegt bisher noch keine höchstrichterliche Rechtsprechung vor. Die h.M. im Schrifttum jedenfalls geht davon aus, daß die Einräumung eines jederzeit übertragbaren und handelbaren Optionsrechts den sofortigen Zufluß eines geldwerten Vorteils bewirkt, weil in diesen Fällen schon das Gewähren des Rechts beim Begünstigten eine wirtschaftlich verfügbare Vermögensmehrung bewirkt[358]. Das FG Köln hat darauf hingewiesen, daß seines Erachtens in Optionsscheinen verbriefte (unbedingte und handelbare) Optionsrechte ein verkehrsfähiges Wirtschaftsgut darstellten und deshalb bei deren Einräumung eine Anfangsbesteuerung geboten sei[359].

b) Stellungnahme

Die Entscheidung über die Frage, wann infolge der Einräumung von Aktienoptionsrechten auf Seiten des Arbeitnehmers i.S. des § 11 Abs. 1 EStG der Zufluß eines Gutes in Geldeswert gegeben ist, erfordert eine differenzierende Betrachtung der im Wirtschaftsleben vorzufindenden Fälle. Leitender Gesichtspunkt hierbei muß m.E. die oben angesprochene Überlegung sein, daß ein Zufluß nur dann gegeben ist, wenn der Begünstigte über den betreffenden Vorteil verfügen kann oder verfügt hat. Davon ist regelmäßig jedenfalls dann auszugehen, wenn der Steuerpflichtige das Optionsrecht veräußern kann[360]. Zu diesem Zeitpunkt hat er die Möglichkeit, den wirtschaftlichen Wert der Option jederzeit zu realisieren, auch ohne das eigentliche Recht, nämlich das Gestaltungsrecht, tatsächlich in Anspruch zu nehmen. Die bloße Vererbbarkeit des Optionsrechts genügt demgegenüber nicht, um das Vorliegen von Verfügungsmacht über einen geldwerten Vorteil zu bejahen; dies ergibt sich schon aus der allgemeinen Überlegung, daß noch nicht erfüllte Ansprüche des Arbeitnehmers gegen den Arbeitgeber nicht deshalb zu einem Lohnzufluß führen, weil sie vererbt werden können[361].

Ist ein Optionsrecht handelbar, spricht dies grundsätzlich für die Annahme von Verfügungsmacht und damit Zufluß schon zum Zeitpunkt der Einräumung der Option. In diesen Fällen stellt sich aber die Frage nach der Auswirkung von Verfügungsbeschränkungen. Die in diesem Zusammenhang teilweise vorgebrachte

---

358 *N. Herzig*, DB 1999, S. 1 (3); *K. Deutschmann*, Vergütungshalber gewährte Aktienoptionen, S. 91 ff.; *ders.*, DStR 2001 S. 938 (939), der nur diesen Standpunkt mit der in den Entscheidungen des BFH v. 24.01.2001 dargelegten Argumentation für vereinbar hält.
359 FG Köln v. 09.09.1998, EFG 1998, S. 1634 (1635).
360 *N. Herzig / U. Lochmann*, DB 2001 S. 1436 (1440).
361 *M.-I. Thomas*, DStZ 1999 S. 710 (713).

Überlegung, daß auch bei Mietzinsvorteilen[362] Zweifel an deren Steuerbarkeit zum Zeitpunkt der Erlangung nicht aufkommen, obwohl auch diese Vorteile nicht übertragbar sind[363], ist kein überzeugendes Argument für eine Besteuerung des Vorteils schon zum Zeitpunkt der Einräumung der Option. Diese Situationen sind wirtschaftlich nicht vergleichbar. Denn in den Fällen von Mietzinsvorteilen kommt dem Arbeitnehmer ein Vorteil zu, der über den hinausgeht, der ihm aus der Überlassung von stock options erwächst. Ab Einräumung der Nutzungsmöglichkeit kann er nämlich aus diesen Sachzuwendungen unmittelbar laufende Nutzungen ziehen, die eine Verbesserung seiner wirtschaftlichen Leistungsfähigkeit bewirken. Der dem Arbeitnehmer gewährte Vorteil wird sukzessive besteuert, und zwar von Beginn der Zuwendung an. Vorhandene Verfügungsbeschränkungen bei stock options beschneiden den Steuerpflichtigen demgegenüber wesentlich in seinen Dispositionsmöglichkeiten. Ist die Möglichkeit der Verfügung über das Optionsrecht etwa abhängig vom Eintritt eines bestimmten Ereignisses oder vom Ablauf einer Frist, kann sich der Optionsinhaber den wirtschaftlichen Wert der Option erst zu diesem späteren Zeitpunkt zunutze machen. In diesen Fällen ist also eine Besteuerung in dem Moment, in dem die Beschränkungen wegfallen, zu befürworten.

Eine weitere Frage ist, ob von „Handelbarkeit" schon dann die Rede sein kann, wenn die Veräußerung formal möglich ist, oder ob vielmehr hinzukommen muß, daß eine solche Verwertung auch tatsächlich möglich ist. Die Finanzverwaltung spricht in diesem Zusammenhang von „Marktgängigkeit" und verlangt, daß die Option an einem vorhandenen und für alle offenen Markt uneingeschränkt veräußerbar ist; dies ist ihres Erachtens dann nicht gegeben, wenn der Arbeitgeber (oder für ihn ein Dritter) Stillhalter ist und ein Vorkaufsrecht für sich (oder den Dritten) vereinbart hat[364]. M.E. sind diese Anforderungen der Finanzverwaltung zu weitgehend. Zwar ist erforderlich, daß für die in Diskussion stehende Aktienoption überhaupt ein Markt vorhanden ist, da andernfalls die Besteuerung die wirtschaftlichen Gegebenheiten außer Betracht ließe. Doch muß es genügen, daß irgendein Markt existiert, um „Handelbarkeit" bzw. „Marktgängigkeit" anzunehmen. Denn entscheidend ist, daß die Option an Dritte veräußerbar ist[365]. Welchen Umfang oder welche Zusammensetzung die Gruppe dieser „Dritten" hat - daß sie mögli-

[362] Insbesondere bei der unentgeltlichen oder verbilligten Überlassung von Dienstwohnungen.
[363] *R. Porter / A. Bödefeld*, DStR 1995 S. 629 (633) und *M. Peltzer*, AG 1996 S. 307 (314).
[364] Vgl. stellvertretend OFD Berlin v. 25.3.1999 - St 423 - S 2347 - 1/99, DB 1999 S. 1241.
[365] *W. Haas / H. Pötschan*, DB 1998 S. 2139 (2140).

cherweise ausschließlich aus Arbeitnehmern besteht - ist ohne Belang, wenn eine solche Gruppe nur überhaupt vorhanden ist[366].

Nicht handelbare Optionen sind in jedem Fall einer Endbesteuerung zu unterwerfen sind. Dieser Standpunkt basiert auf der Überlegung, daß bei Überschußeinkünften, anders als bei der Bilanzierung, das Realisierungsprinzip gilt, es somit bei der Besteuerung einzig auf die Erfüllung von Ansprüchen ankommt. Von Relevanz für die Steuerpflicht des Anspruchsberechtigten sind Ansprüche noch nicht, wenn sie ihm lediglich verschafft worden sind. Ebenso wenig ist bedeutsam, welcher Wert dem Anspruch von seiner Erfüllung zukommt[367]. Die Besteuerung der nicht handelbaren Aktienoptionen auf den Zeitpunkt des Ablaufs der Sperrfrist oder des Wegfalls aller Ausübungsbedingungen vorzuziehen, erscheint nicht sachgerecht. Denn die mit den betreffenden Momenten eintretenden Veränderungen haben keinen Einfluß darauf, daß die nicht übertragbaren Optionsrechte individuelle Anwartschaften sind, die selbst keinen Zufluß eines geldwerten Gutes beim Arbeitnehmer bewirken. Der Optionsinhaber hat zwar nach Ablauf der Sperrfrist die Möglichkeit, die Option auszuüben und die Aktien zu erwerben. Diese Ausübung des Rechts ist aber eine aufschiebende Bedingung, die auch für den steuerlichen Zufluß relevant ist[368]. Das Gestaltungsrecht selbst, mag es auch einen wirtschaftlichen Wert haben, ist nicht liquide[369]. Desweiteren sprechen für eine Endbesteuerung wohl Praktikabilitätsüberlegungen[370].

---

[366] Vgl. auch *R. Eckert*, DB 1999 S. 2490 (2492), der auf der Grundlage von § 8 Abs. 2 EStG und § 9 Abs. 2 BewG den „gewöhnlichen Geschäftsverkehr" in den Mittelpunkt rückt und betont, daß auch ein solcher „gewöhnlicher Geschäftsverkehr" aus rechtlichen oder tatsächlichen Gründen klein sein kann.

[367] *M.-I. Thomas*, KFR Fach 6 EStG, § 19, 2/01, S. 371 (373).

[368] Vgl. BFH v. 14.5.1982, BStBl. II 1982 S. 469 zu unverfallbaren Erfolgsbeteiligungen, die als Arbeitnehmerdarlehen verbucht und verzinst wurden, aber erst nach einigen Jahren bzw. nur unter bestimmten Bedingungen auszahlbar waren. Nach Ansicht des BFH fließt der Vorteil als Einnahme erst bei Auszahlung zu.

[369] Vgl. hierzu und zu weiteren Argumenten gegen eine Besteuerung bei Ablauf der Sperrfrist *N. Herzig / U. Lochmann*, DB 2001 S. 1436 (1438).

[370] *M.-I. Thomas*, KFR Fach 6 EStG, § 19, 2/01, S. 371 (372).

III.) „Objektive Bereicherung“ als Resultat des Zufließens eines geldwerten Gutes

1.) Feststellungen des BFH zur maßgeblichen Beurteilungsperspektive bei der Frage eines geldwerten Gutes kein Hinweis auf subjektives Verständnis

Mißverständnisse forderte die in einigen älteren Entscheidungen des BFH vorzufindende Feststellung heraus, die Frage, ob ein geldwerter Vorteil vorliegt, sei grundsätzlich aus der Sicht des Arbeitnehmers zu entscheiden[371]..Mit dieser Formulierung schienen die Richter andere als vom Leistungsfähigkeitsprinzip vorgegebene Pfade zu beschreiten. Sollte tatsächlich die subjektive Einschätzung der betreffenden Situation durch den Zuwendungsempfänger entscheidende Bedeutung für die Frage haben, ob ein Vorteil vorliegt, der in die Steuerbemessungsgrundlage einfließt? Schon der RFH hatte beim Aspekt der Bereichung subjektiven Gesichtspunkten Relevanz zugesprochen, als er etwa darauf hinwies, Bier gehöre zwar zu geldwerten Gütern, sei im zu entscheidenden Fall aber nicht zugeflossen, da der Biergenuß „von den unterschiedlichen Personen ganz verschieden geschätzt“ werde[372].

In der jüngeren Rechtsprechung finden sich solche auf eine subjektive Sichtweise hindeutende Formulierungen nicht mehr, teilweise wurden subjektive Momente sogar ausdrücklich als unerheblich eingeordnet[373]. Auf der Grundlage des Leistungsfähigkeitsprinzips ist es auch einzig konsequent, am Punkt der „Bereicherung“ und des „geldwerten Vorteils“ eine objektive Sichtweise einzunehmen. Die Person des Arbeitnehmers kann hier nur insoweit von Bedeutung sein, als sie es ist, deren Vermögen sich durch die Zuwendung vergrößert haben muß; es ist zu überprüfen, welche Vermögensveränderung sich beim Arbeitnehmer ergeben hat. Wurde ihm beispielsweise eine Sache zum Gebrauch oder Verbrauch angeboten und hat er dieses Angebot tatsächlich nicht in Anspruch genommen, so ist es zu keiner steuerlich relevanten objektiven Bereicherung auf seiner Seite gekommen. Bei der Frage der Bereicherung müssen die subjektiven Erwägungen des Arbeitnehmers unberücksichtigt bleiben, denn sie enthalten Wertschätzungen, die sub-

---

[371] BFH v. 24.01.1975, BStBl. II 1975 S. 340 (342); v. 21.03.1975, BStBl. II 1975 S. 486 (487).
[372] RFH v. 15.05.1929, RStBl. 1929, S. 412.
[373] BFH v. 02.10.1968, BStBl. II 1969 S. 73 (74), v. 15.06.1973, BStBl. II 1973 S. 781 (782) und v. 15.12.1977, BStBl. II 1978 II S. 239.
Vgl. auch *G. Crezelius*, in: Kirchhof/Söhn, EStG, § 8 Rn. B 61: Die Subsumtion unter den Begriff des geldwerten Gutes [hat] nach objektiven Gesichtspunkten zu erfolgen...“.

jektiv sind und für die der Gesichtspunkt der objektiven Bereicherung im Einkommensteuerrecht nicht offen ist.

Klarstellend ist noch darauf hinzuweisen, daß auch die subjektive Sichtweise des Arbeitgebers für die Frage der Bereicherung unerheblich ist. Ein wirtschaftlicher Vermögenszuwachs beim Arbeitnehmer durch den Erhalt einer Sachzuwendung tritt beispielsweise auch dann ein, wenn der Arbeitgeber nicht weiß, daß dem Zuwendungsgegenstand tatsächlich ein wirtschaftlicher Wert zukommt[374] oder wenn der Arbeitgeber sich der Höhe des Vorteils nicht bewußt war[375].

Der Gesetzgeber hat gerade mit den in § 8 EStG getroffenen Regelungen deutlich gemacht, daß er den subjektiven Wertvorstellungen der an einer Zuwendung Beteiligten keine Bedeutung beimessen will. So stellt etwa § 8 Abs. 2 S. 1 EStG bei der Frage der (grundsätzlichen) Bewertung von Sachbezügen auf die „um übliche Preisnachlässe geminderten üblichen Endpreise am Abgabeort" ab, knüpft also an einen Preis an, der nach objektiven Gesichtspunkten zu ermitteln ist, indem gefragt wird, welchen Preis der Arbeitgeber oder ein Dritter für die betreffende Leistung üblicherweise im allgemeinen Geschäftsverkehr vom Verbraucher fordert[376]. Hier nimmt das Gesetz nur objektiv zu ermittelnde Werte in den Blick und läßt keinen Spielraum für eine Auslegung dahingehend, daß subjektive Wertvorstellungen des Zuwendungsempfängers Einfluß auf die Bewertung der Sachbezüge haben können oder gar müssen[377].

---

[374] Vgl. *H. Pflüger*, in: Herrmann/Heuer/Raupach, EStG, § 19 Rn. 121.

[375] *M.-I. Thomas*, in: Küttner, Personalbuch 2003, S. 257.

[376] Zum Inhalt des Begriffs „üblicher Endpreis" *W. Drenseck*, in: L. Schmidt, EStG, § 8 Rn. 56 f.; *P. Kirchhof*, in: Kirchhof, EStG, § 8 Rn. 47 ff.

[377] *H.-P. Reuter* hat die Ansicht vertreten, daß Sachgeschenke in diesem Zusammenhang eine besondere Behandlung verdienen; bei solchen Zuwendungen erscheine eine völlige Negierung subjektiver Wertvorstellungen des beschenkten Arbeitnehmers nicht sachgerecht; *H.-P. Reuter*, StVJ 1990 S. 237 (241) und FR 1990 S. 139 (141 f.). Sein Standpunkt setzt jedoch voraus, daß „Sachgeschenke" wegen eines angeblich weniger deutlichen Entgeltcharakters nicht uneingeschränkt als „Sachbezüge" eingeordnet werden können und deshalb auch eine enge Auslegung und Anwendung des § 8 Abs. 2 EStG nicht gefordert ist. Für eine solche differenzierende Betrachtung ist jedoch nach der hier vertretenen Ansicht kein Raum. Entweder sind gewährte Sachgeschenke als Sachbezüge zu qualifizieren - dann ist insbesondere § 8 Abs. 2 EStG ohne Einschränkung anwendbar - oder die konkrete Zuwendung erweist sich bei genauerer Betrachtung nicht als Einnahme aus nichtselbständiger Arbeit (und ist auch keiner anderen Einkunftsart zuzuordnen) - dann kommt eine Bewertung nach § 8 Abs. 2 EStG mangels steuerbaren Vorteils überhaupt nicht in Betracht.

2.) Keine Bereicherung bei „aufgedrängtem Vorteil"?

Sobald der Arbeitnehmer eine ihm kostenlos oder verbilligt angebotene Sachzuwendung ausnutzt, kommt es in seiner Person zu einer Steigerung der wirtschaftlichen Leistungsfähigkeit - er ist also im einkommensteuerrechtlichen Sinne bereichert. Der Hinweis darauf, daß er die entsprechenden geldwerten Vorteile andernfalls nicht am allgemeinen Markt erworben hätte, also entsprechende Aufwendungen ihm nicht entstanden wären, steht der Annahme einer objektiven Bereicherung auf Seiten des Steuerpflichtigen nicht entgegen. Denn für die Frage der Bereicherung kommt es grundsätzlich allein darauf an, ob er den angebotenen Vorteil tatsächlich in Anspruch genommen hat[378]. Ob dies ausnahmsweise anders zu beurteilen ist, wenn der Arbeitnehmer mit der Annahme des Vorteils auf eine vom Arbeitgeber geschaffene besondere Zwangssituation reagiert, stellt sich in diesem Zusammenhang als Frage. Immer wieder taucht in Streitfällen nämlich der Hinweis auf, dem Zuwendungsempfänger sei der Vorteil aufgedrängt worden und dürfe deshalb für Fragen der Besteuerung nicht berücksichtigt werden. Rechtliche Erheblichkeit hat der BFH diesem Einwand in seinem Vorsorgeuntersuchungsurteil[379] zugesprochen; auch bei Reisen von Arbeitnehmern, die auf Initiative des Arbeitgebers unternommen wurden, sieht man sich häufig diesem Vorbringen gegenüber[380]. Soweit ersichtlich ist in der Rechtsprechung - und insbesondere in den Entscheidungen des BFH - dieser Gesichtspunkt lediglich in Zusammenhang mit der Frage thematisiert worden, ob er zur Verneinung des Veranlassungszusammenhangs führen kann bzw. muß.

Im Schrifttum hingegen wird die Überlegung, daß ein Vorteil aufgedrängt wurde, zunehmend bei der Frage, ob eine objektive Bereicherung des Steuerpflichtigen vorliegt, angeführt[381]. *W. Drenseck* schließlich spricht eine mögliche Relevanz dieses Gesichtspunkts sowohl in Zusammenhang mit der „objektiven Bereicherung" als auch mit dem „ganz überwiegend eigenbetrieblichen Interesse" an, hält dieses Vorbringen also offenbar möglicherweise an beiden Stellen für erheb-

[378] BFH v. 16.09.1986, BStBl. II 1987 S. 37 (40); BFH v. 09.03.1990, BStBl. II 1990 S. 711 (713).
[379] BFH v. 17.09.1982, BStBl. II 1983 S. 39.
[380] Zur Gruppe der (Incentive-)Reisen vgl. BFH v. 09.03.1990, BStBl. II 1990 S. 711; v. 07.02.1997, BFH/NV 1997 S. 401.
[381] *W. Holz*, Annehmlichkeiten, S. 130 ff. hält das Aufdrängen eines Vorteils für ein Problem der objektiven Bereicherung und lehnt sich dabei an zivilrechtliche Lösungsansätze an. *D. Birk*, in: Herrmann/Heuer/Raupach, EStG, § 8 Rn. 26 führt diese Überlegung ebenfalls als Frage in Zusammenhang mit der objektiven Bereicherung an.

lich[382]. Eine Begründung für die jeweilige Zuordnung des Aspekts unterbleibt jedoch bei allen Stellungnahmen.

M.E. ist das Merkmal der objektiven Bereicherung des Vorteilsempfängers kein tauglicher Ansatzpunkt für die Berücksichtigung des Umstandes, daß ein Vorteil (möglicherweise) aufgedrängt ist[383]. Nähme man hier den gegenteiligen Standpunkt ein, so käme man nicht umhin, im Rahmen der Einkommensteuer (auch) einen subjektiven Bereicherungsbegriff anzuerkennen. Ein „objektiver" Bereicherungsbegriff ist nämlich nicht in der Lage, dem Besonderen dieser Konstellation Geltung zu verschaffen, denn auch in den Fällen „aufgedrängter Vorteile" läßt sich bei einem Vergleich der Vermögenssituation des Empfängers vor und nach der Annahme des Vorteils eine Verbesserung seiner finanziellen Situation nicht leugnen. Nur wenn man es für rechtlich erheblich ansähe, daß sich der objektiv Bereicherte wegen der Zwangssituation nicht bereichert fühlt, könnte man schon an diesem Punkt die Frage nach dem Vorliegen steuerbarer Einnahmen negativ beantworten. Ein solcher subjektiver Bereicherungsbegriff wäre jedoch mit den einkommensteuerrechtlichen Grundwertungen und -prinzipien, allen voran dem für die Frage der steuerlich erheblichen Bereicherung zentral bedeutsamen Leistungsfähigkeitsprinzip, welches den tatsächlichen wirtschaftlichen Vermögenszuwachs beim Steuerpflichtigen in den Mittelpunkt stellt, nicht vereinbar. Daß dieser nach objektiven Gesichtspunkten zu bemessen ist, macht insbesondere § 8 EStG deutlich. Vor diesem Hintergrund ist für Zweifel an einer grundsätzlichen Bereicherung kein Platz, wenn der Zuwendungsempfänger den fraglichen Vorteil angenommen hat; dann ist er tatsächlich leistungsfähiger als vor der Annahme. Unter welchen Umständen es zur objektiven Bereicherung gekommen ist, ob und in welcher Art eben auch ein gewisser Druck auf den Arbeitnehmer dahin ausgeübt wurde, den Vorteil anzunehmen, sind Gesichtspunkte, die jedenfalls nicht an diesem Punkt der steuerlichen Beurteilung zum Tragen kommen können.

---

[382] *W. Drenseck*, in: L. Schmidt, EStG, § 19 Rn. 21 und 30. Unklar insoweit *H. Pflüger*, in: Herrmann/Heuer/Raupach, EStG, § 19 Rn. 213, der diesen Aspekt zwar unter der Überschrift „Einzelfälle objektiver Bereicherung" anspricht, dort jedoch inhaltlich ausführt, daß der Umstand, daß ein Vorteil aufgedrängt worden sei, gegen eine Veranlassung durch das Dienstverhältnis spreche.

[383] I.E. ebenso *J. Giloy*, in: Kirchhof/Söhn, EStG, § 19 Rn. B 321; *B. Thürmer*, in: Blümich, EStG, § 19 Rn. 167.

3.) Objektive Bereicherung trotz fiktiver Werbungskostenabzugsmöglichkeit auf Seiten des Arbeitnehmers?

Schon vor der Änderung der Rechtsprechung hinsichtlich des systematischen Verständnisses des Arbeitslohnbegriffs ist im Schrifttum thematisiert worden, ob das Vorliegen steuerbarer Einnahmen in den Fällen verneint werden kann oder gar muß, in denen der Arbeitgeber geldwerte Güter zuwendet, die, als entsprechende Aufwendungen beim Arbeitnehmer gedacht, bei diesem als Werbungskosten abziehbar wären[384]. Durch den Erhalt solcher Vorteile erspart der Zuwendungsempfänger von vorneherein Ausgaben, die er andernfalls zunächst aus versteuertem Einkommen hätte bestreiten müssen; er kommt unmittelbar in den Genuß des zugewendeten Vorteils[385]. Erster möglicher Ansatzpunkt für solche Überlegungen ist der Aspekt der objektiven Bereicherung des Arbeitnehmers. Man kann die Überlegung anstellen, ob trotz des Zuflusses eines geldwerten Gutes eine Bereicherung nicht schon dann fehlt, wenn auf Seiten des Arbeitnehmers dem Sachzuwendungsvorteil ein fiktiver, summenmäßig gleich hoher Werbungskostenbetrag gegenüber steht und sich somit eine Saldierung anbietet, mit der im Ergebnis ein rechnerischer Ausgleich von Vermögenszugang und -abgang erzielt wird[386].

Bei näherer Betrachtung zeigt sich jedoch schon, daß eine sofortige Saldierung eigentlich überhaupt nur möglich wäre, wenn Aufwendungen für sofort abziehbare (mehrjährig nutzbare) Wirtschaftsgüter auf der Ausgabenseite zur Diskussion stünden[387]. Bei höherwertigen Gegenständen würde der Aufwand nur zum Teil zu

---

[384] So beispielsweise *W. Jakob*, Steuern vom Einkommen I, S. 200 m.w.N. Vgl. auch *K. Tipke*, StuW 1976 S. 157 (158): „Die Rechtsprechung hat bisher Aufwendungen, wie die Unterbringung im Kindergarten, nicht als Werbungskosten anerkannt. Ist dies richtig, so ist es unter Leistungsfähigkeitsgesichtspunkten nur konsequent, auch dann keinen Steuervorteil zuzulassen, wenn der Arbeitgeber den Kindergarten einrichtet, folglich in dem Sachvorteil einen Arbeitslohnbestandteil zu sehen."

[385] Von dieser Fallkonstellation ist der Sachverhalt zu unterscheiden, daß der Arbeitgeber dem Arbeitnehmer tatsächlich getätigte Aufwendungen ersetzt, die letzterer bei der Ermittlung seines Einkommens als Werbungskosten geltend machen könnte - also der klassische Fall von Werbungskostenersatz. Diese Ersatzleistung erfolgt in der Regel in Geld, so daß - anders als im Fall der ersparten Aufwendung - kein „Sachbezug" vorliegt; vgl. zur steuerlichen Behandlung des Werbungskostenersatzes nur *H. Pflüger*, in: Herrmann/Heuer/Raupach, EStG, § 19 Rn. 161.

[386] In diese Richtung wohl *J. Giloy*, in: Kirchhof/Söhn, EStG, § 19 Rn. 329. Er spricht zwar davon, daß eine „Einnahme" nicht vorliege, „falls dem Arbeitnehmer im Falle der Anschaffung des Arbeitsmittels ein sofortiger Werbungskostenabzug in voller Höhe zustünde"; aus dieser Formulierung wird nicht deutlich, ob es s.E. an einer Bereicherung oder dem Veranlassungszusammenhang fehlt. Für ersteres spricht jedoch, daß er diesen Aspekt im Rahmen der Diskussion über eine „objektive Bereicherung bei ersparten Privataufwendungen" anführt.

[387] Dazu *C. Kuhlmann*, Die Besteuerung, S. 71 f.; *J. Giloy*, in: Kirchhof/Söhn, EStG, § 19 Rn. B 329 f.

Werbungskosten der Besteuerungsperiode führen, in der das geldwerte Gut erlangt wird.

Ein solches Verständnis von „objektiver Bereicherung" ist jedoch aus verschiedenen Überlegungen abzulehnen. Dabei würde mißachtet, daß das Einkommensteuergesetz Einnahmen und Ausgaben ausdrücklich isoliert betrachtet (vgl. zu den Überschußeinkunftsarten § 2 Abs. 2 Nr. 2 EStG: „Einkünfte sind der Überschuß der Einnahmen über die Werbungskosten") und deshalb auch „der Werbungskostenaufwand eines Steuerpflichtigen und seine Kompensation von dritter Seite [...] nicht in einer Art „Gesamtschau" zusammengezogen werden [dürfen]"[388]. Es gibt keinen allgemeinen Grundsatz, der eine Saldierung von Einnahmen und Ausgaben zuläßt[389]. Diese getrennte Betrachtung hat der Gesetzgeber hinsichtlich der Vorteile aus einer Kfz-Gestellung für Fahrten zwischen Wohnung und Arbeitsstätte besonders klar aufgezeigt in § 8 Abs. 2 S. 3, 4, § 9 Abs. 1 S. 3 Nr. 4 und § 40 Abs. 2 S. 2 EStG: aus diesen Vorschriften wird deutlich, daß der aus der Gestellung des Wagens resultierende geldwerte Vorteil als steuerbarer Arbeitslohn anzusehen ist, dem im Rahmen der Ermittlung der Steuerbemessungsgrundlage dann die Pauschsätze für Werbungskosten gegenüber zu stellen sind[390]. Und die Besteuerung des geldwerten Vorteils mit einem Pauschsteuersatz käme nicht in Betracht, wenn die Übernahme solcher Kosten durch den Arbeitgeber keinen Arbeitslohn darstellten[391].

Dieser Standpunkt findet Bestätigung darin, daß der Gesetzgeber die Möglichkeiten steuerfreien Werbungskostenersatzes in § 3 EStG ausdrücklich und abschließend regeln wollte und hier auch Fälle angeführt sind, in denen der Arbeitgeber verbilligt oder unentgeltlich Sachzuwendungen an Arbeitnehmer erbringt, also letzterer von vorneherein die entsprechenden Aufwendungen erspart (vgl. § 3 Nrn. 31, 32, 34 EStG). Bis zum Veranlagungszeitraum 1989 (einschließlich) qualifizierten Rechtsprechung und Verwaltung über die im Gesetz geregelten Fälle hinaus auch andere Sachzuwendungen als steuerfreien Werbungskostenersatz[392]. Seit dem Inkrafttreten des Steuerreformgesetzes 1990[393] ist jedoch einhellige An-

---

[388] *W. Jakob*, Steuern vom Einkommen I, S. 119.

[389] *H. Pflüger*, Herrmann/Heuer/Raupach, EStG, § 19 Rn. 162; zu § 3 EStG vgl. die nachfolgenden Ausführungen.

[390] Vgl. zu diesem geldwerten Vorteil BFH v. 20.12.1991, BStBl. II 1992 S. 308 (309).

[391] *M.-I. Thomas*, KFR Fach 6 EStG, § 19, 2/92, S. 325 (325).

[392] So etwa vor 1990 R 50 Abs. 2 Nr. 6 LStR 1987 betreffend Ersatzleistungen des Arbeitgebers zur Beseitigung beruflicher Unfallschäden am Kraftfahrzeug des Arbeitnehmers. Weitere Beispiele aus der damaligen Rechtsprechung bei *K. Offerhaus*, BB 1982, S. 978; *ders.*, BB 1988, S. 1796.

[393] v. 25.07.1988, BGBl. I 1988 S. 1093, BStBl. I 1988 S. 223.

sicht, daß der Katalog des § 3 EStG abschließend ist; nur in den dort angesprochenen Fällen sollen Ersatzleistungen ausnahmsweise steuerfreie Einnahmen sein[394]. Durch die ausdrückliche Festschreibung möglicher steuerfreier Leistungen in § 3 EStG hat der Gesetzgeber deutlich gemacht, daß er eine Saldierung von Einnahmen und Werbungskosten nur ausnahmsweise für zulässig erachtet und im Regelfall davon ausgeht, daß Einnahmen und Werbungskosten gegenüber zu stellen sind. Auch in den Fällen von ersparten Aufwendungen unterstellt er also grundsätzlich eine wirtschaftliche Bereicherung des Arbeitnehmers. Den einschlägigen in § 3 EStG genannten Einzelfällen könnte deshalb lediglich aus anderen Gründen nur deklaratorische Bedeutung zugesprochen werden[395].

Gewicht kommt auch dem Gesichtspunkt zu, daß bei einer solchen Saldierung nicht hinreichend zum Tragen käme, daß es für den Steuerpflichtigen in finanzieller Hinsicht regelmäßig einen deutlichen Unterschied macht, ob der Arbeitgeber die Kosten für eine Sachzuwendung komplett trägt oder ob der Arbeitnehmer den betreffenden Vorteil mit eigenen Mitteln erwerben muß und die finanzielle Belastung als Werbungskosten steuermindernd geltend machen kann. Der Zuwendungsempfänger erspart im erstgenannten Fall umfassend die Ausgaben für den betreffenden Gegenstand, im zweitgenannten wird er in Zusammenhang mit den von ihm getätigten Ausgaben im Wege der Verrechnung der Ausgaben mit den Einnahmen (§ 2 Abs. 2 Nr. 2 EStG) lediglich steuerlich entlastet, dies jedoch nicht so weit, daß seine finanzielle Leistungsfähigkeit gleichermaßen unvermindert stark wäre. Die Möglichkeit des Werbungskostenabzugs bedeutet demnach wirtschaftlich etwas anderes als die Erstattung oder Übernahme der Kosten. Wegen des Unterschiedes, der daraus für die Leistungsfähigkeit des Steuerpflichtigen folgt, verbietet es sich, in diesen Fällen schon eine objektive Bereicherung des Steuerpflichtigen zu verneinen.

Der Hinweis auf das Nettoprinzip eröffnet ebenfalls keine taugliche Möglichkeit, in diesen Fällen schon das Vorliegen einer Bereicherung zu verneinen. Denn das Nettoprinzip, das lediglich den Zuwachs an Leistungsfähigkeit erfassen will, den der Steuerpflichtige innerhalb eines bestimmten Zeitabschnittes erfahren hat und

---

[394] Vgl. etwa BR-Drucks. 100/88, S. 244; FG Baden-Württemberg v. 28.10.1993, EFG 1994 S. 467 (468); *W. Heinicke*, in: L. Schmidt, EStG, § 3 „Werbungskostenersatz".
Zu diesen Fällen zählen etwa: Arbeitsbekleidung, § 3 Nr. 4 Buchst. a und b, Nr. 5 und Nr. 31; Aufwandsentschädigungen, Nr. 12; doppelte Haushaltsführung, Nrn. 13 und 16; Sammelbeförderung, Nr. 32; Werkzeuggeld, § 30.

[395] Zur Frage, ob es nicht eigentlich geboten ist, grundsätzlich alle vom Arbeitgeber in die Berufssphäre des Arbeitnehmers verbrachten Aufwendungen aus dem Lohnbegriff auszuscheiden - dann wäre Werbungskostenersatz kein Arbeitslohn und wären die genannten Vorschriften deklaratorisch - vgl. Teil 3, C) IV.) 7.) c).

der ihm zur privaten Bedürfnisbefriedigung zur Verfügung steht, bezieht sich nur auf das Ergebnis, welches Bemessungsgrundlage für die Einkommensteuer ist. Dieses Prinzip setzt aber nicht voraus, daß ein Vermögenszugang beim Empfänger verbleibt, um ihn der Besteuerung zugrunde zu legen[396].

Bedenken dagegen, vom Nichtvorliegen einer objektiven Bereicherung des Arbeitnehmers in Fällen theoretisch möglicher Saldierung auszugehen, resultieren schließlich daraus, daß es hierdurch zu einer zusätzlichen Aushöhlung des Arbeitnehmerpauschbetrages (§ 9 a S. 1 Nr. 1 EStG) käme. Denn die Ausgaben würden nicht auf den Pauschbetrag angerechnet, daraus resultierte eine Aufstockung dieses Betrages. Durch die Möglichkeit einer Saldierung können Pauschbeträge beim Arbeitnehmer zu Begünstigungen werden[397]. Schon hinsichtlich gesetzlich vorgesehener Saldierungsmöglichkeiten bestehen verfassungsrechtliche Bedenken, weil sie zu einer Bevorzugung der Arbeitnehmer führen, die den Pauschbetrag nach § 9 a S. 1 Nr. 1 EStG und eine Steuerbefreiung nach § 3 EStG in Anspruch nehmen können, gegenüber denjenigen, die ihre Werbungskosten selbst tragen müssen[398]. Mit denselben Vorbehalten ist einer gesetzlich nicht ausdrücklich angeordneten Saldierung zu begegnen.

4.) Umfang der objektiven Bereicherung des Arbeitnehmers

Sollen geldwerte Güter in eine Geldrechnung eingefügt werden, dann werden Bewertungsfragen aktuell; es müssen den betreffenden Vorteilen Geldbeträge zugewiesen werden[399].

---

[396] *R. Flies*, FR 1997 S. 630 (632).
[397] *H. Pflüger*, in: Herrmann/Heuer/Raupach, EStG, § 19 Rn. 162.
[398] BFH v. 19.02.1993, BStBl. II 1993 S. 551; *W. Kahrs*, DStR 1993 S. 1277 (1279 f.). Die Bedenken des BFH hat das BVerfG nicht geteilt; vgl. die Entscheidung vom 10.04.1997, BVerfGE 96 S. 1.
[399] *J.P. Meincke*, DStJG 7 (1984), S. 7 (7 f.).

a) Gesetzliche Vorschriften zur Ermittlung des für die Besteuerung maßgeblichen Wertes

Das EStG sieht in § 8 verschiedene Regelungen vor, um die Bewertung einiger Sachbezugsarten speziell zu regeln. So sind etwa gemäß § 8 Abs. 2 S. 6 EStG bei Arbeitnehmern, die der Sozialversicherung unterliegen, geldwerte Vorteile aus der kostenlosen Gewährung von Kost und Wohnung mit den für diese Vorteile in der Sachbezugsverordnung[400] festgelegten Werten anzusetzen. Auch für die Bewertung des Sachbezuges „Kfz-Nutzung" enthält § 8 Abs. 2 S. 2 ff. EStG besondere Vorschriften. Im Rahmen dieser Untersuchung soll keine Auseinandersetzung mit diesen speziellen Normen erfolgen, vielmehr werden nur die grundsätzliche Regelung des § 8 Abs. 2 S. 1 EStG und die Bewertungsvorschrift zu Personalrabatten näher betrachtet.

aa) § 8 Abs. 2 S. 1 EStG

§ 8 Abs. 2 S. 1 EStG bestimmt, daß für die Bewertung von nicht in Geld bestehenden Einnahmen die um übliche Preisnachlässe geminderten üblichen Endpreise am Abgabeort maßgeblich sind[401]. Der BFH hat jüngst entschieden, daß dieser Preis für den konkreten geldwerten Vorteil zu ermitteln ist, also ohne Ansehen von funktionsgleichen qualitativ gleichwertigen Waren bzw. Dienstleistungen anderer Hersteller oder Dienstleistender[402]. Dies ist eine konsequente Fortführung des Standpunktes des Gerichts, daß derjenige, der einen Vorteil in Anspruch genommen hat, sich nicht darauf berufen kann, daß er das ihm verbilligt oder unentgeltlich überlassene Gut andernfalls nicht erworben hätte; denn entscheidend für die steuerliche Beurteilung ist, daß er den Vorteil tatsächlich und in der konkreten Form in Anspruch genommen hat[403]. Für die Ansicht des BFH spricht, daß bei Berücksichtigung des Preises funktionsgleicher und qualitativ gleichwertiger Waren etc. anderer Anbieter die Regelung des § 8 Abs. 2 S. 1 EStG nur mehr schwer gehandhabt werden könnte, weil sowohl der Arbeitgeber als auch die Finanzbehörde nun neben dem üblichen Endpreis auch noch feststellen müßten, bei welchen der am Markt angebotenen Waren oder Dienstleistungen Funktionsgleichheit

---

[400] Verordnung über den Wert der Sachbezüge in der Sozialversicherung (Sachbezugsverordnung) v. 19.12.1994, BGBl. I 1994 S. 3849, zuletzt geändert durch die Verordnung zur Änderung der Sachbezugsverordnung v. 07.11.2000, BGBl. I 2000 S. 1500.

[401] Vor dem Steuerreformgesetz 1990 war für die Bewertung von Sachbezügen der übliche Mittelpreis des Verbrauchsortes maßgebend.

[402] BFH v. 30.05.2001, BStBl. II 2002 S. 230.

[403] BFH v. 22.10.1976, BStBl. II 1977 S. 99 (102); v. 02.02.1990, BStBl. II 1990 S. 472 (473); v. 09.03.1990, BStBl. II 1990 S. 711 (713).

und Gleichwertigkeit in qualitativer Hinsicht gegeben ist. Streitigkeiten hinsichtlich dieser Frage wären vorprogrammiert, da sich diese Frage kaum ganz objektiv beantworten läßt.

Mit dem Rekurs auf den üblichen Endpreis wollte der Gesetzgeber erreichen, daß der Preis der Bewertung zugrunde gelegt wird, der tatsächlich im allgemeinen Geschäftsverkehr vom Letztverbraucher gefordert wird[404]. Es ist also nicht der Preis des Arbeitgebers entscheidend für die Bewertung, sondern ein allgemeiner Marktpreis. Für Veranlagungszeiträume ab 1996 sind zudem nicht mehr die üblichen Endpreise in vollem Umfang anzusetzen, sondern das Gesetz ordnet eine allgemeine Kürzung um übliche Preisnachlässe vor. Anders als § 8 Abs. 3 EStG enthält Abs. 2 jedoch keine Quantifizierung hinsichtlich der Höhe dieser Kürzung. Die Finanzverwaltung lehnt sich aber mit dem Ziel der Vereinfachung meist an die erstgenannte Vorschrift an und nimmt einen 4 %-igen Preisabschlag vor; dessen ungeachtet steht den Betroffenen die Möglichkeit offen, höhere übliche Nachlässe nachzuweisen und anzusetzen[405]. Diese Gesetzesfassung ist zu begrüßen, da auf Seiten des Steuerpflichtigen erst dann ein einkommensteuerrechtlich relevanter finanzieller Vorteil festzustellen ist, wenn er für die Erlangung etwa eines geldwerten Gutes oder einer Dienstleistung weniger Vermögen aufwenden muß, als im allgemeinen Geschäftsverkehr, also am freien Markt, gefordert wird.

Problematisch ist, daß außer in den Fällen einer Preisbindung in der Regel unterschiedliche Endpreise vorzufinden sind. Nimmt man die Äußerung des Gesetzgebers ernst, man wolle mit der Bezugnahme auf den üblichen Endpreis klarstellen, daß nicht ein Durchschnittsbetrag zu ermitteln sei, so wäre nicht der aus den verschiedenen Endpreisen berechenbare Mittelpreis maßgeblich. Vielmehr könnte man den Ansatz lediglich des niedrigsten Preises befürworten, den der Steuerpflichtige und auch fremde Letztverbraucher zum Zuwendungszeitpunkt am Abgabeort im allgemeinen Geschäftsverkehr beim Arbeitgeber oder auch bei anderen Anbietern hätten aufwenden müssen[406].

Der maßgebliche Preis muß vom Arbeitgeber geschätzt werden, und zwar nach objektiven Gesichtspunkten[407]. Bei der Finanzverwaltung stellt sich die Frage, auf

---

[404] Vgl. RegE, Begründung zu § 8 Abs. 2 EStG, BT-Drucks. 11/2157, S. 141.

[405] Vgl. R 31 Abs. 2 S. 4, 5 und 9 LStR 2002; *W. Heinicke*, in: L. Schmidt, EStG, § 8 Rn. 55; *J. Giloy*, in: Dankmeyer/Giloy, ESt, § 8 Rn. 65.

[406] *W. Heinicke*, in: L. Schmidt, EStG, § 8 Rn. 57; *B. Gast-de Haan*, DB 1990 S. 1632 (1633).

[407] Vgl. BFH v. 27.03.1981, BStBl. II 1981 S. 577. In der Entscheidung vom 22.07.1988 (BStBl. II 1988 S. 995) hat der BFH ausdrücklich der subjektiven Meinung der Vertragspartner in diesem Zusammenhang die Relevanz abgesprochen. *H.-P. Reuter*, StVJ 1990 S. 237 (241), hält eine

welcher rechtlichen Grundlage sie den Wert der Sachzuwendung zu erschließen hat. Das Gesetz eröffnet den Finanzbehörden in § 162 AO die Möglichkeit einer Schätzung. Die Rechtsprechung ordnet denn auch gemeinhin die Bewertung dem Anwendungsbereich des § 162 Abs. 1 AO zu[408]. Eine solche Position scheint auf den ersten Blick schlüssig, denn die Bewertung ist gerade dadurch geprägt, daß ein „richtiger Wert" nicht exakt mit an Sicherheit grenzender Wahrscheinlichkeit bestimmt werden kann[409]. Im Schrifttum ist jedoch herausgearbeitet worden, daß diese Betrachtung nicht berücksichtigt, daß die Wertermittlung streng genommen schon ein Problem der normspezifischen Rechtsanwendung ist und nicht ein unmittelbarer Anwendungsfall des § 162 AO, weil hier die Unmöglichkeit einer exakten Ermittlung oder Berechnung von Besteuerungsgrundlagen in der Natur der Sache begründet liegt[410]. Die gesetzlichen Bewertungsvorschriften tragen die Bewertungsunsicherheit bereits in sich, wie etwa § 8 Abs. 2 S. 1 EStG, der die Feststellung der üblichen Endpreise und die Minderung dieser um übliche Preisnachlässe verlangt[411]. In solchen Fällen wird die Wertermittlung nicht deshalb durchgeführt, weil man sich einer im konkreten Einzelfall gescheiterten Sachverhaltsermittlung gegenübersieht, die den Rechtsanwender mit einem Non-liquet konfrontiert, das es zu überwinden gilt; nur diese Fälle sind aber die eigentlichen Anwendungsfälle des § 162 AO. Die Wertermittlung hingegen will überhaupt die Anwendungsvoraussetzungen der gesetzlichen Bewertungsnormen generell mittels Schätzung vollziehbar machen. Die Bewertung kann vor diesem Hintergrund als genereller Schätzungsauftrag verstanden werden[412]. Die zur Feststellung des für die Besteuerung maßgeblichen Wertes erforderliche Schätzung darf nicht los-

---

völlige Negierung subjektiver Wertvorstellungen des beschenkten Arbeitnehmers nicht für sachgerecht und befürwortet deshalb deren Berücksichtigung im Rahmen der Bewertung, und zwar über den Weg der Schätzung. Die sei insgesamt wirklichkeitsgerechter als uneingeschränkte, eng am Gesetzeswortlaut orientierte Anwendung des § 8 Abs. 2 EStG. Für eine solche Beachtung subjektiver Wertschätzungen läßt diese Vorschrift jedoch keinen Raum, mit ihr würde die Auslegungsgrenze des „äußersten Wortsinnes" überschritten. Im übrigen wäre eine solche Bemessung der Höhe eines Vorteils mit dem Leistungsfähigkeitsprinzip nicht zu vereinbaren, das die Ermittlung der Vermögenssituation anhand objektiver Maßstäbe fordert.

[408] BFH v. 12.03.1980, BStBl. II 1980 S. 463 (464); v. 25.05.1992 VI R 146/88, BStBl. II 1992 S. 700 (701) - zu § 8 Abs. 2; v. 29.08.1996, BStBl. II 1997 S. 317 (318).

[409] *R. Seer*, Verständigungen im Steuerverfahren, S. 14 ff., 196 ff. (insbes. 196).

[410] *L. Osterloh*, Gesetzesbindung, S. 251 ff.; *R. Seer*, Verständigungen im Steuerverfahren, S. 197. Mit Bedenken gegen diese neuere Ansicht *C. Trzaskalik*, in: Hübschmann/Hepp/Spitaler, AO/FGO, § 162 Rn. 10, der jedoch den Kritikern zugibt, „daß die Vorschrift nicht gerade überzeugend formuliert ist, falls sie Fallgestaltungen erfassen soll, in denen ein Ermitteln und Berechnen als Alternative zur Schätzung überhaupt nicht zur Debatte stehen kann".

[411] Auch bei der vom Gesetzgeber gewählten Definition des Teilwertes in § 6 Abs. 1 Nr. 1 S. 3 EStG haben Bewertungsunsicherheiten über hypothetische Entscheidungselemente und Merkmale, die eine Prognose erfordern, unmittelbar ins Gesetz Eingang gefunden; so *R. Seer*, Verständigungen im Steuerverfahren, S. 197 und ausführlich *L. Osterloh*, Gesetzesbindung, S. 252 f.

[412] *R. Seer*, in: Tipke/Kruse, AO, § 162 Rn. 12.

gelöst von den jeweils einschlägigen Bewertungsvorschriften einzig auf der Grundlage des § 162 AO vorgenommen werden, sondern sie muß sich an Sinn und Zweck der anzuwendenden Rechtsnorm ausrichten.

Die Entscheidung des Gesetzgebers für den Abgabeort als für die Preisermittlung maßgeblichen Ort zielte auf eine einheitliche Bewertung der betreffenden Vorteile bei allen Arbeitnehmern des gleichen Arbeitgebers[413]. Fraglich ist, ob diese gesetzliche Anordnung mit dem Leistungsfähigkeitsprinzip und damit der Forderung, jeden Steuerpflichtigen entsprechend seiner individuellen Leistungsfähigkeit zu besteuern, vereinbar ist. Dies ist bezweifelt worden mit dem Hinweis eben auf das Prinzip der Individualbesteuerung, welches von der Bewertung fordere, daß diese den für die jeweiligen Einzelnen maßgebenden individuell-örtlichen Verhältnissen Rechnung trage[414]. Dem läßt sich aber entgegnen, daß es im Rahmen der Bewertung entscheidend darauf ankommt, was der Arbeitnehmer normalerweise für die Erlangung des Vorteils hätte aufwenden müssen, wenn er sie unter sonst gleichen Umständen von einer anderen Person als dem Arbeitgeber erhalten hätte. Dies ist mit Blick auf die Situation an dem Ort zu beurteilen, an dem der Arbeitnehmer den Vorteil erlangt hat, da nur dann die grundsätzliche Vergleichbarkeit der Situationen vorhanden ist. Die vorgenannte Ansicht überstrapaziert deshalb das Prinzip der Individualbesteuerung.

Im übrigen ist die Bezugnahme auf den Abgabeort deshalb zu begrüßen, weil sie tauglich erscheint, das Ziel zu erreichen, nämlich das Besteuerungsverfahren zugunsten des Arbeitgebers zu vereinfachen[415]. Nach der früheren Gesetzesfassung mußte nämlich die gleiche Sachleistung des Arbeitgebers mit unterschiedlichen Werten versteuert werden - teilweise in einem recht umständlichen Verfahren -, wenn die Zuwendungsempfänger an unterschiedlichen Verbrauchsorten wohnten.

bb) § 8 Abs. 3 S. 1 EStG: Privilegierung von Personalrabatten durch besondere Wertermittlung und Preisabschlag

Auf ähnliche Fragen stößt man bei genauer Betrachtung des § 8 Abs. 3 S. 1 EStG, der näheres regelt zur Bewertung der Vorteile aus der Gewährung von Personalrabatten. § 8 Abs. 3 EStG enthält einige Regelungen, die in Hinblick auf das Spannungsverhältnis zwischen Leistungsfähigkeits- und Praktikabilitätsprinzip besondere Beachtung verdienen. Diese Vorschrift wurde durch das Steuerreformgesetz

---

[413] RegE, Begr. zu § 8 Abs. 2, BT-Drucks. 11/2157, S. 141.
[414] *S. Temminghoff*, Lohnsteuerpflichtige Zuwendungen, S. 16.
[415] *B. Gast-de Haan*, DB 1990 S. 1632 (1632).

1990[416] eingeführt, nach der amtlichen Begründung mit dem Ziel der Verbesserung der steuerlichen Gerechtigkeit und der Herstellung von Rechtssicherheit durch eine „grundlegende Neuregelung der steuerlichen Behandlung von Personalrabatten“[417].

(1) Rückblick zur Besteuerung von Personalrabatten

Vor dem 01.01.1990 enthielt das EStG keine speziell die Personalrabatte betreffende Vorschrift. Die Frage der einkommensteuerlichen Bedeutung von aus einer Rabattgewährung resultierenden Vorteilen war deshalb anhand der §§ 19 Abs. 1, 8 Abs. 1 EStG zu beurteilen. So sahen auch der BFH und die Finanzverwaltung die rechtliche Ausgangslage und ordneten Vorteile aus der unentgeltlichen oder verbilligten Überlassung von Waren durch den Arbeitgeber grundsätzlich als steuerpflichtigen Arbeitslohn ein. Der BFH beurteilte in einem Urteil im Jahre 1974 Nachlässe bei Provisionen für den Kauf und Verkauf von Wertpapieren, die eine Bank ihren Arbeitnehmern gewährte, als grundsätzlich steuerbare Vorteile aus dem Dienstverhältnis. Es könne aber in gewissen Situationen Arbeitslohn zu verneinen sein, wenn nämlich bei der Vorteilsgewährung im wesentlichen die Interessen des Arbeitgebers mitsprächen. In dieser Entscheidung maßen die Richter dem Interesse der Bank, die Arbeitnehmer zur Abwicklung ihre Wertpapiergeschäfte bei ihr, der Arbeitgeberin, anzuregen, Relevanz bei. Von einem rechtlich erheblichen Verfolgen von Arbeitgeberinteressen sei auch dann auszugehen, wenn der Arbeitgeber mit der Rabattgewährung anstrebe, den Umfang von Diebstählen durch die Belegschaft zu vermindern oder aber mit der Einräumung von Vorzugspreisen das Ziel verfolge, die Arbeitnehmer zum Kauf bei ihm anzuregen. Fehlende Steuerbarkeit von eingeräumten Preisvorteilen setzte nach Ansicht des BFH aber zusätzlich voraus, daß der Vorteil sich hinsichtlich des Umfangs im Rahmen des Rabattes bewegte, der auch Groß- und Dauerkunden gewährt wurde[418].

Die Finanzverwaltung setzte diese Rechtsprechung insoweit um, als sie unter bestimmten Voraussetzungen von ihrem Besteuerungsrecht keinen Gebrauch machte. Zwar rechnete man auch vor der Gesetzesänderung die aus der Gewährung von Rabatten resultierenden Vorteile grundsätzlich zum steuerpflichtigen Arbeitslohn[419]. Arbeitslohn läge jedoch dann nicht vor, wenn die überlassenen Waren im Betrieb des Arbeitgebers nicht vorrangig zur Bedarfsdeckung der Arbeitnehmer

---

[416] Steuerreformgesetz 1990 v. 25.07.1988, BStBl. I 1988 S. 224.
[417] BT-Drucks. 11/2157, S. 141 f.
[418] BFH v. 15.03.1974, BStBl. II 1974 S. 413.
[419] Vgl. R 53 Abs. 3 S. 1 LStR 1987.

hergestellt oder vertrieben würden, die Weiterveräußerung durch die Arbeitnehmer nicht im Vordergrund stünde und der in Frage stehende Vorteil nicht den auch Dritten eingeräumten Preisnachlaß überstiege. Desweiteren ließ die Verwaltung Rabattvorteile bei der Steuerbemessung unberücksichtigt, wenn die überlassenen Waren Gegenstände des täglichen Bedarfs waren und die Selbstkosten des Arbeitgebers durch das tatsächlich geleistete Entgelt des Arbeitnehmers nicht unterschritten wurden[420].

Diese Verwaltungspraxis stieß auf vehemente Kritik von Seiten des Bundesrechnungshofes[421]. Vor dem Hintergrund der zum damaligen Zeitpunkt weit verbreiteten Arbeitnehmer-Rabatte in der Automobilindustrie warf man den Finanzbehörden vor, durch Zubilligung erheblicher Steuerfreiheit bezüglich der gewährten Vorteile die gesetzlichen Vorgaben nicht hinreichend zu beachten, da die betreffenden Vorteile bei genauer Betrachtung durch das vorhandene Dienstverhältnis veranlaßt seien. Schließlich war die damals gängige Praxis nicht mehr haltbar. Resultat der in der Folgezeit geführten Diskussionen war dann die Regelung des § 8 Abs. 3 EStG[422].

(2) Vereinfachungsüberlegungen nicht überzeugend

Zunächst erklärt § 8 Abs. 3 S. 1 EStG in Abweichung von Abs. 2 S. 1 den Abgabepreis des Arbeitgebers an Letztverbraucher zum maßgeblichen Endpreis. Die Betroffenen haben diesbezüglich kein Wahlrecht, können also auch dann keine günstigeren Preise ansetzen, wenn der Arbeitnehmer die Ware anderweitig zu einem geringeren Preis erwerben könnte oder wenn der Abgabepreis des Arbeitgebers unter dem üblichen Endpreis i.S. des § 8 Abs. 2 S. 1 EStG liegt[423].

Weiterhin sieht § 8 Abs. 3 EStG in Satz 1 einen pauschalen Preisabschlag vor in Höhe von 4 % auf den zuvor berechneten Endpreis. Die beim Arbeitnehmer ein-

---

[420] Vgl. R 53 Abs. 3 Nr. 1 und 2 LStR 1987.

[421] Im Bericht v. 01.10.1987, BT-Drucks. 11/872, S. 91.

[422] Die seither zu § 8 Abs. 3 EStG geführten Rechtsstreitigkeiten sind vielfältiger Art. Hier sei nur auf die Frage, welche Arten von Sachzuwendungen erfaßt sein sollen oder die Diskussionen darüber, ob auch Konzernleistungen unter diese Vorschrift fallen sollen, hingewiesen worden. Eine Erörterung solcher im Rahmen des § 8 Abs. 3 EStG bestehender Streitfragen kommt jedoch in dieser Untersuchung nicht in Betracht, da andernfalls der Rahmen gesprengt würde. Für einen Überblick über die problematischen Aspekte vgl. nur *P. Kirchhof*, in: Kirchhof, EStG, § 8 Rn. 61 ff.

[423] Die Aufhebung des Rabattgesetzes am 25.07.2001 bringt möglicherweise Bewegung in die Rabattbesteuerung. Handlungsbedarf des Gesetzgebers kann etwa daraus resultieren, daß die derzeit geltenden Regelungen des § 8 Abs. 3 EStG zu einer Scheinlohnbesteuerung führen können. Dazu näher *G. Eismann*, DStR 2001 S. 1514.

tretende Erhöhung der finanziellen Leistungsfähigkeit wird also nur zum Teil erfaßt. Die gesetzgeberische Idee, die hinter dieser Regelung steht, ist zum einen die, etwaige Bewertungsungenauigkeiten auszugleichen[424], also für den Fall Vorsorge zu treffen, daß gerade nicht realitätsgerecht die Erhöhung der Leistungsfähigkeit ermittelt wird. In den Fällen, auf die die Vorschrift Anwendung findet, überzeugt diese Begründung nicht. Denn die korrekteste Bewertung des in Diskussion stehenden Vorteils kann wohl vom Arbeitgeber erwartet werden, dem die Endpreise seiner Waren in der Regel bekannt sind[425]. Hiervon kann jedenfalls dann ausgegangen werden, wenn der Arbeitgeber seine Waren und Dienstleistungen auch im Direktvertrieb – insbesondere über Kataloge – Endverbrauchern anbietet[426]. Doch auch wenn die geldwerten Güter erst über Zwischenhändler an den Endverbraucher gelangen, ist das Vorhandensein bemerkenswerter Ungenauigkeiten bei der Bewertung wohl eher unwahrscheinlich, wenn man berücksichtigt, daß der Arbeitgeber als Unternehmer den Markt ständig beobachten und sich gerade auch hinsichtlich der dort verlangten Endpreise einen Überblick verschaffen muß, um für sein eigenes Unternehmen realitätsgerecht kalkulieren zu können. In Hinblick auf das eher geringe Fehlerpotential erscheint die Anordnung eines generellen Preisabschlages in § 8 Abs. 3 S.1 EStG zum Zwecke des Ausgleichs von Ungenauigkeiten bei der Bewertung äußerst bedenklich.

Diese Bedenken vermag auch das weitere in der Gesetzesbegründung genannte Ziel nicht zu zerstreuen. Danach erhoffte man sich von der Einführung des Preisabschlages einen Vereinfachungseffekt für die Verwaltung[427]. Diese Begründung geht jedoch völlig ins Leere. Der anteilige Preisabschlag bezieht sich nach dem Gesetz auf einen Betrag, der zunächst zu ermitteln ist, nämlich auf den Endpreis des betreffenden Gutes für Letztverbraucher. Von einer solchen Ermittlung und gerade auch deren möglichst genauer Durchführung enthebt der Preisabschlag nicht[428], so daß Sorgfalt den Verwaltungsbehörden in jedem Fall abverlangt wird. Eine Reduzierung des Verwaltungsaufwandes und damit der entsprechenden Kosten kann von dieser Vorschrift also nicht erwartet werden, Praktikabilitätsüberlegungen rechtfertigen nicht den nur teilweisen Ansatz des ermittelten Endpreises.

Auch ist zweifelhaft, ob infolge des 4%igen Abschlages zwischen Finanzbehörden und Steuerpflichtigen weniger Rechtsstreitigkeiten hinsichtlich der zutreffen-

---

[424] Vgl. RegE, Begr. zu § 8 Abs. 3, BT-Drucks. 11/2157, S. 142.
[425] *S. Temminghoff*, Lohnsteuerpflichtige Zuwendungen, S. 69.
[426] *C. Kuhlmann*, Die Besteuerung, S. 196.
[427] RegE, Begr. zu § 8 Abs. 3, BT-Drucks. 11/2157, S. 142.
[428] Vgl. *J. Christ*, DB 1989, S. 346 (350).

den Höhe des anzusetzenden Wertes ausgetragen werden. Denn es läßt sich mit mindestens ebenso großer Wahrscheinlichkeit erwarten, daß die Anzahl der gerichtlichen Auseinandersetzungen nicht geringer ist, als sie es ohne den Abschlag wäre, sondern daß lediglich eine parallele Verschiebung erfolgt in Höhe des Prozentsatzes des Preisabschlages[429].

Nach alledem muß vermutet werden, daß es bei der Einführung des Bewertungsabschlages im wesentlichen darum ging, daß „die Steuerfreiheit von Belegschaftsrabatten möglichst weitgehend erhalten bleiben sollte“[430]. Die Vorschrift ist insbesondere wegen der fehlenden Überzeugungskraft von Praktikabilitätsüberlegungen somit im Ergebnis als verfassungswidrig anzusehen.

b) Ermittlung der objektiven Bereicherung anhand der gesamten Ausgaben des Zuwendenden?

In Zusammenhang mit verschiedenen Sachzuwendungsarten haben die Finanzverwaltung und die Finanzgerichte - allen voran der BFH - den Weg eingeschlagen, bei der Frage nach dem Umfang des wirtschaftlichen Vorteils auf Seiten des Arbeitnehmers die finanziellen Aufwendungen des Arbeitgebers heranzuziehen und die bei jedem einzelnen Arbeitnehmer eintretende Bereicherung durch gleichmäßige Verteilung der Gesamtkosten auf die Teilnehmerzahl zu ermitteln. In Höhe der anteilig auf jeden Teilnehmer entfallenden Kosten sieht man den Arbeitnehmer als objektiv bereichert an; Aufwendungen für Begleitpersonen sind dem jeweiligen Arbeitnehmer zuzurechnen. Diese Vorgehensweise hat der BFH seit jeher bei Betriebsveranstaltungen gewählt[431], gleichermaßen hat das Finanzgericht Köln den jeweiligen Vorteil ermittelt, als es über die einkommensteuerliche Relevanz der Teilnahme an Betriebssportveranstaltungen zu befinden hatte[432]. Auch wenn die Arbeitnehmer kostenlos an Reisen teilnehmen können, wird dieser Weg eingeschlagen[433]. Daß es in solchen Fällen zur Kollision dieser Handhabung mit dem Leistungsfähigkeitsprinzip kommen kann, liegt nahe, denn diese Vorgehensweise unterstellt mit der gleichmäßigen Verteilung der Kosten auf die Arbeitnehmer zum einen, daß sich der finanzielle Vorteil des einzelnen Arbeitnehmers

---

[429] So zu Recht der Hinweis von *C. Kuhlmann*, Die Besteuerung, S. 199.

[430] *W. Drenseck*, FR 1989, S. 261 (267).

[431] Aus der umfangreichen Rechtsprechung vgl. nur BFH v. 05.03.1976, BStBl. II 1976 S. 392 (insbes. 393); v. 25.05.1992 VI R 91/89, BStBl. II 1992 S. 856 (insbes. 858).

[432] FG Köln v. 07.02.1996, EFG 1996 S. 542 (543).

[433] BFH v. 18.02.1994, BFH/NV 1994 S. 708 (708) hinsichtlich der Verteilung der Arbeitgeber-Aufwendungen, die auf die Teilnahme der Ehepartner oder sonstiger Begleitpersonen entfielen.

mit der (anteiligen) finanziellen Belastung des Arbeitgebers deckt, und zum anderen, daß die Arbeitnehmer die Angebote im Rahmen der Veranstaltung tatsächlich in unter wirtschaftlichen Aspekten gleichem Umfang wahrgenommen haben. So ist die Situation jedoch häufig nicht. Denn zum einen gibt es die Fälle, daß der Arbeitgeber Sonderkonditionen erhält bei einzelnen Bestandteilen der jeweiligen Veranstaltung, die der Arbeitnehmer, wenn er ohne Zwischenschaltung des Arbeitgebers vergleichbare Leistungen am allgemeinen Markt in Anspruch genommen hätte, nicht gekommen wäre, zum anderen nutzen die Teilnehmer etwa einer Betriebsveranstaltung das dortige Angebot oft in unterschiedlichem Umfang, wenn sie etwa nur an einem Teil des Gesamtprogramms teilnehmen, weniger verzehren als andere, etc.

Gegen diese Vorgehensweise spricht, daß das Einkommensteuergesetz ausdrückliche Regelungen enthält zu der Frage, wonach sich die steuerlich bedeutsame Steigerung der finanziellen Leistungsfähigkeit des Arbeitnehmers bei Sachbezügen bemißt und in diesem Zusammenhang gerade nicht die Ausgaben des Zuwendenden als relevant ansieht. Vielmehr sind für die Bewertung von nicht in Geld bestehenden Einnahmen grundsätzlich die um übliche Preisnachlässe geminderten üblichen Endpreise am Abgabeort maßgeblich (§ 8 Abs. 2 S. 1 EStG). Aus dieser Vorschrift wird deutlich, daß es jedenfalls ein Korrespondenzprinzip des Inhalts, daß die Einnahmen des Arbeitnehmers der Höhe nach den Aufwendungen des Arbeitgebers entsprechen müssen, nicht gibt bei den Einkünften aus nichtselbständiger Arbeit[434]; ebensowenig sind nur solche geldwerten Vorteile als (Betriebs-) Einnahmen zu qualifizieren, die auf Seiten des Arbeitgebers Betriebsausgaben darstellen, die steuerlich abgesetzt werden können[435].
Für die Vorgehensweise der Rechtsanwendungsinstanzen, gewissermaßen einfach die Kosten des Arbeitnehmers ohne nähere Betrachtung des Einzelfalls auf die Teilnehmenden „umzulegen", sprechen jedoch Praktikabilitätserwägungen. Auf diesem Wege können bemerkenswerte Probleme bei der Ermittlung des individuellen Vorteils vermieden werden. Denn ohne Zweifel führt eine solche Gleichsetzung der Kosten, die rechnerisch auf jeden Teilnehmer entfallen, mit der Bereicherung pro Teilnehmer schnell und unkompliziert zu einem Ergebnis. Bei stren-

---

[434] BFH v. 01.12.1996, BStBl. II 1996 S. 239 (241). Vgl. auch für den umgekehrten Fall BFH v. 09.04.1997, BStBl. II 1997 S. 539 (540): „Die Höhe der abzugsfähigen Beträge wird auch nicht durch jene Werte beeinflußt, die nach § 8 Abs. 2 Satz 6 EStG i.V.m. der Rechtsverordnung nach § 17 Abs. 1 Nr. 3 des Vierten Buches Sozialgesetzbuch (Sachbezugsverordnung) von den begünstigten Arbeitnehmern als Arbeitslohn zu versteuern ist."

[435] Insbesondere zu letzterem vgl. BFH v. 13.12.1973, BStBl. II 1974 S. 210 (211); BFH v. 05.07.1996, BStBl. II 1996 S. 545 (546). *P. Kirchhof*, in: Kirchhof, EStG, § 8 Rn. 15, weist zu Recht darauf hin, daß die Korrespondenzregel der §§ 12 Nr. 2, 22 Nr. 1 S. 2 EStG nicht verallgemeinert werden kann.

ger Beachtung des Leistungsfähigkeitsprinzips müßte hingegen aufwendig ermittelt werden, welche Vorteile jeder Arbeitnehmer im einzelnen in Anspruch genommen hat, ob tatsächlich jeder mit dem vom Arbeitgeber kostenlos zur Verfügung gestellten Verkehrsmittel zum Veranstaltungsort gereist ist, was jeder konsumiert hat, wer im Theater auf einem Platz welcher Preiskategorie gesessen hat, etc; insbesondere Betriebsveranstaltungen setzten sich zumeist aus einer Vielzahl von einzelnen geldwerten Vorteilen zusammen. Die fast unüberwindbaren Schwierigkeiten bei einer solchen Ermittlung der einzelnen Kostenfaktoren liegen auf der Hand. Hinzu käme, daß zudem bei solchen Zuwendungsfällen jeder einzelne Kostenfaktor darauf hin untersucht werden müßte, ob er Entlohnungselemente enthält. Und die jeweils erlangten Vorteile müßten dann nach § 8 Abs. 2 S. 1 EStG bewertet werden, also mit den um übliche Preisnachlässe geminderten üblichen Endpreisen am Abgabeort; es müßte also für jeden einzelnen Bestandteil der Gesamtveranstaltung der allgemeine Marktpreis ermittelt werden. Die von der Rechtsprechung gewählte Methode zur Ermittlung und Bewertung des dem einzelnen Arbeitnehmer zugeflossenen geldwerten Vorteils erspart im Vergleich zu dieser Vorgehensweise in erheblichem Umfang Ermittlungsaufwand der Finanzbehörden.

Auch auf Seiten des Arbeitnehmers sind bei einer solchen vereinfachten Ermittlung des geldwerten Vorteils keine negativen, sondern lediglich positive oder allenfalls „neutrale" Effekte zu erwarten. Es kann davon ausgegangen werden, daß das so gewonnene Ergebnis für ihn in finanzieller Hinsicht jedenfalls nicht von Nachteil ist; denn dieser Vorgehensweise liegt die wohl zutreffende Vorstellung zugrunde, daß der Arbeitnehmer den Vorteil am Markt jedenfalls nicht günstiger als der Arbeitgeber erlangen würde[436]. Hinzu kommt, daß eine genaue individuelle Ermittlung des Vorteils ein nicht unerhebliches Eindringen der Steuerbehörden in die Privatsphäre der Steuerpflichtigen erforderte; davon bleibt der Einzelne bei der vom BFH gewählten Vorgehensweise verschont. In Anbetracht dieser Umstände erscheint der Gewinn insbesondere an Praktikabilität für die Beteiligten gegenüber dem Verlust an Einzelfallgerechtigkeit durch die weniger strenge Beachtung von Leistungsfähigkeitsgesichtspunkten nicht außer Verhältnis.

[436] *M.-I. Thomas*, KFR / Fach 6 EStG § 19, 1/92 S. 287 (289).

c) Vereinfachung der Rechtsanwendung durch gesetzliche Freigrenze und Freibetrag?

Vereinfachungsüberlegungen werden auch zur Rechtfertigung verschiedener gesetzlicher Regelungen vorgetragen, die im Zusammenhang mit Sachzuwendungen Anwendung finden.

aa) Die Freigrenze des § 8 Abs. 2 S. 9 EStG

§ 8 Abs. 2 EStG bestimmt in dem mit dem Jahressteuergesetz 1996 eingeführten Satz 9, daß Sachbezüge, die nach der Grundregel des Satz 1 bewertet werden[437], außer Ansatz bleiben, „wenn die sich nach Anrechnung der vom Steuerpflichtigen gezahlten Entgelte ergebenden Vorteile insgesamt 50 Euro im Kalendermonat nicht übersteigen." Das Gesetz bezeichnet auch die Vorteile, deren Wert unterhalb dieses Betrages anzusetzen ist, als „Sachbezüge", geht also von deren grundsätzlicher Steuerbarkeit aus[438].
Daraus wird umgekehrt deutlich, daß der Vorschrift des § 8 Abs. 2 S. 9 EStG konstitutive Bedeutung zukommt. Werden Sachbezüge unterhalb einer bestimmten Wertgrenze nicht in die Steuerbemessungsgrundlage einbezogen, so bleibt die durch die Zuwendung ausgelöste objektive Bereicherung des Steuerpflichtigen unberücksichtigt. In der Nichtberücksichtigung einer Vermögensmehrung, welche die Steuerzahlungsfähigkeit erhöht, liegt ein klarer Verstoß gegen das Leistungsfähigkeitsprinzip. Nun ist dieser Grundsatz zwar einer der tragenden im deutschen Einkommensteuerrecht, doch bedeutet dies nicht, daß er uneingeschränkte Geltung entfalten muß, ein Abweichen von ihm nicht legitim, nämlich sachlich gerechtfertigt sein kann. Jedoch muß eine Norm, die ein sachgerechtes Prinzip der Besteuerung durchbricht, zum Erreichen des mit ihr verfolgten Zweckes erforderlich, geeignet und darüber hinaus verhältnismäßig sein[439].

Die Gesetzesbegründung zu § 8 Abs. 2 S. 9 EStG stellt den Steuervereinfachungsaspekt in den Mittelpunkt und betont, daß mit dieser Regelung erreicht werden soll, daß der Verwaltungsaufwand im Verhältnis zum steuerlichen Ergebnis vertretbar ist[440]. Damit ist das Praktikabilitätsprinzip angesprochen. Gesetzliche An-

---

[437] Diese Einnahmen sind mit den um übliche Preisnachlässe geminderten üblichen Endpreisen am Abgabeort anzusetzen.
[438] Vgl. dazu auch *U. Albert*, DStZ 1998 S. 124 und die Ausführungen oben in Teil 1 unter A) I.).
[439] *K. Tipke*, Steuerrechtsordnung, Bd. 1, S. 354 f., 357.
[440] Vgl. die Begründung des Gesetzesentwurfs der Fraktionen der CDU/CSU und FDP zu § 8 EStG, BT-Drucks. 13/901.

ordnungen, die auf ein Mehr an Praktikabilität hinarbeiten, „sollen das ‚Massengeschäft' der Besteuerung ermöglichen oder erleichtern, Überkompliziertheit und Undurchführbarkeit der Gesetze oder unverhältnismäßigen Verwaltungsaufwand verhindern"[441]. Mit Vereinfachungs(zweck)normen soll aus technisch-ökonomischen Gründen die Besteuerung erleichtert, vereinfacht, praktikabler oder ökonomischer gestaltet werden. Hierfür setzen sie Mittel wie Typisierungen, Freibeträge und –grenzen ein. Hinter ihnen steht die Überlegung, die Situationen zu vermeiden, in denen der Verwaltungsaufwand den Steuerertrag erreicht oder gar übersteigt und deshalb keine ökonomisch vertretbare Kosten-Nutzen-Relation mehr besteht. Diese Regelungen nehmen - wie der angesprochene § 8 Abs. 2 S. 9 EStG - in Kauf, nicht exakt die Steigerung der Leistungsfähigkeit eines Steuerpflichtigen zu erfassen. Sie entfernen das Steuerrecht damit scheinbar von dem Ziel, Steuergerechtigkeit durch Steuergleichheit zu gewährleisten; dies wäre aber, wie oben schon dargelegt, eine nur verkürzte Sicht der Dinge. Vereinfachungsnormen zielen idealiter ebenfalls auf Steuergerechtigkeit, da sie ganz allgemein die Vollzugsfähigkeit von Fiskalzwecknormen sichern sollen, die auf die Erfassung der finanziellen Leistungsfähigkeit der Einzelnen ausgerichtet sind[442]. Im Ergebnis jedenfalls sind solche Vorschriften dann - aber auch nur dann - verfassungsrechtlich unbedenklich, wenn der Vorteil aus dem Gewinn an Praktikabilität und der Nachteil aus dem Verlust an Einzelfallgerechtigkeit zueinander nicht außer Verhältnis stehen[443].

§ 8 Abs. 2 S. 9 EStG ordnet für Sachbezüge an, daß sie bei der Ermittlung der Steuerbemessungsgrundlage überhaupt nicht zu berücksichtigen sind, wenn ihr Wert im Kalendermonat 50 Euro nicht übersteigt. Dieser Betrag legt eine Freigrenze fest, d.h. sobald die Grenze überschritten wird, wird die gesamte Summe steuerlich erfaßt und nicht nur der Betrag, der die Grenze übersteigt. Auf eine die Leistungsfähigkeit lückenlos berücksichtigende Besteuerung wird demnach nur bis zu einem recht geringen Betrag verzichtet, so daß der Verlust an Gerechtigkeit nicht so erheblich ist, als daß diese Einschränkung nicht durch einen Gewinn an Praktikabilität aufgewogen werden könnte.

Es stellt sich jedoch die Frage, ob das Ziel der Steuervereinfachung mit dieser Freigrenze tatsächlich erreicht werden kann. Aus der Begründung des Gesetzes-

---

[441] *K. Tipke / J. Lang*, Steuerrecht, § 4 Rn. 130; *J. Lang*, Systematisierung, insbes. S. 150 ff.; vgl. auch *R. Borell / L. Schemmel*, Steuervereinfachung, S. 70 ff.

[442] *J. Lang*, Die einfache und gerechte Einkommensteuer, S. 29.

[443] BVerfG v. 20.12.1966, BVerfGE 21, S. 12 (27); *H.-W. Arndt*, Praktikabilität und Effizienz, S. 12 f.; *P. Kirchhof*, Steuergleichheit, S. 297 (307).

entwurfs durch die Fraktionen der CDU/CSU und FDP[444] läßt sich herauslesen, daß hinter der Einführung zentral der Gedanke stand, daß bei Vorteilen von (damals) höchstens 50 DM pro Monat der mit dem Ansatz verbundene Verwaltungsaufwand angesichts der geringen Höhe unverhältnismäßig hoch wäre. Sie basiert also auf dem Vorhaben, unwirtschaftlichen Verwaltungsaufwand zu vermeiden, was grundsätzlich ein legitimes Ziel des Gesetzgebers ist[445].

Daß dieser Gesichtspunkt die Gesetzesänderung tragen kann, läßt sich jedoch gerade mit Blick auf die besonderen Regelungen zur Erhebung der Steuer auf Einkünfte aus nichtselbständiger Arbeit bezweifeln; dies ist aber die Einkunftsart, bei der § 8 Abs. 2 S. 9 EStG in der Praxis vor allem relevant wird. Denn hier fällt der hauptsächliche Verwaltungsaufwand wegen des Lohnsteuerabzugsverfahrens[446] tatsächlich beim Arbeitgeber und nicht bei den Steuerbehörden an. Der Arbeitgeber kommt trotz der Freigrenze nicht umhin, entsprechend seinen Pflichten aus § 41 EStG i.V. mit § 4 LStDV auch die Sachzuwendungen im einzelnen festzuhalten, da sich nur so am Ende des Kalendermonats feststellen läßt, ob die Freigrenze überschritten wurde. Ist dies der Fall, ohne daß der Arbeitgeber es bemerkt, so findet er sich - stellen die Finanzbehörden den Fehler fest - plötzlich in der Situation, für die Nachzahlung je nach Anzahl seiner Beschäftigten nicht unerheblicher Fehlbeträge zu haften. Die dann zudem gleich bemerkenswerte Höhe der pro Arbeitnehmer zu zahlenden Geldsumme ist gerade auch Konsequenz der zuvor angesprochenen Besonderheit einer Freigrenze. Denn ist die Grenze überschritten, muß der gesamte Vorteil in die Bemessungsgrundlage der Besteuerung einbezogen werden, nicht nur der die Grenze übersteigende Teil.

Es läßt sich auch nicht erwarten, daß sich beim Fiskus selbst hinsichtlich des Überwachungsaufwandes durch die Einführung der Freigrenze merklich etwas veränderte, denn die Wahrnehmung der Aufzeichnungspflichten durch den Arbeitgeber muß weiterhin auf ihre Korrektheit hin überprüft werden, ebenso der Wertansatz. Im Rahmen der anderen Einkunftsarten stellt sich die Situation im Ergebnis nicht anders dar.

Aus diesen Gründen läßt sich im Fall des § 8 Abs. 2 S. 9 EStG der Verstoß gegen das Leistungsfähigkeitsprinzip im Ergebnis mit dem Argument „Praktikabilitäts-

---

[444] Vgl. BT-Drucks. 13/901. Die beiden Fraktionen wollten die Freigrenze in diesem Entwurf noch beim Wert von 30 DM ansetzen.
[445] Vgl. nur BVerfG v. 02.10.1969, BVerfGE 27, S. 58 (67).
[446] Dazu Teil 2, E) I.).

gewinn“ nicht rechtfertigen. Vielmehr ist diese Vorschrift als eine Norm zu qualifizieren, die verdeckte Steuerprivilegien gewährt[447].

bb) Kein tatsächlicher Vereinfachungseffekt durch den Freibetrag des § 8 Abs. 3 S. 2 EStG

Gemäß § 8 Abs. 3 S. 2 EStG sind Vorteile aus Personalrabatten bis zur Höhe von 1224 Euro pro Kalenderjahr steuerfrei; nur der diesen Freibetrag übersteigende Betrag stellt einen steuerbaren geldwerten Vorteil dar. Auch hinsichtlich dieses Freibetrages wird in der Gesetzesbegründung auf den Vereinfachungseffekt abgestellt: „...Andererseits bereitet die vollständige und zutreffende steuerliche Erfassung der Preisvorteile erhebliche Schwierigkeiten. Es ist daher notwendig und zweckmäßig, die Besteuerung von Belegschaftsrabatten durch einen Freibetrag auf die Fälle zu beschränken, in denen der Verwaltungsaufwand im Verhältnis zum steuerlichen Ergebnis vertretbar ist...“[448]. Und auch hier ist die Situation so, daß durch diesen Freibetrag weder bei der Finanzverwaltung noch bei den Arbeitgebern tatsächlich eine signifikante Entlastung erreicht werden kann. Der Arbeitgeber muß trotz des Freibetrages von Anfang an die relevanten Vorteile erkennen, aufzeichnen und ihre Bewertung sichern, um frühzeitig erkennen zu können, ob der Betrag erreicht oder gar überschritten ist[449]. § 8 Abs. 3 S. 2 EStG ist also ebenfalls eine Norm, die sich über die Forderung einer möglichst genauen Besteuerung der finanziellen Leistungsfähigkeit hinwegsetzt, ohne daß sich dies mit Praktikabilitätsüberlegungen rechtfertigen ließe. Sie ordnet im Ergebnis losgelöst von grundlegenden einkommensteuerrechtlichen Prinzipien die Steuerfreiheit bestimmter Vorteile an und ist deshalb aus verfassungsrechtlichen Gründen abzulehnen.

IV.) Zwischenergebnis: grundsätzlich keine praktikabilitätsorientierte Interpretation des „Zufließens eines Gutes in Geldeswert“

Das Erfordernis einer objektiven Bereicherung des Steuerpflichtigen durch eine Zuwendung erweist sich als recht starres Element, für dessen Begründung und

---

[447] Vgl. zum Problem, daß sich Vereinfachungsnormen häufig als verdeckte Steuerprivilegien entpuppen, *J. Lang*, Die einfache und gerechte Einkommensteuer, S. 29.

[448] BT-Drucks. 11/2157, S. 142.

[449] Zu einer Entlastung kann es wohl allenfalls bei den Arbeitgebern kommen, in deren Betrieb aufgrund der in den zuvorliegenden Jahren gewonnenen Erfahrungen zu erwarten ist, daß die entsprechenden Vorteile der Arbeitnehmer recht deutlich hinter dem Freibetrag zurückbleiben werden; so der Hinweis bei *F.P. Kloubert*, FR 1989, S. 103 (103).

Abgrenzung sich Argumente der Sachgerechtigkeit und der Praktikabilität nicht eignen, weil nämlich diese Argumente regelmäßig dem Prinzip der Besteuerung nach der wirtschaftlichen Leistungsfähigkeit nicht umfassend Rechnung tragen. Darüber hinaus ist dieser Gesichtspunkt nicht in der Lage, subjektive Aspekte aufzunehmen und diesen im Rahmen der steuerrechtlichen Beurteilung von Sachzuwendungen Geltung zu verschaffen.

Anders ist die Situation bei der Ermittlung und Bewertung der erlangten Vorteile. Hier hat die Rechtsprechung mit der anteiligen Zuordnung der Arbeitgeber-Aufwendungen einen realitätsgerechten und praktikablen Weg eingeschlagen. Auch die Grundregel zur Bewertung - § 8 Abs. 2 S. 1 EStG - verdient Zustimmung. Demgegenüber rechtfertigen Praktikabilitätsüberlegungen nicht die Nichtberücksichtigung von Steigerungen der Leistungsfähigkeit des Steuerpflichtigen, wie sie die in § 8 Abs. 2 und 3 EStG enthaltenen Freigrenzen und Freibeträge und der 4%ige Bewertungsabschlag mit sich bringen.

C) Der Zusammenhang zwischen geldwertem Vorteil und steuerbarer Tätigkeit

Den Schwerpunkt der Diskussionen über die Einkommensteuerbarkeit von Sachzuwendungen bildet mittlerweile die Frage, wie die Beziehung zwischen Zuwendung und steuerbarer wirtschaftender Tätigkeit ausgestaltet sein muß, um die Gewährung eines geldwerten Vorteils als einkommensteuerrechtlich relevanten Sachverhalt zu qualifizieren. Dieser Gesichtspunkt ist schon seit einiger Zeit als schwierigstes und in Streitfällen meist ausschlaggebendes Problem des § 8 Abs. 1 EStG erkannt[450], ebenso der Umstand, daß es hierbei systematisch im weiteren Sinne um Fragen der Kausalität geht.

Der Fiskus greift nicht auf sämtliche Vermögenszugänge bzw. sämtlichen Vermögenszuwachs beim Steuerpflichtigen zu und berücksichtigt bei der Ermittlung der Bemessungsgrundlage für die Einkommensteuer auch nicht alle Vermögensabgänge. Der steuerrechtliche Einkommensbegriff beschränkt sich auf solche Vermögensveränderungen, die in Zusammenhang mit den in § 2 Abs. 1 EStG genannten wenigstens primär ökonomisch ausgerichteten Tätigkeiten[451] stehen. So bildet grundsätzlich nur das in diesem Sinne durch wirtschaftliche Tätigkeit am Markt Hinzuerworbene den Ausgangspunkt bei der Steuerbemessung; das entgeltliche Verwerten von Leistungen am Markt verbindet die meisten Einkunftsquellen des Einkommensteuergesetzes[452]. Fehlt es an dem erforderlichen Nexus, sind wirtschaftliche Erfolge bzw. finanzielle Zu- und Abgänge für die Einkommensbesteuerung irrelevant. Die berufliche Sphäre von dem für die Besteuerung nicht relevanten Bereich abzugrenzen, ist die Aufgabe der gesetzlichen Tatbestandsmerkmale, die den maßgeblichen Zusammenhang umschreiben. Die Grundvorschriften der §§ 2 Abs. 1 und 8 Abs. 1 beschreiben diese Verbindungslinie zunächst in einheitlicher Weise jedenfalls für alle Überschußeinkunftsarten und ordnen im Wege der Verweisung den Vorschriften zu den jeweiligen speziellen Vorschriften die Aufgabe zu, dieses Bindeglied näher zu konkretisieren.

---

[450] Vgl. z.B. *W. Jakob*, Steuern vom Einkommen I, S. 121; *K. Offerhaus*, BB 1982 S. 1061.

[451] *W. Jakob*, Einkommensteuer, S. 18 f.

[452] Hierzu grundsätzlich *H.G. Ruppe*, DStJG 1 (1978), S. 7 (insbes. 15 f.); *W. Jakob*, Einkommensteuer, S. 3 m.w.N.; *W. Jakob / R. Jüptner*, Steuerfragen, S. 75.
Die Gewinneinkunftsarten erfassen Tätigkeiten, die typischerweise durch den Einsatz von Vermögen im Rahmen selbständiger Erwerbs- und Berufstätigkeit geprägt sind, bei den Tatbeständen der Überschußeinkunftsarten geht es typischerweise um Tätigkeiten, bei denen der Einsatz der individuellen Arbeitskraft entscheidend im Vordergrund steht bzw. Vermögen in seiner Eigenschaft als „Arbeitskraft" für den sein Vermögen verwaltenden Privatier eingesetzt wird; so *L. Osterloh*, JuS 1994 S. 993 (998).

Die Gerichte setzen sich mit diesem erforderlichen Zusammenhang inzwischen in ständiger Rechtsprechung unter dem Thema „Veranlassung" auseinander. Nachfolgend sollen die richterlichen Grundsätze herausgearbeitet und näher untersucht werden. Hierbei ist von besonderem Interesse, ob die Rechtsprechung an diesem Punkt Maßstäbe entwickelt hat, die auch den Anforderungen an hinreichend sachgerechte und praktikable Ergebnisse gerecht werden.

Ausschlaggebend für den Ausgang des jeweiligen Rechtsstreits waren die Überlegungen zum Veranlassungszusammenhang etwa in den folgenden Fällen:

Einen geldwerten Vorteil des Arbeitnehmers, der durch sein individuelles Dienstverhältnis veranlaßt ist, bejahte der VI. Senat des BFH in einer Entscheidung, bei der es um Reisen ging, auf denen ein touristisch geprägtes Besichtigungsprogramm angeboten wurde. In einem solchen Fall sei das Hauptziel, die Arbeitnehmer mit der Reise besonders zu belohnen und zu motivieren, der Zweck, den Erfahrungsaustausch zwischen den Teilnehmern zu fördern, trete demgegenüber in den Hintergrund[453]. Solche Vorteile seien im weitesten Sinne Ertrag seiner Arbeit und deshalb steuerbare Einnahmen. Eine abweichende rechtliche Beurteilung ließ das FG Köln den wirtschaftlichen Vorteilen zukommen, in deren Genuß eine Gruppe von Arbeitnehmern gekommen war, weil sie an einer Konferenzschiffsreise teilnahmen. Zwar habe diese auch zu touristisch interessanten Orten im Ausland geführt, doch komme die Annahme eines steuerbaren geldwerten Vorteils deshalb nicht in Betracht, weil für die Arbeitnehmer eine strenge, sanktionsbewehrte Pflicht zur Teilnahme an der betrieblichen Veranstaltung bestand[454]. Der BFH hob diese Entscheidung auf und verwies die Sache zur weiteren Aufklärung zurück. Für die Annahme eines ganz überwiegend eigenbetrieblichen Interesses des Arbeitgebers an der konkreten Ausgestaltung der Sachzuwendung als Ganzer fehle es an betriebsfunktionalen Gründen; in Hinblick auf den Erlebniswert der Reise käme der Teilnahmepflicht keine weitreichende Bedeutung zu. Es sei lediglich zu prüfen, ob ein abgrenzbarer Teil der Kosten auf eine ausschließlich betriebsfunktionale Zielsetzung zurückgeführt werden könne und deshalb nicht als Arbeitslohn anzusehen sei[455].

Neu positioniert hat sich der BFH in den Jahren 1985 und 1992 im Hinblick auf die steuerliche Qualifizierung von geldwerten Vorteilen aus der Teilnahme an Betriebsveranstaltungen. Über lange Jahre hinweg hatte das Gericht bei solchen Zu-

[453] BFH v. 09.03.1990, BStBl. II 1990 S. 711 (insbes. 713).
[454] FG Köln v. 31.10.1995, EFG 1996 S. 273 (Nr. 230).
[455] BFH v. 07.02.1997, BFH/NV 1997 S. 401.

wendungen ein überwiegendes Eigeninteresse des Arbeitgebers mit folgenden Überlegungen verneint: „Die kostenlose Teilnahme der Arbeitnehmer an Betriebsveranstaltungen des Arbeitgebers liegt auch nicht ganz überwiegend im eigenbetrieblichen Interesse des Arbeitgebers, sondern sowohl im Interesse des Arbeitgebers an der Schaffung und Erhaltung eines guten betrieblichen Einvernehmens mit der Belegschaft als auch im Interesse der teilnehmenden Arbeitnehmer"[456]. Später nahm der BFH dann den Standpunkt ein, daß die betreffenden Aufwendungen des Arbeitgebers nur dann, wenn sie unüblich sind bzw. der auf den einzelnen Arbeitnehmer entfallende geldwerte Vorteil sich oberhalb eines bestimmten Betrages bewegt, in vollem Umfang als steuerpflichtiger Arbeitslohn zu werten seien. Dann sei der Vorteil durch die nichtselbständige Tätigkeit veranlaßt, stelle die betreffende Zuwendung Entlohnung dar, ein ganz überwiegend eigenbetriebliches Interesses des Arbeitgebers könne nicht bejaht werden[457].

I.) Zentrale Bedeutung des Veranlassungszusammenhangs bei den Einnahmen aus nichtselbständiger Arbeit: erster Überblick über die Rechtspraxis

Rechtsprechung, Finanzverwaltung und die herrschende Meinung im Schrifttum erachten ausdrücklich auch für die Einnahmen aus nichtselbständiger Arbeit das Veranlassungsprinzip als maßgeblich[458]. Dies verwundert zunächst, erhebt doch das Gesetz in keiner der relevanten Vorschriften die Forderung nach dem Bestehen eines Veranlassungszusammenhangs. Vielmehr enthält § 19 Abs. 1 Nr. 1 EStG die Umschreibung „für eine Beschäftigung im öffentlichen oder privaten Dienst gewährt", § 19 Abs. 1 Nr. 2 EStG demgegenüber „aus früheren Dienstleistungen". § 8 Abs. 1 EStG fordert den Zufluß von Gütern „im Rahmen einer der Einkunftsarten des § 2 Abs. 1 Nr. 4 bis 7" und § 2 Abs. 1 Nr. 4 EStG spricht scheinbar noch allgemeiner davon, daß der Einkommensteuer „Einkünfte aus nichtselbständiger Arbeit" unterliegen, „die der Steuerpflichtige [...] erzielt." Gerade durch diese Unterschiedlichkeit und zugleich Undeutlichkeit der Fixierung

---

[456] BFH v. 23.02.1979, BStBl. II 1979 S. 390 (391). Vgl. auch BFH v. 07.07.1961, BStBl. III 1961 S. 443; v. 22.19.1976, BStBl. II 1977 S. 99.

[457] Erstmals Öffnung für die Möglichkeit eines ganz überwiegend eigenbetrieblichen Interesses in der Entscheidung des BFH v. 22.03.1985, BStBl. II 1985 S. 532 (533). Zur festen Wertgrenze, die das Gericht 1985 noch abgelehnt hatte, dann BFH v. 25.05.1992, BStBl. II 1992 S. 655; in dieser Entscheidung waren Veranstaltungen in den Jahren 1983, 1985 und 1986 zu beurteilen.

[458] Zur expliziten Stellungnahme des BFH das Urteil v. 17.09.1982, BStBl. II 1983 S. 39 (41). Vgl. auch H 70 LStR 2002. Aus dem Schrifttum vgl. nur *W. Drenseck*, in: L. Schmidt, EStG, § 19 Rn. 25; *B. Thürmer*, in: Blümich, EStG, § 19 Rn. 190; *M. Jachmann*, in: Lademann, EStG, § 8 Rn. 48.

der sachlichen Zurechnung im Gesetz wird die Bestimmung der erforderlichen Kausalbeziehung erschwert.

Das oberste Finanzgericht hatte über lange Jahre hinweg keine allgemeingültige Aussage dazu getroffen, wie diese verschiedenen Umschreibungen inhaltlich miteinander in Einklang zu bringen sind. Vielmehr wurde der erforderliche Zusammenhang immer wieder anders beschrieben.

So hatte schon der RFH mögliche Definitionen vorgegeben. Arbeitslohn stellte hiernach „alles [dar], was [...] als Frucht, Ertrag aus nichtselbständiger Arbeit anzusehen ist, im weitesten Sinne alles, was im Rahmen eines nichtselbständigen Arbeitsverhältnisses aus Anlaß und als Ausfluß dieser Tätigkeit dem Arbeitnehmer zufließt“[459] oder was „als ein Ausfluß des Arbeitsverhältnisses“[460] oder „in Beziehung auf das Arbeitsverhältnis“[461] gewährt wird.

Der BFH fragte in einer frühen Entscheidung scheinbar restriktiver danach, „ob sie [die Zahlungen] aus dem Dienstverhältnis geleistet werden“[462]. Eine klare Position wurde jedoch nicht bezogen, was die terminologische Vielfalt der in späteren Entscheidungen verwendeten Umschreibungen der problematischen Verbindungslinie deutlich macht: „für die Tätigkeit“[463] müßten die Einnahmen zugeflossen sein, „im Bezug auf das Arbeitsverhältnis“[464], „mit Rücksicht auf das Arbeitsverhältnis“[465] oder beispielsweise auch „aus dem Dienstverhältnis“[466]. An anderer Stelle stellte man in den Mittelpunkt, ob Vorteile „als Frucht der Dienstleistung“, „in wirtschaftlichem Zusammenhang mit dem Arbeits- oder Dienstverhältnis“ oder „als Ertrag“ des Dienstverhältnisses gewährt wurden[467]. Diese Praxis machte immerhin deutlich, daß auch der BFH einen recht losen Zusammenhang zwischen wirtschaftlichem Vorteil und Dienstverhältnis genügen ließ.

Mit dem „Vorsorgeuntersuchungsurteil“ im Jahre 1982[468] änderte sich die Situation jedoch, die Zeit des fortwährenden Wechsels der Formulierungen war beendet. Seitdem wird in der Rechtsprechung auf der Einnahmenseite bei den Einkünften

---

[459] RFH v. 24.10.1934, RStBl. 1935 S. 335 (336).
[460] RFH v. 26.11.1943, RStBl. 1944 S. 205 (206).
[461] RFH v. 05.01.1939, RStBl. 1939 S. 299 (299).
[462] BFH v. 07.10.1954, BStBl. II 1955 S. 17 (18).
[463] BFH v. 26.08.1966, BStBl. III 1966 S. 659 (659).
[464] BFH v. 28.10.1966, BStBl. III 1967 S. 34 (34).
[465] BFH v. 13.05.1954, BStBl. III 1954 S. 225 (226).
[466] BFH v. 08.03.1968, BStBl. II 1968 S. 435 (436).
[467] BFH v. 13.03.1974, BStBl. II 1974 S. 411 (412); v. 15.12.1977, BStBl. II 1978 S. 239 (239).
[468] BFH v. 17.09.1982, BStBl. II 1983 S. 39.

aus nichtselbständiger Tätigkeit, ebenso wie auf der Ausgabenseite (Werbungskosten), die Frage nach der Verbindung von wirtschaftlichem Erfolg und steuerbarer Betätigung als eine der „Veranlassung“ gestellt[469]. Dieser Veranlassungszusammenhang sei dann gegeben, wenn sich der erlangte Vorteil im weitesten Sinne als Gegenleistung für das Zurverfügungstellen der individuellen Arbeitskraft des Arbeitnehmers erweise und somit als Belohnung. Diese Situation liege dann nicht vor, wenn die Zuwendung im ganz überwiegend eigenbetrieblichen Interesse des Arbeitgebers getätigt werde[470]; in jüngerer Zeit hat der BFH zunehmend in den Mittelpunkt gestellt, daß es in solchen Fällen inhaltlich um die Frage gehe, ob sich die Sachzuwendung als notwendige Begleiterscheinung betriebsfunktionaler Zielsetzungen erweise[471].

II.) Fraglicher Nutzen der einheitlichen Anwendung der „Veranlassung“ als Kausalitätsumschreibung auf der Einnahmen- und Ausgabenseite der Steuertatbestände

1.) Entwicklung hin zu kausalrechtlicher Symmetrie

Indem der BFH - und ihm folgend die Finanzgerichte - in den Streitfällen danach fragt, ob der vom Arbeitnehmer erlangte Vorteil durch das Dienstverhältnis veranlaßt ist, greifen die Richter auf ein Kriterium zurück, das man im Einkommensteuergesetz explizit nur in den §§ 4 Abs. 4 und 22 Nr. 4 Satz 2 EStG findet. Von der Betriebsausgabendefinition aus hat die „Veranlassung“ jedoch im Laufe der Zeit den Siegeszug angetreten. Recht bald wurde dieser Aspekt als der sachgerechteste Anknüpfungspunkt der Diskussion über steuerrechtliche Kausalität angesehen und in diesem Bereich zum generell gültigen Prinzip erklärt, das sich der grundsätzlichen Abgrenzungsproblematik annimmt, nämlich die Grenze zwischen Erzielung und Verwendung von Einkommen zu bestimmen und damit allgemein zwischen betrieblicher (beruflicher) Sphäre des Steuerpflichtigen und der Sphäre der Lebensführung zu unterscheiden[472].

---

[469] Vgl. etwa aus der jüngeren Rechtsprechung BFH v. 05.07.1996, BStBl. II 1996 S. 545 (545); v. 25.05.1992, BStBl. II 1992 S. 655 (657); v. 09.03.1990, BStBl. II 1990 S. 711 (713).

[470] Seit BFH v. 17.09.1982, BStBl. II 1983 S. 39 (41); v. 22.03.1985, BStBl. II 1985 S. 532 (533); v. 04.08.1994, BStBl. II 1995 S. 59 (60).

[471] BFH v. 30.05.2001, BStBl. II 2001 S. 671 (672); 25.05.2000, BStBl. II 2000 S. 690 (691); BFH v. 16.04.1999, BStBl. II 2000 S. 408 (411).

[472] *R. Jüptner*, Leistungsfähigkeit, S. 128; *G. Crezelius*, in: Kirchhof, EStG, § 4 Rn. 5, 20; *K. Tipke / J. Lang*, Steuerrecht, § 9 Rn. 206 ff.

Die Rechtsprechung nahm zunächst eine angleichende Interpretation des Werbungskostenbegriffs vor. Die in § 9 Abs. 1 EStG enthaltene finale Formulierung hatte man als zu eng erkannt[473]. Ein finaler Werbungskostenbegriff erfaßt nämlich - anders als der kausale Betriebsausgabenbegriff - nicht die Aufwendungen des Steuerpflichtigen, die objektiv in engem wirtschaftlichen Zusammenhang mit der Einnahmeerzielung stehen, vom Steuerpflichtigen aber subjektiv nicht in dieser Absicht getätigt werden. Dies ist der Fall bei Aufwendungen in Zusammenhang mit bereits gesicherten Einnahmen, nachträglichen Aufwendungen oder unfreiwilligen Aufwendungen[474]. Für eine solche unterschiedliche Behandlung von Ausgaben im Rahmen der Gewinn- und der Überschußeinkünfte besteht jedoch kein sachlicher (Differenzierungs-)Grund[475]. Es geht in beiden Fällen um dasselbe Problem, nämlich um die Zurechnung von Ausgaben des Steuerpflichtigen entweder zur Privatsphäre oder zur Berufs- bzw. Betriebssphäre. Nur die zweite Alternative führt zur Möglichkeit einer steuermindernden Wirkung der Ausgaben als Werbungskosten oder Betriebsausgaben. Auch die historische Betrachtung mache deutlich, so der Hinweis im Schrifttum, daß mit der Einführung des Betriebsausgabenbegriffs (neben dem ursprünglich für alle Einkunftsarten geltenden Werbungskostenbegriff) ein inhaltlicher Dualismus der Abzugstatbestände nicht beabsichtigt gewesen sei[476]. Diese Überlegungen führten dazu, daß der BFH in inzwischen ständiger Rechtsprechung[477] auch bei den Werbungskosten die Frage stellt, ob die betreffenden Aufwendungen durch die Erzielung von steuerpflichtigen Einnahmen veranlaßt sind.

Auf der Einnahmenseite enthält das EStG im Bereich der Gewinneinkünfte eine Lücke. Zwar stellt § 4 Abs. 3 EStG Betriebseinnahmen den Betriebsausgaben gegenüber, es fehlt aber eine ausdrückliche Bestimmung des Begriffs „Betriebseinnahmen“. Die Definition wurde dann auch spiegelbildlich zu den Betriebsausgaben mit der Veranlassung als maßgeblichem Kausalitätszusammenhang entwi-

---

473 BFH GrS v. 28.11.1977, BStBl. II 1978 S. 105; v. 27.11.1978, BStBl. II 1979 S. 213; v. 28.11.1980, BStBl. II 1981 S. 368; v. 18.11.1980, BStBl. II 1981 S. 510.

474 Hierzu ausführlich mit Beispielen *K.J. v. Bornhaupt*, DStJG 3 (1980), S. 149 (176 ff.).

475 Vgl. *R. Jüptner*, Leistungsfähigkeit, S. 144 ff.; *K.J. v. Bornhaupt*, DStR 1983 S. 11 ff.

476 *U. Prinz*, in: Herrmann/Heuer/Raupach, EStG, § 9 Rn. 132; umfassend zu diesem Thema *K. Bauer*, Der Dualismus Betriebsausgaben - Werbungskosten.

477 Vgl. nur BFH GrS v. 27.11.1978, BStBl. II 1979 S. 213 (216); v. 18.11.1980, BStBl. II 1981 S. 510 (513). Ebenso die h. M. im Schrifttum: grundlegend *K.J. v. Bornhaupt*, DStJG 3 (1980), S. 149; *K. Offerhaus*, BB 1979, S. 617. Vgl. desweiteren *W. Drenseck*, in: L. Schmidt, EStG, § 9 Rn. 7 m.w.N., auch zur Mindermeinung, nach der als Werbungskosten grundsätzlich nur solchen Aufwendungen anzusehen sind, die die Erzielung von Einnahmen bezwecken; doch auch nach dieser Ansicht enthält § 9 Abs. 1 S. 1 EStG verdeckte Regelungslücken, die durch eine kausale Deutung des Begriffs der Werbungskosten zu schließen seien (so etwa *H.W. Kruse*, FR 1981, S. 473 (insbes. 474)).

ckelt. Nach herrschender Ansicht sind folglich Betriebseinnahmen „Zugänge in der Form von Geld oder Geldeswert, die durch den Betrieb veranlaßt sind“[478].

Am Ende dieser Entwicklung stand der letzte erforderliche Schritt, um auf Ausgaben- und Einnahmenseite „kausalrechtliche Symmetrie“[479] herzustellen, nämlich das Veranlassungsprinzip auch als maßgeblich für die problematische Verbindung zwischen zugeflossenem Geld oder geldwertem Gut und der steuerlich relevanten Tätigkeit des Steuerpflichtigen zu erklären.

2.) Argumente für eine Maßgeblichkeit der Veranlassung bei Einnahmen aus Überschußeinkunftsarten: Lücken bei finalem und kausalem Verständnis des erforderlichen Zusammenhangs

Die speziellen gesetzlichen Regelungen zu den Einnahmen aus nichtselbständiger Arbeit sehen, wie zuvor schon angesprochen, eine Umschreibung des Zusammenhangs als „Veranlassung“ nicht vor. Vielmehr enthält § 19 EStG sowohl finale (vgl. § 19 Abs. 1 Nr. 1) als auch kausale (§ 19 Abs. 1 Nr. 2) Formulierungen der erforderlichen Verbindung. Die Vorschriften, die die anderen Überschußeinkunftsarten speziell regeln, enthalten keine konkreteren Umschreibungen des erforderlichen Zusammenhangs zwischen Bereicherung und einkommensteuerlich relevanter Tätigkeit des Bereicherten. Bei den Einkünften aus Vermietung und Verpachtung und solchen aus Kapitalvermögen sieht man sich in der Regel einer scheinbar kausalen Verknüpfung von Einkunftsart und Vermögensmehrung gegenüber (§ 20 Abs. 1 Nr. 1 „...Bezüge aus Aktien,...“, § 20 Abs. 1 Nr. 4: „Einnahmen aus der Beteiligung...“, § 20 Abs. 1 Nr. 5: „Zinsen aus Hypotheken...“; § 21 Abs. 1 Nr. 1: „Einkünfte aus Vermietung und Verpachtung...“, etc.).

a) Finales Verständnis unzureichend

Bei einem weiteren Blick auf die einkommensteuerrechtlichen Vorschriften zu den Überschußeinkunftsarten scheint aber folgende Überlegung darauf hinzudeuten, daß der erforderliche Zusammenhang auf der Grundlage einer finalen Betrachtung zu erschließen ist. Aus diesen Regelungen wird deutlich, daß das Einkommensteuergesetz als Einnahme grundsätzlich die Gegenleistung für die steuer-

[478] BFH v. 22.07.1988, BStBl. II 1988 S. 995 (996); BFH v. 26.09.1995, BStBl. II 1996 S. 273 (274).
[479] *J. Lang*, DStJG 9 (1986), S. 15 (50).

lich relevante Leistung des Steuerpflichtigen erfassen will. Insbesondere basiert eine Reihe von Tatbeständen auf sogenannten gegenseitigen Verträgen - § 19 EStG auf dem Arbeits- und Dienstvertrag, § 21 EStG auf Miete und Pacht -, bei denen die beiderseitigen Verpflichtungen in einem Abhängigkeitsverhältnis zueinander stehen. Jeder der Vertragspartner verspricht seine Leistung um der Gegenleistung willen; das Grundprinzip dieser Verträge ist das „do ut des": jeder gibt, damit der andere gibt. Für sie kennzeichnend ist die gegenseitige Zweckbindung, welche die synallagmatische Verknüpfung statuiert. Die zu besteuernden Ergebnisse solcher Verträge sind von den Vertragsparteien beabsichtigt, den jeweiligen Leistungen wohnt eine konkrete Zweckbestimmung inne[480]. Die hieraus mögliche Folgerung, daß für den Einnahmebegriff allein der Zweck maßgeblich wäre - also die Frage zu stellen wäre, ob sich die Bereicherung im Wege einer zweckgerichteten Vertragserfüllung vollzogen hat - und deshalb ein finales Verständnis des erforderlichen Zusammenhangs zwischen Vermögenszufluß und Einkunftsart, wäre jedoch eine zu enge Sichtweise. Denn schon nicht alle Tatbestände der §§ 19 bis 23 EStG erfassen gegenseitige Verträge mit einer derartigen Verknüpfung von Leistung und Gegenleistung. Hier ist insbesondere auf § 22 Nr. 1 EStG hinzuweisen, der die Steuerbarkeit wiederkehrender Bezüge festlegt. Deren Steuerbarkeit hängt jedenfalls nach dem Wortlaut des Gesetzes noch nicht einmal davon ab, ob die Bezüge in irgendeinem Zusammenhang zu einer wirtschaftlichen Tätigkeit des Empfängers am Markt stehen[481]. Auch erfaßt § 22 Nr. 3 EStG Zahlungen, die sich als durch die Leistung des Steuerpflichtigen veranlaßte echte wirtschaftliche Gegenleistung erweisen; erforderlich hierfür ist jedoch nicht unbedingt, daß ein entsprechender gegenseitiger Vertrag vorliegt[482]. Und gerade der für die vorliegende Untersuchung besonders relevante § 19 Abs. 1 EStG nennt in den Nrn. 1 und 2 als steuerpflichtige Einnahme neben Lohn, Gehalt und Gratifikationen etwa "Ruhe- und Wartegelder" und auch „andere Bezüge und Vorteile", will also scheinbar auch Vorteile erfassen, die neben oder anstelle der zivilrechtlich synallagmatischen Leistung zufließen[483]. § 19 Abs. 1 S. 2 EStG bestimmt im übrigen ausdrücklich, daß die steuerliche Berücksichtigung gewährter Vorteile

---

480 *H. Heinrichs*, in: Palandt, BGB, Einf. v. § 320, Rn. 4; *D. Birk*, in: Herrmann/Heuer/Raupach, EStG, § 8 Rn. 43.

481 Die Vertreter einer strengen Markteinkommenstheorie befürworten demgegenüber ein Verständnis dieser Norm in dem Sinne, daß nur solche Einkünfte aus wiederkehrenden Bezügen steuerbar sind, die der Steuerpflichtige „erwirtschaftet" hat. So etwa *J. Lang*, Bemessungsgrundlage, S. 50 f.; *P. Fischer*, in: Kirchhof/Söhn, EStG, § 22 Rn. A 17. Hiergegen und insgesamt gegen die Position der strengen Markteinkommenstheorie *H. Söhn*, FS-Tipke, S. 343 (insbes. S. 352 ff.).

482 BFH v. 26.05.1993, BStBl. II 1994 S. 96.

483 In diesem Sinne ausdrücklich für Einkünfte aus Kapitalvermögen § 20 Abs. 2 Nr. 1 EStG: „Zu den Einkünften aus Kapitalvermögen gehören auch besondere Entgelte oder Vorteile, die neben den in den Abs. 1 und 2 bezeichneten Einnahmen oder an deren Stelle gewährt werden;".

nicht davon abhängt, ob ein Rechtsanspruch auf die betreffende Leistung besteht. Mit ihrer nur beispielhaften Aufzählung von Einnahmen aus nichtselbständiger Arbeit macht diese Vorschrift also schon von ihrem Wortlaut her deutlich, daß „damit Endgültiges nicht bestimmt ist“[484].

b) Auch kausaler Zusammenhang (i.S. der Äquivalenztheorie) unzureichend

Wie oben schon angesprochen, verwenden einzelne gesetzliche Vorschriften, die sich näher zu Einnahmen aus Überschußeinkunftsarten äußern, Umschreibungen, die auf ein kausales Verständnis des maßgeblichen Zusammenhangs hindeuten.

Den erforderlichen Zusammenhang in Hinblick darauf so weit zu knüpfen, wie er Resultat einer Anwendung der vor allem in Strafrecht bedeutsamen Äquivalenztheorie wäre[485], würde in den problematischen Fällen aber wiederum nicht den Anforderungen gerecht, denen die Beziehung zwischen Leistung und Vermögensmehrung für die Zwecke des Steuerrechts genügen muß. Wird im Sinne dieser Theorie lediglich erfragt, ob die Leistung des Steuerpflichtigen am Markt nicht hinweg gedacht werden kann, ohne daß der Vermögenszufluß entfiele[486], so ist damit nur eine Mindesterkenntnis gewonnen: „Ist der Kausalzusammenhang [...] nach [...] der Bedingungstheorie zu verneinen, so hat es damit endgültig sein Bewenden“; dann sei der Erfolg dem Täter nicht objektiv zuzurechnen[487]. Ereignisse, die einer solchen Kausalitätsprüfung nicht standhalten, kommen von vorneherein nicht als Bedingung eines anderen Ereignisses in Betracht[488]. In einem weiteren Schritt ist jedoch unter gegebenenfalls mehreren Ursachen im Sinne einer conditio-sine-qua-non jene herauszufiltern, die einem Vermögenszufluß eine einkommensteuerlich relevante Bedeutung verleihen. Zu diesem Zweck ist eine Wertung erforderlich, die die Äquivalenztheorie mit ihrer rein kausalen Betrachtung nicht zu erbringen vermag. Denn sie behandelt alle zum Erfolg führenden Beiträge als gleichwertige Bedingung, zu einer rechtlichen Wertung dieser Bedingungen kommt es jedoch nicht[489]. Die ausschließliche Anwendung dieser Theorie würde etwa dazu führen, daß sogar Leistungsfähigkeitssteigerungen, die aus durch das Arbeitsverhältnis ermöglichten Vermögensdelikten resultieren, steuerbar wären; der Bereich der steuerbaren Einnahmen aus nichtselbständiger Arbeit wäre bei ei-

---

[484] *G. Crezelius*, in: Kirchhof/Söhn, EStG, § 8 Rn. B 23.
[485] Vgl. ausführlich zu dieser *H. Söhn*, DStJG 3 (1980), S. 13 (22 ff.).
[486] *H. Söhn*, DStJG 3 (1980), S. 13 (22).
[487] *R. Maurach / H. Zipf*, Strafrecht AT, S. 257.
[488] Vgl. *E. Klingmüller*, JS-BSG, S. 127 (129).
[489] *H.G. Ruppe*, DStJG 3 (1980), S. 103 (129 ff.); *K. Offerhaus*, BB 1982 S. 1061 (1063).

ner Maßgeblichkeit der Äquivalenztheorie also zu weit gefaßt. Auch wenn die zur Beurteilung von Arbeitgeber-Zuwendungen vorhandenen gesetzlichen Vorschriften recht unbestimmt gefaßt sind, so wird aus ihnen jedenfalls deutlich, daß nicht grenzenlos alle Vorteile, stehen sie auch nur in einem sehr losen Zusammenhang zu der konkreten Leistung, als durch die nichtselbständige Tätigkeit veranlaßt angesehen werden sollen.

3.) Unterschiedliche Konkretisierung des Veranlassungszusammenhangs auf der Einnahmen- und Ausgabenseite als deutlicher Hinweis auf begrenzten Nutzen der Übernahme des Veranlassungsprinzips

Daß die Beständigkeit der Rechtsprechung in der Frage der Veranlassung einer Sachzuwendung durch die nichtselbständige Tätigkeit Verdienst der Übernahme des Veranlassungsprinzips ist - wie der enge zeitliche Zusammenhang dieser Entwicklungen es zunächst vermuten läßt -, ist schon deshalb fraglich, weil man sich damit einem neuen Begriff gegenübersieht, der selbst ausfüllungsbedürftig ist, dem hinreichende Bestimmtheit nicht innewohnt. Deshalb soll die Frage gestellt werden, was die „Veranlassung" überhaupt leisten soll und zu leisten vermag, und was konkret mit der Übernahme dieses Kriteriums für den Einnahmenbereich der Einkunftsart „nichtselbständige Arbeit" gewonnen ist.

Der Verdacht, daß der Nutzen für die Beurteilung der problematischen Fälle nicht allzu groß ist, drängt sich auch dann auf, wenn man einen Blick auf den Diskussionsumfang und die -intensität zur „Veranlassung" auf der Ausgabenseite wirft und sich in diesem Zusammenhang vor Augen hält, daß die Kausalitätsdogmatik bei Betriebsausgaben und Werbungskosten von jeher weiter entwickelt ist als die auf der Einnahmenseite[490]. Der BFH konkretisiert denn auch den Veranlassungszusammenhang unterschiedlich auf Vermögenszugangseite und Vermögensabgangseite, hat sich bisher nicht zu einem einheitlichen inhaltlichen Veranlassungsbegriff für Vermögenszugänge und –abgänge durchgerungen[491].

---

[490] Diesen Schwerpunkt machte auch die Themenauswahl deutlich, wie sie bei der 3. Tagung der Deutschen Steuerjuristischen Gesellschaft 1979 getroffen wurde; die Veranlassungsproblematik wurde durchweg fast nur von der Seite der Wertabgänge her betrachtet. Vgl. die Zusammenfassung der Beiträge von *H. Söhn*, DStJG 3 (1980), S. 435.
Eine vergleichbar intensive Diskussion ist im Bereich der Einnahmen noch immer nicht auszumachen, wenngleich in den letzten Jahren verstärkt über Fragen der Veranlassung auch bei Vermögenszugängen nachgedacht wird.

[491] Diese Feststellung von *W. Jakob / R. Jüptner*, Steuerfragen, S. 88 f., kann weiterhin Geltung beanspruchen.

a) Verständnis auf der Ausgabenseite

aa) Mittelweg des BFH: final-kausale Interpretation

Es existiert eine große Bandbreite von Ansichten zu der Frage, wann eine einkommensteuerlich erhebliche Veranlassung von Aufwendungen vorliegt. Die meisten Anhänger haben die kausale und die finale Veranlassungstheorie gefunden, inhaltlich lassen sich also die im Schrifttum vertretenen Veranlassungstheorien im wesentlichen in eine Ordnung zwischen Finalität und Kausalität bringen[492]. Innerhalb dieser Lager variieren die Ansichten dann wiederum, insbesondere in der Frage, ob der Veranlassungszusammenhang objektiv oder subjektiv geprägt ist.

Die kausale Veranlassungstheorie setzt „Veranlassung" und „Verursachung" gleich[493]; die Veranlassungstheorie sei eine besondere einkommensteuerrechtliche Kausalitätstheorie. Es komme bei der Frage nach der Veranlassung der Aufwendungen durch den Betrieb maßgeblich darauf an, welche Ursache im logisch-naturwissenschaftlichen Sinn zugleich Ursache im Rechtssinn sei. Veranlassung bezeichnet hiernach die steuerlich erhebliche Verursachung.
Die Vertreter der finalen Veranlassungstheorien unterscheiden deutlich zwischen Verursachung und Veranlassung. Bei der Verursachung von Aufwendungen sei der Grund maßgeblich, warum diese anfielen, Veranlassung stelle demgegenüber auf das auflösende Moment ab, also den Anstoß für die Aufwendung. Teilweise werden in diesem Lager die objektiven Umstände und der objektive Zusammenhang als maßgebliche Aspekte in den Mittelpunkt gestellt[494]. Dieser Gruppe stehen die Verfechter eines subjektiven Verständnisses von „Veranlassung" gegenüber, welche die Finalität als entscheidend ansehen, also auf den mit der Ausgabe verfolgten Zweck abstellen[495].

Der BFH hat sich im Ergebnis keiner dieser Theorien angeschlossen. Er wertet „Veranlassung" im Bereich der Ausgaben inzwischen als übergeordneten Begriff, der „sowohl als Verursachung (kausal) wie auch als Zweckbestimmung (final)"[496]

---

[492] *R. Jüptner*, Leistungsfähigkeit und Veranlassung, S. 122 f.
[493] *H. Söhn*, DStJG 3 (1980), S. 13; *H.G. Ruppe*, DStJG 3 (1980), S. 103.
[494] So z.B. *K.J. v. Bornhaupt*, DStR 1983 S. 11 (13 ff.).
[495] *F. Wassermeyer*, StuW 1981 S. 245 (251); *ders.*, StuW 1982 S. 352.
[496] BFH v. 15.01.1970, BStBl. II 1970 S. 379 (379); v. 26.11.1985, BStBl. II 1986 S. 161 (163).

zu verstehen sei. Das Gericht hat danach bei der näheren Konkretisierung des Veranlassungszusammenhangs gewissermaßen einen Mittelweg eingeschlagen, wenn es verlangt, daß Aufwendungen, um betriebliche oder beruflich veranlaßt zu sein, „objektiv mit dem Betrieb/Beruf zusammenhängen und subjektiv ihm zu dienen bestimmt"[497] sind („final-kausale Veranlassung").

bb) Nur begrenztes inhaltliches Fortkommen bei Auslegung nach klassischen Methoden

Blickt man auf die Erkenntnisse, die hinsichtlich der „Veranlassung" im Wege der Auslegung des Begriffs nach den klassischen Methoden zu gewinnen sind, zeigt sich, daß man schon im Bereich der Aufwendungen, wo das Gesetz den Terminus immerhin ausdrücklich verwendet, bisher nur begrenzt Klärung erzielen konnte, und dies gerade auch hinsichtlich des Inhalts[498]. Die Erkenntnisse führen nicht zwangsläufig zu einem bestimmten oder gar einem einheitlichen inhaltlichen Verständnis von „Veranlassung" auf Einnahmen- und Ausgabenseite. Sie stecken lediglich weite Grenzen ab, innerhalb derer sich eine inhaltliche Konkretisierung des Veranlassungszusammenhangs in den zu entscheidenden Fällen zu bewegen hat.

So ist man sich im Bereich der Aufwendungen einig, daß im Wege der grammatikalischen Auslegung kein bedeutsames inhaltliches Fortkommen zu erreichen ist. Zwar enthalten Wörterbücher Erläuterungen des Begriffs „veranlassen". Hiernach bedeutet „Veranlassen" etwa „hervorrufen", „bewirken", o.ä., „Veranlassung" wird die Bedeutung „Anlaß, Anregung, Antrieb, Beweggrund" zugewiesen[499]. Solche Konkretisierungen haben jedoch den allgemeinen bzw. allgemein-

---

Gemischte Veranlassungstheorien befürworten auch *K. Offerhaus*, BB 1979 S. 617; *K.J. v. Bornhaupt*, FR 1982 S. 313; *ders.*, DStJG 3 (1980), S. 149.

497 Aus der umfangreichen Judikatur: BFH GrS v. 21.11.1983, BStBl. II 1984 S. 160 (163); v. 04.07.1990, BStBl. II 1990 S. 817 (823). Vgl. zum Gewicht des subjektiven Kriteriums beispielsweise BFH v. 04.07.1986, BStBl. II 1986, S. 771 (771).

498 Darauf, daß es keine „absolut richtige" Auslegung gibt in dem Sinne, daß sie sowohl abschließend als auch für alle Zeit gültig ist, weist *K. Larenz* hin (Methodenlehre, S. 314 f.). Die Ursachen hierfür liegen seines Erachtens darin, daß „die unübersehbare Mannigfaltigkeit und der ständige Wechsel der Lebensverhältnisse den Normanwender immer wieder vor neue Fragen stellen". Einer Endgültigkeit der Auslegung steht entgegen, daß „Auslegung immer auch sinnbezogen ist auf das Ganze der jeweiligen Rechtsordnung und die Wertungsmaßstäbe, die ihr zugrunde liegen".

499 *G. Wahrig*, Deutsches Wörterbuch, Stichwort „veranlassen"; vgl. auch *W. Müller*, Duden „Bedeutungswörterbuch": „auf irgendeine Weise dahin wirken, daß etwas Bestimmtes geschieht oder daß jemand etwas Bestimmtes tut". Gängige Rechtswörterbücher enthalten den Begriff „Veranlassung" bzw. „veranlassen" z.T. gar nicht; vgl. z.B. *Creifelds*, Rechtswörterbuch, 2002 und Münchener Rechts-Lexikon, 1987.

juristischen Sprachgebrauch im Auge und bringen deshalb für ein Verständnis von Termini, die im steuerlichen Zusammenhang verwendet werden, nur bedingten Nutzen. Sie können nicht mehr sein als ein Ausgangspunkt[500] bei der Suche nach dem zutreffenden inhaltlichen Verständnis (auch) allgemeingebräuchlicher Begriffe im einkommensteuerlichen Kontext[501]. Aus ihnen wird aber immerhin deutlich, daß unter dem Stichwort „Veranlassung" nach etwas wie dem „auslösenden Moment"[502] gefragt wird.

Auch die historische Betrachtung des § 4 Abs. 4 EStG, der den Begriff der „Veranlassung" in der Definition der Betriebsausgaben anführt, ist wenig erfolgversprechend. Auf der Aufwendungsseite hat sich gezeigt, daß sich der Gesetzgeber bei der Wortwahl für die Umschreibung des erforderlichen Zusammenhangs im Rahmen der Abzugstatbestände der §§ 4 Abs. 4 und 9 Abs. 1 EStG keine Gedanken von besonderer Tragweite gemacht hat, die heute bemerkenswerte Erkenntnisse für die Frage liefern könnten, in welchem Verhältnis „Veranlassung" insbesondere zu „Verursachung" steht[503]. Der RFH interpretierte den Begriff „Veranlassung" zum Zeitpunkt seiner Einführung ins Gesetz[504] im Ergebnis als „wirtschaftliche Ursächlichkeit"[505]. Die Vermutung liegt nahe, daß der Gesetzgeber den Begriff inhaltlich mit dem damals herrschenden Verständnis ausgelegt sehen wollte. Aus den in dieser Zeit ergangenen Entscheidungen wird deutlich, daß nach Ansicht des RFH betriebliche / berufliche Veranlassung nicht notwendig einen rechtlichen Zusammenhang verlangt, umgekehrt das Vorliegen eines solchen aber auch nicht zwangsläufig das Bestehen eines Veranlassungszusammenhangs implizierte. Es sollte vielmehr ein weiter gefaßter Zusammenhang genügen, der jedoch nicht ins Uferlose gehen könne, sondern regelmäßig durch das Tatsächliche oder Wirtschaftliche der erforderlichen Verbindung festgelegt werde. Diese Maßgeblichkeit des tatsächlichen oder wirtschaftlichen Zusammenhangs hat auch der

[500] *K. Larenz*, Methodenlehre, S. 320 ff. Nach Ansicht von *Larenz* (S. 322 ff.) bildet der mögliche Wortsinn die Grenze der eigentlichen Auslegung. Ob dieser mögliche Wortsinn tatsächlich im Steuerrecht die Auslegung im Steuerrecht begrenzt, ist in jüngerer Zeit umstritten. Für einen ersten Überblick über den Streitstand vgl. *E. Höhn*, FS-Tipke, S. 213 (216 f.).

[501] *H. Söhn*, DStJG 3 (1980), S. 13 (17); *K. Tipke / J. Lang*, Steuerrecht, § 5 Rn. 52 ff.

[502] *J. v. Bornhaupt*, DStJG 3 (1980), S. 149 (180); *K. Offerhaus*, BB 1979 S. 617 (620).

[503] Dazu ausführlich *K. Bauer*, Der Dualismus Betriebsausgaben - Werbungskosten.

[504] Dies geschah mit der Vorschrift des § 4 Abs. 3 REStG 1934.

[505] So RFH v. 17.03.1927, RFHE 21 S. 84 (84); RFH v. 17.07.1933, RFHE 34 S. 24 (26): „Werbungskosten sind hier [bei freien Berufen] vielmehr alle Aufwendungen, die der freie Beruf mit sich bringt [...]. Es kommt also [...] nur auf den wirtschaftlichen Zusammenhang mit dem Betrieb an".

BFH in der Folge anerkannt, und zwar übereinstimmend sowohl bei den Werbungskosten als auch den Betriebsausgaben[506].

Systematische Überlegungen sprechen für eine Bedeutsamkeit des wirtschaftlichen Zusammenhangs. Das EStG verlangt, wenn es sich konkreter zur erforderlichen Verbindung zwischen steuerbarer Tätigkeit und Aufwendung äußert, diesen als wirtschaftlichen, teilweise als unmittelbaren, teilweise nur als allgemeinen wirtschaftlichen (vgl. z.B. § 3 c, § 9 Abs. 1 S. 3 Nr. 1 S. 1, § 50 Abs. 1 S. 1 EStG).

Schließlich bleibt die Frage, ob sich im Wege teleologischer Auslegung weitere Anhaltspunkte für ein sachgerechtes Verständnis der Veranlassung erschließen lassen. Da der Fiskalzweck selbst bei Fiskalzwecknormen kein geeigneter Auslegungsgesichtspunkt ist, ist hier nach den speziellen Überlegungen zu fragen, die hinter den einzelnen Lastenausteilungsnormen stehen. Wie an früherer Stelle schon dargelegt wurde, beschränkt das Einkommensteuergesetz den Zugriff des Fiskus auf solche Vermögensveränderungen, die in Zusammenhang mit den in § 2 Abs. 1 EStG genannten Betätigungen[507] stehen. Nur diese sind Veränderungen, die der für die Besteuerung relevanten beruflichen Sphäre des Steuerpflichtigen zuzurechnen sind. Welche Vermögensabgänge oder Vermögenszugänge dieser beruflichen Sphäre zuzuordnen sind und welche demgegenüber in dem für die Besteuerung nicht bedeutsamen Bereich angesiedelt werden müssen, bestimmt sich danach, ob der für die Zuordnung einer Einnahme bzw. Ausgabe zu einer der Einkunftsarten erforderliche Zusammenhang gegeben ist. Den Tatbestandsmerkmalen der einzelnen Einkunftsarten, die diese Verbindung umschreiben - somit auch der Veranlassung - kommt deshalb im Ergebnis die Aufgabe zu, die Berufssphäre von der Privatsphäre abzugrenzen; „Veranlassung“ erweist sich vor diesem Hintergrund als Funktion[508]. Durch den Bezug der Veranlassung auf unterschiedliche Gegenstände bzw. Tätigkeiten kommt es zudem gegebenenfalls zu einer Auffächerung der gesamten Berufssphäre des Steuerpflichtigen in verschiedene berufliche Sphären. Auch aus diesen Überlegungen ergeben sich jedoch keine genaueren Hinweise auf ein inhaltliches Verständnis von „Veranlassung“.

---

[506] Aus der umfangreichen Rechtsprechung BFH v. 26.11.1997, BFH/NV 1998 S. 961 (962); BFH GrS v. 04.07.1990, BStBl. II 1990 S. 817 (823).

[507] *W. Jakob*, Einkommensteuer, S. 18 f.

[508] *R. Jüptner*, Leistungsfähigkeit und Veranlassung, S. 128; vgl. auch *K. Tipke*, StuW 1979 S. 193 (insbes. 196).

Konkreter kann der Begriff bzw. das Tatbestandsmerkmal „Veranlassung“ die Rechtsanwendung auf der Ausgabenseite nicht anleiten. Zu Recht hat *R. Jüptner* in seiner Untersuchung, die sich im wesentlichen auf die Aufwendungsseite konzentriert, darauf hingewiesen, daß ihre „Eigentümlichkeit [...] darin [besteht], daß kein Begriffsgefüge die generalisierende Beurteilung leitet, sondern daß der Rechtsanwender der Individualität des Einzelfalles ausgeliefert ist. [...] Veranlassung [kann] als eine Art Generalklausel aufgefaßt werden“[509]. Die einer solchen Generalklausel innewohnende Unbestimmtheit sei durch Herausarbeitung von Rechtsgedanken zu überwinden, und diesen sei die Form gefestigter Grundsätze zu geben[510]. Ähnliche Überlegungen hat auch *R. Walz* angestellt; in diesem begrenzten Vermögen der Veranlassung sieht er das Einfallstor für Fallrechtsprechung: „Wenn das Allgemeine aller Anwendungsfälle nur noch so abstrakt formuliert werden kann, [...] daß die konkrete Sinnvermittlung erst im spezifischen Beispiel erfolgen kann, dann muß sich Fallrechtsprechung entwickeln“[511].

b) Situation auf der Einnahmenseite: einkunftsartenspezifische Konkretisierung mit Konzentration auf Gesichtspunkt „Gegenleistung“

Auf den Einnahmenbereich der Überschußeinkünfte ist diese Formel jedoch nicht, zumindest nicht ausdrücklich, übertragen worden. Vielmehr wird dort im Ergebnis eine einkunftsartspezifische Konkretisierung des erforderlichen Zusammenhangs vorgenommen[512], was aber, wenn auch mit sehr wechselvoller Umschreibungspraxis, schon vor der Übernahme des Veranlassungsprinzips der Fall war[513].

So wird im Rahmen der Einkünfte aus Kapitalvermögen (§ 20 EStG) unabhängig von der Bezeichnung jede ins Gewicht fallende zugeflossene Gegenleistung für die Kapitalüberlassung zur Nutzung erfaßt, alles, was sich bei wirtschaftlicher Betrachtung als Früchte einer solchen Überlassung erweist[514]. Auf den Gegenleistungsaspekt hat die Rechtsprechung auch bei den Einkünften aus Vermietung und

509 *R. Jüptner*, Leistungsfähigkeit und Veranlassung, S. 159.
510 *R. Jüptner*, Leistungsfähigkeit und Veranlassung, S. 160.
511 *R. Walz*, StuW 1986 S. 21 (29)
512 *W. Jakob / R. Jüptner*, Steuerfragen, S. 122.
513 Vgl. in diesem Zusammenhang schon *E. Becker*, Die Grundlagen der Einkommensteuer, S. 215: Man habe erkannt, daß es nicht möglich ist, den Begriff des Einkommens auf eine allgemeine, alle Fälle deckende und überall passende Formel zu bringen. Vielmehr habe der richtige Weg über die Differenzierung der Einkünfte geführt. Was aber Einkünfte bei den einzelnen Einkunftsarten seien, richte sich nicht so sehr nach einer allgemeinen Formel als in erster Linie nach der besonderen Natur der einzelnen Arten.
514 BFH v. 02.03.1993, BStBl. II 1993 S. 602; v. 10.03.1992, BStBl. II 1992 S. 1032.

Verpachtung (§ 21 EStG) hingewiesen: es seien die Erträge zu erfassen, die sich ihrem wirtschaftlichen Gehalt nach als Gegenleistung für die Überlassung oder die Nutzung des überlassenen Objektes erweisen[515]. Ebenso arbeitet der BFH bei der Interpretation des § 22 Nr. 3 EStG mit dem Gesichtspunkt der Gegenleistung. Entgelte für Leistungen unterliegen dann der Besteuerung nach § 22 Nr. 3 EStG, wenn sie ihrem wirtschaftlichen Gehalt nach als Gegenleistung etwa für die Gebrauchsüberlassung beweglicher Gegenstände zur Nutzung oder für den Verzicht auf eine Nutzungsmöglichkeit gezahlt werden und nicht als Ausgleich für die Minderung des eingesetzten Vermögens in seiner Substanz oder die Umschichtung von Vermögenswerten[516]. Und schließlich werden auch bei den im Mittelpunkt dieser Untersuchung stehenden Einnahmen aus nichtselbständiger Tätigkeit unter dem Stichwort der Veranlassung gleich Überlegungen zur Gegenleistungsqualität von Sachzuwendungen angestellt[517].

Durch die Tätigkeit des Steuerpflichtigen veranlaßte Einnahmen sind folglich nach der Rechtsprechung eben für den Fall gegeben, daß sich der Zufluß von Gütern als Gegenleistung für eine Leistung des Steuerpflichtigen erweist, die das Einkommensteuergesetz dem Grunde nach als Anknüpfungspunkt für eine Besteuerung bestimmt hat. Dieser Zusammenhang muß nicht unbedingt ein enger sein; vielmehr kommt es darauf an, daß bei wirtschaftlicher Betrachtung eine Verbindung zwischen steuerbarer Tätigkeit und Sachzuwendung erkennbar ist. Dies und nicht viel mehr ist in der Rechtsprechung der gemeinsame Ausgangspunkt auf der Einnahmenseite bei den Überschußeinkunftsarten. Die weitere Konkretisierung erfolgt dann einkunftsartspezifisch, es wird für jede Einkunftsart inhaltlich speziell erarbeitet, was als eine solche steuerrechtlich relevante Gegenleistung anzusehen ist.

III.) Zwischenergebnis: Übernahme des Veranlassungsprinzips kein Weg zur Lösung der Abgrenzungsfragen

Zusammenfassend läßt sich feststellen, daß „Veranlassung" kein für die Zuordnung von Vorteilen und Aufwendungen zur Berufs- oder Privatsphäre feststehendes oder feststellbares Begriffsgefüge bezeichnet und darbietet. Zur erforderlichen

[515] BFH v. 21.08.1990, BStBl. II 1991 S. 76; BFH v. 11.10.1963, BStBl. III 1963 S. 564 (564). Eine Ausnahme von diesem Grundsatz enthält § 21 Abs. 1 Nr. 4 EStG.

[516] BFH v. 21.11.1997, BStBl. II 1998 S. 133; v. 05.08.1976, BStBl. II 1977 S. 27 (29).

[517] Zwar werden an diesem Punkt der steuerlichen Würdigung dann auch objektive und subjektive Komponenten verarbeitet, eine Diskussion über die jeweilige Maßgeblichkeit wird jedoch nicht mit vergleichbarer Strenge wie im Aufwendungsbereich geführt. Dazu näher Teil 3, C) IV.) 4.).

näheren Konkretisierung dieses Kriteriums werden denn auch auf der Einnahmen- und Aufwendungsseite und innerhalb der einzelnen Einkunftsarten im Ergebnis unterschiedliche Wege eingeschlagen. Das rechtliche Vermögen des Veranlassungsprinzips erweist sich als begrenzt. Für eine trennscharfe nähere inhaltliche Konkretisierung dieser Verbindung lassen sich bei einer Auslegung des Begriffs der Veranlassung schon bei den Ausgaben nur sehr wenige Erkenntnisse gewinnen; bei Überlegungen zum Inhalt des auf der Einnahmenseite erforderlichen Zusammenhangs darf nicht aus den Augen gelassen werden, daß das Gesetz hier den Begriff der „Veranlassung" überhaupt nicht verwendet.
Inhaltlich allgemeingültige oder gar verbindliche Aussagen für die Zuordnung von Wertzugängen zu den einzelnen Einkunftsarten sind nach alledem mit der generellen Übernahme der „Veranlassung" nicht getroffen. Die oben angesprochenen, in Auseinandersetzung mit den Abzugstatbeständen entwickelten Theorieansätze gehen allesamt davon aus, daß die unter dem Gesichtspunkt „Veranlassung" zwischen Beruf bzw. Betrieb und dem Bereich privater Lebensführung zu ziehende Grenzlinie einheitlich und überall nach den gleichen Kriterien festzulegen ist, also in Unabhängigkeit von dem Kontext, in dem der Sachverhalt steht. Dies ist als grundsätzliche Überlegung und grundsätzliches Ziel zu befürworten. Doch zeigt sich, daß auch die auf der Aufwendungsseite mit großem Theorieaufwand entwickelten konkretisierenden Merkmale noch sehr unspezifisch sind; sie geben zwar erste inhaltliche Anhaltspunkte für die in Einzelfall zu treffende Zuordnung einer Wertveränderung zur Berufs-/Betriebs- oder zur Privatsphäre, sind aber noch so vage, daß auf Seiten des Rechtsanwenders weitere Konkretisierungen und Definitionen erforderlich sind[518].

Der Gewinn aus der Übernahme des Veranlassungsprinzips in den Bereich der Vermögenszugänge liegt vor allem in der Herstellung „terminologischer Widerspruchsfreiheit"[519]; ein inhaltlich einheitlicher Veranlassungsbegriff ist aber damit nicht gewonnen. Darüber hinaus hat die Konzentration auf die „Veranlassung" im Bereich der Einnahmen möglicherweise auch dazu beigetragen, daß man nicht in gleicher Strenge wie im Aufwendungsbereich Diskussionen über „Finalität" und „Kausalität" führt, sondern sich unbefangener auf die gestellte Aufgabe konzentriert. Es geht nämlich darum, zunächst mit Hilfe der conditio-sine-qua-non-Formel die Ursachen für einen Wertzugang zu erkennen und in einem zweiten Schritt aus diesen Ursachen diejenigen herauszufiltern, die sich in Hinblick auf

---

[518] *R. Walz*, StuW 1986 S. 21 (23, 25).

[519] Vgl. *J. Lang*, DStJG 9 (1986), S. 15 (50): Kausalitätsprinzipien seien die Kristallisationskerne einer terminologisch widerspruchsfrei strukturierenden Rechtsdogmatik. Hiervon spricht auch *S. Temminghoff*, Lohnsteuerpflichtige Zuwendungen, S. 25.

die betreffende Vermögensveränderung als die im Bereich des Steuerrechts wesentlichen Ursachen erweisen[520]. Je nach Ergebnis führt diese Selektion zur Zuordnung des Wertzugangs zum steuerlich relevanten Bereich des Steuerpflichtigen, oder aber es handelt sich um einen Wertzugang, der dem Zugriff des Fiskus vorenthalten bleiben muß, weil er sich nicht als einkommensteuerlich relevantes Ergebnis der Betätigung des Steuerpflichtigen am Markt erweist. Dadurch, daß der erforderliche Zusammenhang nun auch bei den Einnahmen grundsätzlich mit dem Begriff der „Veranlassung" umschrieben wird, wird schließlich verdeutlicht, daß es gleichermaßen wie bei den Ausgaben nicht unbedingt auf eine rechtliche Verbindung von Vermögenszugang und der Betätigung des Steuerpflichtigen am Markt ankommen soll[521], daß der Zusammenhang andererseits aber nicht von unbegrenzter Weite sein kann. In inhaltlicher Hinsicht wird er, gleichermaßen wie auf der Ausgabenseite, dahingehend einzugrenzen sein, daß jedenfalls ein wirtschaftlicher Zusammenhang erforderlich, aber auch ausreichend ist[522]. Dieser wirtschaftliche Nexus zieht die Grenze zwischen Zuwendungen, die in der durch die jeweilige Einkunftsart allgemein umschriebenen Berufssphäre des Zuwendungsempfängers angesiedelt sind und solchen, die nicht als steuerlich bedeutsames Resultat seiner Tätigkeit am Markt qualifiziert werden können.

IV.) Analyse der einkunftsartenpezifischen Konkretisierung des Veranlassungszusammenhangs bei den Einnahmen aus nichtselbständiger Arbeit

1.) Unbestimmtheit der maßgeblichen Vorschriften als Konkretisierungsauftrag an Rechtsanwendungsinstanzen

Gerichte und Finanzverwaltung sind zur Beurteilung der einkommensteuerrechtlichen Relevanz von Sachzuwendungen auf die Anwendung der gesetzlichen Regelungen verwiesen, die das EStG bereithält. Die §§ 2 Abs. 1 Nr. 4, 19 und § 8 EStG geben den Rechtsanwendungsinstanzen jedoch nur karges Material zur Entscheidung an die Hand. Diese Vorschriften sind vor allem dadurch gekennzeichnet, daß sie qualitativ-abstrakt formuliert sind und deshalb zur Anwendungsreife fortgebil-

---

[520] Hierzu *R. Jüptner*, Leistungsfähigkeit und Veranlassung, S. 155 ff.

[521] Für die hier im Mittelpunkt stehende Einkunftsart der „nichtselbständigen Arbeit" macht dies auch das Gesetz deutlich (§ 19 Abs. 1 S. 2 EStG).

[522] Vgl. zu Betriebseinnahmen BFH v. 27.05.1998, BStBl. II 1998 S. 618 m.w.N.: „Betrieblich veranlaßt ist ein solcher Wertzuwachs, wenn er in einem nicht nur äußerlichen, sondern sachlichen, wirtschaftlichen Zusammenhang zum Betrieb steht."; ebenso zu Vermögenszuwachs i.R. des § 22 EStG BFH v. 01.10.1993, BStBl. II 1994 S. 179 (180).

det werden müssen[523]. Die Entscheidung des Gesetzgebers für knapp und unbestimmt formulierte Grundtatbestände ist gleichermaßen eine Entscheidung dafür, die Aufgabe, gesetzes- und sachgerechte Lösungen für die umfangreichen Abgrenzungsfälle weitestgehend dem Rechtsanwendungsprozeß anzuvertrauen[524]. Daß die Übernahme des Veranlassungsprinzips in diesem Zusammenhang inhaltlich keinen bemerkenswerten Gewinn bringt, ist aus den vorstehenden Ausführungen deutlich geworden.

Zu untersuchen bleibt nach alledem, mit welchem Inhalt der BFH den „Veranlassungszusammenhang"[525] bereichsspezifisch speziell für die Einkünfte aus nichtselbständiger Arbeit konkretisiert hat und ob die vom Gericht entwickelten Grundsätze sich als tragfähig erweisen. Einerseits sieht man sich, wie zuvor dargelegt, der Schwierigkeit gegenüber, den maßgeblichen Zusammenhang inhaltlich eindeutig und allgemeingültig auszufüllen; den Rechtsanwendungsinstanzen wird vom Gesetz gerade keine Definition an die Hand gegeben, die sie bei der Beurteilung der Einzelfälle vollständig anleiten kann. Andererseits erscheint die überwiegende Zahl der zur Frage der einkommensteuerlichen Qualifizierung von Sachzuwendungen an Arbeitnehmer ergangenen Entscheidungen des BFH seit seiner systematischen Neuorientierung in der Sache zutreffend und konsequent, legt man den subjektiven Maßstab des „Rechtsgefühls" an. Dieser Befund erweckt den Verdacht, daß der BFH hier Fallrecht praktiziert, sich bei neu zur Entscheidung anstehenden Fällen an den früheren Entscheidungen zugrundeliegenden Wertungsüberlegungen orientiert[526]. Ein solches Vorgehen kann nur dann überhaupt grundsätzlich auf Akzeptanz stoßen, wenn sich aus der Rechtsprechung verläßliche und zustimmungswürdige Wertungsmuster herausarbeiten lassen, welche es auch ermöglichen, Fallgruppen zu bilden, die der Praxis die erforderliche hinreichende Orientierung bieten bei der Frage, was für welchen Sachverhalt gelten soll[527].

---

[523] So *J. Isensee*, StuW 1994 S. 3 (11) zur betrieblichen Veranlassung.

[524] Ebenso für die Tatbestände der §§ 4 Abs. 4, 9 Abs. 1 EStG *L. Osterloh*, Gesetzesbindung, S. 169.

[525] Auch wenn nach der in dieser Untersuchung vertretenen Ansicht die Umschreibung der im Rahmen des Einnahmentatbestandes erforderlichen Verbindung als eines „Veranlassungszusammenhangs" keinen Nutzen bringt, soll der Begriff nachfolgend doch Verwendung finden zum Zwecke der kurzen Umschreibung des Themas.

[526] Hierzu auch BFH v. 31.10.1986, BStBl. II 1987 S. 142 (143): „Das FG beruft sich zu Unrecht auf die Entscheidung [...]. Denn der in jener Entscheidung beurteilte Sachverhalt läßt sich mit dem vorliegenden nicht vergleichen."

[527] Vgl. hierzu grundlegend *R. Walz*, StuW 1986 S. 21 (insbes. 32, 34).

2.) Interpretation des Veranlassungskriteriums im Rahmen des § 19 EStG durch den Bundesfinanzhof: Gegenleistungsformel und weitere Konkretisierung durch das Kriterium „ganz überwiegend eigenbetriebliches Interesse“

Der Ausgangspunkt der Rechtsprechung des BFH ist die Überlegung, daß der geforderte Veranlassungszusammenhang bei den Einkünften aus nichtselbständiger Arbeit dann vorliegt, wenn sich die Zuwendung im weitesten Sinne als Gegenleistung für die Zurverfügungstellung der individuellen Arbeitskraft des Beschäftigten erweist und damit als Entlohnung[528]. Es muß sich also um einen Wertzufluß handeln, der in einem weit gefaßten Austauschverhältnis mit der Nutzung der eigenen Arbeitskraft des Steuerpflichtigen am Markt steht. Dieses Verhältnis der Gegenleistung sei hingegen nicht erforderlich zwischen dem zugewendeten geldwerten Vorteil und einer konkreten einzelnen Dienstleistung des Arbeitgebers[529].

Die Fälle, in denen einkommensteuerlich relevante Sachzuwendungen vorliegen, grenzt der BFH nicht positiv ein; vielmehr vertritt er in ständiger Rechtsprechung die Ansicht, daß einer Zuwendung Gegenleistungscharakter dann nicht zukomme, wenn sie „im ganz überwiegend eigenbetrieblichen Interesse“ des Zuwendenden gewährt worden sei[530]. In jüngerer Zeit hat der BFH vermehrt dargelegt, daß solche Vorteile kein Arbeitslohn seien, „die sich bei objektiver Würdigung aller Umstände nicht als Entlohnung, sondern lediglich als notwendige Begleiterscheinung betriebsfunktionaler Zielsetzung erweisen.“ Daß ein Vorteil im ganz überwiegend eigenbetrieblichen Interesse gewährt worden sei, beschreibe das Ergebnis einer

---

[528] BFH v. 17.09.1982, BStBl. II 1983 S. 39 (41); ebenso etwa BFH v. 07.08.1987, BStBl. II 1987 S. 822; v. 11.03.1988, BStBl. II 1988 S. 726 (728).
Die Finanzverwaltung stellt die Frage in dieselbe Richtung (R 70 Abs. 1 S. 1 und Abs. 2 LStR 2002). Desweiteren H 70 LStR 2002 „Allgemeines zum Arbeitslohnbegriff“: „Ein Veranlassungszusammenhang zwischen Einnahmen und einem Dienstverhältnis ist anzunehmen, wenn die Einnahmen dem Empfänger nur mit Rücksicht auf das Dienstverhältnis zufließen und sich als Ertrag seiner nichtselbständigen Arbeit darstellen. Die letztgenannte Voraussetzung ist erfüllt, wenn sich die Einnahmen im weitesten Sinne als Gegenleistung für das Zurverfügungstellen der individuellen Arbeitskraft erweisen“.

[529] BFH v. 07.12.1984, BStBl. II 1985 S. 164; *W. Drenseck*, in: L. Schmidt, EStG, § 19 Rn. 26.

[530] BFH v. 22.03.1985, BStBl. II 1985 S. 529 (530). Vgl. dazu auch schon aus der älteren Rechtsprechung BFH v. 24.01.1975, BStBl. II 1975 S. 340 (342).
Der I. Senat des BFH hat diesen Gesichtspunkt auch zu inhaltlichen Bestimmung der Betriebseinnahmen bei den Gewinneinkünften herangezogen; vgl. BFH v. 27.07.1988, BStBl. II 1989 S. 449. Der VIII. Senat hat aber auch darauf hingewiesen, daß regelmäßig keine Veranlassung bestehen für eine solche Einschränkung des Begriff der Betriebseinnahmen, nach ständiger Rechtsprechung des BFH könnten auch unentgeltliche Zuwendungen außerhalb des jeweiligen konkreten Leistungsverhältnisses zu Betriebseinnahmen führen; BFH v. 26.09.1995, BStBl. II 1996 S. 273 (275).

solchen, den Arbeitslohncharakter verneinenden Würdigung[531]. Ob eine solch besondere Situation vorliegt, ist nach Ansicht des Gerichts anhand der äußeren Gesamtumstände zu beurteilen; diese seien eingehend zu würdigen[532]. Als Begleitumstände von möglicher Aussagekraft führt das Gericht Anlaß, Art und Höhe des Vorteils, die Auswahl der Begünstigten, freie oder nur gebundene Verfügbarkeit, Freiwilligkeit oder Zwang zur Annahme des Vorteils und die besondere Geeignetheit des Vorteils für den jeweils verfolgten betrieblichen Zweck an[533].

3.) Argumente für die weite Gegenleistungsformel des BFH

Die grammatikalische Auslegung der maßgeblichen Vorschriften führt dazu, daß die weite Gegenleistungsformel des Bundesfinanzhofes jedenfalls eine mit dem Wortlaut der Regelungen vereinbare Interpretation ist. Die Formulierung, daß die Vorteile „für" eine Beschäftigung gegeben sein müssen, macht deutlich, daß ein gewisses Abhängigkeitsverhältnis zwischen der Tätigkeit des Steuerpflichtigen und den Vorteilen, die er erlangt, vorhanden sein muß und schließt nicht aus, daß es auf ein weites und nicht ein enges rechtlich synallagmatisches Verhältnis ankommen kann. Daß ein solcher enger rechtlicher Zusammenhang gerade nicht Voraussetzung ist, um die steuerlich relevante Verbindung bejahen zu können, zeigt zudem für den vorliegenden Problembereich § 19 Abs. 1 S. 2 EStG ausdrücklich auf.

Auch systematische Überlegungen lassen den Gegenleistungsaspekt, mit dem der BFH „Veranlassung" näher ausfüllt, als zutreffende Konkretisierung des erforderlichen Kausalzusammenhangs erscheinen.

a) Gesetzliche Anhaltspunkte für eine inhaltliche Konkretisierung: zivilrechtlich synallagmatische Leistungen (lediglich) als „Leitbild" steuerbarer Einnahmen im Rahmen der Überschußeinkunftsarten

Die gesetzlichen Vorgaben machen deutlich, daß nicht irgendein loser Zusammenhang zwischen Bereicherung und Einkunftsart genügt. § 2 Abs. 1 EStG be-

---

[531] Angedeutet schon z.B. in der Entscheidung v. 16.04.1993, BStBl. II 1993 S. 640 (641), ausdrücklich dann etwa im Urteil v. 04.06.1993, BStBl. II 1993 S. 687 (689). Desweiteren v. 05.05.1994, BStBl. II 1994 S. 771 (772); v. 01.12.1995, BStBl. II 1996 S. 239 (241); v. 07.02.1997, BFH/NV 1997 S. 401 (402).

[532] BFH v. 22.03.1985, BStBl. II 1985 S. 529 (530).

[533] Vgl. nur BFH v. 04.06.1993, BStBl. II 1993 S. 687 (689).

schreibt die erforderliche Verbindungslinie zunächst in einheitlicher Weise - aber sehr abstrakt - für alle sieben Einkunftsarten: es muß sich um „Einkünfte *aus* ..." einer der genannten Betätigungen handeln. Die in § 8 Abs. 1 EStG enthaltene Definition der Einnahmen regelt nicht die Voraussetzungen dafür, wann Vorteile im einkommensteuerlich relevanten Zusammenhang zu einer der Einkunftsarten stehen. Vielmehr ordnet der Paragraph die Aufgabe, dieses Bindeglied näher zu konkretisieren, durch Verweisung den Vorschriften zu den speziellen Überschußeinkunftsarten zu[534].

Die Vorschriften über die einzelnen Überschußeinkunftsarten nennen teilweise ausdrücklich bestimmte steuerbare Einnahmen. Bei diesen handelt es sich also um Vorteile in Geld oder Geldeswert, bei denen keine Zweifel daran bestehen, daß der erforderliche Zusammenhang gegeben ist. Durch diese Aufzählungen wird spezialgesetzlich und konkret geregelt, was „im Rahmen der Einkunftsart" zufließt. So gehören beispielsweise zu den Einnahmen aus nichtselbständiger Arbeit „Gehälter, Löhne, Gratifikationen, Tantiemen ..." (§ 19 Abs. 1 Nr. 1 EStG) und zu den Einkünften aus Kapitalvermögen „Gewinnanteile (Dividenden), Zinsen, Ausbeuten..." (§ 20 Abs. 1 Nr. 1 EStG). Die Einnahmen, die das EStG in Zusammenhang mit der nichtselbständigen Tätigkeit ausdrücklich anführt, sind also solche, die „Vergütung" i.S. des § 611 BGB darstellen und damit regelmäßig im engen Synallagma i.S. der §§ 320 ff. BGB stehen; sie werden im Schrifttum zumeist als „Sondervergütung" oder „Sonderzahlung"[535] bezeichnet. Das Gesetz macht hiermit deutlich, daß Leistungen im Kernbereich des zivilrechtlichen Austauschverhältnisses, also rechtlich synallagmatische Leistungen, auf jeden Fall als steuerbarer Vermögenszugang anzusehen sind; der vorhandene Vertrag begründet einen sachlichen und wirtschaftlichen Zusammenhang zwischen den dort festgelegten Leistungen der Vertragsparteien[536].

Dafür, daß die zivilrechtlich synallagmatische Verbindung jedenfalls im Rahmen der Überschußeinkünfte gewissermaßen eine Grundidee für die Eingrenzung des steuerlich relevanten Verhältnisses von steuerbarer Tätigkeit und Vermögenszugängen ist, spricht auch der zuvor schon erwähnte Umstand, daß eine Reihe von einkommensteuerrechtlichen Tatbeständen in diesem Bereich auf sogenannten gegenseitigen (zivilrechtlichen) Verträgen aufbaut, die gerade durch ein synallagma-

---

[534] § 8 Abs.1: „... im Rahmen einer der Einkunftsarten des § 2 Abs. 1 Satz 1 Nr. 4 bis 7 zufließen"; zur Diskussion über einen möglicherweise auch die Gewinneinkünfte umfassenden Geltungsbereich dieser Vorschrift vgl. die Ausführungen oben Fn. 106.

[535] *H. Putzo*, in: Palandt, BGB, § 611 Rn. 76 m.N.

[536] Vgl. etwa BFH v. 27.05.1998, BStBl. II 1998 S. 619 (629) zu Einkünften nach §§ 2 Abs. 1 S. 1 Nr. 7, 22 Nr. 3 EStG.

tisches Verhältnis der zu erbringenden Leistungen geprägt sind, also eine gegenseitige (rechtliche) Abhängigkeit von Leistung und Gegenleistung[537]. Zu denken ist hierbei hauptsächlich an § 19 EStG (Arbeits- und Dienstvertrag) und § 21 EStG (Miete und Pacht).

Die durch die spezielle Aufzählung gebildeten Gruppen sind aber in verschiedener Weise offen gestaltet. Zum einen enthalten die betreffenden Regelungen Generalklauseln (§ 19 Abs. 1: „andere Bezüge und Vorteile"; § 20 Abs. 1 Nr. 1: „sonstige Bezüge"), die von den Rechtsanwendungsinstanzen konkretisiert werden müssen. Zum anderen macht das Gesetz an derselben Stelle auch durch die Formulierung „gehören" deutlich, daß die Aufzählungen nur beispielhaft sind, sich ihnen eben keine abschließende Beurteilung dahingehend entnehmen läßt, wann steuerpflichtige Einnahmen vorliegen. Und schließlich weist der Gesetzgeber in § 19 Abs. 1 S. 2 EStG eindeutig darauf hin, daß es auf einen zivilrechtlich synallagmatischen und somit engen Zusammenhang zwischen der Betätigung des Steuerpflichtigen am Markt und der Zuwendung jedenfalls nicht entscheidend ankommen kann. Denn nach dieser Vorschrift ist für die Frage, ob ein gewährter Vorteil zu Einkünften aus nichtselbständiger Arbeit gehört, unerheblich, ob ein Rechtsanspruch auf den betreffenden Vorteil besteht.

Diese im Gesetz angelegte Offenheit macht es erforderlich, weitere Kriterien zu erarbeiten, anhand derer sich der Zusammenhang festlegen läßt, der bestehen muß, um den Vorgang dem einkommensteuerlich relevanten Bereich zuordnen zu können. Diese Aufgabe hat der Gesetzgeber den Rechtsanwendungsinstanzen anvertraut.

b) Vom arbeitsrechtlichen Verständnis der Begriffe „Vergütung" und „Entgelt" gelöste wirtschaftliche Betrachtungsweise geboten

Da das Einkommensteuergesetz im Rahmen der Überschußeinkünfte häufig an Lebenssachverhalte anknüpft, die auch zivilrechtlich geregelt sind - und dies regelmäßig auch schon seit deutlich längerer Zeit -, liegt die Überlegung nahe, den steuerrechtlich erforderlichen Zusammenhang bzw. den Bereich einkommensteuerlich relevanter Gegenleistungen mit Hilfe zivilrechtlicher Grundsätze zu erschließen. Für diese Überlegung spricht auch, daß die in § 19 Abs. 1 Nr. 1 EStG

---

[537] Vgl. oben Teil 3, C) II.) 2.) a). Dort wurde dieser Befund als möglicher Hinweis auf ein finales Verständnis der „Veranlassung" angeführt, aber i.E. verworfen.

ausdrücklich genannten Einnahmen gerade solche sind, die im zivilrechtlichen Synallagma stehen.

Eine solche Vorgehensweise wird im Zusammenhang mit den Einkünften aus nichtselbständiger Arbeit namentlich von *G. Crezelius*[538] befürwortet. Soweit es um die Zuwendung zusätzlicher Leistungen aus besonderen Anlässen geht, bestehe Konkordanz zwischen dem arbeitsrechtlichen Entgeltbegriff, dem Wortlaut des § 19 Abs. 1 Nr. 1 EStG und der steuergerichtlichen Rechtsprechung. Die Sachzuwendungen, die arbeitsrechtliches Entgelt seien, seien auch als Einnahmen nach §§ 8 Abs. 1, 19 Abs. 1 EStG anzusehen. Für die Restgruppe stellt *G. Crezelius* die Frage, ob eine Interessenlage gegeben ist, wie sie zivilrechtliche unentgeltliche Geschäfte prägt[539].

Der Rückgriff auf die zivilrechtlichen Erkenntnisse könnte dort weiterhelfen, wo im Arbeitsrecht die Qualifizierung bestimmter Sachzuwendungen mit klaren Argumenten eindeutig geklärt sind. Verläßt man jedoch diesen Bereich, kann der Hinweis auf das Arbeitsrecht auch nicht weiterhelfen. So ist etwa arbeitsrechtlich nicht geklärt, warum die Berechtigung des Arbeitnehmers, an betrieblichen Sozialleistungen teilzunehmen bzw. sie zu nutzen, kein Entgelt darstellt[540]. Oder es erfolgt sogar eine Anlehnung der arbeitsrechtlichen Beurteilung an die steuerrechtlichen Überlegungen, wenn etwa darauf hingewiesen wird, daß im allgemeinen auch dann keine Naturalvergütung anzunehmen sei, wenn die Leistungen des Arbeitgebers nur im Interesse des Betriebes erfolgten, da solche Leistungen nicht die Tätigkeit des Arbeitnehmers vergüten sollten[541]. Dies sind aber gerade die Fälle, in denen sich die eigentlich schwierigen steuerrechtlichen Fragen stellen. Für diese bleibt also doch die Aufgabe, im Steuerrecht nach Kriterien zu suchen, um die Zuordnung von Sachzuwendungen zur Gruppe der steuerbaren Leistungen oder zu den einkommensteuerlich irrelevanten Zuwendungen vornehmen zu können.

Crezelius' Ansicht beruht auf seinem grundlegenden Verständnis von Zivil- und Steuerrecht, daß nämlich das Steuerrecht Folgerecht des Zivilrechts sei[542]. Die Bedenken gegen eine solche Position sind weiter oben[543] schon ausführlich darge-

---

[538] *G. Crezelius*, in: Kirchhof/Söhn, EStG, § 8 Rn. B 34 ff.
[539] *G. Crezelius*, in: Kirchhof/Söhn, EStG, § 8 Rn. B 35 f.
[540] Vgl. *G. Schaub*, Arbeitsrechts-Handbuch, S. 601: „Keine Naturalvergütung ist die Berechtigung des Arbeitnehmers, an betrieblichen Sozialeinrichtungen teilzunehmen. Die Teilnahme an der Kantinenverpflegung ist mithin kein Naturallohn". Eine Begründung für diese Position wird jedoch nicht gegeben.
[541] *G. Schaub*, Arbeitsrechts-Handbuch, S. 601.
[542] Vgl. dazu *G. Crezelius*, Steuerrechtliche Rechtsanwendung, insbes. S. 179 f.
[543] Teil 3, B) I.) 2.) a).

legt worden. An dieser Stelle gilt es nochmals festzuhalten: Für die Anwendung des Zivilrechts gilt nur eine Vorherigkeit, mit deren Hilfe der steuererhebliche Tatbestand gestaltet worden ist. Die zivilrechtliche Betrachtungsweise muß jedoch zurücktreten hinter eine eigenständige steuerliche Beurteilung des jeweiligen Belastungsgrundes mit Hilfe einer wirtschaftlichen Betrachtungsweise[544].

Im vorliegend zur Diskussion stehenden Problembereich benutzt das EStG nicht direkt eine im Privatrecht gebräuchliche Terminologie für die Bezeichnung der finanziellen Vorteile, die ihm im Rahmen seines Dienst- oder Arbeitsvertrages zufließen, so daß sich Überlegungen zu einem gleichlautenden Verständnis nicht aufdrängen. In einer solchen Situation ist die Eigenständigkeit einer steuerrechtlichen Interpretation besonders geboten. Dies wäre aber selbst bei der Verwendung identischer Begriffe der Fall. Denn man sieht sich mit dem Arbeits- und dem Steuerrecht zwei Rechtsmaterien gegenüber, die unterschiedliche Regelungszwecke haben. So sind die steuerrechtlichen Tatbestände darauf angelegt, möglichst nur wirtschaftlich erhebliche Vorgänge, Zustände und Veranstaltungen zu erfassen, also Sachverhalte, deren Besteuerung sich für die öffentliche Hand lohnt[545]. Das Individualarbeitsrecht hingegen ist primär Arbeitnehmerschutzrecht: es soll dem Arbeitnehmer Schutz bieten und zugleich einen gerechten Ausgleich der Interessen von Arbeitgeber und Arbeitnehmer herbeiführen[546]. Im vorliegenden Problembereich geht es im Arbeitsrecht um die Klärung der Frage, auf welche Leistungen der Arbeitnehmer aus der arbeitsvertraglichen Verbindung heraus einen rechtlich durchsetzbaren Anspruch hat; im Steuerrecht wird danach gefragt, ob bestimmte Zuwendungen sich wirtschaftlich als Ergebnis der Betätigung des Steuerpflichtigen an dem für Zwecke der Besteuerung relevanten Markt erweisen.

c) Zwischenergebnis: Im wirtschaftlichen Synallagma stehende Leistungen als steuerbare Einnahmen aus nichtselbständiger Arbeit

Die Notwendigkeit eines sachlichen, wirtschaftlichen Zusammenhangs hat der BFH im Rahmen der Einkunftsart „nichtselbständige Arbeit" bei Zuwendungen durch den Arbeitgeber zwar nicht ausdrücklich betont. Anders ist dies bei Leistungen Dritter an Arbeitnehmer, dort stellte das Gericht häufig die Frage nach einem wirtschaftlichen Zusammenhang zwischen Bereicherung und Einkunftsart[547]. Daß das Gericht umfassend bei allen Einkunftsarten einen wirtschaftlichen Zu-

---

[544] *P. Kirchhof*, FS-BFH/RFH, S. 285 (297).
[545] *K.-D. Drüen / H.W. Kruse*, in: Tipke/Kruse, AO, § 4 Rn. 324.
[546] *H. Putzo*, in: Palandt, BGB, vor § 611 Rn. 3.

sammenhang auf der Wertzugangseite als maßgeblich erachtet, hat es aber in verschiedenen anderen Entscheidungen deutlich gemacht[548].

Mit seiner Formel von der „Gegenleistung im weitesten Sinne“ – es ist in diesem Zusammenhang auch von einem „marginal-synallagmatischen Zusammenhang“ gesprochen worden[549] - orientiert sich der BFH demnach an dem als typisch erkannten Austauschverhältnis von Zuwendung und nichtselbständiger Tätigkeit, trägt aber auch dem Gesetz Rechnung, indem er sich vom Synallagma im engeren Rechtssinn der §§ 320 ff. BGB löst und auch solche Fälle zu erfassen sucht, bei denen zumindest noch ein ähnliches, wirtschaftlich vergleichbares, Gegenseitigkeitsverhältnis feststellbar ist, die jedenfalls wirtschaftlich synallagmatische[550] Züge tragen. Das Einkommensteuerrecht ist geprägt von einer wirtschaftlichen Betrachtungsweise, die die formale, rechtliche Ausgestaltung eines Lebenssachverhaltes allenfalls als Indiz berücksichtigt, deren entscheidendes Ziel es aber ist zu gewährleisten, daß die wirtschaftliche Bedeutung der zu beurteilenden Situation zum Tragen kommt. Das Einkommensteuerrecht will grundsätzlich die wirtschaftlichen Ergebnisse steuerlich relevanter Betätigungen am Markt erfassen.

4.) Zur maßgeblichen Sichtweise bei der Beurteilung des Gegenleistungszusammenhangs

a) Entscheidende Relevanz der Beurteilung aus der Sicht des Arbeitgebers

Aus welcher Perspektive soll aber nun bestimmt werden, ob eine Sachzuwendung als eine solche wirtschaftliche Gegenleistung für das Zurverfügungstellen der individuellen Arbeitskraft des Arbeitnehmer anzusehen ist? Weitaus problematischer als im Bereich der Aufwendungen gestaltet sich die Beurteilung des Veranlassungszusammenhangs bei Vermögenszugängen schon deshalb, weil hier der Abgang aus der Vermögenssphäre einer Person in seiner Auswirkung auf die Vermögenssphäre des Empfängers der Zuwendung rechtlich beurteilt werden muß. Es tragen also zwei Personen bei zu dieser Vermögensverschiebung. In Hinblick darauf stellt sich die Frage, inwiefern deren jeweilige Position und Überlegungen

---

[547] BFH v. 02.03.1962, BStBl. III 1962 S. 214 (216); BFH v. 13.03.1974, BStBl. II 1974 S. 411 (412); BFH v. 05.07.1996, BStBl. II 1996 S. 545 (545).
[548] BFH v. 13.03.1991, BFH/NV 1991 S. 537 (538); v. 27.05.1998, BStBl. II 1998 S. 619 (621) m.w.N.
[549] *W. Jakob / R. Jüptner*, Steuerfragen, S. 98.
[550] Vgl. *W. Jakob / R. Jüpter*, Steuerfragen, S. 123.

bei der Frage nach der steuerrechtlich erheblichen Veranlassung von (Sach-) Zuwendungen Berücksichtigung finden müssen.

Der BFH hatte bis in die frühen 80er Jahre die subjektive Sicht des Zuwendungsempfängers als maßgeblich erachtet und in Hinblick auf die Qualifizierung von Sachzuwendungen ausgeführt: „Maßgebend für die Entscheidung, ob eine Leistung als Arbeitslohn anzusehen ist, ist in erster Linie die Betrachtung aus der Sicht des Arbeitnehmers. Es kommt darauf an, ob der Arbeitnehmer einen erhaltenen Vorteil wirtschaftlich als Frucht seiner Dienstleistung für den Arbeitgeber betrachtet“[551]. An anderer Stelle wurde darauf hingewiesen, daß „zum Arbeitslohn auch geldwerte Vorteile [gehören], wenn sie dem Arbeitnehmer aus dem Dienstverhältnis zufließen. Ob dies zutrifft, ist grundsätzlich aus der Sicht des Arbeitnehmers zu entscheiden“[552]. Dieser Standpunkt beruhte wohl auf der eher formalen Überlegung, daß es schließlich dieser sei, der die Einkünfte erzielt, in Hinblick auf die sich die Frage nach dem Vorliegen des erforderlichen Zusammenhangs stellt. Hiervon haben sich die Richter jedoch gelöst und stellen nun die Person des Zuwendenden vorrangig in den Mittelpunkt: „Derartige Zuwendungen werden vom Arbeitgeber nicht mit dem Ziel der Entlohnung gewährt und vom Arbeitnehmer nicht als Frucht seiner Dienstleistung aufgefaßt. Ob eine Zuwendung somit Arbeitslohncharakter hat, hängt von dem mit ihr verfolgten Zweck ab. Dabei sind äußere Umstände wie Anlaß, Zuwendungsgegenstand und Begleitumstände eingehend zu würdigen“[553]. In dieses Konzept fügt sich das zur negativen Abgrenzung verwendete Kriterium des „ganz überwiegend eigenbetrieblichen Interesses“ stimmig ein. Dafür, primär die Sichtweise des Zuwendenden als bedeutsam zu erachten, läßt sich zunächst das Argument anführen, daß nur der Zuwendende festlegt, aus welchen Gründen er seine Leistung erbringt und auch den entscheidenden Einfluß auf die Ausgestaltung einer freiwillig gewährten Sachzuwendung hat. Die Willensrichtung des den Vorteil entgegen nehmenden Steuerpflichtigen ist demgegenüber von vorneherein kaum aussagekräftig, weil er sich in den zweifelhaften Fällen auf jeden Fall darauf festlegen wird, die Zuwendung stelle sich aus seiner Sicht nicht als zusätzliche Entlohnung dar[554]. Aus diesen Gründen scheint die Berücksichtigung der Perspektive des Zuwendenden jeden-

---

[551] BFH v. 19.07.1974, BStBl. II 1975 S. 181 (182); BFH v. 24.02.1981, BStBl. II 1981 S. 707 (708).

[552] BFH v. 19.04.1974, BStBl. II 1975 S. 383 (384).

[553] BFH v. 21.02.1986, BStBl. II 1986 S. 406 (407).
Vgl. demgegenüber BFH v. 09.03.1985, BStBl. II 1985 S. 427 (427), wo das Gericht hinsichtlich Betriebseinnahmen auf die Sicht des einen Preis empfangenden Unternehmers abstellte.

[554] So *H. Weber-Grellet*, in: Kirchhof/Söhn, EStG, § 4 Rn. D 107 zum ähnlich gelagerten Problem bei der betrieblichen Veranlassung von Betriebseinnahmen.

falls unverzichtbar, die Gründe, die ihn zur Leistung veranlaßt haben könnten, sind umfassend zu würdigen; der Sichtweise des Arbeitnehmers hingegen ist nicht mehr als indizielle Bedeutung zuzusprechen.

b) Verobjektivierte Sichtweise: Relevanz von „äußeren Belegen" zur Entscheidung über den Gegenleistungscharakter einer Zuwendung

Dies bedeutet jedoch nicht notwendig, daß sich die Abgrenzung steuerbarer von nicht steuerbaren Zuwendungen an bloß subjektiven Vorstellungen der Einzelnen auszurichten hat. Vielmehr ist die endgültige Entscheidung unter Einbeziehung primär der Gründe des Zuwendenden aus der objektiven Sicht eines Außenstehenden zu treffen[555].

Die jüngere Rechtsprechung des BFH zu Einnahmen aus nichtselbständiger Arbeit scheint aber darauf hinzudeuten, daß das Gericht den Aspekt der „Veranlassung" als subjektiven versteht. So äußert er sich etwa folgendermaßen: „Ist im Rahmen einer Gesamtwürdigung aus den Begleitumständen zu schließen, daß der jeweils verfolgte betriebliche Zweck ganz im Vordergrund steht und ein damit einhergehendes eigenes Interesse des Arbeitnehmers, den betreffenden Vorteil zu erlangen, deshalb vernachlässigt werden kann, so wird dieses Ergebnis zusammenfassend dahin umschrieben, daß der Vorteil im ganz überwiegend eigenbetrieblichen Interesse gewährt sei"[556]. Die angesprochene Vermutung wurzelt in dem Umstand, daß mit Hilfe eines Kriteriums, das auf das Interesse der Beteiligten abstellt, die Gruppe der einkommensteuerlich relevanten Sachzuwendungen eingegrenzt wird[557]. Ein solches Vorgehen erscheint auf den ersten Blick nur dann sinnvoll, wenn sich der Zusammenhang, dem ein „ganz überwiegend eigenbetriebliches Interesse" entgegenläuft, aus subjektiven Gesichtspunkten ergibt. Eine solche Schlußfolgerung wäre jedoch nur dann zwingend, wenn das Abstellen auf „Interessen" in jedem Fall in den Bereich des subjektiven verwiese. Hierfür wäre aber Voraussetzung, daß „Interesse" unbedingt als „Intention" oder „Motivation"

---

[555] Zur objektiven Betrachtung vgl. auch *H. Pust*, in: Littmann/Bitz/Pust, EStG, § 8 Rn. 227; *H. Pflüger*, in: Herrmann/Heuer/Raupach, EStG, § 19 Rn. 155.

[556] Etwa BFH v. 27.09.1996, BStBl. II 1997 S. 146 (147) m.w.N.

[557] Für einen subjektiven Ansatz sprechen auch Darlegungen wie die folgenden: „Damit bringt der Arbeitgeber zum Ausdruck, daß er gerade den Bedachten dieser geldwerten Auszeichnung für wert hält, weil dieser sich durch sein dienstliches Verhalten die zusätzliche Entlohnung in besonderem Maße verdient hat." (BFH v. 22.03.1985 VI R 26/82, BStBl. II 1985 S. 641 (644)); „Derartige Zuwendungen werden vom Arbeitgeber nicht mit dem Ziel der Entlohnung gewährt und vom Arbeitnehmer nicht als Frucht seiner Dienstleistung aufgefaßt." (BFH v. 22.03.1985 VI R 82/83, BStBl. II 1985 S. 532 (533)).

zu verstehen ist. Das Verfolgen bestimmter Ziele kann aber verschiedene Ausprägungen erfahren, nämlich als „subjektive Zielsetzung" oder auch als „objektive Zielgerichtetheit einer menschlichen Handlung"[558]. Ob eine Zuwendung in einem bestimmten Interesse gemacht wird, kann deshalb als Frage nach dem objektiven Sinn der Zuwendung aufgefaßt werden oder aber als Frage danach, was der Steuerpflichtige nach seinen subjektiven Vorstellungen bewirken wollte.

Die einschlägigen gesetzlichen Regelungen geben dem Rechtsanwender in diesem Zusammenhang kein bestimmtes Verständnis vor. Daß § 19 Abs. 1 Nr. 1 EStG eine finale Formulierung benutzt, mag als Hinweis darauf gesehen werden, daß ein subjektives Verständnis bevorzugt werden soll; diese Folgerung ist aber nicht zwingend.

Der Blick auf die Diskussionen zum Verständnis von „Veranlassung" im Bereich der Aufwendungen macht deutlich, daß eine abschließende Beurteilung des Standortes des BFH in diesem Zusammenhang nicht erforderlich ist. Der Rechtsanwender kommt bei keinem der möglichen Wege umhin, die äußerlichen Gesamtumstände im Rahmen seiner wertenden Entscheidung zu berücksichtigen Einzig die rechtliche Qualifizierung dieser Merkmale kann unterschiedlich ausfallen, je nachdem, ob man das Kriterium „Veranlassung durch das individuelle Dienstverhältnis" bzw. „Gegenleistung für das Zurverfügungstellen der individuellen Arbeitskraft" als subjektives oder objektives Merkmal einordnet.

Im Schrifttum sind zwei Grundmodelle der Tatbestandserschließung erkennbar, nämlich die subjektivierende und objektivierende Tatbestandskonkretisierung. Erstere nimmt die subjektiven Vorstellungen des Steuersubjekts als Ausgangspunkt und versucht diese im Rahmen der Sachverhaltsfeststellung als innere Tatsache zu ermitteln. Hierbei bedient sie sich äußerer Hilfstatsachen, um aus diesen auf den konkreten subjektiven Willen zu schließen; diese äußeren Tatsachen tragen dann beweisrechtlichen Charakter. Im anderen Lager wird betriebliche Veranlassung an objektiven Merkmalen konkretisiert; die Zuordnung des realen Geschehens unmittelbar zum Gesetzestatbestand stellt sich hiernach als Subsumtion dar[559]. Im praktischen Ergebnis sind die Unterschiede zwischen beiden Ansätzen nicht sehr bemerkenswert: sowohl die subjektivierende als auch die objektivierende Betrachtungsweise verlangen einen wertenden Vergleich der vom Steuerpflichtigen vorgebrachten Zielgerichtetheit seiner Betätigung mit feststellbaren äußeren

---

[558] Vgl. *L. Osterloh*, Gesetzesbindung, S. 369.
[559] *L. Osterloh*, Gesetzesbindung, S. 442 f. m.w.N.

Tatsachen[560]. Denn auch die objektivierende Tatbestandskonkretisierung kommt nicht ohne einen Blick auf die subjektiven Vorstellungen des Entscheidungsträgers aus, will sie sich nicht dem Vorwurf aussetzen, sie räume in Grenzbereichen zweifelhafter Sinnzuschreibung etwa herrschenden Normalitätsvorstellungen unüberwindbaren Vorrang ein vor einem aus der Sicht des Steuerpflichtigen nachvollziehbar begründeten Sinn seiner Tätigkeit[561].

Diese Erkenntnis ist unmittelbar auf die Einnahmenseite übertragbar, und auf ihrer Grundlage läßt sich jedenfalls festhalten, daß der BFH den richtigen Weg eingeschlagen hat, wenn er in seine Abwägung, mit der er die einkommensteuerlich erhebliche Ursache zu erschließen sucht, sowohl subjektive als auch objektive Umstände einbezieht. In Zusammenhang mit Zuwendungen Dritter hat der BFH das Erfordernis einer Verobjektivierung der Sichtweise ausdrücklich betont und darauf hingewiesen, „daß die Zuwendung eines Dritten dann durch das Dienstverhältnis veranlaßt ist, wenn der Arbeitnehmer sie vernünftigerweise als Frucht seiner Leistung für den Arbeitgeber ansehen muß“[562]. Eine Stellungnahme dazu, ob diese Situation gegeben ist, setzt voraus, daß für den Rechtsanwender nach objektiv erkennbaren Umständen nachvollziehbar ist, ob eine Zuwendung als Gegenleistung für die Arbeitstätigkeit gewährt wurde oder aber wesentlich auf andere Umstände zurückzuführen ist[563]. Die Wertungsaufgabe läßt sich nicht allein auf der Grundlage der Bekundungen des Handelnden lösen. Der Rechtsanwender kann nicht darauf verwiesen sein, den Beteuerungen und regelmäßig selbstnützigen Behauptungen der Beteiligten einfach Glauben schenken zu müssen[564]. Wegen der fehlenden Überprüfbarkeit subjektiver Faktoren wäre das Beschreiten dieses Weges wenig erfolgversprechend in Hinblick auf das Ziel möglichst gerechter und gleichmäßiger Besteuerung. Der Rückgriff auf die äußerlichen Gesamtumstände ist auf jeden Fall erforderlich, um eine nachvollziehbare Wertungsentscheidung zu treffen. Die vom Arbeitgeber angeführten Zielsetzungen müssen die Ebene des Nachprüfbaren erreichen, die vorgebrachten Motive müssen sich anhand von „Indiztatsachen der Außenwelt“[565] feststellen lassen. Das vermeintliche Übergewicht eigenbetrieblicher Zielsetzungen muß sich deshalb auch widerspiegeln in äußerlich deutlich wahrnehmbaren Abweichungen des umstrittenen Falles

[560] *L. Osterloh*, Gesetzesbindung, S. 370 Fn. 71.
[561] Vgl. hierzu *L. Osterloh*, Gesetzesbindung, S. 369 f. m.w.N.
[562] BFH v. 05.07.1996, BStBl. II 1996 S. 545 (545).
[563] *H. Pflüger*, in: Herrmann/Heuer/Raupach, EStG, § 19 Rn. 155.
[564] Vgl. etwa auch *K. Tipke*, DStJG 3 (1980), S. 1 (7): „Will die Rechtsanwendung sich nicht bloßen Behauptungen über Motive oder Zwecke ausliefern, so muß sie verlangen, daß der subjektive Tatbestand durch objektive Kriterien erwiesen wird“.
[565] *R. Walz*, StuW 1986 S. 21 (23).

von den Konstellationen, die typischerweise in Entlohnungsfällen vorliegen. Im Bereich der Einnahmen aus nichtselbständiger Arbeit stellt sich das besondere Problem, daß nicht nur der Zuwendungsempfänger, sondern auch der Zuwendende sich in Zweifelsfällen darauf festlegen wird, mit der Zuwendung habe er nicht das Ziel verfolgt, den Arbeitnehmer zu entlohnen. Denn er wird - wie oben[566] schon dargelegt wurde - in der Mehrzahl der Fälle in der Praxis derjenige sein, der die von Seiten des Finanzamtes nachgeforderte Steuer zahlt, so daß auch er sich regelmäßig dahingehend einlassen wird, es sei keine zusätzliche Entlohnung angestrebt worden und deshalb keine steuerbare Einnahme gegeben.

Die erforderliche Gesamtbetrachtung subjektiver und objektiver Umstände wird auch im Schrifttum vorgenommen. So führt beispielsweise *W. Drenseck* aus, daß „ausschlaggebend der objektive Zusammenhang zwischen Einnahme und Dienstverhältnis [ist]. Dieser wird aber durch die subjektiven Vorstellungen von Arbeitnehmer und (insbesondere) Arbeitgeber erhellt; insbesondere durch den Zweck der Zuwendung, wobei äußere Umstände wie Anlaß, Zuwendungsgegenstand und Begleitumstände eingehend zu würdigen sind“[567].

5.) Keine Leistung im wirtschaftlichen Synallagma: Zuwendungen aus anderem Rechtsgrund oder wegen privater Beziehungen

Ist nun das (jedenfalls) wirtschaftliche Synallagma als entscheidende Verbindung zwischen dem Zurverfügungstellen der Arbeitskraft am Markt und dem Erlangen wirtschaftlicher Vorteile erkannt, bleibt jedoch die Notwendigkeit, diese Verbindung näher zu konkretisieren, um greifbar zu machen, in welchen Situationen eine solche „Gegenleistung im weitesten Sinne“ vorliegt. „Für die Beschäftigung“ erfolgen Zuwendungen dann nicht, wenn zwar zwischen Zuwendungsgeber und -empfänger ein Dienst- oder Arbeitsverhältnis besteht, dessen (auch ehemalige) Existenz aber nicht der ausschlaggebende Grund für die Sachzuwendung ist. Davon ist insbesondere auszugehen, wenn der Arbeitgeber nicht ohne Verstoß gegen gesetzliche Pflichten die Zuwendung unterlassen konnte, er mit der Zuwendung anderweitig vertraglich begründeten Rechtspflichten nachkommt oder aber etwas zuwendet aus privaten Gründen. In all diesen Fällen ist der Zufluß geldwerter Vorteile entscheidend auf Ursachen zurückzuführen, die nicht seiner nichtselbständigen Betätigung am Markt zuzuordnen sind, sondern vielmehr in engem Zu-

[566] Teil 2, E) I.).
[567] *W. Drenseck*, in: L. Schmidt, EStG, § 19 Rn. 25.

sammenhang zu einer Tätigkeit stehen, deren wirtschaftliche Ergebnisse einer anderen Einkunftsart zuzurechnen sind, oder aber zu solchen Betätigungen, die überhaupt nicht am für einkommensteuerliche Zwecke bedeutsamen Markt vorgenommen werden, deren Ergebnisse also Vermögenszugänge in der steuerlich irrelevanten Privatsphäre darstellen.

a) Leistung aufgrund besonderer privatrechtlicher Rechtsbeziehungen

Die rechtlichen Beziehungen zwischen Arbeitgeber und Arbeitnehmer sind gelegentlich nicht begrenzt auf die arbeits- bzw. dienstvertragliche Verbindung. So kann es vorkommen, daß ersterer seine privat genutzte Wohnung vom Arbeitnehmer gemietet hat oder auch Räume, die er etwa als Büro für Außendienst-Mitarbeiter nutzt[568]. Denkbar ist auch, daß zwischen den beiden ein Darlehensvertrag geschlossen wird, etwa wenn die spätere Fälligkeit und damit verbundene Verzinslichkeit einer Gratifikation vereinbart wird[569]. Oder der Arbeitgeber veräußert an den Arbeitnehmer sein privates Kraftfahrzeug. Die getroffene gesonderte Vereinbarung zwischen den Parteien schafft den entscheidenden Rechtsgrund für die zusätzlichen Zuwendungen, das Dienstverhältnis könnte sogar hinweg gedacht werden, ohne daß die jeweiligen Pflichten der Parteien in ihrer konkreten Gestalt entfielen. Somit kommt dem bestehenden Beschäftigungsverhältnis für die rechtliche Qualifizierung der Arbeitgeberzuwendung keine Bedeutung zu. An diesem Punkt besteht Einigkeit in der Rechtsprechung und im Schrifttum[570]. Diese Feststellung muß jedoch mit der Einschränkung versehen werden, daß die auf der Grundlage des Sonderrechtsverhältnisses gewährten Leistungen nicht abweichen dürfen von dem, was marktüblich, also unter fremden Dritten vereinbart wird. Abweichungen von diesen Konditionen lassen sich in solchen Fällen nämlich regelmäßig nur mit dem Bestehen der dienstvertraglichen Beziehung erklären und sind somit auf diese zurückzuführen. Ob eine solche Abweichung vorliegt, bestimmt sich danach, ob der Arbeitgeber auch anderen Personen als den Arbeitnehmern den gleichen Vorteil zukommen läßt und diese Leistungen an betriebsfremde Personen als dem normalen Geschäftsverkehr zugehörig bewertet werden können[571]. Bei einer solchen Konstellation ist der marktübliche Teil der Zuwendung wirtschaftliches Ergebnis des bestehenden Sonderrechtsverhältnisses, im

---

[568] Zu letzterem jüngst BFH v. 19.10.2001, BFH/NV 2002 S. 262.

[569] BFH v. 31.10.1989, BStBl. II 1990 S. 532.

[570] Vgl. nur *M.-I. Thomas*, in: Küttner, Personalbuch 2003, S. 263; *B. Thürmer*, in: Blümich, EStG, § 19 Rn. 192, jeweils m.w.N.

[571] BFH v. 01.12.1995, BStBl. II 1996 S. 239 (241); BFH v. 02.02.1990, BStBl. II 1990 S. 472 (474).

Vergleich zu den Marktstandards übermäßige finanzielle Vorteile, die der Arbeitnehmer erlangt, stellen hingegen nach § 19 EStG steuerbare Gegenleistungen dar.

b) Sachzuwendung als Bedingung zum Erbringen der vertraglich geschuldeten Tätigkeit

Keine Zuwendung zum Zwecke der Entlohnung liegt nach allgemeiner Ansicht vor, wenn der Arbeitnehmer zwar ohne das Bestehen eines Dienst- oder Arbeitsverhältnisses nicht in den Genuß eines bestimmten geldwerten Vorteils gekommen wäre, der Grund hierfür jedoch darin liegt, daß er ohne Inanspruchnahme des Vorteils seine vertraglich geschuldete Leistung überhaupt nicht hätte erbringen können. Diese Situation liegt hauptsächlich dann vor, wenn die reguläre Arbeit auf Veranstaltungen zu verrichten ist, für die Dritte Eintritt bezahlen müssen, also wenn der Arbeitnehmer beruflich tätig ist als Ordner, medizinischer Betreuer, o.ä., oder wenn er Testessen für einen Restaurantführer durchführt[572]. Nach den allgemeinen Maßstäben ist demgegenüber der Fall zu beurteilen, daß der kostenlose Zugang auch außerhalb der Dienstzeiten möglich ist, insbesondere wenn der Arbeitnehmer die Möglichkeit, unentgeltlich Zugang zu einer Veranstaltung zu erlangen, nach seiner freien Entscheidung auf Dritte übertragen kann, etwa durch Weitergabe von Eintrittskarten. Dann liegen regelmäßig steuerbare Einnahmen aus nichtselbständiger Arbeit vor[573].

c) Zuwendungen aufgrund arbeitsrechtlicher Pflichten des Arbeitgebers

Im Schrifttum findet sich der Hinweis, daß dann, wenn ein arbeitsrechtlicher Anspruch auf eine Zuwendung besteht, deren Veranlassung durch das individuelle Dienstverhältnis in der Regel gegeben sei[574]. Ob diese Aussage gerade in Zusammenhang mit Sachzuwendungen, die in Hinblick auf die arbeitsrechtliche Fürsorgepflicht erfolgen, Zustimmung verdient, erscheint fraglich. Der BFH hatte zur Zeit seiner Annehmlichkeiten-Rechtsprechung darauf hingewiesen, daß Leistungen, die in Erfüllung dieser Fürsorgepflicht erfolgen, seines Erachtens häufig

---

[572] *M.-I. Thomas*, in: Küttner, Personalbuch 2002 S. 259 f.; *W. Drenseck*, in: L. Schmidt, EStG, § 19 Rn. 28.

[573] Vgl. zur Überlassung von Theaterkarten BFH v. 21.02.1986, BStBl. II 1986 S. 406 (408); FG Hamburg v. 30.05.1991, EFG 1992 S. 129 (Überlassung von Konzert- und Theaterkarten an Rundfunkangestellte).

[574] Vgl. nur *W. Drenseck*, in: L. Schmidt, EStG, § 19 Rn. 24.

nicht steuerbar sind[575]. Die nachfolgenden Überlegungen machen deutlich, daß Leistungen, mit denen arbeitsvertraglichen Verpflichtungen Folge geleistet wird, hinsichtlich ihrer einkommensteuerlichen Bedeutung differenzierend betrachtet werden müssen.

aa) Erfüllung arbeitsrechtlicher Hauptleistungspflichten

Wird mit einer Sachzuwendung eine schon zivilrechtlich im Kernbereich des Austauschverhältnisses angesiedelte (also im engeren Sinne synallagmatische) Leistungspflicht erfüllt, liegt unproblematisch eine solche Beziehung zwischen Leistung und Gegenleistung vor, wie sie für die Einnahmen aus nichtselbständiger Tätigkeit charakteristisch ist[576]. Zwar ist die Beurteilung im Steuerrecht nicht gebunden an die zivilrechtliche Qualifizierung von Leistungen, jedoch machen die Parteien eines zivilrechtlichen Vertrages dadurch, daß sie gewisse Leistungen ausdrücklich als Hauptleistungspflichten regeln, deutlich, daß diese Leistungen auch in wirtschaftlicher Hinsicht im Mittelpunkt der vertraglichen Verbindung stehen, also rechtlich und wirtschaftlich das zentrale Austauschverhältnis festlegen.

bb) Erfüllung von Nebenpflichten

Hiervon zu unterscheiden sind aber die Fälle, in denen mit Sachzuwendungen eine arbeitsvertragliche Nebenpflicht erfüllt wird. Mit solchen Leistungen wird der Bereich des Synallagma i.S. der §§ 320 ff. BGB verlassen, es fehlt somit an rechtlich klaren Vorgaben für eine Zuordnung in die Kategorien „steuerbar" und „nicht steuerbar". Unter dem Begriff der „Fürsorgepflicht" werden häufig sämtliche Nebenpflichten des Arbeitgebers zusammengefaßt[577]; für die vorliegende Untersuchung sind jedoch lediglich solche Pflichten von Interesse, die (nur) im Wege der Überlassung geldwerter Güter erfüllt werden können. Praktisch werden hier vor allem die Schutzpflichten für Leben und Gesundheit des Arbeitnehmers relevant.

---

[575] BFH v. 19.09.1975, BStBl. II 1975 S. 888.

[576] Hierzu BFH v. 22.03.1985, BStBl. II 1985 S. 641 (643); *K. Altehoefer*, in: Lademann, EStG, § 19 Rn. 124.

[577] *W. Blomeyer*, in: Münchener Handbuch, S. 1013 f. und 1909.
Nach ständiger Rechtsprechung des BAG ergibt sich aus Fürsorgegesichtspunkten etwa auch die Pflicht des Arbeitgebers, die Lohnsteuer richtig zu berechnen und abzuführen, BAG v. 14.06.1974, DB 1974 S. 2210; v. 11.10.1989, NZA 1990 S. 309. Zur Pflicht, den Arbeitnehmer über betriebliche Sozialleistungen zu unterrichten, BAG v. 09.09.1966, BB 1967 S. 122.

Die §§ 617 bis 619 BGB konkretisieren die allgemeine Fürsorgepflicht hinsichtlich Leben und Gesundheit des Arbeitnehmers. Der Arbeitgeber ist gemäß § 618 BGB (ebenso § 62 HGB) unabdingbar verpflichtet, „Räume, Vorrichtungen und Gerätschaften, die er zur Verrichtung der Dienste zu beschaffen hat, so einzurichten und zu unterhalten und die Dienstleistungen so zu regeln, daß der Arbeitnehmer gegen Gefahren für Leben und Gesundheit soweit geschützt ist, wie die Natur des Betriebes und der Arbeit es gestatten". Diese Generalklausel ist durch eine Vielzahl öffentlich-rechtlicher Schutzvorschriften näher ausgestaltet. Die grundlegenden Schutzpflichten des Arbeitgebers und die Rechte und Pflichten der Beschäftigten im betrieblichen Arbeitsschutz sind seit 1996 im Arbeitsschutzgesetz (ArbSchG)[578] festgelegt, das grundsätzlich für alle Tätigkeitsbereiche gilt. Dieses Gesetz enthält Verordnungsermächtigungen (in § 18 für nationale Regelungen), von denen zur weiteren Konkretisierung einzelner Pflichten Gebrauch gemacht wurde. Auch in anderen formellen Gesetzen, etwa der GewO (§ 120 e), sind Ermächtigungsnormen für Rechtsverordnungen enthalten, mit denen der Staat flexibler als mit formellen Gesetzen seiner Verpflichtung zum Gesundheitsschutz der Arbeitnehmer nachkommen kann. Verschiedene arbeitsschutzrechtliche Vorschriften verlangen von den Arbeitgebern, daß sie den Beschäftigten spezielle Schutzbekleidung zur Verrichtung ihrer Arbeit zur Verfügung stellen oder ihnen in regelmäßigen Zeitabständen gesundheitliche Untersuchungen anbieten[579].

Auf diesem Wege wirkt der Staat auf die Erfüllung der arbeitsvertraglichen Nebenpflichten durch Ausübung hoheitlichen Zwangs hin; die öffentlich-rechtlichen Vorschriften sind häufig bußgeldbewehrt[580]. Der Arbeitnehmer kann daneben die Erfüllung dieser Vorschriften einklagen, Verstöße des Arbeitgebers gegen die betreffenden Pflichten begründen beim Arbeitnehmer Leistungsverweigerungsrechte und auch Erfüllungs- und Schadensersatzansprüche[581]. Diese Vorschriften

---

[578] Gesetz über die Durchführung von Maßnahmen des Arbeitsschutzes zur Verbesserung der Sicherheit und des Gesundheitsschutzes der Beschäftigten bei der Arbeit v. 21.08.1996, BGBl. I 1996 S. 1246. § 618 Abs. 1 BGB gilt nur, soweit nicht als Sonderregelung dieses Gesetz Anwendung findet.

[579] Vgl. etwa § 2 der VO über besondere Arbeitsschutzanforderungen bei Arbeiten im Freien in der Zeit vom 1. November bis 31. März (v. 01.08.1968, BGBl. I 1968 S. 901).
In bestimmten Fällen verpflichtet beispielsweise § 3 Abs. 2 Nr. 1, Abs. 3 ArbSchG i.V. mit § 6 Abs. 2 BildscharbV den Arbeitgeber, die angemessenen Kosten für eine spezielle Sehhilfe von an Bildschirmarbeitsplätzen tätigen Arbeitnehmers zu tragen. Der Arbeitgeber hat desweiteren nach § 3 Abs. 2 Nr. 1, Abs. 3 ArbSchG i.V. mit § 6 Abs. 1 BildscharbV solchen Arbeitnehmern regelmäßig eine angemessene Untersuchung der Augen und des Sehvermögens durch eine fachkundige Person, u.U. sogar durch einen Augenarzt, anzubieten und die entsprechenden Kosten zu übernehmen.

[580] *M. Lorenz*, in: Münchener Kommentar, BGB, § 618 Rn. 4.

[581] Zu den Rechtsfolgen eines Verstoßes ausführlicher *H. Putzo*, in: Palandt, BGB, § 618 Rn. 6 ff. und *M. Blomeyer*, in: Münchener Handbuch, S. 1939 ff.

finden zwar nur deshalb im Verhältnis zwischen Arbeitgeber und Arbeitnehmer Anwendung, weil das Arbeitsverhältnis besteht. Für die steuerrechtliche Frage, ob solchen Leistungen in Erfüllung der hoheitlichen Forderungen Gegenleistungsqualität zukommt, ist aber die Überlegung entscheidend, daß dann, wenn der Arbeitgeber diesen Anordnungen Folge leistet, davon ausgegangen werden kann, daß der Arbeitgeber mit der Gewährung der betreffenden Sachzuwendung primär seinen öffentlich-rechtlichen Verpflichtungen nachkommt, um mögliche rechtliche Sanktionen zu vermeiden und mit der Leistung nicht hauptsächlich anstrebt, den Arbeitnehmer zu entlohnen.

Öffentlich-rechtlich begründeter Zwang überlagert auch die Beziehung aus dem Beschäftigungsverhältnis, wenn gewerberechtliche Vorschriften (§§ 120 b ff. GewO) dem Arbeitgeber eine besondere Ausstattung der Räumlichkeiten, die den Arbeitnehmern zur Verfügung gestellt werden, abverlangen, etwa mit einer gewisse Anzahl an Sanitär- und Aufenthaltsräumen. Die aufgrund des § 120 e GewO erlassene Arbeitsstätten-Verordnung bestimmt in §§ 5 ff. näheres zur erforderlichen Ausgestaltung von Arbeits-, Sozial-, Sanitär- und Sanitätsräumen[582]. Dies sind jedoch Konstellationen, in denen die Annahme eines steuerbaren geldwerten Vorteils auf Seiten des Arbeitnehmers regelmäßig schon daran scheitert, daß dieser durch die Möglichkeit der kostenlosen Nutzung nicht bereichert ist. Damit stellt sich aber die Frage nach dem Vorliegen des Veranlassungszusammenhangs in der Praxis regelmäßig überhaupt nicht, da sie gegenüber dem Aspekt der Bereicherung nachrangig ist.

d) Sachzuwendungen in Erfüllung sonstiger öffentlich-rechtlicher Pflichten

Rechtlicher Zwang durch öffentlich-rechtliche Vorschriften spielte auch in dem vom BFH entschiedenen Fall, in dem ein Bergbauunternehmen seinem Arbeitnehmer aufgrund eines gesetzlichen Anspruchs dessen bzw. öffentlich-rechtlicher Verpflichtung des Unternehmens ein Hausgrundstück zu einem Kaufpreis veräußerte und übereignete, der unter dem ortsüblichen Verkehrswert lag[583], die maßgebliche Rolle. Zur betreffenden Leistung war das Unternehmen gesetzlich verpflichtet, weil es bei Errichtung der Häuser öffentliche Fördermittel in Anspruch genommen hatte. Die Besonderheit dieser Konstellation lag darin, daß die Arbeitgeberin im Ergebnis lediglich als Erfüllungsgehilfin des Staates bei den von die-

[582] Vgl. § 2 Abs. 1 bis 3 i.V. mit §§ 5 ff. Arbeitsstättenverordnung v. 20.03.1975; zu deren Fortgeltung nach Außerkrafttreten des § 139 h GewO: BVerwG v. 31.01.1997, NZA 1997 S. 482.
[583] BFH v. 25.05.1992, BStBl. II 1993 S. 45.

sem mit eigenen Mitteln geförderten Zielen fungierte und die Gewährung des wirtschaftlichen Vorteils nicht von der Zugehörigkeit des betreffenden Arbeitgebers zu einer bestimmen Unternehmensgruppe abhing[584]. Gleichermaßen liegt keine Gegenleistung für das Zurverfügungstellen der Arbeitskraft vor, wenn die Pflicht des Arbeitgebers zur entsprechenden Leistung aus gesetzlichen Vorschriften folgt, mit denen der Gesetzgeber ordnungs- und verkehrspolitische Zwecke verfolgt und diese mit eigenen Mitteln fördert[585].

Es gibt also auch andere Fälle als die Erfüllung von Schutzpflichten, bei denen auf den Arbeitgeber hoheitlicher Druck dahingehend ausgeübt wird, daß er gegenüber dem Arbeitnehmer Leistungen zu bestimmten Konditionen erbringt. Auch in diesen Fällen ist das Dienstverhältnis zwar conditio-sine-qua-non für die Zuwendung - ohne die vertragliche Verbindung der Beteiligten fände die betreffende Norm keine Anwendung, weil sie eben ein entsprechendes rechtliches Verhältnis zwischen Zuwendendem und Zuwendungsempfänger voraussetzt. Entscheidend ist aber, daß die Zuwendung aus diesen Umständen heraus keine Gegenleistung für das Zurverfügungstellen der individuellen Arbeitskraft ist, sondern daß der Arbeitgeber mit ihr einer gesetzlichen Anordnung Folge leistet, die den Empfänger begünstigt, er also gewissermaßen auf externen Druck handelt und nicht im eigentlichen Sinne freiwillig. Dem hoheitlichen Zwang muß er nachkommen, wenn er Nachteile für sich und sein Unternehmen vermeiden will, selbst wenn er eigentlich nicht gewillt ist, dem Arbeitnehmer den betreffenden wirtschaftlichen Vorteil zu gewähren. Hier könnten Entlohnungsinteressen der zivilrechtlichen Vertragsparteien hinweg gedacht werden, ohne daß die Vorteilszuwendung unterbliebe.

e) Zuwendungen aufgrund privater Beziehungen

Neben den rechtlichen Beziehungen können zwischen Arbeitgeber und Arbeitnehmer auch private Beziehungen bestehen, die ersteren dazu bewegen, dem Arbeitnehmer einen geldwerten Vorteil zukommen zu lassen. Auch in einem solchen Fall erweisen sich die Zuwendungen nicht als Entlohnung, sondern die Vermögensverschiebung wurzelt bei den Beteiligten in der einkommensteuerlich irrele-

---

[584] Voraussetzung war lediglich die Zugehörigkeit zu der als besonders förderungswürdig erkannten Branche. Anders war die Situation insbesondere im Urteil des BFH v. 10.07.1996, BFH/NV 1997 S. 179, wo eine finanziell vorteilhafte Aktienüberlassung von vorne herein nur für Personen in Betracht kam, deren Arbeitgeber derselben Unternehmensgruppe angehörten wie das Unternehmen, dessen Aktien überlassen wurden.

[585] BFH v. 30.05.2001, BStBl. II 2001 S. 815 zum Zuschuß des Bundes an die Bahnversicherungsanstalt Abt. B.

vanten Sphäre der privaten Lebensführung. Der Beschenkte erhält den betreffenden Vorteil aufgrund des Wohlwollens des Schenkers, nicht jedoch durch eigene, einer Erwerbsgrundlage nutzende Erwerbshandlung[586]. Rechtlich bedeutsam kann der Hinweis auf private Verbindungen als maßgeblichem Grund für die Zuwendung jedoch nur dann werden, wenn ihnen auch tatsächlich erhebliches Gewicht zukommt. Für eine solche Annahme können Finanzverwaltung und -gerichte nicht auf das bloße entsprechende Vorbringen der Beteiligten verwiesen werden; vielmehr müssen objektiv erkennbare Umstände darauf hinweisen, daß gewichtige private bzw. gesellschaftliche Beziehungen zwischen Arbeitnehmer und Arbeitgeber bestehen und daß die Zuwendung in Hinblick auf diese persönliche Verbindung erfolgt ist. Es ist erforderlich, daß Besonderheiten vorliegen, die die Entscheidung des Zuwendenden für die Gewährung eines geldwerten Vorteils nachvollziehbar erscheinen lassen, selbst wenn man die arbeitsrechtliche Beziehung zwischen den Beteiligten wegdenken würde. Auf eine in diesem Sinne private Veranlassung deuten beispielsweise Verwandtschaftsbeziehungen zwischen den Beteiligten hin, das Bestehen eines besonderen Vertrauensverhältnisses oder die Gewährung völlig außergewöhnlicher Zuwendungen[587]. Der Hinweis auf persönliche Verbindungen kann demgegenüber nicht überzeugen, wenn der konkrete Sachverhalt deutlich macht, daß der Zuwendende mit der Leistung auf den Empfänger in seine Rolle als Arbeitnehmer und nicht als Privatperson abzielte.
Für eine solche Zielrichtung spricht etwa, wenn die gleiche Sachzuwendung auch allen anderen Arbeitnehmern gewährt wird[588].

f) Aufmerksamkeiten

aa) Fehlendes Gegenleistungsverhältnis bei der Zuwendung von „Aufmerksamkeiten“?

Eine besondere einkommensteuerliche Würdigung läßt der BFH den sogenannten „Aufmerksamkeiten“ zukommen, die just zum Zeitpunkt der Aufgabe der Annehmlichkeiten-Rechtsprechung vom Gericht angesprochen wurden. Unter dieser Bezeichnung wollen die Richter solche Vorteile in Geldeswert zusammenfassen, die nur von geringem Wert sind und die so üblicherweise auch im gesellschaftli-

[586] *P. Kirchhof*, Gutachten DJT, F 24.
[587] *H. Pflüger*, in: Herrmann/Heuer/Raupach, EStG, § 19 Rn. 195.
[588] Zur Möglichkeit einer Aufteilung des Vorteils, wenn zwischen Arbeitgeber und Arbeitnehmer auch bemerkenswerte persönliche Beziehungen bestehen, vgl. die Ausführungen unter Teil 3, C) IV.) 7.) g).

chen Verkehr ausgetauscht werden[589]. Wie an früherer Stelle[590] schon dargelegt wurde, ist die Geringwertigkeit des jeweiligen finanziellen Vorteils (allein) kein tauglicher Ansatzpunkt zur Begründung der Nichtsteuerbarkeit der dieser Gruppe zugerechneten Sachzuwendungen. Eine Diskussion über die Nichtsteuerbarkeit von „Aufmerksamkeiten" kann m.E. nur unter dem Gesichtspunkt des fehlenden Veranlassungszusammenhangs zwischen einer Zuwendung und der nichtselbständige Tätigkeit des Arbeitnehmers geführt werden[591]. Die Rechtsprechung sieht dies offenbar ebenso, denn sie begnügt sich bei der Frage, ob Aufmerksamkeiten vorliegen, nicht mit dem Hinweis auf die Geringwertigkeit des Vorteils, sondern stellt zusätzlich eine Art Fremdvergleich an, der sich um die Frage dreht, ob die Zuwendungen dem im gesellschaftlichen Verkehr üblicherweise Ausgetauschten entsprechen. Wirkliche Konturen konnte der BFH den „Aufmerksamkeiten" bisher noch nicht verleihen, es wurde vor dem obersten Finanzgericht offenbar noch kein Rechtsstreit geführt zu der konkreten Frage, ob gewährte Sachzuwendungen als solche zu qualifizieren sind und deshalb bei der Bemessung der Einkommensteuer unberücksichtigt bleiben müssen.

Die Finanzverwaltung hat sich den „Aufmerksamkeiten" in den Lohnsteuer-Richtlinien ausführlich gewidmet und sich im Ausgangspunkt dem BFH angeschlossen (vgl. R 73 Abs. 1 S. 1 LStR 2002). Die Situation, daß nicht allzu wertvolle[592] Geschenke im gesellschaftlichen Verkehr ausgetauscht werden, sieht die Verwaltung dann typischerweise gegeben, wenn Zuwendungen aus Anlaß eines besonderen persönlichen Ereignisses zugewendet werden (Abs. 1 S. 2). Liest man die Richtlinien weiter, so wird deutlich, daß die Exekutive die Gruppe der „Aufmerksamkeiten" jedoch weiter faßt als der BFH und auch in den zum Verzehr im Betrieb hingegebenen Deputaten - scheinbar unabhängig von deren Wert - keinen Arbeitslohn sieht. Schließlich werden der Gruppe der „Aufmerksamkeiten" anläßlich und während eines außergewöhnlichen Arbeitseinsatzes überlassene Speisen im Wert von höchstens 40 Euro zugerechnet, wobei aber als zusätzliche Voraussetzung genannt wird, daß diese Zuwendung auf ein ganz überwiegend eigenbetriebliches Interesse an einer günstigen Gestaltung des Arbeitsablaufs zurückgeführt werden kann. R 73 LStR 2002 erweist sich damit als Verwaltungsanweisung, die lediglich verschiedene Fälle nach Ansicht der Finanzverwaltung nichtsteuerbarer Sachzuwendungen zusammenfaßt und mit der Bezeichnung „Auf-

[589] BFH v. 22.03.1985, BStBl. II 1985 S. 641 (644).
[590] Teil 3, B) I.) 5.).
[591] Vgl. auch *D. Birk*, in: Herrmann/Heuer/Raupach, EStG, § 8 Rn. 32.
[592] Die LStR 2002 ziehen die Grenze bei 40 Euro. Bis 2001 waren es 60 DM, vor 1993 30 DM.

merksamkeiten" überschreibt, ohne jedoch ein systematisches Gerüst zu offenbaren.

Das Schrifttum geht in recht unterschiedlicher Weise mit der Figur der „Aufmerksamkeiten" um. Einigkeit besteht jedenfalls darin, daß es eine Gruppe von Sachzuwendungen gibt, die dem Zugriff des Fiskus vorenthalten bleiben sollte. Zur Umschreibung des allen solchen Zuwendungen Gemeinsamen wird ganz überwiegend auf die Grundsätze des BFH zurückgegriffen, also danach gefragt, ob Vorteile von nur geringem Wert vorliegen und ob diese üblicherweise auch im gesellschaftlichen Verkehr ausgetauscht werden[593]. Unterschiedliche Ansichten werden vertreten in der Frage, ob und unter welchen Voraussetzungen kostenlos überlassene Getränke Arbeitslohn darstellen; insbesondere der von der Finanzverwaltung festgelegten generellen Steuerfreiheit von Deputaten steht man in der Literatur überwiegend kritisch gegenüber[594]. *J. Giloy* weist darauf hin, daß seines Erachtens die Nichtberücksichtigung der Aufmerksamkeiten als Einnahmen des Zuwendungsempfängers überwiegend von sozialen Erwägungen getragen ist[595]. *M.-I. Thomas*[596] hält die „Aufmerksamkeiten" für einen Anwendungsfall des ganz überwiegend eigenbetrieblichen Interesses, es handle sich dabei um Gesten, die aus Gründen der Klimapflege vorgenommen würden. Zumeist wird ohne weitere Begründung einfach darauf hingewiesen, daß solche gesellschaftsüblichen Leistungen nicht „für eine Beschäftigung" gewährt werden[597]. *H. Pflüger*[598] schließlich versteht den Begriff offenbar eher untechnisch und verwendet ihn im wesentlichen dazu, um aus verschiedenen Gründen nicht steuerbare Sachzuwendungen zusammenzufassen; hierbei verweist er an vielen Stellen auf Ergebnisse, die auf der Grundlage der überholten Rechtsprechung zu den Annehmlichkeiten gewon-

---

[593] *B. Thürmer*, in: Blümich, EStG, § 19 Rn. 195 ff.; *H. Barein*, in: Littmann/Bitz/Pust, § 19 Rn. 249; *U. Stache*, in: Bordewin/Brandt, EStG, § 19 Rn. 675 ff.; *K. Altehoefer*, in: Lademann, EStG, § 19 Rn. 138 „Aufmerksamkeiten".

[594] Diesen Standpunkt der Finanzverwaltung lehnen etwa ab: *W. Drenseck*, in: L. Schmidt, EStG, § 19 Rn. 50 „Aufmerksamkeiten"; *B. Thürmer*, in: Blümich, EStG, § 19 Rn. 197 und 280 „Genußmittel, Getränke".

[595] *J. Giloy*, in: Kirchhof/Söhn, EStG, § 19 Rn. B 350

[596] *M.-I. Thomas*, in: Küttner, Personalbuch 2003, S. 259; *ders.*, StbJb 1990/1991 S. 183 (192). M.E. befindet man sich hier nicht im Bereich der Anwendung des ganz überwiegend eigenbetrieblichen Interesses, denn mit dem Hinweis auf eine Verbesserung des Betriebsklimas durch Zuwendungen an einzelne Arbeitnehmer ließen sich i.E. sämtliche Leistungen, die den Arbeitnehmer zufriedenstellen und erfreuen, als nicht steuerbare einordnen. Zur Verbesserung der Zufriedenheit des einzelnen und damit insgesamt wohl auch des Betriebsklimas würden etwa auch Gehaltserhöhungen oder sonstige zusätzliche Geldleistungen an alle Beschäftigten beitragen. In diesen Fällen wird aber nicht in Betracht gezogen, Steuerbarkeit zu verneinen.

[597] *K. Altehoefer*, in: Lademann, EStG, § 19 Rn. 138 „Aufmerksamkeiten"; *H. Barein*, in: Littmann/Bitz/Pust, EStG, § 19 Rn. 249; *B. Thürmer*, in: Blümich, EStG, § 19 Rn. 195.

[598] *H. Pflüger*, in: Herrmann/Heuer/Raupach, EStG, § 19 Rn. 135.

nen wurden, ohne die Sachverhalte vor dem neuen systematischen Hintergrund zu beleuchten. Auch mit dem vom BFH angesprochenen Vergleich mit dem gesellschaftlich Üblichen setzt er sich nicht auseinander. Diese Praxis birgt die Gefahr, daß von neuem ein Begriff Eigendynamik entwickelt, er Bedeutung nicht nur als Bezeichnung, sondern auch als Begründung erlangt und unter diesem Stichwort Grundsätze festgelegt werden, welche die gesetzlichen Vorgaben nicht mehr im Blick haben.

Das Ergebnis „Steuerfreiheit der Aufmerksamkeiten" könnte sich danach als Resultat einer Auslegung der gesetzlichen Vorschriften allenfalls dann erweisen, wenn sich zum einen begründen ließe, daß der Umstand, daß trotz des Bestehens eines Arbeitsverhältnisses die Zuwendung maßgeblich aus gesellschaftlichen Erwägungen geleistet wurde, grundsätzlich geeignet ist, die Gegenleistungsvermutung zu entkräften. Zum anderen wäre erforderlich, daß sich aus dem Vergleich mit dem im gesellschaftlichen Verkehr üblicherweise Ausgetauschten der Beleg ergäbe, daß die Zuwendung nicht im wesentlichen auf Entlohnungsinteressen des Arbeitgebers zurückzuführen ist.

Die erste Voraussetzung kann unproblematisch bejaht werden; dies ist schon an früherer Stelle dargelegt worden. Denn wenn sich erweist, daß der Zuwendende beispielsweise ein Geburtstagsgeschenk überreicht, weil er mit seinem Arbeitnehmer persönlich befreundet ist oder der Arbeitgeber zum privaten Freundeskreis des Arbeitnehmers gehört und mit einem Geschenk auf eine private Einladung zum Essen reagieren möchte, tritt die vorhandene berufliche Beziehung der beiden ganz in den Hintergrund. Ebenso etwa in dem Fall, daß der Arbeitnehmer ein Restaurant eröffnet und der Arbeitgeber zur offiziellen Eröffnungsfeier ein Präsent überreicht. Die wesentliche Ursache für die Leistung ist nicht der steuerrechtlich relevante Zusammenhang, sondern eine Verbindung, die Zuwendungen nicht dem Bereich steuerlich zu erfassender Vermögensveränderungen zuweist, weil sie nämlich der privaten Sphäre der beiden an der Vermögensveränderung Beteiligten zuzuordnen ist. Die berufliche Verbindung kann hier hinweggedacht werden, ohne daß auf der Grundlage der gesellschaftlich verbreiteten Vorstellungen die Zuwendung gänzlich Sinn verlöre. Nur in diesem Fall kann davon ausgegangen werden, daß der Arbeitgeber mit der Leistung nicht dem Zuwendungsempfänger in seiner Rolle als Arbeitnehmer einen geldwerten Vorteil zukommen lassen wollte. Läßt sich zwischen den Beteiligten jedoch keine solche bemerkenswerte besondere gesellschaftliche Verbindung ausmachen, die die berufliche Beziehung überlagern kann, ist kein Platz für eine Verneinung des Veranlassungszusammenhangs. Ein solches Verständnis dessen, was sich hinter der „Rechtsfigur" der Aufmerksamkeiten verbirgt, ist auch vereinbar mit dem Standpunkt der Rechtsprechung, daß der Veranlassungszusammenhang nicht deshalb zu verneinen sei, weil der Arbeitgeber mit der Gewährung des Vorteils den Zweck verfolge, dem Beschäftigten eine Aufmerksamkeit zu erweisen bzw. ihn zu ehren[599]. Denn damit hat der BFH deutlich gemacht, daß es sich bei solchen sozial bzw. gesellschaftlich geprägten Zuwendungen nicht allein wegen dieser Charakteristik verbietet, sie als wirtschaftliche Gegenleistungen für das Zurverfügungstellen der individuellen Arbeitskraft zu qualifizieren. Vielmehr müssen andere Umstände hinzu kommen, um die Zuwendung nicht als steuerbaren Ertrag der nichtselbständigen Tätigkeit zu beurteilen.

Im weiteren fällt die Rechtsprechung die Entscheidung mit Hilfe eines Fremdvergleichs, bei dem sie auf das „im allgemeinen gesellschaftlichen Verkehr Übliche" Bezug nimmt; damit befindet man sich bei der zweiten Voraussetzung für die mögliche Steuerfreiheit der „Aufmerksamkeiten". Sobald eine Sachzuwendung sich äußerlich nicht von sonst im gesellschaftlichen Verkehr üblicherweise hingegebenen geldwerten Gütern unterscheidet, wird unterstellt, daß auch in dem in Diskussion stehenden Fall solche gesellschaftlichen und damit im steuerlichen Sinne privaten Erwägungen der entscheidende Grund für die Leistung sind. Bei einer solchen Übereinstimmung geht man davon aus, daß der Arbeitgeber mit der Zuwendung nicht das Ziel verfolgt, den Arbeitnehmer in seiner Rolle als solcher zu ehren bzw. ihm eine Aufmerksamkeit zu erweisen. Hier sieht man sich dem Grunde nach einer Typisierung gegenüber, die je nach äußerlicher Gestaltung der konkreten Situation Sachzuwendungen auf ein Entlohnungsinteresse des Arbeitgebers zurückführt oder aber auf Ursachen, die den entsprechenden Vermögensveränderungen im Ergebnis einkommensteuerrechtliche Irrelevanz verleihen.

Die Bedenken gegen eine solche Vorgehensweise im Rahmen der Gesetzesanwendung sind in jüngerer Zeit merklich zurückgedrängt worden. Maßgeblich beeinflußt von *J. Isensee*[600] hat man Typisierung lange Zeit meist pauschal als gesetzeswidrig vereinfachende Sachverhaltswürdigung angesehen, die nur ganz ausnahmsweise als Konsequenz der Ausübung einer „Notkompetenz" der Verwaltung zum illegalen Gesetzesvollzug verfassungsrechtlich legitimiert werden kann. Inzwischen werden jedenfalls materielle und formelle Typisierung differenziert betrachtet, also auf der einen Seite der Fall, daß ein bestimmter Sachverhalt unterstellt wird, ohne daß der Steuerpflichtige die Möglichkeit hätte, die tatsächlichen

---

[599] BFH v. 22.03.1985, BStBl. II 1985 S. 641 (Aufgabe der Gelegenheitsgeschenke-Rechtsprechung).

[600] *J. Isensee*, Die typisierende Verwaltung, insbes. S. 171 ff.

Umstände des konkreten Einzelfalls mit Erfolg geltend zu machen, auf der anderen der, daß ein Sachverhalt unterstellt wird, der mit dem Normalfall übereinstimmt, die dieser Unterstellung zugrundeliegende Vermutung jedoch widerlegt werden kann[601]. Die (erstgenannte) materielle Typisierung wird im Ergebnis weiterhin überwiegend als mit dem Grundsatz der Tatbestandsmäßigkeit der Besteuerung unvereinbare Vorgehensweise angesehen[602]. Demgegenüber verwirft man die formelle Typisierung nicht generell als das Gesetz mißachtende Praxis. Formelle Typisierungen erleichtern die Sachverhaltsermittlung und Beweiswürdigung, entbinden die Rechtsanwendungsinstanzen aber nicht davon, Besonderheiten des Einzelfalles zu berücksichtigen und diesen im Ergebnis einer vom Richtsatz abweichenden rechtlichen Beurteilung zuzuführen[603].

Im Aufwendungsbereich ist ein solcher Rückzug auf typisierende Betrachtung häufig mit der Gefahr eines „unerwünschten Eindringen in innerste Privatangelegenheiten des Steuerpflichtigen" begründet worden, wobei man die Zuordnung der in Frage stehenden Ausgaben ganz unterschiedlich gehandhabt hat[604]. Weiterhin wurde beispielsweise in Hinblick auf Spenden vorgebracht, „die Erforschung, ob geschäftliche Interessen oder die persönliche Parteieinstellung den Hauptgrund für die Beitragsleistung bildeten, [sei] kaum möglich"[605]. Auf dieselben Überlegungen läßt sich der Umgang der Judikative mit gesellschaftsüblichen Zuwendungen von geringem Wert stützen.

---

[601] Vgl. zu dieser Unterscheidung nur *C. Lambrecht*, DStJG 12 (1989), S. 79 (90) und *D. Rönitz*, DStJG 3 (1980), S. 297 (306). Vgl. zu materieller und formeller Typisierung auch *J. Lang*, DStJG 9 (1986), S. 15 (insbes. 82 f. zur formellen Typisierung).

[602] Offener *L. Osterloh*, Gesetzesbindung, S. 33: „Materiell typisierende Gesetzesanwendung [...] ist gesetzwidrig, wenn sie das anzuwendende Gesetz verletzt."

[603] *J. Lang*, DStJG 9 (1986), S. 15 (82).
Denn auch wenn man Typisierung dem Bereich der Gesetzesauslegung zuweist, ergeben sich Konsequenzen für die Ermittlung des Sachverhalts: Denn dann präjudiziert die maßgebliche Auslegung den Umfang des zu ermittelnden Sachverhalts, aus der sich im Wege der Auslegung ergebenden Entscheidungsunerheblichkeit bestimmter Umstände ergibt sich eine Beschränkung des Ermittlungsgegenstandes; *L. Osterloh*, Gesetzesbindung, S. 57, 59.

[604] Vgl. einerseits RFH v. 26.03.1930, RFHE 27, S. 82 (83) und BFH v. 06.05.1959, BStBl. III 1959 S. 292 (292) zur bedenklichen Konsequenz der Versagung eines Spendenabzuges; andererseits BFH v. 30.11.1966, BStBl. III 1967 S. 457 (459) und BFH v. 02.10.1981, BStBl. II 1982 S. 116 (117) zu außergewöhnlichen Belastungen durch Krankheit und Scheidung und dem Ergebnis, daß der Schutz der in Reichweite der Sachverhaltsaufklärung stehenden Rechte die Abzugsfähigkeit bedingt.
Aus jüngerer Zeit z.B. BFH v. 23.03.2001, BStBl. II 2002 S. 56 (58) zur Typisierung durch das Erfordernis einer mindestens einstündigen Fahrzeitersparnis bei der Frage, ob ein Umzug beruflich veranlaßt ist.

[605] Vgl. *W. Jakob / R. Jüptner*, Steuerfragen, S. 62.

Die gewählte Vorgehensweise erleichtert im Ergebnis die Sachverhaltsermittlung und –würdigung, indem sie den wahren Motiven nicht weiter nachgeht, sondern beim Erfülltsein gewisser äußerer Faktoren die Wurzel für die Zuwendung im privaten bzw. rein gesellschaftlichen Bereich sieht; der Sachverhalt muß also nur zum Teil aufgeklärt werden. Diese typisierende Handhabung wirkt sich jedenfalls nicht zum Nachteil der Steuerpflichtigen aus, sondern ist für den Fall, daß äußerlich gesellschaftsübliche Zuwendungen tatsächlich mit Entlohnungsabsicht hingegeben werden, im Ergebnis für den Arbeitnehmer von Vorteil. Zudem muß er sich nicht näher zu seinen Beziehungen zum Zuwendungsempfänger äußern, seine Privatsphäre bleibt von behördlichen Nachfragen unberührt. Auch auf Seiten des Staates ist die typisierende Würdigung dieser Fälle vorteilhaft, denn sie vermeidet in diesen Situationen möglicherweise aufwendigen Ermittlungsaufwand, der zu den zu erwartenden Steuereinnahmen wegen der Geringwertigkeit des Vorteils außer Verhältnis stehen würde. Diese Geringwertigkeit bewirkt schließlich, daß die durch die Typisierung zwangsläufig eintretende Ungleichbehandlung einzelner Zuwendungsempfänger in finanzieller Hinsicht nicht so bemerkenswert ist, als daß sie nicht zum Erreichen der Vorteile hingenommen werden könnte.

Daß der Hinweis auf „Aufmerksamkeiten" einen festen Platz in Rechtsprechung und Schrifttum gefunden hat, macht deutlich, daß das Steuerrecht nicht darum herum kommt, den Steuerpflichtigen auch in seiner Rolle als gesellschaftlich gebundene Person zu würdigen. Die nunmehr von der Rechtsprechung verwendete Umschreibung kann insgesamt befürwortet werden. Sie zeigt auf, daß die fehlende Steuerbarkeit dieser Zuwendungen in der gesellschaftlichen Verbindung zwischen Leistendem und Zuwendungsempfänger begründet liegt; diese Verbindung und ihre Maßgeblichkeit für die Leistung wird zum Zwecke der Vereinfachung der Rechtsanwendung bei geringwertigen Zuwendungen, die bei gesellschaftsüblichen Anlässen hingegeben werden, typisierend unterstellt.

bb) § 8 Abs. 2 S. 9 EStG als Argument gegen eine Nichtsteuerbarkeit von „Aufmerksamkeiten"?

Der Gesetzgeber hat mit § 8 Abs. 2 S. 9 EStG eine Regelung eingeführt, die ab 1996 geringfügige Vorteile (bis 2001: 50 DM, seit 2002: 50 Euro) steuerfrei stellt. Betrachtet man den Wortlaut dieser Vorschrift vor dem Hintergrund der vorstehenden Überlegungen, so wird deutlich, daß diese Norm kein Argument dafür ist, daß „Aufmerksamkeiten" als steuerbare Zuwendungen eingeordnet werden müßten.

§ 8 Abs. 2 S. 9 EStG setzt nämlich gerade das Vorliegen einer einkommensteuerrechtlich relevanten Bereicherung voraus. Dies wird aus dem Wortlaut deutlich. Nach dieser Regelung sollen bestimmte[606] „Sachbezüge", also „Einnahmen, die nicht in Geld bestehen", außer Ansatz bleiben, „wenn die sich nach Anrechnung der vom Steuerpflichtigen gezahlten Entgelte ergebenden Vorteile insgesamt 50 Euro im Kalendermonat nicht übersteigen". Mit der Bezeichnung von geldwerten Gütern als „Sachbezüge" wird eine konkrete Aussage zur rechtlichen Qualität der Güter getroffen. Die Regelung will die Fälle erfassen, in denen auf Seiten des Steuerpflichtigen eine steuerbare Bereicherung eingetreten ist, bei ihm also ein Zufluß geldwerter Vorteile festzustellen ist, die als Gegenleistung für das Zurverfügungstellen der individuellen Arbeitskraft zu qualifizieren sind· Diese Gegenleistungsqualität fehlt aber gerade den Aufmerksamkeiten, wie zuvor aufgezeigt wurde. Sind die Voraussetzungen erfüllt, an die die Rechtsprechung die Annahme einer Aufmerksamkeit knüpft, kommt die Typisierung zum Tragen, dann kann davon ausgegangen werden, daß der Zuwendungsempfänger gerade nicht entlohnt werden sollte. Damit liegen also keine steuerbaren Einnahmen auf Seiten des Arbeitnehmers vor, der Anwendungsbereich des § 8 Abs. 2 S. 9 EStG ist nicht eröffnet.

6.) Leistungen im „ganz überwiegend eigenbetrieblichen Interesse" als Sachzuwendungen ohne einkommensteuerlich relevante Gegenleistungsqualität? Beispiele, historische Entwicklung des Kriteriums und Kritik

Schließlich bedürfen einer näheren Betrachtung die Fälle, in denen Zuwendungen von Arbeitgeberseite freiwillig erfolgen; damit sind die Situationen gemeint, in denen die Leistungen des Arbeitgebers weder zwingend arbeitsvertraglich geschuldet sind noch von gesetzlichen Vorschriften abverlangt werden, die an die arbeitsvertragliche Verbindung anknüpfen, bei denen aber auch nicht in Umständen, die gänzlich außerhalb des durch den Arbeitsvertrag geschaffenen Zusammenhangs angesiedelt sind[607], der maßgebliche (Rechts-)Grund der Leistung zu sehen ist. Man befindet sich hier in einer Art Grauzone: es liegt keine Leistung im strengen zivilrechtlichen Synallagma vor, sondern eine Zuwendung, die in einem lockereren Zusammenhang zur Betätigung des Arbeitnehmers steht. Der BFH zieht die Grenze zwischen steuerbaren und nichtsteuerbaren Sachzuwendungen in dieser Restgruppe in inzwischen ständiger Rechtsprechung, wie erwähnt, mit Hil-

---

[606] Nur Sachbezüge, die nach § 8 Abs. 2 S. 1 EStG zu bewerten sind, werden von dieser Vorschrift erfaßt.

[607] Private Freundschaft, bestehendes Mietverhältnis, u.ä.

fe eines nicht im Einkommensteuergesetz enthaltenen Kriteriums: es wird eine negative Ausgrenzung dahin gehend vorgenommen, daß einer Sachzuwendung dann keine Gegenleistungsqualität zukomme, wenn sie „im ganz überwiegend eigenbetrieblichen Interesse des Zuwendenden gewährt“[608] werde. Solche Leistungen sind nach Ansicht des BFH nicht mehr dem Bereich des weiten Synallagma zuzurechnen, das die Gruppe der nach § 19 Abs. 1 EStG steuerbaren Zuwendungen eingrenzt, sie erweisen sich nicht als einkommensteuerlich relevanter wirtschaftlicher Ertrag seiner nichtselbständigen Betätigung am Markt und bewirken deshalb bei näherer Betrachtung keinen der Berufssphäre des Steuerpflichtigen zuzuordnenden Vermögenszuwachs.

a) Beispiele aus der jüngeren Rechtsprechung

Ob Sachzuwendungen im ganz überwiegend eigenbetrieblichen Interesse des Arbeitgebers erfolgt sind, ist von der Rechtsprechung in den unterschiedlichsten Fällen diskutiert worden. Die folgenden Beispiele zeigen auf, daß nicht etwa eine Beschränkung auf einzelne von den Sachzuwendungsarten, die schon oben im Rahmen der Typologie erwähnt worden sind, festzustellen sind. Es ist auch nicht etwa so, daß das Kriterium nur diskutiert wird, wenn es um Zuwendungen an eine große Gruppe von Arbeitnehmern oder gar die gesamte Belegschaft geht oder demgegenüber nur an einzelne nichtselbständig Tätige.

So steht der BFH auf dem Standpunkt, daß ein ganz überwiegend eigenbetriebliches Interesse des Arbeitgebers an einer Zuwendung grundsätzlich Bedeutung erlangen kann, wenn über die einkommensteuerliche Qualifizierung von geldwerten Vorteilen zu entscheiden ist, die ein Arbeitnehmer durch die Teilnahme an auswärtigen Tagungen erlangt. In solchen Fällen ist die Situation häufig so, daß den Teilnehmern neben der betrieblichen Veranstaltung auch Zeit zur freien Verfügung steht oder daß die Veranstaltung im Ausland stattfindet. Dem Urteil des BFH vom 09.08.1996[609] etwa lag folgender Sachverhalt zugrunde: Ein Arbeitnehmer nahm an einer von seinem Arbeitgeber für alle Außendienstmitarbeiter veranstalteten Außendiensttagung auf Kreta teil. Von sechs Tagen des Gesamtaufenthalts waren vier mit betrieblichen Veranstaltungen ausgefüllt, zwei Tage standen zur freien Verfügung der Arbeitnehmer. Gleichartige Tagungen wurden

[608] Vgl. vorerst etwa BFH v. 22.03.1985, BStBl. II 1985 S. 532 (533); v. 18.03.1986, BStBl. II 1986 S. 575 (576); v. 25.05.1992, BStBl. II 1992 S. 655 (657); v. 04.08.1994, BStBl. II 1995 S. 59 (60).

[609] BFH v. 09.08.1996, BStBl. II 1997 S. 97.

vom Arbeitgeber alljährlich an anderen Orten im Ausland veranstaltet. Die Mitarbeiter waren zur Teilnahme verpflichtet. Der Arbeitgeber trug die gesamten Kosten der Reise. Hier stellte sich zentral die Frage, ob die gesamten Reisekosten steuerbar oder nicht steuerbar sind oder ob es vielmehr möglich und geboten ist, die aus der kostenlosen Reise erwachsenden Vorteile aufzuteilen in Arbeitslohn und in Zuwendungen, die sich auf ein ganz überwiegend eigenbetriebliches Interesse des Arbeitgebers zurückführen lassen und deshalb nicht in die Steuerbemessungsgrundlage einfließen. Der BFH war im Ergebnis der Ansicht, daß allein das vorgetragene Arbeitgeberinteresse, den Erfahrungsaustausch zwischen den Außendienstmitarbeitern zu fördern, nicht hinreichend rechtfertigen konnte, warum die Tagung an einem touristisch attraktiven Ort stattfand und im übrigen deshalb keine entscheidende Bedeutung erlangen konnte, weil den Arbeitnehmern ein Drittel der Aufenthaltsdauer zur freien Verfügung gestanden hatte.

Auf das eigenbetriebliche Interesse an der Förderung der innerbetrieblichen Kommunikation ist in einem anderen gerichtlichen Streitfall von Arbeitgeberseite in Zusammenhang mit betrieblichen Sportangeboten hingewiesen worden[610]. Nach Ansicht des BFH kommt dieser Überlegung aber generell kein entscheidungserhebliches Gewicht zu, wenn der Arbeitnehmer Tennis- oder Squashplätze kostenlos nutzen kann, weil der Arbeitgeber die Kosten für die Anmietung der Plätze trägt. Vielmehr sei in solchen Fällen stets ein erhebliches Eigeninteresse des Arbeitnehmers an der Erlangung des Vorteils anzunehmen. An dieser rechtlichen Beurteilung der Situation ändere sich auch dann nichts, wenn der Arbeitgeber die Nutzung der Plätze in seinem Betrieb in besonderer Weise organisierte. In dem der Entscheidung zugrundeliegenden Sachverhalt wurden die Spielzeiten den Mitarbeitern über ein allen Beschäftigen zur Verfügung stehendes internes E-Mail-System bekannt gegeben. Die Teilnehmer, die jeweils erschienen, mußten sich die Gesamtspielzeit im Rahmen eines Rotationsverfahrens teilen. Als Folge hieraus konnten die betreffenden Mitarbeiter regelmäßig kein ganzes Match spielen, sondern hatten zwischenzeitlich auch Pausen. Weiterhin führte das System dazu, daß die Teilnehmer ständig wechselnde Spielpartner erhielten.

Anders sieht der BFH offenbar die Bedeutsamkeit von Arbeitgeberinteressen bei Vorteilen, die der Arbeitnehmer durch die Teilnahme an einer Betriebsveranstaltung erlangt. Indem der Arbeitgeber seine Belegschaft bei einer solchen Veranstaltung versammelt, erstrebt er nach Ansicht des Gerichts mit der Verbesserung

[610] BFH v. 27.09.1996, BStBl. II 1997 S. 146; vgl. auch BFH v. 08.11.1996, BFH/NV 1997 S. 473.

des betrieblichen Klimas ein eigenbetriebliches Interesse, das je nach der konkreten Form rechtlich erhebliches Gewicht erlangen kann[611]. Wenn die Veranstaltung sich im Rahmen des „Üblichen" hält und auch der Vorteil, der dem einzelnen Arbeitnehmer zufließt, einen gewissen Betrag nicht übersteigt, überwiege dieses Interesse das Interesse des Arbeitnehmers an der Erlangung des Vorteils und sei die Zuwendung keine steuerbare Gegenleistung für das Zurverfügungstellen der individuellen Arbeitskraft.

Ebenfalls an alle Mitarbeiter ging in einem anderen vom BFH zu entscheidenden Fall das Angebot, im Betrieb medizinische Massagen in Anspruch zu nehmen, wobei die Kosten vom Arbeitgeber übernommen wurden. Als möglicherweise entscheidungserhebliches betriebliches Interesse stand hier das Ziel des Arbeitgebers zu Diskussion, die Arbeitskraft der Mitarbeiter zu erhalten bzw. wiederherzustellen und damit langfristig Krankheitstage zu vermeiden. Der BFH verwies mit diesem bedeutsamen Urteil die Sache zur erneuten Verhandlung und Entscheidung an das FG zurück Er führte aber aus, daß dann, wenn eine Maßnahme des Arbeitgebers einer spezifisch berufsbedingten Beeinträchtigung der Gesundheit des Arbeitnehmers entgegenwirken bzw. sie beseitigen solle, der dem Arbeitnehmer aus der Maßnahme erwachsende Vorteil im Einzelfall möglicherweise nicht als Arbeitslohn zu erfassen sein könne. Es müsse auch geklärt werden, ob der Arbeitgeber „mit der Verabreichung der Massagen besonders gewichtige betriebsfunktionale Zielsetzungen verfolgt hat und die Massagen für die Erreichung dieser Zielsetzungen besonders geeignet waren"[612]. Auf der Grundlage dieser Feststellungen sei dann die Entscheidung zu treffen, ob sich der gewährte Vorteil lediglich als notwendige Begleiterscheinung betriebsfunktionaler Zielsetzung erweise.

Um die rechtliche Qualifikation von Zuwendungen an nur wenige Personen wurde im folgenden Fall vor dem BFH gestritten. Kein ganz überwiegend eigenbetriebliches Interesse sah das Gericht dann gegeben, wenn ein Arbeitgeber seinen Vorstandsmitgliedern auch für die Fahrten zwischen Wohnung und Arbeitsplatz in einem büromäßig eingerichteten Dienstwagen einen Fahrer zur Verfügung stellt[613]. In erster Instanz hatte das Finanzgericht Köln[614] entschieden, daß die Fahrergestellung auch für Fahrten zwischen Wohnung und Arbeitsstätte im ganz überwiegend eigenbetrieblichen Interesse des Arbeitgebers gelegen hätte, weil die Vor-

[611] Seit BFH v. 22.03.1985, BStBl. II 1985 S. 532 (533). Zuvor hatte der BFH bei Zuwendungen aus Anlaß von Betriebsveranstaltungen ein überwiegendes Eigeninteresse verneint; vgl. etwa BFH v. 07.07.1961, BStBl. III 1961 S. 443; v. 23.02.1979, BStBl. II 1979 S. 390 (391).
[612] BFH v. 30.05.2001, BStBl. II 2001 S. 671 (insbes. 672 f.).
[613] BFH v. 27.09.1996, BStBl. II 1997 S. 147.
[614] FG Köln v. 4.8.1995, 3 K 1723/92.

standsmitglieder die Fahrzeit zur Erledigung beruflicher Arbeiten genutzt hätten. Der BFH betonte demgegenüber, daß sich die Möglichkeit, einen Teil der Arbeit schon im Dienstwagen auf dem Weg zur Arbeit zu erledigen, auch für den Arbeitnehmer vorteilhaft auswirke. Er könne auf diesem Weg die Dauer seines Aufenthalts an der regelmäßigen Arbeitsstätte verkürzen und somit die Zeit vergrößern, die ihm für nicht berufliche Zwecke zur Verfügung steht. Den Vorteil aus der kostenlosen Nutzung des Dienstwagens für die Fahrten zwischen dem Zuhause und der Arbeitsstätte hatte der BFH in einer früheren Entscheidung generell als steuerpflichtige Lohnzuwendung des Arbeitgebers angesehen[615], hält aber inzwischen doch für möglich, daß die Überlassung eines solchen Fahrzeuges für Heimfahrten auch im ganz überwiegenden Interesse des Zuwendenden liegen kann[616]. Im letztgenannten Urteil wurde deshalb eingehend untersucht, welchen Nutzen der Arbeitgeber im konkreten Fall aus dem Umstand ziehen konnte, daß bestimmte Arbeitgeber ein Dienstfahrzeug ständig zur Verfügung hatten.

Auch nur einige Auszubildende im Polizeivollzugsdienst hatten in dem vom BFH im Sommer 2003 entschiedenen Fall einen geldwerten Vorteil erlangt, indem sie nämlich im Rahmen ihrer Ausbildung den Führerschein Klasse 3 miterwarben. In seinem Urteil stellt das Gericht entscheidend darauf ab, daß der Erwerb dieses Führerscheins durch Gesetz bzw. Verordnung vorgeschriebener Ausbildungsinhalt sei, wenn der Schein nicht früher schon privat erworben worden sei, da er eine der Voraussetzungen für das Führen eines Kraftfahrzeugs der Vollzugspolizei sei. Die private Nützlichkeit der Fahrerlaubnis Klasse 3 sei nur notwendige Begleiterscheinung der betriebsfunktionalen Zielsetzung des Dienstherren, „daß der Anwärter aufgrund seines Wissens und der im Rahmen der Ausbildung erlangten besonderen Fahrfertigkeit in der Lage ist, Polizeifahrzeuge selbständig auch in schwierigen Verkehrslagen nd Grenzsituationen verkehrsgerecht und sicher zu führen“[617].

b) Blick auf die Wurzeln und die historische Entwicklung des Kriteriums

Der Begriff des „betrieblichen Eigeninteresses“ tauchte in der Rechtsprechung des BFH schon lange, bevor der Gegenleistungsgedanke in den Mittelpunkt der Veranlassungsdiskussion im Rahmen der nichtselbständigen Arbeit gerückt wurde,

---

615 BFH v. 20.12.1991, BStBl. II 1992 S. 308; offener dann aber BFH v. 27.09.1996, BStBl. II 1997 S. 147.
616 BFH v. 25.05.2000, BStBl. 2000 S. 690 (insbes. 692).
617 BFH v. 26.06.2003, DStZ 2003 S. 814 (816).

auf. Das Gericht prägte ihn in einer Entscheidung im Jahre 1954[618]. Damals galt es darüber zu befinden, ob Erholungsbeihilfen zum Arbeitslohn gehören. Das Gericht vertrat in dieser Frage die Ansicht, daß der Betrieb ein eigenes Interesse verfolge, wenn er die Belegschaft in jeder Form vor typischen Berufskrankheiten schütze. Vor diesem Hintergrund seien Erholungsbeihilfen dann kein Arbeitslohn, wenn sie an Arbeitnehmer geleistet würden, die tatsächlich der Gefahr einer typischen Berufskrankheit ausgesetzt seien und zudem die durch die Beihilfe ermögliche Erholung ein geeignetes Mittel zur Bekämpfung dieser Krankheit sei. In den anderen Fällen seien aber Einnahmen aus nichtselbständiger Arbeit gegeben. In der Folgezeit diente das Interessekriterium zur Grenzziehung zwischen steuerbaren und nichtsteuerbaren Zuwendungen im Rahmen der „Annehmlichkeiten-Rechtsprechung" des obersten Finanzgerichts. In einem Urteil vom 07.07.1961[619] beispielsweise wurde zur Abgrenzung zwischen Annehmlichkeit und steuerbarem geldwerten Vorteil betont, daß Aufwendungen eines Arbeitgebers, die überwiegend seinem eigenen Interesse dienten, oft nicht als Bereicherung der Arbeitnehmer zu werten seien. Dies sei der Fall bei Aufwendungen zur Einrichtung von gut ausgestatteten Arbeitsplätzen, von Sportanlagen und Duschräumen, dasselbe könne aber auch bezüglich Arbeitgeberaufwendungen gelten, die auf die Pflege der menschlichen Beziehungen und die Förderung des Betriebsklimas abzielten. In einer anderen Entscheidung wurde die allgemeingültige Aussage getroffen, daß die als Annehmlichkeiten bezeichneten Zuwendungen schon keinen objektiven, in Geld ausdrückbaren Mehrwert für den Arbeitnehmer begründeten, der Arbeitgeber sie aber zudem mehr in seinem eigenen Interesse[620] als in dem der Arbeitnehmer gewähre.

Diese Überlegung tauchte in nachfolgenden Gerichtsentscheidungen immer wieder auf, wenn das Ergebnis begründet wurde, daß der Arbeitnehmer trotz objektiver Bereicherung keine steuerbare Einnahme aus nichtselbständiger Arbeit erzielt hatte[621]. Mitte der 70er Jahre[622] wurde vom BFH dann das „eigenbetriebliche Interesse" mit dem Aspekt des „Überwiegens" ergänzt. Dieses Kriterium war damit fester Bestandteil der Rechtsprechungsgrundsätze zur einkommensteuerlichen

---

618 BFH v. 14.01.1954, BStBl. III 1954 S. 86.

619 BFH v. 07.07.1961, BStBl. III 1961 S. 443 (insbes. 444).

620 BFH v. 26.04.1963, BStBl. III 1963 S. 329 (329). Als solche Arbeitgeberinteressen wurden konkret genannt: das Schaffen eines günstigen Betriebsklimas und die Förderung der Anhänglichkeit der Belegschaft an den Betrieb, der Ehrlichkeit, Treue und des Diensteifers der Arbeitnehmer.

621 Vgl. z.B. BFH v. 24.01.1975, BStBl. II 1975 S. 340; v. 17.02.1982, BStBl. II 1983 S. 39.

622 BFH v. 24.01.1975, BStBl. II 1975 S. 340; vgl. auch BFH v. 28.02.1975, BStBl. II 1976 S. 134.

Behandlung der sogenannten Annehmlichkeiten geworden, es kennzeichnete eine der beiden Gruppen solcher Zuwendungen[623].

Die eigenständige Bedeutung des „ganz überwiegend eigenbetrieblichen Interesses" bei der Auslegung der maßgeblichen Rechtsnormen betonte der BFH zum ersten Mal ganz deutlich in seiner Entscheidung zu den Vorsorgeuntersuchungen leitender Angestellter[624]. Hier diskutierte das Gericht ausführlich die Frage, ob die Umstände des Falles den Schluß auf eine solche Interessenverteilung zuließen; die von der Klägerin und auch der Vorinstanz angesprochene Überlegung, daß man sich möglicherweise „Annehmlichkeiten" gegenüber sah, stellte das Gericht dann nicht mehr. Die Verknüpfung mit der Rechtsfigur der „Annehmlichkeiten" wurde also in dieser Entscheidung schon aufgegeben. In der Folge kam dem Interesseaspekt eine immer tragendere Rolle bei der Entscheidung über die Steuerbarkeit von Sachzuwendungen zu.

c) Zur Kritik an diesem Gesichtspunkt

Kritik riefen die Überlegungen zu einem besonders gewichtigen Arbeitgeberinteresse an der Zuwendung als Merkmal zur Abgrenzung steuerbarer von nicht steuerbaren Sachzuwendungen überwiegend in der Zeit vor der systematischen Neupositionierung des BFH hervor. So wurde im Schrifttum darauf hingewiesen, daß dieses Abgrenzungsmerkmal schon deshalb untauglich sei, weil letztlich mit sämtlichen Arbeitgeberleistungen an die Arbeitnehmer (eigen-)betriebliche Interessen verfolgt würden. Auch bzw. gerade der eigentliche Arbeitslohn werde gezahlt, um die dem Betrieb zugute kommende Arbeitsleistung zu erhalten[625]. Angesichts dieses Hintergrundes erscheine die Fragestellung des obersten Finanzgerichts wenig sinnvoll. Eigenbetriebliches Interesse könne von Steuerbarkeit nicht dispensieren, da Altruismus per se kein Grundmotiv betrieblicher Entlohnung sei[626]. Das Kriterium könne auch nicht eindeutig ausgefüllt werden, da die diskutierten Zwecke sehr unterschiedlich seien; die Rechtsprechung sei deshalb schon wegen der Vielfalt der Zwecke und deren Ungleichwertigkeit bedenklich[627]. Von anderer Seite wurde darauf hingewiesen, daß die Frage, wessen Interessen die Leistungen des Arbeitgebers in erster Linie dienten, sinnlos sei, weil es ein Kriterium für ihre Beantwortung nicht gebe. Die Leistungen im Rahmen eines Dienstverhältnisses sei-

---

[623] Dazu näher oben Teil 2, D) I.).
[624] BFH v. 17.09.1982, BStBl. II 1983 S. 39 (42).
[625] *K. Tipke*, StuW 1975 S. 327 (339); *J. Koether*, Die Steuerbefreiungen, S. 16. Vgl. aber auch aus späteren Jahren S. *Temminghoff*, Lohnsteuerpflichtige Zuwendungen, S. 29.
[626] *W. Jakob*, Steuern vom Einkommen I, S. 199.
[627] *G. M. Zach*, Die Besteuerung des Arbeitslohns, S. 119.

en gleichwertig, und es bestehe kein objektiver Maßstab, nach dem eine andere Interessenverteilung zu beurteilen wäre[628].

Auch nach der Distanzierung des BFH von seiner Rechtsprechung zu Gelegenheitsgeschenken und Annehmlichkeiten gab es noch kritische Stimmen, jedoch fällt auf, daß diese zunehmend leiser wurden. Die Bedenken gingen dahin, daß sich die Rechtsprechung zu weit von den gesetzlich angeordneten, auslegungsbedürftigen Begriffen entferne, wenn sie das „ganz überwiegend eigenbetriebliche Interesse" als maßgebliches Kriterium zur Abgrenzung steuerbarer von nicht steuerbaren Zuwendungen erkläre[629]. Hinter dieser Überlegung steht wohl der Vorwurf, für einen Rückgriff von Rechtsprechung und Finanzverwaltung auf diesen Aspekt fehle es an der gesetzlichen Grundlage.

Im Schrifttum wird der Aspekt des „ganz überwiegend eigenbetrieblichen Interesses" offenbar inzwischen weitgehend akzeptiert oder zumindest hingenommen[630]. Dies verwundert deshalb nicht, weil man bei der Lektüre der einschlägigen gerichtlichen Entscheidungen sich meist des Eindruckes nicht erwehren kann, der BFH gewinne mit Hilfe dieses Kriteriums sachgerechte Ergebnisse. Ebenso auffällig ist aber auch, daß eine Begründung für die positive Haltung regelmäßig nicht geliefert wird. Vor diesem Hintergrund soll im Folgenden eine tiefergehende Auseinandersetzung mit dem Interessegesichtspunkt erfolgen.

7.) Nähere Analyse der aktuellen Rechtsprechung zur Unterscheidung von (steuerbaren) Gegenleistungen und (nicht steuerbaren) Sachzuwendungen im „ganz überwiegend eigenbetrieblichen Interesse"

Die bisherige Untersuchung hat gezeigt, daß die theoretischen Formeln, die von der Rechtsprechung zur Klärung der Frage des erforderlichen Zusammenhangs gewonnen wurden, nicht den Inhalt aufweisen, der notwendig wäre, um als universal einsetzbare Umschreibungen den Rechtsanwender auf der „konkreten Ebene des fallbezogenen juristischen Wertungsvollzugs"[631] verläßlich anleiten zu

---

[628] *J. Stolterfoht*, DStJG 5 (1982), S. 271 (288); *S. Temminghoff*, Lohnsteuerpflichtige Zuwendungen, S. 30.

[629] *C. Kuhlmann*, Die Besteuerung, S. 101. Vgl. auch *W. Holz*, Annehmlichkeiten, S. 185: „Entscheidend spricht jedoch m.E. gegen die Brauchbarkeit des Kriteriums „überwiegend eigenbetriebliches Interesse" dessen fehlende Fixierung im Gesetz".

[630] Vgl. aus dem jünsten Schrifttum z.B. *U. Albert*, FR 2003 S. 1153 zum ganz überwiegend eigenbetrieblichen Interesse im Falle von Teambildungsmaßnahmen.

[631] *R. Walz*, StuW 1986, S. 21 (21) in Zusammenhang mit den Abgrenzungsformeln, die im Bereich der Aufwendungen angeboten werden.

können. Auch das Kriterium des ganz überwiegend eigenbetrieblichen Interesses kann und soll nicht i.S. einer begrifflichen Definition verstanden werden, die es nur anzuwenden gilt, um die Frage zu entscheiden, ob eine Sachzuwendung im Rahmen der nichtselbständigen Arbeit erhalten bzw. gegeben wurde; vielmehr nimmt der BFH unter diesem Stichwort eine wertende Zuordnung von Sachzuwendungen zum steuerlich relevanten oder nicht relevanten Bereich vor. Eine solche Zuordnung kann nicht generell getroffen werden, sondern verlangt eine Entscheidung, welche die Umstände und Besonderheiten der einzelnen Fälle berücksichtigt.

Dieser Befund muß jedoch nicht notwendig dazu führen, daß die Rechtsprechung, die zu Sachzuwendungen in Hinblick auf deren Veranlassung durch die nichtselbständige Arbeit ergangen ist, ohne nähere Betrachtung Ablehnung verdiente. Vielmehr gilt es zu beleuchten, ob der BFH am Fall allgemeingültige Kriterien entwickelt hat, ob verallgemeinerungsfähige Überlegungen erkennbar sind, die den in jedem Einzelfall erforderlichen Wertungsvorgang in gleichmäßiger, praktikabler und berechenbarer Weise anleiten können. Die Rechtsprechung könnte nämlich, darauf ist an früherer Stelle schon hingewiesen worden, wohl dann - aber auch nur dann - auf Akzeptanz stoßen, wenn sich feststellen ließe, daß den Einzelentscheidungen allgemeine und allgemeingültige Kriterien entnommen werden können, an denen sich die rechtliche Beurteilung anderer Sachzuwendungen orientieren kann. Gleichermaßen wie im Bereich der Ausgaben kommt der (Finanz-) Rechtsprechung bei den Einnahmen die Aufgabe zu, „Entscheidungsmuster für den Rechtsanwender zu bilden, so daß auf diese Weise Präjudizien allmählich zu „Veranlassungszentren" gerinnen"[632]. Die Konkretisierung offen gestalteter gesetzlicher Vorgaben kann nur dann Zustimmung erfahren, wenn den Entscheidungen der Rechtsprechung verläßliche Rechtsmaßstäbe zugrunde liegen, die auch bei Anwendung auf andere Fälle wertungsmäßig folgerichtige Ergebnisse hervorbringen können[633].

a) Die zentralen Aussagen der Rechtsprechung im Überblick

Der BFH sieht das für die Annahme von Entlohnung erforderliche weite Gegenleistungsverhältnis auch dann nicht gegeben, wenn ein auf Seiten des Arbeitgebers

[632] So für die „Veranlassung" im Rahmen der Abzugstatbestände *W. Jakob / R. Jüptner*, Steuerfragen, S. 124.

[633] Vgl. zu diesem allgemeinen Gebot *L. Osterloh*, Gesetzesbindung, S. 76 m.w.N.; *H.-J. Koch / Helmut Rüßmann*, Juristische Begründungslehre, S. 112.

vorhandenes eigenbetriebliches Interesse deutlicher Übergewicht hat: „Solche Vorteile [sind] kein Arbeitslohn, die sich bei objektiver Würdigung aller Umstände des Einzelfalles nicht als Entlohnung, sondern lediglich als notwendige Begleiterscheinung betriebsfunktionaler Zielsetzungen erweisen. Das Ergebnis einer solchen, den Arbeitslohncharakter verneinenden Würdigung hat der Senat damit beschrieben, daß „der Vorteil ganz überwiegend im eigenbetrieblichen Interesse gewährt sein muß. [...] Das Erfordernis des eindeutigen Vorrangs anderer als Entlohnungszwecke kommt bei der Verwendung des Begriffs „eigenbetriebliches Interesse" durch die hinzugefügten Worte „ganz überwiegend" zum Ausdruck"[634].

Aus diesen Umschreibungen wird zunächst deutlich, daß nach Ansicht des Gerichts das Gegenleistungsverhältnis dann gegeben ist, wenn das Verfolgen der jeweiligen Interessen und Zielsetzungen auf Seiten der Beteiligten in ausgewogenem Verhältnis zueinander steht. Davon ist erst dann nicht mehr auszugehen, wenn sich zeigt, daß der Arbeitgeber mit seiner Zuwendung ausschließlich oder ganz überwiegend besondere betriebliche Zielsetzungen verfolgt hat, diese Interessen bei der Hingabe des Vorteils also deutlich dominiert haben. Daß der Arbeitnehmervorteil nach Ansicht des BFH nur dann einkommensteuerlich irrelevant sein kann, wenn die Zuwendung nicht mit dem Ziel der Entlohnung erfolgt, verdeutlicht auch der in den letzten Jahren verstärkt in den Mittelpunkt gerückte Hinweis, daß es sich um einen geldwerten Vorteil handeln muß, der lediglich eine „notwendige Begleiterscheinung betriebsfunktionaler Zielsetzung"[635] ist.

In welchem Verhältnis nach Ansicht des BFH die Situationen „Entlohnung" und „keine Entlohnung" zueinander stehen, wenn es um Sachzuwendungen geht, die auf Seiten des Arbeitnehmers im Bereich der allgemeinen Lebensführung anzusiedelnde Bedürfnisse befriedigen, wird aus verschiedenen jüngeren Entscheidungen deutlich. So hat der BFH folgendes betont: „Die freiwillige und kostenlose oder verbilligte Inanspruchnahme von geldwerten Vorteilen, die im Bereich der allgemeinen Lebensführung i.S. des § 12 Nr. 1 EStG liegen, führt regelmäßig zum Zufluß von Arbeitslohn i.S. des § 19 Abs. 1 EStG, wenn sie vom Arbeitgeber gewährt werden"[636]. In diesem Bereich gehen die Richter also offenbar von einem Regel-Ausnahme-Verhältnis aus, die steuerrechtliche Qualifizierung baut zunächst auf der Vermutung auf, daß sich bei solchen Leistungen nur ausnahmsweise die Qualifizierung der geldwerten Vorteile als Einnahmen aus nichtselbständi-

[634] Jüngst BFH v. 30.05.2001, BStBl. II 2001 S. 671 (672).
[635] BFH v. 26.06.2003, DStZ 2003 S. 814 (815); BFH v. 30.05.2001, BStBl. II 2001 S. 671 (672); BFH v. 25.05.2000, BStBl. II 2000 S. 690 (691).
[636] BFH v. 27.09.1996, BStBl. II 1997 S. 146 (147).

ger Arbeit verbietet. Ob dieser Standpunkt Zustimmung verdient und welche Schlüsse sich hieraus für Situationen ziehen lassen, in denen die Vorteile gerade nicht im Bereich der allgemeinen Lebensführung angesiedelt sind, soll nachfolgend näher beleuchtet werden.

Dafür, daß ein solcher Ausnahmefall vorliegt, müssen nach Ansicht des BFH besondere Umstände sprechen. Die bloße Behauptung, daß eine Sachzuwendung im ganz überwiegend eigenbetrieblichen Interesse gewährt worden ist, genügt nicht. Vielmehr muß sich aus den objektiven Begleitumständen ergeben, „daß der jeweils verfolgte betriebliche Zweck ganz im Vordergrund steht und ein damit einhergehendes eigenes Interesse des Arbeitnehmers, den betreffenden Vorteil zu erlangen, deshalb vernachlässigt werden kann"[637]. Als mögliche relevante Umstände nennt der BFH mittlerweile ausdrücklich „Anlaß, Art und Höhe des Vorteils, Auswahl der Begünstigten, freie oder nur gebundene Verfügbarkeit, Freiwilligkeit oder Zwang zur Annahme des Vorteils und seine besondere Geeignetheit für den jeweils verfolgten betrieblichen Zweck"[638]. Er steht insbesondere auch auf dem Standpunkt, daß zwischen der Intensität des eigenbetrieblichen Interesses des Arbeitgebers und der Höhe der Bereicherung des Zuwendungsempfängers eine Wechselwirkung besteht. Je höher aus der Sicht des Arbeitnehmers die Bereicherung anzusetzen ist, desto geringer zähle das aus der Sicht des Arbeitgebers vorhandene eigenbetriebliche Interesse[639].

Eigenbetriebliche Interessen, die möglicherweise Relevanz erlangen können, hat der BFH in verschiedenster Art diskutiert. In seiner Leitentscheidung zum neuen Arbeitslohnbegriff, in der sich der BFH mit den Vorteilen aus der Vorsorgeuntersuchung von leitenden Angestellten auseinandersetzte, wies das Gericht beispielsweise auf die schwerwiegende Beeinträchtigung des betrieblichen Ablaufs der Arbeitgeberin hin, die für den Fall drohte, daß die untersuchten Führungskräfte krankheitsbedingt plötzlich ausfielen[640]. Bei Betriebsveranstaltungen ist es das Ziel der Klimaverbesserung innerhalb der Belegschaft, das von Arbeitgeberseite üblicherweise als verfolgtes Interesse vorgebracht wird und das nach der Rechtsprechung dazu führen kann, daß die betreffenden Zuwendungen im Ergebnis nicht als Arbeitslohn qualifiziert werden. Es soll der Kontakt der Arbeitnehmer untereinander und damit das Betriebsklima gefördert werden[641]. Eine Reihe eigen-

[637] BFH v. 27.09.1996, BStBl. II 1997 S. 146 (147).
[638] BFH v. 30.05.2001, BStBl. II 2001 S. 671 (672).
[639] Vgl. BFH v. 31.10.1986, BStBl. II 1987 S. 142 (143); v. 11.03.1988, BStBl. II 1988 S. 726 (729); 02.02.1990, BStBl. II 1990 S. 472 (474).
[640] BFH v. 17.09.1982, BStBl. II 1983 S. 39 (41).
[641] BFH v. 22.03.1985, BStBl. II 1985 S. 532 (533); v. 06.12.1996, BStBl. II 1997 S. 331 (332).

betrieblicher Interessen, auf die der Arbeitgeber hingewiesen hatte, verwarf das Gericht in seiner Entscheidung zu den wirtschaftlichen Vorteilen aus Personalrabatten, die nach Einführung des § 8 Abs. 3 EStG im Jahre 1990 erging. So sei nicht davon auszugehen, daß ein verbilligter Verkauf von Arbeitgeberprodukten an Arbeitnehmer sich eigne, die Belegschaft als besonderen Kundenstamm auch hinsichtlich nicht verbilligt angebotener Produkte zu gewinnen; jedenfalls würde ein solcher Effekt auch durch andere Absatzaktionen bewirkt. Auch der Hinweis, mit der Benutzung von firmeneigenen Produkten sei eine Werbewirkung verbunden, überzeugte das Gericht nicht[642].

Der BFH hat auch deutlich gemacht, daß nicht jedes Verfolgen betrieblicher Interessen bzw. Zielsetzungen des Arbeitgebers das Gegenleistungsverhältnis unterbindet. „Der Begriff der betrieblichen Veranlassung [ist] ... nicht mit dem die Annahme von Arbeitslohn ausschließenden Begriff des überwiegend eigenbetrieblichen Interesses gleichzusetzen [...]. Deckungsgleichheit besteht nur bei Aufwendungen an Arbeitnehmer, die keine Gegenleistung für eine erbrachte oder zu erbringende Arbeitsleistung darstellen“[643]. Die Situation eines ganz überwiegend eigenbetrieblichen Interesses liegt, so die Rechtsprechung, nur dann vor, wenn das eigenbetriebliche Interesse über das an jeder Lohnzahlung bestehende betriebliche Interesse hinausgeht[644]. Der Frage, in welcher Weise der BFH innerhalb der vorgebrachten eigenbetrieblichen Interessen selektiert, soll an späterer Stelle nachgegangen werden.

b) Grundannahme „Entlohnung“ bei Vorteilen im Bereich der allgemeinen Lebensführung

aa) Standpunkt des BFH: widerlegbare Vermutung für Gegenleistungscharakter

Im Schrifttum wird teilweise die Ansicht vertreten, daß die Lebenserfahrung zunächst dafür spricht, daß alle Zuwendungen im Verhältnis zwischen Arbeitgeber

---

642 BFH v. 04.06.1993, BStBl. II 1993 S. 687 (689).

643 So BFH v. 09.03.1990, BStBl. II 1990 S. 711 (714). Vgl. auch BFH v. 25.05.2000, BStBl. II 2000 S. 690 (691); BFH v. 04.06.1993, BStBl. II 1993 S. 687 (689); BFH v. 18.03.1986, BStBl. II 1986 S. 575 (576) ausdrücklich gegen das Ergebnis des Finanzamtes. Im Ergebnis ebenso *U. Albert / J. Heitmann*, DStZ 1995 S. 257 (258).

644 Vgl. zur fehlenden Deckung der Aspekte z.B. BFH v. 16.04.1993, BStBl. II 1993 S. 640 (641); v. 09.03.1990, BStBl. II 1990 S. 711 (714); v. 18.03.1986, BStBl. II 1986 S. 575 (576) ausdrücklich gegen das Ergebnis des Finanzamts.

und seinen nichtselbständig Beschäftigten unter dem Gesichtspunkt des Austausches von Dienst- bzw. Arbeitsleistung und Gegenleistung erfolgen[645]. Aus den einschlägigen Entscheidungen des BFH wird deutlich, daß das Gericht von einer solchen grundsätzlichen Vermutung ausdrücklich nur in den Fällen ausgeht, in denen geldwerte Vorteile gegeben werden, die im Bereich der allgemeinen Lebensführung - also der einkommensteuerlich irrelevanten privaten Sphäre - liegen. Erfolgen solche Zuwendungen freiwillig von Seiten des Arbeitgebers und werden sie vom Arbeitnehmer kostenlos oder verbilligt in Anspruch genommen, sind nach Ansicht der Richter regelmäßig Einnahmen aus nichtselbständiger Arbeit gegeben[646]. Die Inanspruchnahme von Leistungen im Bereich der allgemeinen Lebensführung i.S. des § 12 Nr. 1 EStG „führt regelmäßig zum Zufluß von Arbeitslohn i.S. des § 19 Abs. 1 EStG, wenn sie vom Arbeitgeber gewährt werden“[647]. So hat das Gericht in Hinblick auf die kostenlose Gewährung von Mahlzeiten darauf hingewiesen, daß, „da Aufwendungen für die Lebensführung und insbesondere für die Ernährung nach § 12 Nr. 1 EStG grundsätzlich nicht das zu versteuernde Einkommen mindern dürfen, [es] gerechtfertigt [...] erscheint, in der Regel in der unentgeltlichen Zuwendung von Mahlzeiten durch den Arbeitgeber typisierend Arbeitslohn zu sehen“[648]. Die Erheblichkeit des Umstandes, daß ein geldwerter Vorteil der Sache nach in den privaten Bereich der Lebensführung des Zuwendungsempfängers zielte, betonte der BFH auch, als er zu dem Vorteil Stellung zu nehmen hatte, der daraus resultierte, daß eine Arbeitgeberin ihren Angestellten die Beiträge ersetzte, welche jene für ihre Mitgliedschaften in privaten Vereinen gezahlt hatten[649]. Dieselbe Haltung wird schließlich deutlich aus Entscheidungen, die sich mit der rechtlichen Qualifizierung von Vorteilen aus der kostenlosen Teilnahme an Reisen auseinandersetzen: werden etwa Arbeitnehmer

[645] *U. Stache*, in: Bordewin/Brandt, EStG, § 19 Rn. 556; *H. Pflüger*, in: Herrmann/Heuer/Raupach, EStG, § 19 Rn. 155.

[646] BFH v. 27.09.1996, BStBl. II 1997 S. 146 (147), desweiteren etwa BFH v. 05.05.1994, BStBl. II 1994 S. 771 (773). Auch in seiner Entscheidung v. 27.07.1986, BStBl. II 1986 S. 868 (869) hat das Gericht bei der Beurteilung von Vorteilen aus Kindergartenzuschüssen als Ausgangspunkt darauf hingewiesen, daß die Arbeitnehmerinnen durch die Arbeitgeberleistungen notwendige Privataufwendungen ersparen, die sie nicht als Werbungskosten geltend machen könnten; die folgenden Ausführungen beschäftigen sich dann mit dem Hinweis der Klägerin, sie hätte die Zuschüsse aus ganz überwiegend eigenbetrieblichem Interesse gewährt.

[647] Vgl. in diesem Zusammenhang BFH v. 20.09.1985, BStBl. II 1985 S. 718 (719), wo der BFH betont hatte, daß es keine - noch dazu vom Steuerpflichtigen zu widerlegende - Vermutung gäbe, daß im Verhältnis zwischen Arbeitgeber und Arbeitnehmer im Zweifel alle Zuwendungen unter dem Gesichtspunkt des Austausches von Dienstleistung und Gegenleistung erfolgten.

[648] BFH v. 05.05.1994, BStBl. II 1994 S. 771 (773); vgl. auch schon BFH v. 07.12.1984, BStBl. II 1985 S. 164 (168): Es „bestanden in der Rechtsprechung des Reichsfinanzhofs [...] nie Zweifel, daß der Vorteil der Arbeitnehmer, der in der Gewährung von unentgeltlichen oder verbilligten Mahlzeiten besteht, dem Grunde nach lohnsteuerpflichtig ist.“

[649] BFH v. 15.05.1992, BStBl. II 1993 S. 840 (842).

auf eine mehrtätige Auslandsreise mit ausgedehntem Besichtigungsprogramm in Form üblicher Touristikreisen geschickt, kann nach Ansicht des BFH nur beim Vorliegen besonderer Umstände Arbeitslohn verneint werden[650]. Es besteht seines Erachtens bei solchen Zuwendungen ein Regel-Ausnahme-Verhältnis; die steuerrechtliche Qualifizierung baut zunächst auf der Vermutung auf, daß den geldwerten Vorteilen typischerweise Gegenleistungsqualität zukommt und sie nur dann, wenn die konkrete Situation Besonderheiten aufweist, nicht als Einnahmen aus nichtselbständiger Arbeit zu qualifizieren sind[651].

Der BFH bedient sich also bei der Beurteilung von Sachzuwendungen, die im Bereich der allgemeinen Lebensführung liegen, des Mittels der Typisierung. Indem er den Beteiligten aber die Möglichkeit gibt, Umstände vorzutragen, die eine abweichende Behandlung des betreffenden Einzelfalles verlangen, beschränkt er sich auf eine formelle Typisierung. Der BFH weist hier denjenigen, die sich auf die Abweichung der tatsächlich vorliegenden Situation von der vermuteten berufen - also dem Arbeitnehmer bzw. Arbeitgeber -, die Darlegungslast für die Tatsachen zu, die eine Ausnahmesituation aufzeigen und im Ergebnis die für die beiden günstige rechtliche Beurteilung der Situation zulassen. So ist von diesen etwa „ein überwiegend eigenbetriebliches Interesse besonders darzulegen, wenn eine Reise auch touristische Aspekte aufweist“[652], also der gewährte Vorteil die Sphäre der privaten Lebensführung des Arbeitnehmers berührt. Gleiches soll gelten, wenn vorgetragen wird, der umstrittene geldwerte Vorteil sei dem Arbeitnehmer aufgedrängt worden[653]. Auch müsse der Arbeitgeber, der geltend mache, die Bewirtung eigener Arbeitnehmer habe in seinem ganz überwiegend eigenbetrieblichen Interesse gelegen, weil die „Speisen und Getränke anläßlich und während eines außergewöhnlichen Arbeitseinsatzes aus durch den Arbeitsablauf bedingten Gründen unentgeltlich überlassen“ worden seien, für jede Bewirtung substantiiert die Tatsachen vortragen, die den Schluß auf einen außergewöhnlichen Arbeitseinsatz rechtfertigen[654].

---

[650] BFH v. 09.03.1990, BStBl. II 1990 S. 711.

[651] Daß es diese Ausnahmen gibt, hat der BFH auch schon im Urteil v. 18.03.1986, BStBl. II 1986 S. 575 (576) ausdrücklich betont. Anders, als das FG es entschieden habe, sei es nicht etwa so, „daß nur die Zuwendung solcher Vorteile im eigenbetrieblichen Interesse des Arbeitgebers liegen könne, die, würden sie vom Arbeitnehmer selbst finanziert, bei ihm Werbungskosten darstellen würden. Ein ganz überwiegend eigenbetriebliches Interesse braucht nämlich nicht deswegen zu entfallen, weil es Aufwendungen betrifft, die, würden sie vom Arbeitnehmer getragen, zu den Kosten seiner privaten Lebensführung gehörten“.

[652] BFH v. 18.02.1994, BFH/NV 1994 S. 708 (709).

[653] Vgl. etwa BFH v. 18.02.1994, BFH/NV 1994 S. 708 (709).

[654] BFH v. 04.08.1994, BStBl. II 1995 S. 59 (61).

bb) Regel-Ausnahme-Verhältnis als zulässige Folgerung aus Vergleich mit „normaler“ Lohnzahlung

Daß der BFH bei der rechtlichen Beurteilung von Sachzuwendungen, die ihrer Art nach Bedürfnisse im Bereich der privaten Lebensführung befriedigen, mit einer Vermutung für Entlohnung ansetzt, verdient Zustimmung. Denn diese Fälle sind auf den ersten Blick den Situationen vergleichbar, in denen der Arbeitnehmer vertraglich vereinbarte Lohnzahlungen in Geld zum selbstbestimmten Einsatz erhält und er dieses dann ausgibt, um Leistungen in Anspruch zu nehmen oder Waren zu erwerben, die dem privaten Bereich zuzuordnen sind[655]. Oder in denen er (teilweise) Sachleistungen als vertragliche Lohnzahlung mit dem Arbeitgeber vereinbart und dabei nur die von ihm gewünschten Arten wählt. Im Ergebnis kommt es in all diesen Fällen zur Befriedigung desselben (privaten) Bedürfnisses, nur auf verschiedenen Wegen.

Dann aber sprechen Leistungsfähigkeitsüberlegungen dafür, die jeweils gewährten Vorteile auch rechtlich übereinstimmend zu würdigen. Einnahmen aus nichtselbständiger Arbeit erhöhen die Einkommensteuerbemessungsgrundlage auf Seiten des Zuwendungsempfängers. Seine Ausgaben, die er mit dem erlangten Geld bestreitet und die sich als privater Konsum erweisen, können nicht als Werbungskosten die für seine Besteuerung maßgebliche Bemessungsgrundlage mindern[656]. Ist es aber demgegenüber so, daß der Steuerpflichtige die ihm zur freien Verfügbarkeit überlassenen Mittel tatsächlich nicht zur Befriedigung privater Bedürfnisse verwendet, sondern zeigt sich, daß „objektiv ein Zusammenhang mit der auf Einnahmenerzielung gerichteten Tätigkeit besteht und subjektiv die Aufwendungen zur Förderung dieser steuerlich relevanten Tätigkeit gemacht werden“[657], finden diese Ausgaben im Ergebnis steuermindernd Berücksichtigung. Zusammengefaßt zeigt sich: Die Güter, die der Arbeitnehmer durch das Zurverfügungstellen seiner Arbeitskraft zur freien Verfügung erlangt, erhöhen seine steuerliche Leistungsfähigkeit; werden sie dann tatsächlich im privaten Konsumbereich verwen-

---

[655] In diese Richtung auch *T. Hußmann*, DB 1985 S. 1858 (1859): „Der Qualität nach unterscheidet sich die Sacheinnahme nicht von einer Geldeinnahme, die in einer Einkunftsart anfällt, jedoch zur privaten Lebensführung verwendet wird.“

[656] Steuerliche Auswirkungen haben private Ausgaben nur dann, wenn sie gewissermaßen zwangsläufig entstehen, wenn mit ihnen i.E. nicht entbehrlichen Privatbedürfnissen Rechnung getragen wird. Dies sind die Ausgaben, die als „Sonderausgaben“ (§§ 10, 10 b, 10 c EStG) und „außergewöhnliche Belastungen“ (§§ 33, 33 a, 33 b, 33 c EStG) die Bemessungsgrundlage der Einkommensteuer mindern. Die betreffenden Vorschriften dienen somit dazu, den indisponiblen Teil des Markteinkommens aus der Bemessungsgrundlage zu eliminieren (vgl. *K. Tipke / J. Lang*, Steuerrecht, § 9 Rn. 700 ff.).

[657] *W. Drenseck*, in: L. Schmidt, EStG, § 9 Rn. 7.

det, ist die hieraus resultierende Verminderung der wirtschaftlichen Leistungsfähigkeit grundsätzlich einkommensteuerlich unbeachtlich.

Bei Vorliegen der äußerlichen Vergleichbarkeit der Situationen liegt es auch nahe, davon auszugehen, daß auch bei freiwilligen Sachzuwendungen die Interessen der Beteiligten in vergleichbar ausgewogener Weise verfolgt werden. Ausgewogen werden die Zielsetzungen der Parteien jedenfalls verfolgt und zumeist auch durchgesetzt bei ausdrücklich als Lohnzahlung vereinbarten Geld- oder Sachzuwendungen; hier kann davon ausgegangen werden, daß die konkrete vertragliche Vereinbarung das Resultat von Verhandlungen ist, die dadurch geprägt waren, daß jeder der Beteiligten mit gleichem Gewicht seine Interessen verfolgt hat. Die Parteien eines gegenseitigen Vertrages sind regelmäßig darauf bedacht, ihre jeweiligen Interessen gleichmäßig berücksichtigt zu wissen[658]. Der Arbeitgeber zahlt die vereinbarten Bezüge, um den Arbeitnehmer zum Erbringen der Arbeitsleistung anzuhalten, dieser wiederum stellt seine Arbeitskraft zur Verfügung, um den vereinbarten Arbeitslohn zu erhalten, die Zuwendung der betreffenden Gelder oder geldwerten Güter zielt auf Entlohnung. Auch bei der rechtlichen Beurteilung der äußerlich vergleichbaren Situation, daß geldwerte Güter, die im Bereich der allgemeinen Lebensführung liegen, überlassen werden, läßt sich deshalb im Ausgangspunkt vermuten, daß die Beteiligten ihre Interessen in gegenseitig ausgewogener Weise verfolgen und daß deshalb die Leistungen des Arbeitgebers steuerrechtlich als Gegenleistungen für das Zurverfügungstellen der individuellen Arbeitskraft des Arbeitnehmers anzusehen sind.

cc) Widerlegbarkeit erforderlich wegen möglicher fehlender Vergleichbarkeit des wirtschaftlichen Hintergrundes

Daß aber Grund besteht, die Fälle, in denen zusätzlich zum vertraglich vereinbarten Arbeitslohn geldwerte Vorteile gewährt werden, einer genaueren Betrachtung zu unterziehen und einen Vergleich hinsichtlich Übereinstimmungen mit und Abweichungen von der Situation einer üblichen Lohnzahlung anzustellen, zeigen insbesondere folgende Überlegungen. Die Sachzuwendungen, die hier zur Diskussion stehen, werden nicht gewährt als Ergebnis vertraglicher Verhandlungen. Vielmehr geht die Initiative vom Arbeitgeber aus, sie sind also Resultat eines einseitigen Engagements. Deshalb lag von vorneherein nicht eine Situation vor, in der im Zuge gegenseitiger Verhandlungen von den Beteiligten ihre jeweiligen In-

---

[658] *S. Temminghoff*, Lohnsteuerpflichtige Zuwendungen, S. 29 f., die aber das „ganz überwiegend eigenbetriebliche Interesse" als Abgrenzungsgesichtspunkt ablehnt.

teressen konkret verfolgt werden konnten. Vielmehr oblag dem Arbeitgeber die Entscheidung über das „Ob" und „Wie" der Zuwendung, so daß es jedenfalls dem Grunde nach möglich erscheint, daß hinter seinem Entschluß, den geldwerten Vorteil zu gewähren, andere als Entlohnungsinteressen gestanden haben. Der Arbeitnehmer hat also keinen Einfluß darauf, welche Sachzuwendungen ihm gewährt werden, in den Entscheidungsprozeß wird er nicht eingebunden. Diesem Umstand kommt nach Ansicht des BFH in Regelfall keine rechtliche Relevanz zu, da es dem Arbeitnehmer in den typischen Fällen frei steht zu entscheiden, ob er den ihm angebotenen geldwerten Vorteil tatsächlich in Anspruch nimmt, er also mit darüber bestimmen kann, ob es zu einer (regelmäßig steuerbaren) objektiven Bereicherung auf seiner Seite kommt. Fehlt ihm jedoch diese Möglichkeit der freien Entscheidung, kann eine andere rechtliche Würdigung in Betracht kommen[659]. Denn dann sind die jeweiligen Situationen nicht mehr wirtschaftlich vergleichbar. Für eine mangelnde wirtschaftliche Vergleichbarkeit einer Sachzuwendung mit der Zahlung vertraglich vereinbarten Lohnes können aber auch andere Umstände sprechen; ob der zu beurteilende Sachverhalt solche Besonderheiten aufweist, ist regelmäßig in jedem Einzelfall konkret zu überprüfen[660].

c) Kein Gegenleistungscharakter bei Vorteilen in der Berufssphäre des Arbeitnehmers?

Darauf, daß die fiktive Möglichkeit eines Werbungskostenabzuges beim Arbeitnehmer nicht dazu führen kann, daß man eine wirtschaftliche Bereicherung nur in Höhe des um den betreffenden Abzugsbetrages verminderten finanziellen Vorteils annehmen kann, ist an früherer Stelle hingewiesen worden. Der Blick in die Entscheidungen des BFH gibt Anlaß für die weitere Frage, ob die Tatsache, daß eine solche Situation vorliegt, dann aber Bedeutung erlangen kann, wenn zu klären ist, ob einer Sachzuwendung Gegenleistungsqualität zukommt, also ob sie durch die nichtselbständige Tätigkeit des Steuerpflichtigen am Markt veranlaßt ist. Die Überlegung, ob in der hypothetischen Situation der Arbeitnehmer die Ausgaben zur Erlangung des betreffenden Vorteils steuerlich hätte geltend machen können, wird in einer Vielzahl der Urteile angestellt. Welche Folgerungen das Gericht aus dem jeweils gewonnenen Ergebnis zieht und ob die vertretene Position Zustimmung verdient, soll nunmehr näher untersucht werden.

---

659 Vgl. hierzu die Ausführungen in Teil 3, C) 7.) g) bb) (1).

660 Inwieweit hier Typisierungen die Rechtsanwendung erleichtern können, wird an späterer Stelle diskutiert; vgl. insbes. Teil 3, C) 7.) g) cc).

Auf der Grundlage der neueren Rechtsprechung zum Arbeitslohnbegriff wäre hier zu fragen, ob Sachzuwendungen dann nicht als durch die nichtselbständige Arbeit veranlaßt anzusehen sind, ihnen also keine Gegenleistungsqualität zukommt, wenn der Arbeitnehmer, hätte er den entsprechenden Vorteil selbst finanziert, diese Kosten als Werbungskosten hätte ansetzen können.

aa) Argumente der Befürworter einer solchen „Werbungskostenlösung"

Befürworter hatte diese Position schon zur Zeit der Annehmlichkeiten-Rechtsprechung gefunden. Damals wurde die Frage gestellt, ob es zur begrifflichen Präzisierung dieser Annehmlichkeiten ein tauglicher Weg wäre zu unterscheiden in Zuwendungen, die dadurch gekennzeichnet sind, daß der Arbeitnehmer eigene Ausgaben als Werbungskosten hätte geltend machen können, wenn er den Zuwendungsgegenstand selbst erworben hätte und in solche, bei denen eigene Aufwendungen nicht steuermindernd Berücksichtigung gefunden hätten. Nur erstere seien als nicht steuerbare Sachzuwendungen des Arbeitgebers zu qualifizieren[661]. In jüngerer Zeit hat *J. Lang* diesen Gedanken wieder in die Diskussion eingeführt und darauf hingewiesen, daß möglicherweise bei der Bestimmung des Arbeitslohns die Steuergleichheit verbessert werden könnte, wenn grundsätzlich alle vom Arbeitgeber in der Berufssphäre des Arbeitnehmers getragenen Aufwendungen aus dem Begriff des Arbeitslohns ausgeschieden würden. Die Prämisse eines solchen Verständnisses ist die These, daß die steuerliche Bestimmung von Sachbezügen dem Zweck dient, „die aus der Berufssphäre in die private Konsumsphäre des Arbeitnehmers fließenden Vorteile zu besteuern"[662]. Davon sei nicht auszugehen, wenn Zuwendungen der Sache nach Aufwendungen ersparen, die in der beruflichen Sphäre des Arbeitnehmers anzusiedeln sind.

bb) Hinweise in Urteilen zu Annehmlichkeiten

In den Entscheidungen des BFH aus der Zeit vor seiner systematischen Neupositionierung finden sich dann auch Überlegungen, die auf eine hypothetische Wer-

---

661 *J. Stolterfoht*, StRK-Anm., EStG, § 8 R 60, S. 4; *G. Baumdicker*, DStR 1977, S. 683 (690). Vgl. auch *K. Tipke*, StuW 1976, S. 157 (158) und *W. Jakob*, Steuern vom Einkommen I, S. 200, der aber i.E. in Hinblick auf den Werbungskostenpauschbetrag befürwortet, den betreffenden Arbeitnehmervorteil als Lohn zu behandeln und diesen durch einen gleich hohen Werbungskostenbetrag neutral zu stellen.

662 *J. Lang*, FS-Offerhaus, S. 433 (444); so schon im Ansatz in DStJG 9 (1986), S. 15 (64 ff.). Auch schon *W. Jakob*, Steuern vom Einkommen I, S. 200: „Geht man davon aus, daß das Gesetz Leistungsfähigkeitssteigerungen nur für Zwecke der Privatdisposition (Einkommensverwendung) erfassen will, ...". Vgl. grundlegend zu diesem Gedanken *F. Wagner*, StuW 1992 S. 291 (297 f.).

bungskosten-Abzugsmöglichkeit des Arbeitnehmers abstellen. So hatte das Gericht etwa tarifliches „Waschgeld", das ein Arbeitgeber dem bei ihm angestellten Kaminkehrer gezahlt hatte, deshalb als steuerfreie Annehmlichkeit angesehen, weil der Kaminkehrer für die Kosten des Waschens nach dem Dienst ohnehin Werbungskosten hätte geltend machen können[663]. In einer Entscheidung zur Steuerbarkeit von Erholungsbeihilfen hatte das Gericht betont, daß solche dann nicht zum Arbeitslohn zu rechnen seien, wenn sie im Zusammenhang mit typischen Berufskrankheiten gegeben würden, der Betrieb verfolge ein eigenes Interesse, wenn er die Belegschaft in jeder Form vor typischen Berufskrankheiten schütze. Das Gewähren der Beihilfen zum Schutz vor bzw. Auskurieren von allgemeinen Gesundheitsschäden ließ der BFH demgegenüber ausdrücklich nicht genügen, um die Annahme von Arbeitslohn auszuschließen[664].

cc) Neuere Rechtsprechung: allenfalls erste Ansätze für „Werbungskostenlösung"

Der BFH hat nach seiner systematischen Neupositionierung nicht ausdrücklich Stellung dazu bezogen, welche Bedeutung er der Möglichkeit des Arbeitnehmers, hypothetische Ausgaben als Werbungskosten geltend zu machen, beimessen will. Anlaß zu der Annahme, daß er in solchen Fällen schon wegen dieses Gesichtspunkts Arbeitslohn verneinen möchte, bietet aber die Entscheidung zu den auf Veranlassung der Klägerin verabreichten Massagen. Hier führte das Gericht aus: „Im Streitfall hat das FG nicht hinreichend berücksichtigt, daß die Massagen nach dem Vorbringen der Klägerin einer spezifisch berufsbedingten Beeinträchtigung der Gesundheit der Arbeitnehmer vorbeugen bzw. ausgleichend entgegenwirken sollten. Danach könnte - im Rahmen der anzustellenden objektiven Würdigung aller Einzelumstände - der Arbeitslohncharakter der Massagen zu verneinen sein. Im Übrigen reichen die vom FG getroffenen Feststellungen nicht dazu aus, um die Schlußfolgerung zu rechtfertigen, die Klägerin habe nicht aufgrund eines ganz überwiegenden eigenbetrieblichen Interesses ihren Mitarbeitern die Möglichkeit eröffnet, sich massieren zu lassen"[665]. Diese Ausführungen könnten so verstanden werden, daß der BFH schon dann, wenn feststünde, daß mit den kostenlosen Massagen eine typische Berufskrankheit vermieden oder auskuriert werden sollte, davon ausgehen würde, daß der geldwerte Vorteil nicht zum Zwecke der Entlohnung hingegeben wurde.

---

[663] BFH v. 10.11.1961, BStBl. III 1962 S. 50. Vgl. auch das Urteil des BFH v. 29.10.1965, BStBl. III 1966 S. 75 betreffend die Gestellung von Berufsbekleidung und die Gewährung einer Barablösung in Hinblick auf den entsprechenden Anspruch.

[664] BFH v. 14.01.1954, BStBl. III 1954 S. 86 (87).

[665] BFH v. 30.05.2001, BStBl. II 2001 S. 671 (672 f.).

Auch die Ausführungen des BFH in seinem Urteil zum Treffen von Außendienstmitarbeitern auf Kreta[666] sind als Hinweis darauf gedeutet worden, daß das Gericht seine Entscheidung über die Steuerbarkeit von Vermögenszugängen davon abhängig machen will, wie entsprechende Ausgaben des Arbeitnehmers steuerrechtlich qualifiziert würden[667].

dd) Bedenken gegen die Maßgeblichkeit der Entscheidung auf Aufwendungsseite für die Frage steuerbarer Einnahmen, lediglich Indizwirkung

Der Wortlaut der einschlägigen Vorschriften des Einkommensteuergesetzes deutet nicht auf ein solches Verständnis hin. § 19 Abs. 1 Nr. 1 EStG, der konkrete Beispiele für Einnahmen aus nichtselbständiger Arbeit anführt, aber auch die allgemeinen Merkmale solcher Einnahmen nennt, enthält gerade keine Begrenzung der möglichen Zuwendungen auf solche, die private Bedürfnisse des Empfängers befriedigen. Dies tut demgegenüber § 3 Abs. 1 b Nr. 2 UStG, der ausdrücklich nur Sachzuwendungen an das Personal „für dessen privaten Bedarf" als steuerbaren Tatbestand festlegt, also eine schon im Ausgangspunkt differenzierende Beurteilung von Sachzuwendungen vorsieht je nachdem, auf welche Bedürfnisse des Zuwendungsempfängers sie abzielen.

Bedenken gegen eine „Werbungskostenlösung", die unter Rückgriff auf das gedachte Ergebnis auf der Aufwendungsseite des Arbeitnehmers aus der Gesamtgruppe der Sachzuwendungen solche ausgrenzte, denen keine Gegenleistungsqualität zukommt, resultieren aber auch aus anderen Überlegungen. Zum einen käme es hier nur zu einer Problemverlagerung, da nun eine hypothetische Betrachtung auf der Aufwendungsseite erforderlich wäre, um zu klären, ob die entsprechenden Ausgaben objektiv durch den Beruf veranlaßt und subjektiv ihm zu dienen bestimmt sind. Wie und wo im Aufwendungsbereich die Grenzen zu ziehen sind, ist jedoch auch weiterhin nicht hinreichend geklärt, man sähe sich somit den Abgrenzungsproblemen bei den Ausgaben gegenüber. Mit dieser Vorgehensweise wäre also jedenfalls kein Gewinn an Praktikabilität zu erzielen. Zum anderen negierte eine solche Vorgehensweise völlig den Umstand, daß bei einer Einnahme, anders als auf der Aufwendungsseite, der Abgang eines Wertes aus der Vermögenssphäre des Zuwendenden in seiner Auswirkung auf die Vermögenssphäre auf den Empfänger rechtlich zu beurteilen ist und deshalb vieles dafür spricht, für die Klärung der Gegenleistungsfrage die Situation der beiden an der Wertverschiebung Betei-

---

[666] BFH v. 09.08.1996, BStBl. II 1997 S. 97.

[667] *R. Flies*, FR 1997 S. 630 (631); wohl auch *J. Lang*, FS-Offerhaus, S. 433 (444 f.).

ligten zu berücksichtigen. Oben wurde schon darauf hingewiesen, daß gewichtige Argumente dafür sprechen, bei der erforderlichen Wertungsentscheidung gerade auch die Gründe einzubeziehen, welche den leistenden Arbeitgeber bewogen haben könnten, dem Arbeitnehmer eine Sachzuwendung zukommen zu lassen. Zu diesem Gesichtspunkt lassen sich jedoch keine abschließenden Aussagen treffen, wenn auf Seiten des Arbeitnehmers lediglich die hypothetische Möglichkeit, Werbungskosten geltend zu machen, als für die Entscheidung ausschlaggebender Aspekt herangezogen wird.

Argument gegen eine solche Interpretation des Tatbestandsmerkmals „für eine Beschäftigung" sind auch die an früherer Stelle dieser Untersuchung[668] schon aufgezeigten Bedenken gegen eine Saldierung von Einnahmen und Ausgaben, die über die gesetzlich festgelegten möglichen Fälle hinausgeht. Sie sollen nachfolgend nur noch einmal mal kurz aufgezeigt werden. Das Einkommensteuergesetz macht mit seiner Grundsatznorm § 2 deutlich, daß es Einnahmen und Aufwendungen grundsätzlich getrennt betrachtet (vgl. § 2 Abs. 2 EStG). Zwar verlangt das Nettoprinzip im Ergebnis eine Gegenüberstellung dieser beiden Positionen mit dem Ziel, lediglich den Zuwachs an Leistungsfähigkeit zu erfassen, den der Steuerpflichtige innerhalb eines bestimmten Zeitabschnittes erfahren hat und der ihm zur privaten Bedürfnisbefriedigung zur Verfügung steht[669]. Das Nettoprinzip bezieht sich aber nur auf das Ergebnis, das am Ende die Bemessungsgrundlage für die Einkommensteuer darstellt; hinter diesem Prinzip steht nicht die Überlegung, daß eine Einnahme nur dann der Besteuerung zugrunde zu legen ist, wenn sie im Ergebnis dem Einnehmenden verbleibt[670]. Es fehlt auch im Einkommensteuerrecht etwa ein allgemeiner Grundsatz, der eine Saldierung von Einnahmen und Ausgaben zuläßt; auf eine solche Saldierung liefe das hier diskutierte Verständnis aber hinaus. Vielmehr hat der Gesetzgeber mit der Aufnahme nur bestimmter Fälle steuerfreien Werbungskostenersatzes in § 3 EStG deutlich gemacht, daß er eine Verrechnung von Zuwendungen mit dem berufsbedingten Aufwand, dessen Ausgleich die Zuwendungen dienen, lediglich in den ausdrücklich gesetzlich geregelten Fällen zulassen möchte[671]. Nur bei diesen Sachverhalten soll in Kauf genommen werden, daß der Arbeitnehmerpauschbetrag (§ 9a Abs. 1 Nr. 1 EStG) im praktischen Ergebnis dadurch aufgestockt wird, daß die betreffenden Ausgaben nicht auf den Pauschbetrag angerechnet werden.

---

[668] Teil 3, B) IV.) 3.).
[669] *H.G. Ruppe*, in: Herrmann/Heuer/Raupach, EStG, Einf. ESt, Rn. 2.
[670] *R. Flies*, FR 1997 S. 630 (632).
[671] *H. Pflüger*, in: Herrmann/Heuer/Raupach, EStG, § 19 Rn. 162.

Im Ergebnis bleibt festzuhalten, daß der Umstand, daß bei bestimmten Sachzuwendungen der Arbeitnehmer entsprechende eigene Aufwendungen als Werbungskosten hätte abziehen können, jedenfalls nicht eine enge Auslegung des Sachbezugsbegriffs ermöglicht oder gar verlangt. Eine solche Auslegung liefe insbesondere dem im EStG verankerten grundsätzlichen Saldierungsverbot entgegen. Den Befürwortern einer Werbungskostenlösung im angesprochenen Sinne ist aber zuzugeben, daß nur schwer Fälle denkbar sind, in denen Zuwendungen des Arbeitgebers als nicht steuerbare, da im ganz überwiegend eigenbetrieblichen Interesse hingegebene, Leistungen zu qualifizieren sind, ohne daß der Arbeitnehmer Werbungskosten gelten machen könnte, wenn er das zur Diskussion stehende geldwerte Gut mit eigenem Vermögen erworben hätte[672]. Deshalb ist der Feststellung, daß im hypothetischen Fall Werbungskosten geltend gemacht werden könnten, eine gewisse Indizwirkung für die Möglichkeit eines fehlenden Gegenleistungsverhältnisses zwischen der Zuwendung des Arbeitgebers und dem Zurverfügungstellen der Arbeitskraft des Arbeitnehmers zuzusprechen. Man sieht sich hier durchweg Fallgestaltungen gegenüber, die durch einen besonders engen sachlichen Bezug der Zuwendung zur Leistungserbringung des Arbeitnehmers geprägt sind. Weitergehende rechtliche Bedeutung kann die gedachte Werbungskostenabzugsmöglichkeit jedoch im Rahmen einer Auslegung der gesetzlichen Vorgaben nicht beanspruchen. Hier müßte der Gesetzgeber tätig werden und § 19 Abs. 1 Nr. 1 EStG mit einer dem in § 3 Abs. 1 b Nr. 2 UStG enthaltenen Passus („für dessen privaten Bedarf") vergleichbaren Formulierung ergänzen.

d) Erste Auswahl der Arbeitgeber-Interessen: grundsätzliches Anknüpfen an Erkenntnisse der Betriebswirtschaftslehre

Das Einkommensteuergesetz verwendet den Begriff des „eigenbetrieblichen Interesses" nicht. Es ist aber von der Erscheinung „Betrieb" an verschiedenen Stellen des EStG die Rede (insbesondere in § 4: „Betriebs"vermögen, „Betriebs"einnahmen, „Betriebs"ausgaben, Einlagen in und Entnahmen aus dem „Betrieb"). Deshalb scheint es sich anzubieten, zunächst mit einem Blick auf die im Steuerrecht gewonnenen Erkenntnisse zum Begriff des „Betriebes" zu versuchen herauszufinden, welche Merkmale nach Ansicht des BFH kennzeichnend für die Situation einer Sachzuwendung „im ganz überwiegend eigenbetrieblichen Interesse" sind, also für eine Leistung, mit der gerade keine Entlohnung des Zuwendungsempfängers bezweckt war. Dieser Weg erweist sich jedoch schnell als we-

[672] So *R. Flies*, FR 1997 S. 630 (633).

nig erfolgversprechend. So definiert das Einkommensteuergesetz den Begriff des Betriebes nicht. Zum anderen ist der Begriff „Betrieb" lediglich im Zusammenhang mit der Entnahmeregelung (§ 4 Abs. 1 EStG) Gegenstand von Diskussionen. Der Rückgriff auf die in Rechtsprechung und Literatur angebotenen Interpretationen des Begriffs[673] kann jedoch bei der Klärung der sich hier stellenden Abgrenzungsfrage nicht helfen, da diese Erläuterungen speziell auf die sachgerechte einkommensteuerrechtliche Qualifizierung der innerbetrieblichen Umwidmung von Wirtschaftsgütern zielen, also zur Beantwortung einer Frage beitragen sollen, die im vorliegenden Zusammenhang ohne Belang ist.

Wenn der BFH die Frage stellt nach den Interessen der Beteiligten, die hinter einer Sachzuwendung stehen, versucht er, die tatsächlichen Gesamtumstände hinsichtlich ihres wirtschaftlichen Gehalts zu erforschen und zu erfassen. Es bietet sich an, den Blick zu richten auf die in anderen wissenschaftlichen Forschungsdisziplinen gewonnenen Erkenntnisse zum Nutzen und sinnvollen Einsatz von betrieblichen Sachzuwendungen und der Überlegung nachzugehen, ob sich aus diesen für die steuerrechtliche Frage gewinnbringende Informationen ableiten lassen. Es gilt im Ergebnis zu klären, ob auf Seiten des Arbeitgebers auch andere (wirtschaftliche) Überlegungen gestanden haben (können) als das Bestreben, den Arbeitnehmer zu entlohnen.

aa) Hinweise im steuerrechtlichen Schrifttum auf den wirtschaftlichen Hintergrund

Im steuerrechtlichen Schrifttum haben *M. Popp* und *U. Albert*[674] im Jahre 1984 versucht, betriebswirtschaftliche Erkenntnisse zu verwerten, um den Aspekt „eigenbetriebliches Interesse" zu erhellen; hierbei hatten sie vor allem Betriebsveranstaltungen im Blick. In ihrem Beitrag wiesen sie darauf hin, daß eine große Zahl einkommensteuerrechtlich problematischer Sachzuwendungen Mittel der „menschlichen Arbeitsökonomie"[675] darstellen, deren Einsatz darauf abziele, Motivation und Zufriedenheit der Arbeitnehmer zu fördern, ein gutes Betriebsklima zu schaffen und aufrechtzuerhalten und auf diesem Wege längerfristig die betrieblichen Aufwendungen und auch die Erträge auf Arbeitgeberseite günstig zu beeinflussen. Auch *J. Borggräfe* hatte schon vor der systematischen Neupositionierung des BFH betont, daß seines Erachtens der Hinweis auf das „überwiegend eigen-

[673] Im wesentlichen werden hier ein enger, mittlerer und ein weiter Betriebsbegriff vertreten; zu den einzelnen Standpunkten und zum Nachfolgenden m.N. *J. Duchêne*, Sponsoring, S. 32 f.

[674] *M. Popp / U. Albert*, DB 1984 S. 632 (insbes. 637).

[675] So auch *U. Pleiß*, Freiwillige soziale Leistungen, S. 62.

betriebliche Interesse" den wirtschaftlichen Hintergrund verdeutliche, welcher realistischerweise bei der Zahlung freiwilliger betriebliche Sozialleistungen vorliege, die kein Bestandteil des Arbeitslohns seien[676]. Langfristig gesehen diene die Gewährung solcher Leistungen dem unternehmerischen Ziel, den Gewinn aus der betrieblichen Tätigkeit zu maximieren. In Hinblick darauf dürfe nicht jede Ausgabe oder Investition des Arbeitgebers, die unter Umständen auch dem Arbeitnehmer zugute kommt oder angenehm ist, in irgendeiner Form unter Arbeitslohngesichtspunkten zu sehen sein. Von diesen Autoren wurde also die Überlegung angestellt, ob sich im Verhältnis zwischen Arbeitgeber und Arbeitnehmer Situationen erkennen lassen, in denen Sachzuwendungen aus übergeordneten, alle Dienstverhältnisse betreffenden Erwägungen gegeben werden, die als Bezugspunkt den Betrieb im engeren Sinne haben und nicht den (einzelnen) Arbeitnehmer[677].

bb) Langfristige Gewinnmaximierung als Ziel des Betriebs

Der Betrieb bildet das Erkenntnisobjekt der traditionellen Betriebswirtschaftslehre, der Wissenschaft, die sich mit der Wirtschaft, dem Wirtschaftlichen befaßt[678]. Sie untersucht den Betrieb[679] in seiner Ausprägung als Wirtschaftseinheit mit seinen ökonomisch relevanten Eigenschaften[680].

Die herrschende Betriebswirtschaftslehre sieht allgemein in dem Betrieb „die Stätte der planvollen und zielgerichteten Leistungserstellung und Leistungsverwertung durch gesteuertes Zusammenwirken von Produktionsfaktoren"[681], „die nach Gewinn (Rentabilität) strebt, d.h. es soll ein Überschuß der Erträge über die Aufwendungen und damit eine Rendite auf das eingesetzte Kapital erzielt werden"[682]. „Für die Unternehmung als marktwirtschaftlich orientiertem Betrieb ist die langfristige Gewinnmaximierung das oberste Ziel"[683]. Es herrscht deutlich erkennbar die Ansicht vor, daß Betriebe vorrangig das Ziel der Gewinnerzielung und Renta-

676 *J. Borggräfe*, DB 1977 S. 1379 (1381).
677 So auch schon *K. Offerhaus*, BB 1982 S. 1061 (1064).
678 *H. Urbas*, Die wirtschaftliche Betrachtungsweise, S. 21, 25.
679 Häufig wird aber auch die Bezeichnung „Unternehmen" oder „Unternehmung" gewählt.
680 *J. Duchêne*, Sponsoring, S. 34; *G. Wöhe / U. Döring*, Allgemeine Betriebswirtschaftslehre, S. 3.
681 *H. Müller-Merbach*, Betriebswirtschaftslehre, S. 55.
682 *R. Schultz*, Betriebswirtschaftslehre, S. 14. Vgl. auch *J.-P. Thommen / A.-K. Achleitner*, Allgemeine Betriebswirtschaftslehre, S. 106 f.: „Den Unternehmen ist bewußt, daß der optimale Einsatz der Produktionsfaktoren eine zentrale Bedeutung einnimmt, denn diese stellen immer eine knappe Ressource dar. Deshalb versucht jedes Unternehmen, sich nach dem ökonomischen Prinzip auszurichten. Bei der Verfolgung dieses Ziels stehen die drei Erfolgsziele Produktivität, Wirtschaftlichkeit und Rentabilität bzw. Gewinn im Vordergrund."
683 *G. Wöhe / U. Döring*, Allgemeine Betriebswirtschaftslehre, S. 124; zur Kritik an diesem Prinzip *H. Jung*, Allgemeine Betriebswirtschaftslehre, S. 35 f.

bilität verfolgen[684]. Ausgaben, die ein rational handelnder Unternehmer tätigt, haben regelmäßig die positive Entwicklung des wirtschaftlichen betrieblichen Ergebnisses im Blick; schließlich hat auch der Arbeitgeber nichts zu verschenken. Um dieses Ziel zu erreichen, ist auf Seiten des Arbeitgebers unter anderem ein Engagement erforderlich, das die Mitarbeiter einbezieht, denn die Belegschaft ist einer der wichtigsten betrieblichen Produktionsfaktoren: „Menschen als Mitarbeiter eines Unternehmens bilden zusammen mit den Betriebsmitteln diejenigen Produktionsfaktoren, welche die dauerhaft nutzbaren, produktiv tätigen Elemente eines Unternehmens darstellen", man hat im Personalwesen die Mitarbeiter als wichtigste, wertvollste und sensitivste Unternehmensressource erkannt[685]. Es hat sich gezeigt, daß gerade die Gewährung betrieblicher Sozialleistungen zwar ein erheblicher Kostenfaktor ist, daß aber die finanziellen Belastungen des Unternehmens im Ergebnis mehr als aufgewogen werden durch die bei der Belegschaft erzielten positiven Effekte[686]. Die Endziele „große Produktivität" und „Rentabilität" sind nur (auch) mit optimalem Mitarbeitereinsatz zu erreichen - dies erfordert bei der Belegschaft eine hohe Arbeits- und Leistungsbereitschaft, die mit größerer Zufriedenheit und Motivation erreicht werden soll. In diesem Bereich gibt es eine Vielzahl von Zielsetzungen, die im Ergebnis eine Optimierung des produktiven Mitarbeitereinsatzes im Auge haben und nicht das Entgelten von Arbeitsleistungen[687] und die möglicherweise Bedeutung erlangen können für die einkommensteuerliche Abgrenzungsfrage.

Aus dem Vorstehenden wird deutlich, daß äußerlich arbeitnehmerbezogene Investitionen des Arbeitgebers in seinem Betrieb nicht notwendig auf Entlohnung abzielen. Vielmehr haben die Unternehmer regelmäßig das langfristige Grundziel

---

[684] Es läßt sich aber auch erkennen, daß das Unternehmen nicht mehr nur als Instrument zur Erzielung von Geldeinkommen der am Unternehmen beteiligten und in ihm insgesamt tätigen Personen, sondern als soziales System aufgefaßt wird, so daß man abrückt von einer völlig einseitigen Betonung kurzfristiger ökonomischer Ertragskraft und den Akzent auch auf der gesellschaftlichen und sozialen Verträglichkeit von Entscheidungen setzt; dazu ausführlich mit Nachweisen *J. Duchêne*, Sponsoring, S. 36 ff; *G. Wöhe / U. Döring*, Allgemeine Betriebswirtschaftslehre, S. 130.

[685] *J.-P. Thommen / A.-K. Achleitner*, Allgemeine Betriebswirtschaftslehre, S. 573, 584. Vgl. auch *U. Büdenbender / M. Selke*, Betriebliche Sozialleistungen, S. 540 (544): „Aufgabe der Personalpolitik ist es daher, durch mitarbeiterbezogene Maßnahmen deren Leistungspotential zu aktivieren, mit dem Ziel, die Leistung zu erhalten und gegebenenfalls zu steigern, zusätzliche Erträge zu erbringen und die Rentabilität zu erhöhen." *G. Bihl / H. Mensel / K.-H. Seemüller*, Personalwirtschaft 1998 S. 50 (50): „Wir sehen unsere Mitarbeiter nicht vordergründig als reinen Kostenfaktor, sondern vielmehr als Erfolgsfaktor, das heißt konkret, die für unsere Wettbewerbsfähigkeit notwendigen Effizienzsteigerungen werden nicht einseitig über Kostenverringerungen erreicht, sondern über Leistungssteigerung. Unsere Personalpolitik setzt auf Effizienz und Arbeitszufriedenheit."

[686] *J. Borggräfe*, DB 1977 S. 1379 (1381).

[687] *J. Borggräfe*, DB 1977 S. 1379 (1381).

vor Augen, mit dem Betrieb größtmöglichen Gewinn zu erzielen, sie tragen auch gegenüber ihrem eigenen Betrieb Verantwortung. Die Arbeitgeber sind deshalb gehalten, die vorhandenen Produktionsfaktoren sorgsam und sinnvoll mit Blick auf möglichst hohen Ertrag aus dem Unternehmen einzusetzen. In solchen Fällen bedient er sich der Arbeitnehmer unter Umständen nur als „Mittel zum Zweck", wirtschaftliche Vorteile erreichen letztere vor diesem Hintergrund dann nur als „Reflex".

cc) Funktionswandel der Sozialleistungen und Diskussionen über Vor- und Nachteile

Wirtschaftswissenschaftliche Beiträge behandeln einzelne Sachzuwendungen häufig als Teil der sogenannten „betrieblichen Sozial- oder Personalleistungen" [688]. Zu dieser Gruppe zählen auch Zuwendungen, die steuerrechtlich als Barzuwendungen einzuordnen sind und deshalb hier außer Betracht bleiben, beispielsweise die betriebliche Altersversorgung[689], Abfindungen bei Auflösung des Dienstverhältnisses[690] und Zuschläge für Sonntags-, Feiertags- und Nachtarbeit[691]. Der Umstand, daß der Untersuchungsgegenstand dieser Arbeit gewissermaßen nur einen Teilbereich der betrieblichen Sozialleistungen darstellt, steht nun aber einer Verwertung der in den Wirtschaftswissenschaften gewonnenen Erkenntnisse grundsätzlich nicht entgegen, sondern verlangt nur eventuell eine Selektion innerhalb dieser Erkenntnisse.

Die in der Betriebswirtschaftslehre durchgeführten Untersuchungen machen deutlich, daß Sozialleistungen (und damit auch Sachzuwendungen) in der Vergangenheit einen deutlichen Funktionswandel erfahren haben. Betriebliche Sozialleistungen erlangten erstmals in der Zeit der Industrialisierung bemerkenswerte Bedeutung[692]. Typische Sozialleistungen zu dieser Zeit waren Unterstützungskassen verschiedenster Art, der Werkswohnungsbau, die Gewährung von Gratifikationen,

---

[688] Interessante Überblicke über die am häufigsten angebotenen freiwilligen Sozialleistungen und ihre Wichtigkeit für die Arbeitnehmer findet sich bei *A. Mittelstädt*, Betriebliche Sozialleistungen, S. 145 (147 ff.); *K. Hoppe*, Nebenleistungen/Sozialleistungen, S. 375 (384 ff.); *H. Moderegger*, Betriebliche Sozialleistungen, S. 405.

[689] Der Aufwand für diese steht bei Industrieunternehmen meist mindestens doppelt so hoch in Rechnung wie der für Sondervergütungen, die den nächstgrößeren Ausgabeposten bilden; so *M. Heinze*, Betriebliche Sozialeinrichtungen, S. 309 (310).

[690] Diese sind steuerfrei nach § 3 Nr. 9 EStG.

[691] Solche Leistungen sind unter bestimmten Voraussetzungen steuerfrei nach § 3 b EStG.

[692] Auf Formen betrieblicher Zusatzleistungen in der vorindustriellen Zeit weisen etwa *C. Uhle*, Betriebliche Sozialleistungen, S. 22 ff und *H.-J. Gehrmann*, Betriebliche Sozialpolitik, S. 111 (115 ff.) hin.

oder es gab Erziehungseinrichtungen, die die Arbeiterschaft und deren Kinder zur Selbständigkeit befähigen sollten[693]. Vorherrschend war damals die Disziplinierungs- und Fürsorgefunktion. Man hoffte einerseits, mit Hilfe von neben dem eigentlichen Lohn gewährten Vorteilen die Organisations- und Streikbereitschaft der Arbeitnehmer zu bremsen und statt dessen leistungsfähige und -bereite Beschäftigte an sich zu binden. Das Zurverfügungstellen zusätzlicher Leistungen war andererseits auch sozialethisch motiviert, man wollte zur Absicherung der Arbeitnehmer Ausgleichsmaßnahmen für soziale Härtefälle etablieren[694].

Um die Jahrhundertwende kam es zu einem allmählichen Funktionswandel. Es setzte sich die Erkenntnis durch, daß eine optimale Ökonomisierung und Humanisierung nur gleichzeitig erreichbar sind. Vor den sozialen Charakter der zusätzlichen Leistungen schob sich nun ihre Bedeutung für die Steigerung der Ergiebigkeit der menschlichen Arbeit und somit für das Ziel, Leistungen des Betriebes zu erhalten, zu steigern oder gar erst zu ermöglichen[695]. Nach dem 2. Weltkrieg wiederum lag die primäre Funktion im Ausgleich der Schwächen des im Heranwachsen befindlichen sozialen Netzes. Die betrieblichen Sozialleistungen wurden als spezifisches Wesensmerkmal der sozialen Marktwirtschaft angesehen[696], und es war allgemein ein starker Anstieg von Personalnebenkosten festzustellen. Ein Teil dieser Leistungen verlor mit dem Erstarken der Wirtschaft und der vermehrten gesetzlichen Festschreibung eines Mindestmaßes an sozialer Sicherung jedoch auch wieder an Bedeutung.

Die Entwicklung der den betrieblichen Sozialleistungen zugesprochenen Funktionen war und ist also maßgeblich verknüpft mit den zeitbedingten sozialen und gesellschaftlichen Erfordernissen[697]. Heute sieht man die wichtigsten Funktionen gerade der freiwilligen – also ohne Rechtspflicht – gegebenen Sozialleistungen in der Leistungssteigerung, Belohnung, Werbung und dem Schaffen einer Bindung des Arbeitnehmers an den Betrieb, also überwiegend in ökonomischen und nicht mehr sozialen Aufgaben[698]. Gerade die Arbeitgeber haben auch im eigenen Interesse viele Gründe, ihrer Belegschaft freiwillige Sozialleistungen anzubieten[699].

---

693 *C. Heymann*, Betriebliche Sozialleistungen, S. 10 f.

694 Näher hierzu *K. Hoppe*, Nebenleistungen/Sozialleistungen, S. 375 (381); *F. Nick*, Sozialleistungen, Sp. 2066 (2072).

695 *U. Pleiß*, Freiwillige soziale Leistungen, S. 80.

696 *W. Rittershofer*, Das Lexikon Wirtschaft, S. 375.

697 *U. Büdenbender / M. Selke*, Betriebliche Sozialleistungen, S. 540 (540 f.).

698 *C. Heymann*, Betriebliche Sozialleistungen, S. 19; *W. Oechsler*, Personal und Arbeit, S. 398; *G. Wöhe / U. Döring*, Allgemeine Betriebswirtschaftslehre, S. 299.

699 Vgl. *H. Jung*, Personalwirtschaft, S. 593.

Solche Zuwendungen werden als Mittel angesehen, die Leistung, Arbeitsmoral und das Vertrauen der Mitarbeiter in die Unternehmensleitung zu steigern. Hinzu kommt die Bindungswirkung (beispielsweise mit Hilfe der betrieblichen Altersrente)[700]. Als wichtig wird im Schrifttum auch angesehen, daß diese Zuwendungen die Anziehungskraft auf dem Arbeitsmarkt fördern und den Einfluß der Gewerkschaften verringern können[701]. Personal wird nicht mehr nur als Kostenfaktor betrachtet, sondern vor allem als strategischer Erfolgsfaktor, den es zu erhalten und zu fördern gilt[702]. In der Wirtschaft setzt sich zunehmend die Erkenntnis durch, daß Mitarbeiter nicht primär als Kostenverursacher, sondern als Gewinnproduzenten bzw. als Garanten der Unternehmenszielerreichung zu betrachten sind[703].

dd) Näheres zu mit Sachzuwendungen verfolgten betrieblichen Zielen

Grundsätzlich liegt es im Interesse des Arbeitgebers, den Arbeitnehmer in ausreichendem Maße für die Erfüllung seiner Aufgabe auszustatten. Die Bandbreite der möglichen Sachzuwendungen ist jedoch sehr groß, so daß der konkrete Zusammenhang der einzelnen Zuwendungsarten zur Tätigkeit des Mitarbeiters auch ganz unterschiedlich eng sein kann. Im Rahmen der Typologie[704] wurden Zielsetzungen im Zusammenhang mit einzelnen Zuwendungsformen schon angesprochen, nachfolgend sollen sie geordnet und sollen die wesentlichen Überlegungen deutlicher herausgearbeitet werden. Konkret ist dabei zu erfragen, ob und in Hinblick auf welche Sachzuwendungsformen die vom BFH angeführten (eigen-)betrieblichen Zielsetzungen im wirtschaftswissenschaftlichen Schrifttum erörtert werden.

Als gewissermaßen hinter allen hier diskutierten Maßnahmen stehendes Ziel wird regelmäßig die Förderung der Motivation und Zufriedenheit der Mitarbeiter genannt. So wird den sogenannten Incentives zentrale Bedeutung als Motivationsinstrument zugesprochen: sie werden als Leistungsanreiz im Rahmen von Wettbewerben eingesetzt, sollen einer Monotonie des Arbeitslebens entgegenwirken. Im Ergebnis verspricht man sich, daß mit Hilfe der Incentives das Leistungspotential der Mitarbeiter besser ausgeschöpft wird und sich dies auch positiv auf die Um-

---

[700] Kritisch aber gegenüber der Bindungswirkung klassischer materieller Anreize *A. Schiedt*, Personalwirtschaft 2000 S. 53 (insbes. 54 ff.); sie sieht immaterielle Reize am Vordringen (Firmenurlaube, Sabbaticals, Home-Offices). Mit derselben Tendenz *G. Cisek*, in: H. Schneider, Mensch und Arbeit, S. 250.

[701] *G. Wöhe / U. Döring*, Allgemeine Betriebswirtschaftslehre, S. 300 f.

[702] *P. Martini*, Personalführung 1994, S. 681 (681).

[703] *H. Evers*, in: Rosenstiel/Regnet/Domsch, Führung von Mitarbeitern, S. 482.

[704] Oben Teil 2, B).

satzzahlen des Unternehmens auswirkt[705]. Auch in Zusammenhang etwa mit der Bereitstellung von Kinderbetreuungsstätten wird immer wieder darauf hingewiesen, daß Eltern, die ihre Kinder gut aufgehoben wissen, motivierter und konzentrierter arbeiten.

Der Gewährung von Sachzuwendungen werden auch positive Wirkungen zugesprochen auf das Gefühl der Zugehörigkeit zum Unternehmen und damit verbunden auf das Bestreben von Arbeitnehmern, weiterhin bei diesem Arbeitgeber tätig zu sein. Als betriebliches Interesse läßt sich also die Bindung der Mitarbeiter an das Unternehmen ausmachen[706]. So lohne sich beispielsweise ein Engagement des Arbeitgebers für die Betreuung der Kinder von Mitarbeitern, wenn er durch das Angebot an Kinderbetreuung eine bewährte Mitarbeiterin im Unternehmen halten oder frühzeitig aus dem Erziehungsurlaub zurückgewinnen könne[707]. In diesem Wege verringerte Fluktuation innerhalb der Belegschaft bewirkt auch eine Aufwendungsersparnis auf Seiten des Arbeitgebers, weil Werbungs- und Einarbeitungskosten für neue Mitarbeiter reduziert und bisher getätigte betriebliche Investitionen für die Ausbildung und Qualifizierung des Personals gesichert werden[708]. Auch das Mittel der Betriebsverpflegung kann zur Festigung der Betriebsverbundenheit beitragen. Während der Einnahmen der Mahlzeit im Betriebsrestaurant hat der einzelne Arbeitnehmer die Möglichkeit, abteilungsübergreifend mit Kollegen zu kommunizieren und auf diesem Wege soziale Kontakte aufzubauen. Psychische Bindungswirkung und somit einen Bleibeanreiz verspricht man sich weiterhin von Incentive-Reisen. Gerade solche, an denen mehrere Mitarbeiter zusammen teilnehmen, sollen den Effekt haben, ein anhaltendes „Wir-Bewußtsein" zu schaffen und zu intensivieren[709]. Schließlich erwartet man von direkter Personalpflege in Form des „Sich-Kümmerns" um die Gesundheit und das Wohlbefinden der Mitarbeiter eine Erhöhung der Beitrittsbereitschaft potentieller Mitarbeiter und der Bleibebereitschaft der vorhandenen Belegschaft[710].

---

705 *W. de Ruiter / T. Koch*, Leistungsförderung, S. 1025 (1027).

706 *C. Uhle*, Betriebliche Sozialleistungen, S. 205 ff. (205): „Die Senkung der Fluktuation wird in der Literatur häufig als einer der wichtigsten Gründe für die Bereitstellung der betrieblichen Sozialleistungen angesehen."

707 *C. Tietze*, Personalwirtschaft 1996, S. 20 (21); vgl. auch *H. Jung*, Personalwirtschaft, S. 610.

708 *G. Wöhe / U. Döring*, Allgemeine Betriebswirtschaftslehre, S. 300 (mit den Beispielen betriebliche Altersversorgung und Überlassung von Werkswohnungen).

709 *W. de Ruiter / T. Koch*, Leistungsförderung, S. 1025 (1030 f.).

710 *R. D. Brinkmann*, Personalpflege, S. 32.

Im Schrifttum wird darauf hingewiesen, daß durch das Betriebsklima die Motivation und damit das Leistungsvermögen der Mitarbeiter stark beeinflußt wird[711]. Für die Zufriedenheit am Arbeitsplatz hätten die zwischenmenschlichen Beziehungen eine zentrale Bedeutung. Deshalb engagieren sich viele Arbeitgeber für das Ziel eines günstigen Betriebsklimas. Wirkungsvoller Einfluß auf das Arbeitsklima wird vor allem von etrieblichen Freizeitangeboten (z.B. Firmensport[712]) erwartet. Man verspricht sich davon eine Steigerung der innerbetrieblichen Kommunikation und Kontakte und der allgemeinen Flexibilität der Arbeitnehmer; auch die direkte Verbesserung wirtschaftlicher Verhältnisse, etwa durch Reduzierung der Abwesenheitsquote innerhalb der Belegschaft, wird als Motiv vorgetragen, dies jedoch seltener[713]. Das Schaffen eines positiven Betriebsklimas wird regelmäßig auch als einer der wesentlichen Zwecke genannt, die mit Betriebsveranstaltungen verfolgt werden, bei denen erwartet werden kann, daß sich der berufliche und persönliche Kontakt zwischen den einzelnen Arbeitnehmern intensiviert und verbessert[714].

Immer mehr Bedeutung erlangt vor allem das Ziel der Gesunderhaltung der Arbeitnehmer. Denn es ist statistisch nachgewiesen, daß inzwischen die „Zivilisationskrankheiten" drei Viertel der krankheitsbedingten Fehltage im Betrieb verursachen[715]. Gesundheitsstörungen erweisen sich in Anbetracht dessen nicht nur als gesundheitspolitisches, sondern auch als wichtiges ökonomisches Thema für die Unternehmen: wer mit betrieblichen gesundheitsfördernden Angeboten die Gesundheit der Beschäftigten erhöht, leistet zugleich auch einen Beitrag zur Verbesserung der Rentabilität der Unternehmen, indem Unfälle, Fehlzeiten und Krankenstand und damit natürlich auch die durch diese Umstände entstehenden Kosten gesenkt werden[716]. Gesunde, körperlich aktive Mitarbeiter sind zufriedener und leistungsfähiger. Dementsprechend sieht man in Gesundheitsförderung im Betrieb

---

[711] *H. Jung*, Personalwirtschaft, S. 400; zu Einflußfaktoren auf das Betriebsklima und die Auswirkungen dieses Klimas vgl. *K. Haberkorn*, Praxis, S. 174 ff.

[712] *C. Uhle*, Betriebliche Sozialleistungen, S. 191 f.; *R. Bröckermann*, Personalführung, S. 159 f.

[713] *R. Streich*, Freizeitangebote, Sp. 914 (918); *G. Olesch*, Personalwirtschaft 1998 S. 37 (38 f.).

[714] Vgl. *H. Jung*, Allgemeine Betriebswirtschaftslehre, S. 926, der in diesem Zusammenhang vom „Geselligkeitsmotiv" als Arbeitsmotiv spricht, das hier zum Tragen käme.

[715] *FLa*, Personalwirtschaft 1996 S. 10 (10); vgl. zum Ausmaß der „Zivilisationskrankheiten" auch *H. Jung*, Personalwirtschaft, S. 613.

[716] *M. Harms / K. Homp*, Personalführung 1995 S. 978 (978); *H. Jung*, Personalwirtschaft, S. 612 und 619; *B. Reuhl*, Gesunde Beschäftigte, S. 51 (51). Vgl. *auch E. Hemmer*, Personal 1999 S. 145: „Unternehmen wollen mit einem zeitgemäßen Arbeits- und Gesundheitsschutz vor allem zweierlei erreichen: einen ungestörten Betriebsablauf sowie eine Minimierung der Ausfallkosten."

unter anderem ein Zeichen guter Personalpolitik[717]. Die größten Möglichkeiten, auf die physische Konstitution der Arbeitnehmer positiven Einfluß zu nehmen, sieht man in der Werksverpflegung und in der betrieblichen Gesundheitsvorsorge und –fürsorge[718].

Weiterhin werden Maßnahmen ergriffen, mit denen eine Erhöhung der Effizienz der Tätigkeit der Mitarbeiter angestrebt wird. Den meßbarsten Effekt für das Unternehmen verspricht man sich in diesem Zusammenhang von betrieblichen Weiterbildungsmaßnahmen. Den Arbeitnehmern sollen Wissen und Fähigkeiten vermittelt werden, worauf sie bei ihrer beruflichen Tätigkeit zurückgreifen und diese deshalb besser und beziehungsweise oder schneller ausüben können[719].

Auch die unmittelbare Gewinnerhöhung durch vermehrten Verkauf von Gütern läßt sich grundsätzlich als betriebliches Interesse anführen. Eine meßbare Steigerung des Unternehmensgewinns versprechen sich Arbeitgeber von dem Weg, der Belegschaft im eigenen Hause produzierte bzw. gehandelte Waren zu gegenüber dem üblichen Marktpreis günstigeren Konditionen anzubieten, konkret also Personalrabatte zu gewähren. Man hofft, so eine besondere Käuferschicht an das Unternehmen zu binden. Diese Sachzuwendungsart erweist sich also dem Grunde nach als absatzpolitisches Instrument. Zum Teil wird im Schrifttum aber auch darauf hingewiesen, daß wegen der Rabatte „Diebstähle kaum von Interesse" seien[720].

Arbeitgeber, die für ihre Mitarbeiter Leistungen erbringen, die von der Öffentlichkeit als soziales Engagement gewürdigt werden, erzielen häufig ein günstiges Echo in der Presse[721], ihre Unterstützungsmaßnahmen werden nach außen getragen. Dies trägt zu Gewinn an positivem Image und Steigerung der Akzeptanz in der Öffentlichkeit und somit auch zur Steigerung der Attraktivität des Betriebes auf externen Personalbeschaffungsmärkten[722] bei. Auf diesen für den Betrieb vorteilhaften Effekt wird beispielsweise in Zusammenhang mit Kinderbetreuungsein-

---

[717] *FLa*, Personalwirtschaft 1996 S. 10 (14); vgl. auch den Hinweis von *R. D. Brinkmann*, Personalpflege S. 33 auf die Verbesserung des Firmenimages als Ziel der unternehmerischen Personalpflege.
[718] *C. Uhle*, Betriebliche Sozialleistungen, S. 179 f.
[719] *R. Bröckermann*, Personalführung, S. 165 ff.
[720] *R. Bröckermann*, Personalführung, S. 160.
[721] *C. Tietze*, Personalwirtschaft 1996 S. 20 (21).
[722] *G. Wöhe / U. Döring*, Allgemeine Betriebswirtschaftslehre, S. 300; *J.-P. Thommen / A.-K. Achleitner*, Allgemeine Betriebswirtschaftslehre, S. 650; *C. Uhle*, Betriebliche Sozialleistungen, S. 214 ff.

richtungen oder auch mit Maßnahmen zur Lösung des Alkoholproblems hingewiesen[723].

ee) Zwischenergebnis

Zusammenfassend läßt sich feststellen, daß die vom BFH in seinen Entscheidungen zu Sachzuwendungen diskutierten Arbeitgeber-Zielsetzungen in dieser wissenschaftlichen Disziplin erörtert werden, und zwar durchweg jedenfalls auch mit unternehmensbezogenen Wirtschaftlichkeitsüberlegungen. Eine Vielzahl von Zuwendungen, über deren rechtliche Qualifizierung im Steuerrecht zwischen Steuerpflichtigen und Finanzamt Uneinigkeit besteht, wird empfohlen, weil man sich im Ergebnis positive Auswirkungen auf das wirtschaftliche Gesamtergebnis des Unternehmens verspricht, der zuwendende Arbeitgeber soll in dieser Weise langfristig von den betreffenden Investitionen profitieren. Diese Erkenntnisse machen deutlich, daß es vor dem wirtschaftlichen Hintergrund jedenfalls nicht fernliegend ist anzunehmen, daß der Arbeitgeber, der seinen Arbeitnehmern Sachzuwendungen zukommen läßt, dies nicht unbedingt tut aus der Überlegung heraus, den Arbeitnehmer entlohnen zu wollen, sondern (auch) weil er Verantwortung gegenüber seinem Betrieb hat, dessen Ressourcen er sinnvoll einsetzen und pflegen will, um mit seinem Unternehmen langfristig steigende wirtschaftliche Erfolge zu erzielen. Die Rechtsprechung trägt mit ihren Überlegungen zum ganz überwiegend eigenbetrieblichen Interesse demnach der wirtschaftlichen Realität Rechnung, indem sie sich jedenfalls im Ansatz von den dortigen Erkenntnissen leiten läßt.

---

[723] Zu ersterem *U. Büdenbender / M. Selke*, Betriebliche Sozialleistungen, S. 540 (553), zu letzteren vgl. die Ausführungen von *H. Jung*, Personalwirtschaft, S. 620 (insbes. 622).

e) Begrenzte Verwertbarkeit von betriebswirtschaftlichen Erkenntnissen im Einkommensteuerrecht

Wie weitgehend die Bedeutung der in den Wirtschaftswissenschaften gewonnenen Erkenntnisse für die Entscheidung über die einkommensteuerrechtliche Relevanz von Sachzuwendungen sein kann, ist die Frage, die sich anschließt. Denn aus den Entscheidungen des BFH wird deutlich, daß nicht schon dann, wenn bestimmte Leistungen in dieser Forschungsdisziplin mit den angeführten Interessen bzw. Zielsetzungen in Zusammenhang gebracht werden, diese Zuwendungen als nicht steuerbar angesehen. Der BFH selektiert also offenbar innerhalb der als möglich erkannten Arbeitgeber-Zielsetzungen.

aa) Bedenken wegen unterschiedlicher Fragestellungen und Forschungsziele

Zweifel daran, daß betriebswirtschaftliche Erkenntnisse entscheidend zur Klärung der steuerrechtlichen Abgrenzungsfrage beitragen können, resultieren daraus, daß hier zwei Forschungsdisziplinen in Verbindung gebracht werden, die unterschiedliche Erkenntnisziele verfolgen. Die Analyse von Zielsetzungen und Leistungsvermögen von Sachzuwendungen in betriebswirtschaftlicher Hinsicht möchte den Arbeitgebern auch Anstöße geben für einen sinnvollen Einsatz des „Human-Kapitals" mit dem Ziel der Wirtschaftlichkeit des Unternehmens. Denn „bei jeder einzelnen Arbeitskraft [ist] anzustreben, daß sie in den betrieblichen Arbeitsprozeß ihr volles individuelles Leistungsvermögen einbringt"[724]. Hierbei wird jedoch nicht nur auf die Person des Arbeitnehmers in ihrer beruflichen Rolle abgezielt, sondern die Überlegungen und Empfehlungen erfassen gerade auch den privaten Bereich. Und für die Untersuchungen macht es keinen Unterschied, ob der geldwerte Vorteil sich als Entlohnung darstellt; entscheidend ist nur, daß Effekte erzielt werden können, die die Funktionsfähigkeit des Betriebes als Ganzes sichern bzw. verbessern und im Ergebnis seinen wirtschaftlichen Erfolg steigern. Der sinnvolle Einsatz des menschlichen Kapitals fordere von den Unternehmen „die ständige präzise Ausrichtung ihrer Einzelaktivitäten auf das Spektrum der betrieblichen Ziele ebenso wie das Aktivieren der persönlichen Potentiale durch das Schaffen leistungsfördernder organisatorischer, technischer, psycho-sozialer, geistiger und rechtlicher Rahmenbedingungen"[725]. Dadurch, daß betriebliche Maßnahmen umfassend auf die Person des Arbeitnehmers abzielen, wird im Ergebnis

[724] *M. Richter*, Personalführung, S. 2.
[725] *M. Richter*, Personalführung, S. 1.

eine Steigerung der Leistungseffizienz und somit eine positive Wirkung auf den Unternehmenserfolg angestrebt.

Zur Lösung der hier diskutierten einkommensteuerrechtlichen Abgrenzungsfrage kommt der Betrachter nun aber nicht umhin, gerade diese umfassende Ausrichtung betrieblicher Leistungen, die dem Arbeitnehmer zu günstigen Konditionen angeboten werden, differenziert zu würdigen. Die unternehmerischen Überlegungen, die hinter den Sachzuwendungen stehen, müssen in Hinblick darauf näher betrachtet werden, ob ihnen Belohnungscharakter zukommt oder ob sie der Sache nach Resultat von Profitabilitätserwägungen sind, die den Betrieb als Ganzen im Blick haben.

bb) Nur begrenzte Verwertbarkeit mangels Deckungsgleichheit von „betrieblicher Veranlassung“ und „ganz überwiegend eigenbetrieblichem Interesse“

Die in der Betriebswirtschaft gewonnenen Erkenntnisse wären von erheblichem Erkenntniswert auch für das Einkommensteuerrecht, wenn die Frage zu beantworten wäre, ob die Aufwendungen, die dem Arbeitgeber bei der Gewährung der Sachzuwendungen entstehen, bei ihm Betriebsausgaben darstellen, weil die betreffenden Ausgaben objektiv mit dem Betrieb zusammenhängen und subjektiv ihm zu dienen bestimmt sind[726]. Erweisen sich die Aufwendungen bei einer Beurteilung anhand dieser Maßstäbe als betrieblich veranlaßt, mindern sie die Steuerbemessungsgrundlage auf Seiten des Arbeitgebers. Das Ergebnis der vorgenommenen Wertung ist demnach die Zuordnung zum betrieblichen Bereich, in diese Wertung einbezogen sind die betriebsbezogenen Zielsetzungen dessen, der die Ausgaben tätigt.

Die früheren Ausführungen des BFH in Entscheidungen zu möglichen Einnahmen aus nichtselbständiger Tätigkeit legten teilweise die Überlegung nahe, daß nach Ansicht des Gerichts Sachzuwendungen schon dann nicht als steuerbare geldwerte Vorteile zu qualifizieren sind, wenn sie auf Seiten des Zuwendenden Betriebsausgaben sind. Denn die Richter fragten in Zusammenhang mit Annehmlichkeiten gelegentlich nur danach, ob die Zuwendungen im „Interesse des Betriebes und im eigenen Interesse des Arbeitgebers“ erfolgten[727]. Der Gesichtspunkt, daß das Ergebnis „fehlende Steuerbarkeit“ die wertende Entscheidung voraussetzte, daß das auf Seiten des Arbeitgebers vorhandene Interesse das des Arbeitnehmers an Be-

---

[726] Vgl. beispielsweise BFH GrS v. 27.11.1989, BStBl. II 1990 S. 160 (163); BFH GrS v. 21.11.1983, BStBl. II 1984 S. 160 (163).

[727] BFH v. 29.10.1965, BStBl. III 1966 S. 75 (75).

reicherung beträchtlich überwog, ging in den Ausführungen teilweise unter. Auch wurde nicht immer ganz deutlich, daß der BFH nicht lediglich nach dem Vorhandensein eines betrieblichen Interesses auf Seiten des Arbeitgebers fragte. Zur Vermeidung von Mißverständnissen hielt es der BFH dann auch für geboten, auf die fehlende Übereinstimmung der Gesichtspunkte hinzuweisen: „Soweit statt der Formel „ganz überwiegend eigenbetriebliches Interesse" daneben lediglich vom „überwiegend eigenbetrieblichen Interesse" oder vom „eigenbetrieblichen Interesse" die Rede ist, ist dies aus Gründen sprachlicher Verkürzung erfolgt, ohne daß damit inhaltlich abweichende Kriterien zugrunde gelegt werden sollten"[728]. Und weiter: „Der Begriff der betrieblichen Veranlassung [ist] ... nicht mit dem die Annahme von Arbeitslohn ausschließenden Begriff des überwiegend eigenbetrieblichen Interesses gleichzusetzen [...]. Deckungsgleichheit besteht nur bei Aufwendungen an Arbeitnehmer, die keine Gegenleistung für eine erbrachte oder zu erbringende Arbeitsleistung darstellen"[729].

Dieser Standpunkt verdient uneingeschränkt Zustimmung. Zwar dienen beide Gesichtspunkte dazu, einen besonderen Zusammenhang von Wertbewegungen mit der Sphäre der Erwerbstätigkeit der Beteiligten zu beschreiben bzw. zu präzisieren. Die Fragen, die sich jeweils stellen, sind jedoch so unterschiedlich, daß ein übereinstimmendes inhaltliches Verständnis der beiden zentralen Überlegungen nicht sachgerecht wäre. Mit Überlegungen zur betrieblichen Veranlassung gilt es herauszufinden, ob Ausgaben in der betrieblichen oder der private Sphäre des Leistenden entstanden sind; zu diesem Zweck genügt es, die Umstände des Sachverhalts nur hinsichtlich der Person des Steuerpflichtigen, der die Ausgaben tätigt, zu beurteilen. „Betriebliche Veranlassung" ist aber gegeben sowohl bei Zuwendungen, die dem Arbeitnehmer als Entlohnung gemacht werden als auch bei solchen, mit denen primär das wirtschaftliche Vorankommen des Betriebes als Ganzes gefördert werden soll, bei denen der Eintritt einer wirtschaftlichen Bereicherung beim Arbeitnehmer deshalb nur „Reflex", „Begleiterscheinung" ist. In beiden Fällen kann der Arbeitgeber seine Ausgaben steuermindernd als Betriebsausgaben geltend machen. Die auf der Einnahmenseite zu stellende Veranlassungsfrage verlangt aber genau an diesem Punkt eine über diese Erkenntnis hinausgehende differenzierende Wertungsentscheidung, nämlich ob die jeweilige betriebli-

---

[728] BFH v. 04.06.1993, BStBl. II 1993 S. 687 (690). Nur vom „überwiegend eigenbetrieblichen Interesse" war die Rede etwa in den Entscheidungen des BFH v. 20.05.1983, BStBl. II 1983 S. 712 (713) und v. 09.03.1990, BStBl. II 1990 S. 711 (714).

[729] So BFH v. 09.03.1990, BStBl. II 1990 S. 711 (714); ebenso BFH v. 04.06.1993, BStBl. II 1993 S. 687 (689); BFH v. 18.03.1986, BStBl. II 1986 S. 575 (576) ausdrücklich gegen das Ergebnis des Finanzamtes; im Ergebnis auch ablehnend *U. Albert / J. Heitmann*, DStZ 1995 S. 257 (258).

che Aufwendung eben darauf abzielte, den Arbeitnehmer zusätzlich zu entlohnen, somit beim Zuwendungsempfänger ein steuerlich relevanter Ertrag seiner Betätigung am Markt vorliegt. Hier sind die Umstände, welche die Situation beider an der Vermögensveränderung beteiligten Personen prägen, zu betrachten, und im Wege einer Gesamtbetrachtung und anschließenden Abwägung der hierbei gewonnenen Erkenntnisse ist die Frage zu beantworten, ob sich die Zuwendung als wirtschaftliche Gegenleistung für die berufliche Betätigung des Arbeitnehmers erweist. Der Begriff des „ganz überwiegend eigenbetrieblichen In-teresses“ stellt nicht etwa ein negatives Tatbestandsmerkmal des Arbeitslohnbe-griffs dar, sondern es kommt ihm die Aufgabe zu, bildhaft das Ergebnis zu kennzeichnen, daß ein vom Arbeitgeber dem Arbeitnehmer zugewendeter Vorteil nicht Gegenleistung für die Dienste des letzteren ist[730]. Rückschlüsse auf ein hinter der Sachzuwendung stehendes ganz überwiegend eigenbetriebliches Interesse des Arbeitgebers lassen sich mit Blick auf die betriebliche Veranlassung der getätigten Ausgabe deshalb nur in der Weise ziehen, daß ein solches Interesse von vorneherein nicht in Betracht kommt, wenn schon auf der Aufwendungsseite die betriebliche Veranlassung dem Grunde nach zu verneinen ist.

cc) Suche nach Maßstäben für die Wertungsentscheidung als Aufgabe der Finanzgerichte

In Anbetracht dieser grundsätzlichen Unterschiede können die erforderlichen steuerrechtlichen Wertungen nicht befriedigend getroffen werden im Wege eines undifferenzierten Rückgriffs auf die betriebswirtschaftlichen Erkenntnisse zum wirtschaftlich sinnvollen Einsatz betrieblicher Sachzuwendungen. Die Betriebswirtschaftslehre kann nicht abschließend präjudizieren, in welchen Fällen die Zuwendung eines geldwerten Vorteils, von der Vermögenszugangsseite her betrachtet, in steuerrechtlich erheblicher Weise veranlaßt und deshalb die beim Arbeitnehmer eingetretene Bereicherung als steuerbare Gegenleistung zu qualifizieren ist. Es bleibt also den Finanzgerichten überlassen zu entscheiden, welche der Arbeitgeber-Zielsetzungen, die im wirtschaftswissenschaftlichen Schrifttum in Zusammenhang mit den verschiedenen Sachzuwendungsarten genannt werden, auch für die steuerrechtliche Würdigung des jeweiligen Falles relevant sind.

---

[730] *M.-I. Thomas*, StbJb 1990/91 S. 183 (188 f.); *B. Thürmer*, in: Blümich, EStG, § 19 Rn. 201.

f) Nachvollziehbare Selektion des BFH innerhalb der Gruppe möglicher Arbeitgeber-Zielsetzungen?

Ob der BFH diese Aufgabe so erfüllt, daß seine Rechtsprechung jedenfalls grundsätzlich Zustimmung verdient, soll nachfolgend näher beleuchtet werden.

aa) Nur bei Vorhandensein von auf den Gesamtbetrieb bezogenen Zielsetzungen Wertungsentscheidung gegen „Entlohnung" möglich

Indem der BFH nicht nur von einem „betrieblichen Interesse" spricht, macht er deutlich, daß gerade nicht jedes betriebliche Interesse, das Verfolgen generell betrieblicher Zielsetzungen ausreichend sein soll. Schon die vom Gericht getroffene Wortwahl „*eigen*betrieblich" zeigt, daß es nicht direkt auf die Person des Arbeitnehmers zielende Überlegungen und Maßnahmen sind, die für die einkommensteuerrechtliche Qualifizierung von Sachzuwendungen als nichtsteuerbare Vorteile Bedeutung erlangen können, sondern nur von dem einzelnen Arbeitnehmer losgelöste, übergreifend auf den Betrieb als Gesamtes ausgerichtete Zielsetzungen. Nichtsteuerbaren Sachzuwendungen ist also ein gewisser „egoistischer" Zug immanent. Diesen Aspekt verdeutlicht der in jüngerer Zeit in den Vordergrund gerückte Hinweis darauf, daß hinter dem Tätigwerden des Arbeitgebers „betriebsfunktionale Zielsetzungen" gestanden haben müssen. Die Formulierung zeigt auf, daß innerhalb möglicher „betrieblicher Interessen" des Arbeitgebers eine Selektion vorzunehmen ist und nur solche betrieblichen Zielsetzungen Relevanz entfalten können, die nicht zentral die Bereicherung des Arbeitnehmers im Blick haben. Bei der Suche nach solchen Zielsetzungen kann auf die betriebswirtschaftlichen Erkenntnisse zurückgegriffen werden, denn hieraus ergeben sich verläßliche Hinweise auf mögliche Ziele, in Hinblick auf die bestimmte Sachzuwendungen gewährt wurden.

Betriebswirtschaftliche Erkenntnisse sind vor diesem Hintergrund bei der steuerrechtlichen Wertungsentscheidung unberücksichtigt zu lassen, wenn ihre einzige Aussage die ist, daß die Gewährung bestimmter Sachzuwendungen zu empfehlen ist, weil von ihnen eine motivierende Wirkung auf den Zuwendungsempfänger zu erwarten ist, mag auch dieses Motivieren im Ergebnis dazu führen, daß der betriebliche Umsatz und Gewinn gesteigert wird, weil der Arbeitnehmer sich nun noch engagierter für das Unternehmen einsetzt[731]. Denn dieser Effekt ist genau

[731] Im übrigen ist darauf hingewiesen worden, daß die Bedeutung der betrieblichen Sozialleistungen als Motivationsfaktor nicht überschätzt werden soll. Sie seien für die Arbeitswilligkeit we-

der, auf den auch die Gewährung zusätzlicher Geldzahlungen abzielt, also von Leistungen, die unstreitig eine Belohnung des Arbeitnehmers bezwecken. Zu Recht geht deshalb der BFH etwa bei der kostenlosen Teilnahme an „reinen“ Incentive-Reisen von einem steuerpflichtigen geldwerten Vorteil auf der Seite des Arbeitnehmers aus[732]; hier wird derselbe Anreizmechanismus in Gang gesetzt, der auch bei einer ausdrücklichen zusätzlichen Lohnzahlung abliefe.

Eine unterschiedliche einkommensteuerrechtliche Behandlung der jeweiligen Leistungen kommt jedoch nur in Betracht, wenn sich zeigt, daß sich die Situationen bei einer näheren wirtschaftlichen Betrachtung unterscheiden. Davon kann nur dann ausgegangen werden, wenn ein Entlohnungsinteresse des Arbeitgebers hinweggedacht werden könnte, ohne daß die Zuwendung in Hinblick auf das Unternehmen jeglichen nachvollziehbaren wirtschaftlichen Sinn verlöre[733]. Nur wenn denkbar ist, daß sich ein wirtschaftlich rational handelnder Arbeitgeber für die Leistung auch ohne das Ziel der Entlohnung entschieden hätte, kann überhaupt darauf geschlossen werden, daß der Zuwendende einen geldwerten Vorteil nicht als Gegenleistung hingeben wollte.

bb) Verfolgung „gewichtiger“ betriebsfunktionaler Zielsetzungen

In jüngeren Entscheidungen hat der BFH desweiteren betont, daß es sich um „*gewichtige* betriebsfunktionale Ziele“[734] handeln muß. Zuvor war regelmäßig nur davon die Rede, daß betriebsfunktionale Gründe auf Seiten des Arbeitgebers gegen das Eigeninteresse des Arbeitnehmers an der Erlangung des Vorteils abzuwägen seien.

Wonach sich nun bestimmt, welche der in einer anderen Forschungsdisziplin diskutierten Interessen im vorgenannten Sinne „gewichtig“ sind, läßt sich aus den Entscheidungen des BFH bisher nur unzureichend entnehmen. Dieser Aspekt wurde insbesondere im Urteil vom 30.05.2001[735] mehrfach betont und das Fi-

---

niger wichtig als Bezahlung, fester Arbeitsplatz und Anerkennung der Arbeit; *C. Uhle*, Betriebliche Sozialleistungen, S. 187 und schon *T. W. Adorno / W. Dirks*, Betriebsklima, S. 21 ff.

732 Vgl. BFH v. 09.03.1990, BStBl. II 1990 S. 711 (714) zu die Motivation des Arbeitnehmers bezweckenden Reisen: hier sah das Gericht keine Anhaltspunkte gegeben für die Annahme, daß gerade keine Entlohnung des Arbeitnehmers zentral angestrebt worden war.

733 In diese Richtung ist wohl auch die von *H. Pflüger*, in: Herrmann/Heuer/Raupach, EStG, § 19 Rn. 185, getroffene Unterscheidung von eigenbetrieblichem und eigenwirtschaftlichem Interesse zu verstehen.

734 BFH v. 25.05.2000, BStBl. II 2000 S. 690 (692); BFH v. 30.05.2001, BStBl. II 2001 S. 671 (672 f.).

735 BFH v. 30.05.2001, BStBl. II 2001 S. 671.

nanzgericht damit betraut, Feststellungen zum Vorhandensein besonders gewichtiger betriebsfunktionaler Zielsetzungen auf Arbeitgeberseite zu treffen; abstrakte Abgrenzungsformeln bietet der BFH in diesem Zusammenhang aber nicht unmittelbar an. M.E. läßt sich jüngeren Urteilen aber jedenfalls die Überlegung entnehmen, daß die aus den Gesamtumständen erkennbare konkrete betriebliche Situation beim Arbeitgeber gerade das Verfolgen der vorgebrachten Zielsetzungen als unter unternehmensbezogenen wirtschaftlichen Gesichtspunkten sinnvolle und erforderliche Entscheidung verlangt.

So beurteilte der BFH das von Seiten eines Energieversorgungsunternehmens angeführte Ziel, daß ihre Arbeitnehmer bei Auftreten von Störungen an der Elektrizitätsversorgung umgehend die Schadensbeseitigung aufnehmen könnten, grundsätzlich als relevante Überlegung, denn aufgrund bestehender Versorgungsverträge bestand im Schadensfall die Verpflichtung des Unternehmens, solche Störungen schnellstmöglich zu beseitigen[736]. Als wirtschaftlich handelnde Unternehmerin mußte die Arbeitgeberin in diesem Fall bestrebt sein, ihre Pflichten gegenüber den Vertragspartnern zu deren Zufriedenheit zu erfüllen. In seiner Entscheidung zu von Teilen der Belegschaft in Anspruch genommenen kostenlosen Massagen gab der BFH dem FG Baden-Württemberg auf, Feststellungen dazu zu treffen, „wie häufig bei Arbeitnehmern, die ganztags an Bildschirmarbeitsplätzen wie bei der Klägerin tätig sind, mit körperlichen, die Arbeitsleistung beeinträchtigenden Beschwerden und Fehlzeiten infolge der Arbeitsbedingungen zu rechnen ist. Erst auf der Grundlage dieser Feststellungen [sei] eine objektive Würdigung möglich, ob die Klägerin mit den Massagen besonders gewichtige betriebsfunktionale Zielsetzungen verfolgt hat“[737]. Von Arbeitgeberseite war vorgebracht worden, die Massagen hätten der Erhaltung bzw. Wiederherstellung der Arbeitskraft und damit der Vermeidung von Krankheitstagen gedient. Der BFH maß dem Ziel der Vermeidung von Fehlzeiten durch Gesunderhaltung der Belegschaft in diesem Urteil m.E. zu Recht grundsätzliche Entscheidungserheblichkeit zu, weil alle Mitarbeiter ausschließlich an Bildschirmarbeitsplätzen tätig waren und deshalb den Arbeitgeber das Risiko hoher Fehlzeiten in besonders gewichtiger Weise bedrohen würde, wenn tatsächlich ein klarer Zusammenhang zwischen den besonderen Arbeitsumständen im Unternehmen und bemerkenswerten körperlichen Beschwerden der Arbeitnehmer festzustellen wäre.

---

[736] BFH v. 25.05.2000, BStBl. 2000 S. 690 (insbes. 692).
[737] BFH v. 30.05.2001, BStBl. II 2001 S. 671 (673).

Eine solche Überlegung erklärt auch die Differenzierung, die der BFH in seiner Entscheidung zur Bewirtung von Arbeitnehmern durch den Arbeitgeber außerhalb von Betriebsveranstaltungen vorgenommen hat. Nur wenn anläßlich und während eines außergewöhnlichen Arbeitseinsatzes aus durch den Arbeitsablauf bedingten Gründen Lebensmittel kostenlos überlassen werden, kann ausnahmsweise die Annahme von Arbeitslohn ausscheiden. Davon könne etwa dann die Rede sein, wenn die Beschleunigung des Arbeitsablaufs wegen eines schnell zu erledigenden oder unerwarteten Arbeitsanfalls erforderlich sei, nicht jedoch, wenn Besprechungen, bei denen unentgeltlich Speisen und Getränke überlassen werden, regelmäßig stattfinden und auch planmäßig zur Mittagszeit stattfinden[738].

Aus demselben Gedanken dürfte schließlich dem Ziel, die Belegschaft an den Betrieb zu binden und ihre Arbeitkraft zu erhalten bzw. gar zu verbessern, größeres Gewicht zukommen, wenn in einem Betrieb rare Fachleute mit besonderer Ausbildung gebraucht werden, als dort, wo beispielsweise überwiegend Fließbandarbeit erledigt wird, die zumeist auch von ungelernten Personen erledigt werden kann; denn in letztgenannten Fall läßt sich ein personeller Engpaß mit weniger Mühe und Aufwand überbrücken bzw. beseitigen[739].

g) Abwägung der Gesamtumstände als abschließender Wertungsvorgang

Auch beim letzten Schritt des erforderlichen Wertungsvorgangs kann der steuerrechtliche Rechtsanwender nicht gewinnbringend auf Erkenntnisse der Wirtschaftswissenschaften zurückgreifen. Wonach sich entscheidet, ob eine Sachzuwendung im steuerrechtlichen Sinne schließlich als Entlohnung des Arbeitnehmers zu qualifizieren ist, muß im Ergebnis unabhängig von solchen Erkenntnissen bestimmt werden. Die Abwägung kann aber auch keinen mathematischen Vorgang darstellen, indem etwa bestimmte prozentuale Anteile der Intensität gefordert wird, mit der der Arbeitgeber eigenbetriebliche Interessen verfolgt; denn die zu untersuchenden Lebenssachverhalte entziehen sich einer solchen Erfassung[740].

Auf der Suche nach der „richtigen" steuerrechtlichen Wertung eines Sachverhaltes wird man immer im Auge behalten müssen, daß der Sache nach zu entscheiden ist, ob die betreffende Fallgestaltung bei wirtschaftlicher Betrachtung bemerkenswerte Abweichungen aufweisen gegenüber der Situation, daß auf der Grundlage

[738] BFH v. 04.08.1994, BStBl. II 1994 S. 59 (insbes. 61).
[739] So zu Recht der Hinweis von *E.-M. Gersch*, FS-Klein, S. 889 (897).
[740] Vgl. in diesem Zusammenhang den Hinweis von *C. Kuhlmann*, Die Besteuerung, S. 100 f.

einer vertraglichen Vereinbarung Güter in Geldeswert an den Arbeitnehmer gegeben werden. Wenn und soweit die Überlassung eines geldwerten Vorteils jedenfalls auch geeignet ist, Entlohnungsinteressen der Beteiligten zu befriedigen, stellt sich das Problem, eine angeblich andere Situation zu verifizieren, in besonders dringlicher Weise. Die Abweichungen von einer „normalen Lohnzahlung" müssen deshalb deutlich machen, daß die Sachzuwendung für den Arbeitgeber auch dann noch wirtschaftlichen Sinn machte, wenn das eventuell vorhandene Ziel, den Arbeitnehmer zu entlohnen, hinweggedacht werden könnte. Davon kann ausgegangen werden, wenn die Sachzuwendung bei näherer Betrachtung allenfalls nachrangig auf den Arbeitnehmer als an Konsum interessierter Person abzielt, ihn vielmehr hauptsächlich als Teil, als Produktionsfaktor des Betriebes im Auge hat. Deshalb stellt sich die Frage, ob Umstände vorliegen, die als Ausdruck besonders starken Interesses des Arbeitgebers an der Beibehaltung bzw. gar Verbesserung der Wirtschaftlichkeit seines Betriebes gewertet werden können oder gar müssen.

Wenn der BFH die vorgetragenen betriebsfunktionalen Zielsetzungen erst nach näherer Betrachtung der Gesamtumstände als rechtlich relevante qualifiziert, so macht er deutlich, daß nicht jedwedem Vorbringen des Steuerpflichtigen Glauben geschenkt werden kann. Vielmehr haben die Richter dargelegt, daß die betreffenden Zielsetzungen „glaubhaft"[741], die „Vorteilsgewährung [...] mit nachvollziehbaren betriebsfunktionalen Zielen verbunden"[742], „betriebsfunktionale Gründe dafür plausibel gemacht"[743] sein müssen. Hierbei kann es nur auf den Standpunkt eines objektiven dritten Beobachters ankommen.

Der BFH konzentriert sich bei der Überprüfung der jeweiligen umstrittenen Situation inzwischen im wesentlichen auf die nachfolgend genannten Gesichtspunkte: Anlaß, Art und Höhe des Vorteils, Auswahl der Begünstigten, freie oder nur gebundene Verfügbarkeit des Vorteils, Freiwilligkeit oder Zwang zur Annahme des Vorteils und die besondere Geeignetheit der Zuwendung für den verfolgten betrieblichen Zweck.

Die Gesichtspunkte, die in der bisherigen Rechtsprechung die meiste Aufmerksamkeit erhalten haben, sollen anschließend einer näheren Untersuchung unterworfen werden. Hierbei wird sich zeigen, daß der BFH hohe Anforderungen stellt, wenn es um die Frage geht, ob die Gesamtumstände gegen eine Entlohnungssituation sprechen.

---

[741] BFH v. 16.04.1993, BStBl. II 1993 S. 640 (641).
[742] BFH v. 04.06.1993, BStBl. II 1993 S. 687 (690).
[743] BFH v. 09.08.1996, BStBl. II 1997 S. 97 (98).

aa) Erforderlichkeit von „äußeren Belegen" für ein ganz überwiegend eigenbetriebliches Interesse des Arbeitgebers

Der BFH bleibt also nicht bei dem Hinweis auf mögliche Zielsetzungen bzw. Interessen des Zuwenden stehen, sondern setzt diese im Rahmen der abschließenden Abwägung in Bezug zu verschiedenen äußerlich feststellbaren Umständen, die er als „Gesamtumstände des Einzelfalls"[744] berücksichtigt wissen will. Wie an früherer Stelle dieser Arbeit[745] schon aufgezeigt worden ist, ist der Rückgriff auf äußerliche Gesamtumstände auf jeden Fall erforderlich, um eine nachvollziehbare Wertungsentscheidung zu treffen. Sind sind in jedem Fall notwendiger Bestandteil des Entscheidungsprozesses.

bb) Näheres zu einzelnen möglicherweise relevanten Umständen

(1) „Aufgedrängte Bereicherung" auf Seiten des Arbeitnehmers

Unter dem Aspekt „aufgedrängter Vorteil" läßt sich die fehlende Steuerbarkeit bestimmter Sachzuwendungen nach hier vertretener Ansicht allenfalls am Punkt der Veranlassung begründen[746]. In diesem Sinne aufgezwungen soll nach der Rechtsprechung ein Vorteil dann sein, wenn der Arbeitgeber erhebliche berufliche und / oder finanzielle Nachteile für den Fall in Aussicht stellt, daß der Arbeitnehmer die Zuwendung nicht in Anspruch nimmt. Dann könne sich der Arbeitnehmer der Zuwendung nicht entziehen. In der Entscheidung zu den Vorsorgeuntersuchungen leitender Angestellter war es etwa so, daß auf die Führungskräfte dadurch Druck ausgeübt wurde, daß sie den Anspruch auf Fortzahlung der Bezüge im Krankheitsfall über den Zeitraum von sechs Wochen hinaus verloren, wenn sie nicht an den Untersuchungen teilnahmen, also unmittelbare finanzielle Nachteile aus einer Nichtannahme des Vorteils in Aussicht gestellt wurden. Als mögliche Nachteile in beruflicher Hinsicht sprach das Gericht Einschränkungen bei Beförderungschancen an[747]. Die Annahme der Aufzwingung eines Vorteils unterliege strengen Anforderungen; nach Ansicht des BFH genügt in diesem Zusammenhang also nicht jede Art von Druck, die auf den Zuwendungsempfänger ausgeübt wird. Entsprechend hat der BFH auch bisher in nur sehr wenigen Fällen wegen Aufdrängens der Bereicherung das Vorliegen eines steuerbaren geldwerten Vorteils verneint

---

[744] Vgl. jüngst BFH v. 30.05.2001, BStBl. II 2001 S. 671 (672).
[745] Teil 3, C) IV.) 4.) b).
[746] Der Annahme einer objektiven Bereicherung steht er nach der hier vertretenen Ansicht. nicht entgegen.
[747] BFH v. 17.09.1982, BStBl. II 1983 S. 39 (41 f.).

oder im Falle einer Zurückverweisung dem betreffenden Finanzgericht aufgegeben, hinsichtlich dieses Aspekts weitere Feststellungen zu treffen. So ließ es der BFH in einem anderen Fall nicht genügen, daß ältere Arbeitnehmer von einem Kurangebot des Arbeitgebers Gebrauch machen „sollten", denn nach dem der Entscheidung zugrunde liegenden Sachverhalt wurden für den Fall einer Nichtannahme des Vorteils keinerlei wirtschaftliche Nachteile in Aussicht gestellt[748]. Ausreichend ist aber nach Ansicht des Gerichts möglicherweise das Vorliegen einer verbindlichen Anweisung des Arbeitgebers, da der Arbeitnehmer im Rahmen des Dienstverhältnisses verpflichtet ist, diese zu befolgen[749]. Der Arbeitnehmer muß sich also in einer bemerkenswerten Zwangssituation befunden haben.

Unabhängig von der Begründung im einzelnen herrscht auch im Schrifttum Einigkeit darüber, daß im Falle eines aufgezwungenen Vorteils auf Seiten des Steuerpflichtigen keine steuerbaren Einnahmen vorliegen. Die Argumente für dieses Ergebnis differieren stark, was zum einen darauf zurückzuführen ist, daß teilweise dem Aufdrängungsaspekt Bedeutung (auch) für die Frage einer Bereicherung zugesprochen wird[750]; zum anderen liegen die Unterschiede auch in den unterschiedlichen Haltungen gegenüber dem Kriterium „ganz überwiegend eigenbetriebliches Interesse" begründet. *S. Temminghoff*[751] etwa, die das Interessekriterium insgesamt ablehnt, meint, der Arbeitnehmer erlange einen aufgedrängten Vorteil deshalb nicht für die Beschäftigung, weil er mit dessen Annahme lediglich eine Pflicht aus dem Dienstverhältnis erfülle.

Löst man sich von solchen grundsätzlichen Bedenken gegen die Rechtsprechung, so stellt sich die Frage, ob in dem Umstand der Aufdrängung ein stichhaltiges Indiz für eine bestimmte Interessenverteilung gesehen werden kann. Und man wird diese Frage meines Erachtens bejahen müssen[752]. Zwar macht der Arbeitnehmer grundsätzlich mit der Inanspruchnahme eines ihm angebotenen geldwerten Vorteils deutlich, daß er ein gewichtiges eigenes Interesse daran hat, die wirtschaftliche Bereicherung zu erlangen; die Annahme ist regelmäßig Ausdruck seines eigenen Entlohnungsinteresses. Dann kann er sich nicht mehr darauf berufen, daß er den Vorteil nicht wirklich erlangen wollte. Dieses Verständnis setzt jedoch vor-

---

[748] BFH v. 31.10.1986, BStBl. II 1987 S. 142 (143 f.): vom Arbeitgeber getragenen Kosten für Kuren bei älteren Arbeitnehmern sind regelmäßig als Arbeitslohn zu qualifizieren.

[749] BFH v. 16.09.1986, BStBl. II 1987 S. 37 (42).

[750] Vgl. z.B. *W. Drenseck*, in: L. Schmidt, EStG, § 19 Rn. 21; *P. Kirchhof*, in: Kirchhof, EStG, § 8 Rn. 10 und oben Teil 3, B), III.) 2.).

[751] *S. Temminghoff*, Lohnsteuerpflichtige Zuwendungen, S. 34.

[752] Ebenso beispielsweise *K. Offerhaus*, DStJG 9 (1986), S. 117 (120 f.) und *H. Richter*, DStZ/A 1983 S. 219 (220).

aus, daß er sich in vergleichbarem Maße frei für die Annahme des Vorteils entschieden hat, wie er es getan hätte, wenn er eine frei verfügbare Lohnzahlung erhalten und diese zum Erwerb des betreffenden geldwerten Gutes ausgegeben hätte. Diese Vergleichbarkeit fehlt jedoch, wenn geldwerte Vorteile aufgedrängt werden: der Arbeitgeber setzt in diesen Situationen sein Gegenüber mit der Androhung bestimmter Sanktionen für den Fall der Nichtannahme des Vorteils derart unter Druck, daß jener vernünftigerweise diesem Druck nachgibt. Der Arbeitnehmer tut dies aber nur oder zumindest ganz überwiegend deshalb, weil er finanzielle Nachteile befürchtet und nicht, weil sich eine Chance zusätzlicher Entlohnung durch Erlangung zusätzlicher geldwerter Vorteile bietet. Der Arbeitgeber möchte sicherstellen, daß er seine betriebsbezogenen Vorstellungen umsetzen kann, und zu diesem Zweck greift er ausnahmsweise auch auf Mittel zurück, die über das sonst übliche Anbieten einer Sachzuwendung deutlich hinausgehen, indem sie den Arbeitnehmer unter erheblichen Druck setzen.

Mit dem BFH ist davon auszugehen, daß nicht jeder insbesondere psychische Druck auf den Arbeitnehmer genügt; vielmehr müssen die gesamten Umstände eine Nichtannahme des Vorteils als unvernünftig erscheinen lassen, weil die finanzielle oder berufliche Situation des Betreffenden in erheblicher Weise beeinträchtigt würde[753]. Eine solche strenge Handhabung des Aspekts „Aufdrängung" ist insbesondere vor dem Hintergrund zu befürworten, daß es hier darum geht, plausibel zu machen, daß ein Sachverhalt auch im weitesten Sinne nicht mehr mit den typischen Fällen einer Entlohnung wirtschaftlich vergleichbar ist. Ein solcher atypischer Fall ist regelmäßig die Ausnahme, und die behauptete ungewöhnliche Interessenverteilung muß sich auch objektiv in einer ungewöhnlichen Sachverhaltskonstellation niederschlagen, um in den Bereich des Nachprüfbaren zu gelangen.

Der BFH weist die Darlegungs- und Substantiierungslast für den Umstand der Aufdrängung dem Arbeitgeber bzw. Arbeitnehmer zu. So hat er das entsprechende Vorbringen in einer Entscheidung zu Incentive-Reisen deshalb nicht berücksichtigt, weil der Hinweis der Klägerin darauf, daß die Nichtteilnahme schädlich gewesen sei für eine Beförderung, lediglich eine spekulative Erwägung sei und die Klägerin auch keinen konkreten Fall einer dienstlichen Benachteiligung wegen

---

[753] Zu gering sind deshalb die Anforderungen z. B. des Niedersächsischen FG im Urteil v. 27.10.1971, EFG 1972, S. 188 (188): „Daß eine Anwesenheitsliste geführt wurde, spricht vielmehr dafür, daß auf die Teilnehmer ein gewisser Zwang ausgeübt wurde, so daß sie sich der Teilnahme an der Veranstaltung nicht entziehen konnten. Es war den Teilnehmern auch nicht zuzumuten, sich nur die Vorträge anzuhören und sich danach zu entfernen."

Nichtteilnahme an der Reise benannt habe[754]. In einem anderen Urteil, das ebenfalls Vorteile aus Incentive-Reisen betraf, gab der BFH dem Finanzgericht auf, näher zu klären, ob die Arbeitnehmer tatsächlich zur Teilnahme an den Reisen verpflichtet gewesen seien. Hiergegen spreche etwa, wenn die betreffenden Personen nur über eine freiwillige Zusage überhaupt in die Teilnehmergruppe aufgenommen worden seien. Vom Vorliegen rechtlich erheblichen Zwangs könne das Gericht nicht ausschließlich auf der Grundlage einer pauschalen Behauptung der Klägerin ausgehen, sondern letztere habe dieses Vorbringen zu substantiieren[755].

(2) Besondere Geeignetheit des eingesetzten Mittels zur Verfolgung gewichtiger betriebsfunktionaler Zwecke

In jüngster Zeit hat der BFH ausdrücklich hervorgehoben, daß das Interesse des Arbeitnehmers an der Erlangung des geldwerten Vorteils dann vernachlässigt werden kann, falls sich der Vorteil „im Verhältnis zu den vom Arbeitgeber verfolgten gewichtigen betriebsfunktionalen Zwecken und der *besonderen* Geeignetheit des dazu eingesetzten Mittels als notwendige Begleiterscheinung darstellt“[756].

Mehr als „Geeignetheit“ wird jedoch nicht verlangt. Es ist insbesondere nicht erforderlich, daß der angestrebte Effekt tatsächlich eingetreten ist, also beispielsweise mit Hilfe einer Betriebsveranstaltung der Kontakt der Mitarbeiter untereinander tatsächlich verbessert wurde[757].

Daß das Gericht geldwerte Vorteile allenfalls unter der Voraussetzung als nicht steuerbar ansehen will, daß sich das gewählte Mittel eignet zur Erreichung der betriebsfunktionalen Zwecke, war schon aus früheren Entscheidungen zu erkennen gewesen. Nur wenn der geldwerte Vorteil Resultat einer Maßnahme des Arbeitgebers ist, die überhaupt (in ihrer konkreten Ausgestaltung) grundsätzlich geeignet ist, das jeweils angeführte Ziel zu erreichen, kann er ohne Relevanz für die Besteuerung bleiben. So hat der BFH beispielsweise in seiner Entscheidung zu den Belegschaftsrabatten in 1993[758] bezweifelt, daß mit der Benutzung von firmeneigenen Produkten eine im Ergebnis absatzfördernde Werbewirkung verbunden ist. Bedenken dagegen, daß sich das Gewähren eines Essensfreibetrages eignet, eine möglichst geringe Beeinträchtigung des Betriebsablaufs und der Arbeitsleistung

[754] BFH v. 09.03.1990, BStBl. II 1990 S. 711 (714).
[755] BFH v. 18.02.1994, BFH/NV 1994 S. 708 (709).
[756] BFH v. 30.05.2001, BStBl. II 2001 S. 671 (672) unter Verweis auf BFH v. 25.05.2000, BStBl. II 2000 S. 690 (692).
[757] So der Hinweis des BFH im Urteil v. 18.03.1986, BStBl. II 1986 S. 575 (576).
[758] BFH v. 04.06.1993, BStBl. II 1993 S. 687 (insbes. 689 f.).

der Beschäftigten zu erreichen, klangen auch schon kurz nach der systematischen Neupositionierung an. Im betreffenden Urteil verwies der BFH aber entscheidend darauf, daß in solchen Fällen von einem Überwiegen des Arbeitgeberinteresses jedenfalls nicht die Rede sein könne, weil der Vorteil eines verbilligten Essens immer auch im Interesse des Vorteilsempfängers liege[759]. Ausdrücklich haben sich verschiedene Finanzgerichte zur Eignung von Betriebssportangeboten geäußert in Hinblick auf das Ziel, das Betriebsklima und die zwischenmenschlichen Kontakte der Belegschaft untereinander zu verbessern und dabei die Unterscheidung zwischen Individual- und Massensportarten in den Mittelpunkt gestellt[760]. Das FG Hamburg etwa nahm in einer Entscheidung in 1996 den Standpunkt ein, daß Tennissport nicht von vorneherein die Eignung zur Kontaktförderung und -verbesserung abgesprochen werden könne, es müsse vielmehr die konkrete Ausgestaltung des Sportangebots näher betrachtet werden[761]. Strenger hatte dies das FG Münster in einer Entscheidung im Jahre 1989 gesehen und bei Vorteilen aus Tennissportveranstaltungen des Arbeitgebers das Argument der Klimaverbesserung schon deshalb für nicht überzeugend befunden, weil Tennissport eher eine Art Individualsport sei[762]. Der BFH hingegen setzte sich in seinem Urteil, das eine Entscheidung des FG Düsseldorf betraf, mit der Frage einer abstrakten und konkreten Eignung des umstrittenen betrieblichen Sportangebots und somit insbesondere der Differenzierung zwischen Individual- und Massensport nicht auseinander, sondern betonte vielmehr direkt, daß die Organisation der Nutzung von Tennis- oder Squashplätzen im jeweiligen Betrieb ohne Relevanz sei, da jedenfalls ein erhebliches Eigeninteresse der Arbeitnehmer an der Erlangung des Vorteils bestehe[763].

Welche Überlegungen verbergen sich aber nun hinter der jüngeren Forderung des BFH, daß sich die ergriffene Maßnahme, aus der der geldwerte Vorteil des Arbeitnehmers resultiert, *besonders* eignet zum Erreichen der verfolgten betriebsfunktionalen Zwecke? Hinweise lassen sich zu dieser Frage zunächst dem BFH-

---

[759] BFH v. 07.12.1984, BStBl. II 1985 S. 164 (167). *K. Offerhaus*, DB 1985 S. 565 (566) hat dies unterstrichen mit dem Hinweis, es sei „kaum anzunehmen, daß die Arbeitnehmer nur wegen des Zuschusses von 1,50 DM in den Betriebskantinen essen."

[760] Vgl. den Überblick über die Rechtsprechung bei *K.-J. von Bornhaupt*, DStZ 1997 S. 102.

[761] FG Hamburg v. 07.02.1996, EFG 1996 S. 542. Das Gericht sah in betreffenden Fall den Aspekt des Individualsports als zurückgedrängt an. Über ein betriebliches Rotationsverfahren hatten die Angestellten ständig wechselnde Tennis- oder Squashpartner erhalten, ein Anspruch auf feste Spielzeiten bestand nicht. Angesichts dieser Umstände maß das Gericht dem vorgebrachten Ziel, die Kommunikation und Verbundenheit unter den Arbeitnehmern zu fördern, wegen der konkreten Organisation des Sportangebotes entscheidungserhebliche Bedeutung zu
Vgl. auch FG Düsseldorf v. 17.07.1996, EFG 1996 S. 1100 (1100).

[762] FG Münster v. 21.09.1989, EFG 1990 S. 178 (178).

[763] BFH v. 27.09.1996, BStBl. II 1997 S. 146 (147).

Urteil zu Personalrabatten aus dem Jahre 1993 entnehmen. Dort hat das Gericht ausgeführt, daß der Effekt, daß die Belegschaft „durch die Gewöhnung an Produkte der Arbeitgeberin auch bei Wegfall der Rabatte jedenfalls teilweise erhalten bleiben könnte, [...] auch durch einmalige oder wiederholte Absatzaktionen (Sonderangebote, Jubiläumsverkäufe usw.) bewirkt [würde]“[764]. Es gab also zum Erreichen desselben Ziels eine Alternative, die gleichermaßen geeignet gewesen wäre und bei der es nicht erforderlich gewesen wäre, die Möglichkeit der Erlangung eines geldwerten Vorteils auf die Gruppe der Arbeitnehmer zu begrenzen. Daß sich die Klägerin in einer solchen Situation für den Weg entschieden habe, der Dritte als Empfänger des Vorteils ausschließe, sei ein klarer Hinweis darauf, daß sie angestrebt habe, die Belegschaft zu entlohnen. In seiner Entscheidung zur Überlassung eines Werkstattwagens für Fahrten des Arbeitnehmers zwischen Wohnung und Arbeitsstätte[765] sah das Gericht die Überlassung des Fahrzeuges deshalb als besonders geeignet an, weil auf diesem Weg eine schnellere Durchführung der gegenüber Dritten geschuldeten Schadensbeseitigung erreicht werden konnte. Hinzu kamen mit der Art und Ausstattung der Wagen und der Funkrufbereitschaft der jeweiligen Mitarbeiter weitere Umstände, die erkenntlich machten, daß die bestmögliche Situation geschaffen worden war, um erforderliche Einsätze erfolgreich durchzuführen. Eine Alternative zu dieser Maßnahme, die gleichermaßen Erfolg versprach, sprach der BFH hier nicht an, sah sie wohl nicht gegeben.

M.E. geht es in diesem Zusammenhang um die Überlegung, daß von fehlendem Entlohnungsinteresse des Arbeitgebers nur dann ausgegangen werden kann, wenn keine Maßnahme denkbar oder gar naheliegend ist, die den Arbeitnehmer weniger bevorteilt hätte, aber zur Erreichung des vorgebrachten Zieles ebenso geeignet gewesen wäre. Es ist im Rahmen der Wertung also zu berücksichtigen, ob es Alternativen gegeben hätte, bei denen der Arbeitnehmer in den Genuß von geldwerten Vorteilen in nur geringerem Umfang als bei der gewählten Zuwendungsart gekommen wäre, ohne daß damit der Arbeitgeber im Verfolgen seines Zieles beeinträchtigt gewesen wäre. Dieser Gedanke erklärt etwa auch, warum der BFH in Zusammenhang mit der kostenlosen Gewährung von Speisen und Getränken während eines außergewöhnlichen Arbeitseinsatzes betont hat, daß zur endgültigen Entscheidung über den Belohnungscharakter der Zuwendung insbesondere „die Art der zur Verfügung gestellten Speisen unter Einbeziehung ihres Preises“[766] nähere Betrachtung verdiene.

---

[764] BFH v. 04.06.1993, BStBl. II 1993 S. 687 (690).
[765] BFH v. 25.05.2000, BStBl. II 2000 S. 690 (insbes. 692).
[766] BFH v. 05.05.1994, BStBl. II 1994 S. 771 (773).

(3) Zuwendungen an die Belegschaft als Gesamtheit / Auswahl der Begünstigten

Im Schrifttum wird darauf hingewiesen, daß es sich bei Sachzuwendungen im ganz überwiegend eigenbetrieblichen Interesse häufig um Fälle handelt, in denen der Vorteil der Belegschaft als Gesamtheit angeboten wird[767]. Ein typischer Sachverhalt, bei dem dieser äußere Gesichtspunkt und das betreffende Wertungsergebnis zusammenkommen, sind übliche Betriebsveranstaltungen. Der BFH hat sich jedoch in seiner Entscheidung zur kostenlosen Überlassung von Tennis- und Squashplätzen[768] gegen ein ganz überwiegend eigenbetriebliches Interesse des Arbeitgebers ausgesprochen, obwohl auch hier die gesamte Belegschaft Zielgruppe der betreffenden Sachzuwendung war. In diesem Urteil gab das Gericht sogar zu erkennen, daß seines Erachtens beim Zurverfügungstellen solcher Sportangebote in jedem Fall in den geldwerten Vorteilen Arbeitslohn zu sehen ist. Auch im Urteil zu den Massageanwendungen[769] wurde allen Arbeitnehmern die Möglichkeit eröffnet, sich auf Kosten der Arbeitgeberin behandeln zu lassen. Auf diesen Umstand wies der BFH jedoch nicht besonders hin, sondern gab dem Finanzgericht lediglich auf, zu anderen Fragen nähere Feststellungen zu treffen.

Diese Hinweise zeigen, daß der Umstand, daß der Vorteil allen Arbeitnehmern in gleiche Maße zugute kommen soll, nach Ansicht des BFH kein Merkmal ist, dem mit eine allgemeingültige Aussage für ein fehlendes Entlohnungsinteresse auf Seiten des Arbeitgebers entnommen werden kann. Dieser Standpunkt ist m.E. zutreffend. Zwar spricht die Tatsache, daß eine Zuwendung der gesamten Belegschaft zugute gekommen ist, zunächst dafür, daß hier ein Vermögenszugang vorliegt, der nicht konkret durch das auf den Erhalt von Arbeitslohn abzielende Dienstverhältnis des einzelnen Arbeitnehmers ausgelöst ist. Der Zuwendung fehlt es äußerlich an einem individuellen Zug. Die nähere Betrachtung solcher Situationen macht aber deutlich, daß dieser Umstand in Zusammenhang mit der vorgebrachten Zielsetzung gesehen werden muß; nur dann erschließt sich seine mögliche Relevanz für die Abwägungsentscheidung. So kommen beispielsweise auch Personalrabatte allen Arbeitnehmern zugute, ohne daß sich die fehlende Steuerbarkeit der hieraus erwachsenden Vorteile überzeugend begründen ließe. Daß alle Arbeitnehmer in den Genuß des betreffenden geldwerten Vorteils kommen (können), kann nur dann für ein ganz überwiegend eigenbetriebliches Interesse sprechen, wenn die

---

[767] Vgl. *W. Drenseck*, in: L. Schmidt, EStG, § 19 Rn. 30; *T. Eisgruber*, in: Kirchhof, EStG, § 19 Rn. 123.

[768] BFH v. 27.09.1996, BStBl. II 1997 S. 146.

[769] BFH v. 30.05.2001, BStBl. II 2001 S. 671.

vorgebrachte Zielsetzung verlangt, daß der Vorteil gerade der gesamten Belegschaft zukommt oder zumindest angeboten wird, weil andernfalls das Erreichen des spezifischen Ziels von vorneherein nicht in Betracht kommt. Dies wird besonders deutlich bei Betriebsveranstaltungen. Mit diesen möchte der Arbeitgeber den Kontakt der Arbeitnehmer untereinander fördern und damit im Ergebnis das Betriebsklima verbessern. Um dies zu erreichen, ist es erforderlich, daß möglichst viele der Mitarbeiter an der Veranstaltung teilnehmen, so daß kommunikativer Austausch auf wirklich breiter Ebene möglich ist. Umgekehrt gibt es aber auch Situationen wie z.B. die Durchführung von Vorsorgeuntersuchungen leitender Angestellter[770], in denen die strenge Verfolgung des angeführten eigenbetrieblichen Interesses gerade bzw. nur bei einer Beschränkung auf gewisse Personen plausibel erscheint. Würde etwa in den letztgenannten Fällen allen Arbeitnehmern die Möglichkeit der Teilhabe an dem betreffenden Vorteil eröffnet, wäre die tatsächlich in Anspruch genommene Zuwendung jedenfalls bei der Restgruppe als zusätzliche Entlohnung zu qualifizieren[771]. Hier verdient der BFH Zustimmung, wenn er der Sache nach fragt, ob sich die Sachzuwendung wegen der Auswahl der Adressaten abstrakt und in ihrer konkreten Ausgestaltung eignet, das vorgebrachte Ziel zu erreichen. Mögliche Rückschlüsse auf das Gewicht der beteiligten Interessen lassen sich nur gewinnen, wenn man die Eigenart der in Diskussion stehenden Sachzuwendung berücksichtigt. Aus dieser Gesamtbetrachtung muß sich ergeben, daß sich eine Selektion innerhalb der Belegschaft oder umgekehrt die Zuwendung von Vorteilen an alle Arbeitnehmer auf sachliche Gründe zurückführen läßt, also keine Auswahl der Adressaten zur Privilegierung bestimmter Mitarbeiter erfolgt ist[772].

Von diesen Fällen, in denen Vorteile der Belegschaft als Gesamtheit zugewendet werden und hinter denen möglicherweise ein ganz überwiegend eigenbetriebliches Interesse steht, sind die Situationen zu unterscheiden, in denen auf Seiten des einzelnen Arbeitnehmers schon gar keine einkommensteuerlich relevante Bereicherung eintritt. So etwa, wenn der Einzelne betriebliche Kantinen-, Dusch- oder Sozialräume nutzen kann oder wenn ihm ein besonders gut ausgestatteter Arbeitsplatz zur Verfügung gestellt wird. Hier geht es der Sache nach zumeist um Leistungen des Arbeitgebers, die den Beschäftigten erst die Möglichkeit eröffnen, im

---

[770] BFH v. 17.09.1982, BStBl. II 1983 S. 39.

[771] Je nach Argumentation des Arbeitgebers dürfte dann nur auf Seiten der „Restgruppe" eine steuerbare Sachzuwendung vorliegen (wenn nämlich Zielsetzungen vorgetragen werden, die bei wirtschaftlicher Betrachtung eine Zuwendung lediglich an eine enger umgrenzte Gruppe von Arbeitnehmern erforderlich erscheinen lassen), oder die Zuwendungen würden bei allen Arbeitnehmern zur Steuerpflicht führen (wenn nämlich andere, dann aber nicht plausible Zielsetzungen angeführt werden).

[772] Dazu etwa auch BFH v. 04.08.1994, BStBl. II 1995 S. 59 zu einer gemeinsamen Veranstaltung nur für einzelne Abteilungen eines Unternehmens, die aber eng zusammen arbeiteten.

Betrieb in der vereinbarten Weise tätig zu werden. Häufig wird es sich um Ausgestaltungen der Arbeitsstätte handeln, die dem Unternehmer von gesetzlichen Regelungen abverlangt werden[773].

(4) Höhe der Zuwendung

Daß eine Sachzuwendung im ganz überwiegend eigenbetrieblichen Interesse des Arbeitgebers gegeben wurde, wird nach Ansicht des BFH um so unwahrscheinlicher, je größer die Bereicherung des Zuwendungsempfängers ist; es bestehe eine Wechselwirkung zwischen der Intensität des eigenbetrieblichen Interesses des Arbeitgebers und dem Ausmaß der Bereicherung des Arbeitnehmers[774].

Die Höhe der Bereicherung wertet der BFH demnach als Hinweis auf eine bestimmte Interessenverteilung: je mehr die Zuwendung des Arbeitgebers das Vermögen seines Mitarbeiters vergrößert, desto stärker spricht dies für ein Handeln, das primär darauf ausgerichtet ist, dem Arbeitnehmer eine zusätzliche Entlohnung zukommen zu lassen. Dieser Standpunkt basiert wohl auf der Überlegung, daß das Interesse des Arbeitnehmers an der Erlangung eines Vorteils mit dessen finanzieller Höhe steigt, weil er grundsätzlich daran interessiert ist, möglichst viel Potential zur Befriedigung seiner Konsumbedürfnisse zu erhalten, also im einkommensteuerrechtlichen Sinne entlohnt zu werden. Diese Ansicht läßt sich m.E. auf Lebenserfahrung stützen. Dessen sind sich die Arbeitgeber auch bewußt, so daß dann, wenn keine überzeugenden eigenbetrieblichen Gründe dafür ersichtlich sind, weshalb den Arbeitnehmern Vorteile von bemerkenswertem wirtschaftlichem Wert zugewendet werden, die Umstände dafür sprechen, daß dem Zuwendungsempfänger Mittel zur Verfügung gestellt werden sollen, mit denen er seinem privaten Konsumbedürfnis jedenfalls Rechnung tragen kann.

Der absoluten Höhe der Zuwendung alleine kann aber keine eindeutige abschließende Aussagekraft zukommen. Hinweise auf die hinter der betreffenden Leistungen stehenden Erwägungen ergeben sich auch hier erst dann, wenn die Höhe des Vorteils in Zusammenhang mit dem vorgebrachten eigenbetrieblichen Ziel gese-

---

[773] Dazu oben Teil 3, C) IV.) 5.) c).

[774] Vgl. BFH v. 02.02.1990, BStBl. II 1990 S. 472 (474).
In seiner Entscheidung v. 27.09.1990 (BStBl. II 1991 S. 262 (266)) hatte der BFH hieraus im Umkehrschluß abgeleitet, daß einem eigenbetrieblichen Interesse des Arbeitgebers um so größere Bedeutung zukommt, je geringer die Bereicherung des Arbeitnehmers ist. Zu diesem Urteil ist ein Nichtanwendungserlaß des BMF ergangen (BMF v. 13.03.1991, BStBl. I 1991 S. 388), das Schrifttum hat diesen Umkehrschluß weitestgehend abgelehnt (MIT und *D. Gosch*, DStR 1991 S. 149; *W. Drenseck*, in: L. Schmidt, EStG, § 19 Rn. 30), und die Rechtsprechung hat ihn auch in den folgenden Jahren nicht mehr aufgegriffen.

hen wird, in Hinblick auf welches sich der Arbeitgeber nach seinem Vorbringen entschlossen hat, die Sachzuwendung zu gewähren. Denn der Arbeitgeber wird, wenn er tatsächlich hauptsächlich an der Funktionsfähigkeit und der langfristigen Erhaltung und Verbesserung der Wirtschaftlichkeit seines Betriebes interessiert ist, bei der Verteilung seines Budgets darauf achten, daß er Maßnahmen ergreift, die sich zum Erreichen seines Zieles tatsächlich eignen. Und je nach Wichtigkeit des jeweiligen Ziels wird er unter Umständen auch kostspielige Leistungen wählen, wenn diese am ehesten den erhofften Nutzen versprechen. Wegen des Gewichts des wirtschaftlichen Vorteils, den der Arbeitnehmer erlangt, bleibt hier jedoch noch zu hinterfragen, ob die Entscheidung für die betreffende Maßnahme tatsächlich lediglich Resultat einer wirtschaftlich sinnvollen Kosten-Nutzen-Abwägung ist oder doch in nicht unerheblicher Weise auch Entlohnung bezweckt. Auch hier wird man die Frage nach einer naheliegenden Alternative stellen und als deutlichen Hinweis auf Entlohnungsinteressen werten müssen, wenn eine weniger aufwendige Zuwendung ersichtlich ist, die in gleichem Maße Erfolg versprochen hätte.

Die Rechtsprechung handhabt den Aspekt „Höhe der Bereicherung" dann auch grundsätzlich[775] flexibel. Es werden nicht etwa für einzelne Sachzuwendungen jeweils bestimmte Wertgrenzen festgelegt, ab denen das eigenbetriebliche Interesse nicht mehr zum Zuge kommen kann. Unabhängig davon, ob eine solche Typisierung wegen der Vernachlässigung des individuellen Sachverhaltes überhaupt akzeptabel wäre und ob der BFH die Kompetenz zu einer solchen Festlegung hätte, brächte eine solche Vorgehensweise jedenfalls nicht den erhofften praktischen Nutzen von bemerkenswertem Ausmaß. Die Bandbreite von möglichen Sachzuwendungen ist sehr groß, so daß eine starke Ausdifferenzierung der maßgeblichen Höhe des Vorteils je nach Zuwendungsart erforderlich wäre, um eine halbwegs realitätsnahe und gerechte Beurteilung der Sachverhalte zu ermöglichen. Damit befänden sich die Rechtsanwendungsinstanzen aber nicht mehr weit entfernt von dem Aufwand, den sie bei einer ganz individuellen Betrachtung des einzelnen Falles betreiben müßten.

---

[775] Zur von der Rechtsprechung festgelegten Wertgrenze bei Betriebsveranstaltungen vgl. die nachfolgenden Ausführungen Teil 3, C) IV.) 7.) g) cc) (2).

cc) Speziell zu richterlichen Typisierungen in Zusammenhang mit Betriebsveranstaltungen

Wenn es um die einkommensteuerrechtliche Qualifikation der Vorteile geht, die Arbeitnehmer dadurch erlangen, daß sie an einer Betriebsveranstaltungen teilnehmen, fragt der BFH, ob die betreffende Veranstaltung und die daraus resultierenden Vorteile „üblich" sind. Hinsichtlich des Aspekts „Höhe der Zuwendung" macht das Gericht seit 1992 seine Entscheidung davon abhängig, ob der gewährte Vorteil einen bestimmten Betrag nicht überschreitet.

(1) „Üblichkeit" der Veranstaltung als Voraussetzung für die Annahme nichtsteuerbarer geldwerter Vorteile

Im Bereich der Betriebsveranstaltungen orientiert der BFH seine Beurteilung maßgeblich an dem Aspekt der „Üblichkeit", und zwar mit folgenden rechtlichen Wirkungen: Wird bei solchen Veranstaltungen mit der an den Einzelnen erfolgenden Zuwendung das in diesem Zusammenhang (hinsichtlich Art, Häufigkeit, Dauer und Teilnehmerkreis[776]) „Übliche" überschritten, so verbietet sich die Annahme, daß die Zuwendung nicht, jedenfalls nicht auch, als Entlohnung des Arbeitnehmers gedacht war. Vielmehr kommt dann dem Arbeitnehmer ein wirtschaftlicher Vorteil zugute, der tauglicher Ansatzpunkt für eine Besteuerung ist. Nicht übliche Veranstaltungen erlauben den Rückschluß auf ein besonderes Entlohnungsinteresse des Arbeitgebers, der Aspekt der Förderung des Betriebsklimas tritt in diesen Fällen in den Hintergrund. Dann ist der dem Arbeitnehmer zufließende Vorteil in voller Höhe bei ihm als steuerbare Einnahme anzusetzen.

Mit der Würdigung des zu entscheidenden Falles mit Blick auf das „Übliche" bewegt sich die Rechtsprechung weg von einer umfassend individuellen Beurteilung des Sachverhaltes und hinein in den Bereich der Typisierung. Entspricht die zu beurteilende Situation äußerlich dem, was für vergleichbare Fälle als typisch angesehen wird, so werden hieraus bestimmte rechtliche Folgerungen gezogen. Im Bereich der Betriebsveranstaltungen entscheidet sich mit dem Ergebnis aus dem hier anzustellenden Fremdvergleich[777], ob die zugewendeten Vorteile durch die

---

[776] Diese Frage wurde bis zur Entscheidung vom 25.05.1992 (BStBl. II 1992 S. 655) auch hinsichtlich der Höhe des Vorteils gestellt.

[777] Daß der BFH, wenn er „Üblichkeit" der Betriebsveranstaltung verlangt, einen Fremdvergleich mit der Situation bei Dritten anstellt, hat das FG München in einem Urteil v. 24.05.1996, EFG 1998 S. 1523, ausdrücklich betont. Deshalb maß es dem Vorbringen der Klägerin, in ihrem Unternehmen gäbe es eine jahrzehntelange Praxis der zweitägigen Betriebsausflüge, keine Bedeutung zu.

nichtselbständige Tätigkeit des Arbeitnehmers veranlaßt sind, sich im weitesten Sinne als jedenfalls wirtschaftliche Gegenleistungen für das Zurverfügungstellen der Arbeitskraft erweisen. Decken sich der bei objektiver Betrachtung vorliegende und der typische Fall, dann geht das Gericht davon aus, daß auch die Interessen der Beteiligten der Art und dem Gewicht nach wie im typischen Lebenssachverhalt vorliegen. Hier legt der BFH eine typisierende Betrachtungsweise an und bedient sich somit einer Form der Rechtsanwendung, die sich auf der Ebene der Qualifikation des Sachverhalts bewegt[778].

Der BFH hat sich bisher noch nicht ausdrücklich dazu geäußert, ob er unter dem Gesichtspunkt der „Üblichkeit" einer Betriebsveranstaltung lediglich formell oder doch materiell typisieren möchte[779]. Materielle Typisierung würde in diesem Fall bedeuten, daß der Sachverhalt zur Klärung der Veranlassungsfrage nicht weiter untersucht und hinterfragt wird, sondern unabhängig von möglichen besonderen Überlegungen der Beteiligten oder von Umständen, die zum Verlassen des Bereichs des Üblichen geführt haben können, würde sich die Beurteilung des Veranlassungszusammenhangs nur mehr danach richten, ob sich in diesem Punkt die tatsächliche Situation und die als typische angesehene decken oder nicht. Das Gericht hat sich in seiner Entscheidung im Jahr 1992[780] darauf beschränkt anzumerken, daß ein ganz überwiegend eigenbetriebliches Interesse nur dann zu bejahen sei, wenn die Veranstaltungen ihrer Art nach üblich, herkömmlich seien. Dies sei nicht der Fall, soweit sie mehr als zweimal im Jahr stattfänden oder länger als einen Tag dauerten. Hinsichtlich der Anzahl der Betriebsveranstaltungen verweist der BFH auf eine ältere Entscheidung aus 1986; dort hatte sich der Senat jedoch noch etwas vorsichtiger geäußert: „Der Senat hält jährlich zwei Betriebsveranstaltungen für noch im Rahmen des Üblichen liegend. Bei Überschreiten dieser Anzahl kann der Schluß gerechtfertigt sein, daß mit den Zuwendungen anläßlich weiterer Betriebsveranstaltungen eine Grenze erreicht ist, die die zusätzlichen Zuwendungen als individuelle Belohnung der einzelnen Arbeitnehmer erscheinen läßt"[781]. Diese Formulierung enthielt noch eine bestimmte Offenheit in der Frage, welcher rechtliche Schluß zu ziehen ist aus dem Umstand, daß mehr als zwei Veranstaltungen in einem Jahr stattfinden. Daß der BFH sich in seiner Entscheidung in 1992 nicht mit derselben Offenheit äußert, läßt sich m.E. dahingehend deuten,

---

[778] Auf der anderen Ebene der Rechtsanwendung, nämlich der Entscheidungsnorm, findet die Typisierung durch den Gesetzgeber statt und kommt das Problem der Typusbegriffe zum Tragen; *K.-D. Drüen / H.-W. Kruse*, in: Tipke/Kruse, AO, § 4 Rn. 385 m.w.N.

[779] Dahin, daß lediglich eine formelle Typisierung gewollt ist, geht die Vermutung von *H. Klüting*, DStR 1992 S. 1311 (1311).

[780] BFH v. 25.05.1992, BStBl. II 1992 S. 655.

[781] BFH v. 18.03.1986, BStBl. II 1986 S. 575 (576).

daß er jedenfalls inzwischen eine materielle Typisierung favorisiert. Auch die Verwaltung tendiert wohl am Punkt der Häufigkeit der Veranstaltungen in Richtung materielle Typisierung, wenn sie in den Lohnsteuerrichtlinien anordnet, daß der Arbeitgeber, der mehr als zwei (gleichartige) Betriebsveranstaltungen pro Jahr abhält, festzulegen habe, welche die Gruppe der beiden üblichen bilden[782]; hier ist die Möglichkeit, daß auch die Vorteile aus einer dritten Veranstaltung bei der Besteuerung nicht zu berücksichtigen sein könnten, nicht angesprochen.

Meines Erachtens hat sich der BFH jedoch darauf zu beschränken, formell zu typisieren. Denn nur auf diesem Wege läßt sich regelmäßig eine die Tatbestandsgrenzen überschreitende Mehrbelastung des Steuerpflichtigen vermeiden, indem dem Steuerpflichtigen die Möglichkeit eröffnet wird, den aus Erfahrung gewonnenen Richtsatz zu widerlegen anhand eines individuellen Vortrages[783]. Sollte aber eine materielle Typisierung gewollt sein, so ist zu berücksichtigen, daß der Gesichtspunkt der Üblichkeit dem Grunde nach ein flexibles Kriterium ist. Es stellt auf gesellschaftliche Vorstellungen ab und ist deshalb in der Lage - und hat insbesondere auch die Aufgabe -, Änderungen der Ansicht darüber, wie Betriebsveranstaltungen herkömmlicherweise ausgestaltet sind, aufzunehmen; somit ist eine zeitnahe Anpassung der Rechtsprechung an veränderte gesellschaftliche Standards möglich. Daß der BFH das Kriterium der Üblichkeit auch in dieser Weise versteht, wird aus der Entscheidung im Jahre 1992 deutlich, denn dort weist das Gericht darauf hin, daß es jedenfalls zur Zeit der gerichtlichen Entscheidung nicht „allgemeinen Gewohnheiten und Gebräuchen" entspräche, daß Betriebsveranstaltungen mehr als zweimal im Jahr oder länger als an einem Tag durchgeführt werden[784]. Soll die Grenze der Üblichkeit zum Zwecke einer materiellen Typisierung eingesetzt werden, so ist von der Judikative zu fordern, daß sie jedenfalls die ihr durch die inhaltliche Anpassungsfähigkeit eröffneten Spielräume ausnutzt. Sie muß berücksichtigen, daß die Vorstellungen darüber, was an Betriebsveranstaltungen üblich ist, stark differieren. Je nachdem, an welchem Ort ein Unternehmen seinen Sitz hat und je nach Branche, der es angehört, finden recht unterschiedliche Veranstaltungen statt. Ein- und dieselbe Betriebsveranstaltung kann sich innerhalb einer Branche deutlich von der Masse abheben, bei einer anderen hingegen dem entsprechen, was von der Mehrzahl der vergleichbaren Firmen geplant wird. Solche Unterschiede wären bei einer materiellen Typisierung auf jeden Fall aufzufangen. Will man aus Praktikabilitätserwägungen eine Differenzierung etwa nach Ort oder Branche vermeiden, wird man den Weg einschla-

---

[782] R 72 Abs. 3 S. 4 LStR 2002.

[783] Vgl. *P. Kirchhof*, in: Kirchhof/Söhn, EStG, § 2 Rn. A 579.

[784] BFH v. 25.05.1992, BStBl. II 1992 S. 655 (657).

gen müssen, einen großzügigen Maßstab anzulegen bei der Frage, was „üblich" ist.

(2) Zulässigkeit einer Quantifizierung zur Eingrenzung von Betriebsveranstaltungen im ganz überwiegend eigenbetrieblichen Interesse

Besonders vielversprechend in Hinblick auf eine praktikable Rechtsanwendung ist die im Bereich der Betriebsveranstaltungen vom BFH gewählte Vorgehensweise, die Wertungsentscheidung, ob eine Arbeitgeberleistung Entlohnung darstellt, davon abhängig zu machen, ob sich die Betriebsveranstaltung in ihrer konkreten Ausgestaltung innerhalb der von der Rechtsprechung durch Quantifizierungen festgelegten Wertgrenzen bewegt. Quantifizierungen nimmt der BFH nicht nur dann vor, wenn er von „Üblichkeit" einer Betriebsveranstaltung nur bis zu einer konkreten Höhe ausgeht, sondern etwa auch dann, wenn er ausführt, lediglich zwei Betriebsveranstaltungen pro Jahr seien üblich. Schließlich wird quantifiziert, wenn der BFH Veranstaltungen, die länger als einen Tag dauern, als unüblich einordnet[785]. Die folgenden Ausführungen konzentrieren sich auf die Quantifizierung in Zusammenhang mit dem Aspekt „Höhe der Zuwendung", lassen sich aber sinngemäß übertragen auf die anderen zahlenmäßigen Festlegungen einer Grenze[786]. Der BFH hat die Grenze der Höhe nach für die Zeit bis 1992 bei 150 DM festgelegt[787], die Finanzverwaltung erhöhte diesen Betrag für die Jahre ab 1993 auf 200 DM, seit 2002 sehen die Richtlinien 110 Euro vor[788].

Die Vorteile, die eine Orientierung der rechtlichen Würdigung an einer festen Wertgrenze mit sich bringt, haben etwa das Thüringer FG dazu bewogen, den Wert der dem Einzelnen gewährten Leistung als entscheidendes Kriterium für die Beurteilung der Üblichkeit einer Betriebsveranstaltung anzusehen und deshalb insbesondere dem Umstand, daß im Programm eine Übernachtung enthalten war,

---

[785] Vgl. zu all diesen Aspekten BFH v. 25.05.1992 VI R 85/90, BStBl. II 1992 S. 655 und VI R 91/89, BStBl. II 1992 S. 856.
Die Finanzverwaltung hat in R 72 Abs. 3 und 4 LStR 2002 erstmals den Standpunkt eingenommen, daß es für die Üblichkeit einer Betriebsveranstaltung nur auf die Häufigkeit und die besondere Ausgestaltung ankommt. Die Dauer der einzelnen Veranstaltung sei ohne Belang. Folglich sei auch die Übernahme von Übernachtungskosten grundsätzlich als übliche Zuwendung zu qualifizieren.

[786] Also hinsichtlich Dauer und Häufigkeit der Veranstaltungen.

[787] BFH v. 25.05.1992, BStBl. II 1992 S. 655; Bestätigung durch BFH v. 06.12.1996, BStBl. II 1996 S. 331.

[788] R 72 Abs. 4 S. 2 LStR 1993 bzw. R 72 Abs. 4 S. 2 LStR 2002. Zur Angemessenheit der Grenze von 200 DM für die Zeit bis Januar 1997 vgl. FG Nürnberg v. 26.07.2000, EFG 2001 S. 496.

Bedeutung lediglich als ein Faktor im Rahmen der Gesamtabwägung zuzusprechen[789].

Es gibt aber auch Anlaß für Vorbehalte gegen diese Rechtsprechungspraxis. Die Bedenken gründen in der Gefahr, daß der Arbeitnehmer bei einer solchen Vorgehensweise, gemessen an seiner durch steuerbare Tätigkeit gesteigerten wirtschaftlichen Leistungsfähigkeit, übermäßig belastet werden kann. Denn in den Fällen, in denen eine individuelle Abwägung der gesamten Umstände zu dem Ergebnis führen würde, daß auch Zuwendungen, die den Arbeitgeber mehr als die betreffende Summe kosten, (zumindest teilweise) überwiegend aus eigenbetrieblichem Interesse gemacht werden, bewirkt die Quantifizierung eine Entscheidung zu Lasten des steuerpflichtigen Zuwendungsempfängers. Es werden nämlich nun Vorteile bei der Ermittlung seines steuerpflichtigen Einkommens als steuerbare Einnahmen berücksichtigt, die eigentlich nicht im einkommensteuerlich erheblichen Zusammenhang zu seiner Betätigung am Markt stehen.

In Hinblick auf seine Entscheidung, hinsichtlich der Höhe der Zuwendungen bei Betriebsveranstaltungen mit einer festen Wertgrenze zu arbeiten, ist der BFH denn auch von verschiedener Seite angegriffen worden. Mit der Festlegung eines Höchstbetrages für Arbeitgeberaufwendungen je Arbeitnehmer habe das Gericht als Gesetzgeber gehandelt, habe es seine Gerechtigkeitsvorstellungen an die Stelle des Gesetzes gesetzt und damit die Grenzen der Gesetzesauslegung und lückenausfüllenden Analogie überschritten. Eine starre Grenze könne nicht Resultat einer Auslegung der gesetzlichen Vorgaben sein[790], der BFH greife auf diesem Wege in unzulässiger Weise in die tatrichterliche Würdigung ein. Es ist im Schrifttum auch dahingehend argumentiert worden, daß es nur Aufgabe der Rechtsprechung sei, auf Antrag des Steuerpflichtigen den Einzelfall zu entscheiden, und daß die Gerichte deshalb grundsätzlich nicht über eine die Breite aller Einkommensteuerfälle erfassende Erfahrung und über die verfahrensrechtlich gesicherte Begegnung mit jeder im Vollzug des § 2 EStG auftretenden Rechtsfrage verfügen. Die Richter seien folglich nur beauftragt, von der Verwaltung zur Ausfüllung gesetzlicher Beurteilungs- oder Ermessensspielräume entwickelte Richtquantifizierungen auf ihre rechtliche Vertretbarkeit zu überprüfen. Die Kompetenz, eigene Richtzahlen zu entwickeln, komme der Rechtsprechung jedoch nicht zu[791].

---

[789] Thüringer FG v. 28.07.1999, EFG 1999 S. 1224 (Rev. eingelegt, Az. des BFH: VI R 151/99); zudem würde auf diesem Wege dem Arbeitgeber die Möglichkeit belassen, die Betriebsfeier nach seinen eigenen Vorstellungen, regionalen und branchenspezifischen Gebräuchen zu gestalten.

[790] *G. Rößler*, DStZ 1993 S. 210 (210); *B. Paus*, DStZ 1993 S. 528 (528).

[791] *P. Kirchhof*, in: Kirchhof/Söhn, EStG, § 2 Rn. A 575.

Über lange Zeit hatte das Gericht auch abgelehnt, hinsichtlich der üblichen Höhe die auf den einzelnen Arbeitnehmer entfallenden Kosten einer Betriebsveranstaltung eine konkret bezifferte Obergrenze festzulegen. Man könne eine solche insbesondere nicht aus einer behördlichen Schätzungsbefugnis herleiten[792]. Dieselbe Haltung wurde auch in Zusammenhang mit anderen Fragen eingenommen. So hatte sich der BFH in Hinblick auf die Angemessenheit von Bewirtungsaufwendungen gegen eine feste Beitragsgrenze gewandt mit dem Argument, daß eine solche nicht in das Gesetz hinein interpretiert werden könne[793].

Der BFH bekannte sich in seiner Entscheidung im Jahr 1992 dann jedoch ausdrücklich zu der Kompetenz, Quantifizierungen vorzunehmen, zum einen bei der Auslegung von unbestimmten Rechtsbegriffen als gesetzlichen Tatbestandsmerkmalen, zum anderen bei der Interpretation von Rechtsgrundsätzen, welche die Rechtsprechung entwickelt hat und die solche unbestimmten Rechtsbegriffe enthalten[794]. Ein solches Selbstverständnis hinsichtlich der gerichtlichen Kompetenzen ist insbesondere aus dem Bereich der Sozialgerichtsbarkeit vertraut. Das BSG steht auf dem Standpunkt, daß die Erleichterung der Rechtsanwendung und Gründe der Rechtssicherheit es angebracht erscheinen lassen, bei der Interpretation unbestimmter Rechtsbegriffe Maßstäbe mit festen Zeit- und Zahlbegriffen zu entwickeln[795]. Auch der BGH legt im Bereich des Strafrechts absolute Wertmaßstäbe an, wenn er davon ausgeht, daß ein Verkehrsteilnehmer, der ein Kraftfahrzeug führt, bei einer Blutalkoholkonzentration von 0,5 bis 1,0 Promille i.S. des § 315 c Abs. 1 Nr. 1 a) StGB „nicht in der Lage ist, das Fahrzeug sicher zu führen“[796], und daß die Grenze zur absoluten Fahruntüchtigkeit mit 1,1 Promille überschritten ist[797]. In Hinblick auf diese letztgenannte Wertfestsetzung hat das Gericht darauf

---

[792] BFH v. 22.03.1985, BStBl. II 1985 S. 529 (531), und weiter: „Im Verwaltungsermessen liegende Regelungen zur Verwaltungsvereinfachung können die genaue Sachverhaltsermittlung im Einzelfall entbehrlich machen. Sie sind jedoch nicht geeignet, bei im wesentlichen feststehenden Sachverhalten deren rechtliche Würdigung durch Einführung einer griffweise geschätzten Obergrenze zu ersetzen.“; vgl. auch BFH v. 17.07.1981, BStBl. II 1981 S. 724 (724).

[793] BFH v. 16.02.1990, BStBl. II 1990 S. 575 (577). Auch die „Angemessenheit“ im Rahmen des § 4 Abs. 5 Nr. 7 EStG beurteilt der BFH nicht anhand einer festen Grenze; vgl. etwa BFH v. 08.10.1987, BStBl. II 1987 S. 853; v. 26.03.1988, BStBl. II 1988 S. 629. Die im Entwurf BT-Drucks. 13/1686 S. 17 vorgesehene Höchstgrenze von DM 100.000 für PKW hat der Gesetzgeber nicht in das Jahressteuergesetz 1996 übernommen.

[794] BFH v. 25.05.1992 VI R 85/90, BStBl. II 1992 S. 655. Die Kläger hatten in diesem Fall vorgebracht, daß eine solche Quantifizierung die richterlichen Befugnisse überschreite.

[795] Vgl. etwa BSG v. 28.05.1963, BSGE 19 S. 147 (152) zur Konkretisierung des Begriffs „geringe“ Einkünfte i.S. des § 1247 Abs. 2 RVO; BSG v. 28.11.1969, BSGE 30 S. 163 (165) zum Wort „anschließend“ in § 36 Abs. 1 Nr. 4 AVG: dies sei ein Zeitraum von zwei Jahren.

[796] BGH v. 06.03.1959, BGHSt 13 S.278.

[797] BGH v. 28.06.1990, BGHSt 37 S. 89; zur Grenze bei Fahrradfahrern BGH v. 17.07.1986, BGHSt 34 S. 133.

hingewiesen, daß die absoluten Grenzwerte auf einer Auswertung des naturwissenschaftlichen Erkenntnisstandes beruhen[798]. Das BVerfG hat sich hinsichtlich der Kompetenz des BGH zu einer solchen Festlegung von Grenzwerten dahingehend geäußert, daß die Vorgehensweise des Gerichtshofes von Verfassungs wegen nicht zu beanstanden ist[799].

Nach neuerer Ansicht des obersten Finanzgerichts gewährleistet die feste Wertgrenze, daß auf vergleichbare Sachverhalte ein einheitlicher Wertmaßstab für die Klärung der Veranlassungsfrage angewendet wird. In Anwendung des Gleichheitssatzes solle hierdurch vermieden werden, daß es zu jeweils unterschiedlichen Wertungen komme[800]. Ihren Standpunkt untermauerten die Richter mit Hinweisen auf andere Fälle, in denen bei der Auslegung von unbestimmten Rechtsbegriffen vergleichbare klare Grenzen eingeführt worden waren. So hat der BFH etwa den Begriff „kurze Zeit“ in § 11 Abs. 1 S. 2 EStG mit dem Inhalt „bis zu 10 Tage“ präzisiert[801]. Als weiteres Beispiel für die Verwendung von Quantifizierungen durch die Rechtsprechung führten die obersten Finanzrichter die Abgrenzung des gewerblichen Grundstückshandels von der privaten Vermögensverwaltung: nach (noch) ständiger Rechtsprechung des BFH liegen regelmäßig (also widerlegbar) Einkünfte aus Gewerbebetrieb vor, wenn ein Steuerpflichtiger innerhalb von etwa fünf Jahren mehr als drei Objekte kauft bzw. errichtet und sie verkauft[802]. Diesen Umständen komme besondere Bedeutung zu bei der Beurteilung der Frage, ob nach dem Gesamtbild der Betätigung und unter Berücksichtigung der Verkehrsauffassung die Ausnutzung substanzieller Vermögenswerte durch Umschichtung gegenüber der Nutzung von Grundbesitz im Sinne einer Fruchtziehung aus zu erhaltenden Substanzwerten entscheidend in der Vordergrund tritt[803].

Untauglich, eine positive Antwort auf die Frage nach der Kompetenz zu geben, ist sicher der Hinweis des BFH auf andere Gerichtsentscheidungen, in denen eine solche Befugnis inzident in Anspruch genommen wurde. Mag in jenen Fällen die Vorgehensweise des Gerichts nicht angegriffen worden sein, so bedeutet dies

---

798 Dazu auch *P. Hentschel*, NZV 1991 S. 329 (332); *G. Schewe*, FS-Salger, S. 715 (715).

799 BVerfG v. 27.06.1994, NJW 1995 S. 125.

800 BFH v. 25.05.1992, BStBl. II 1992 S. 655 (658 f.).

801 BFH v. 24.07.1986, BStBl. II 1987 S. 16 (17) m.w.N.

802 Seit BFH v. 09.12.1986, BStBl. II 1988 S. 244; aus der nachfolgenden Rechtsprechung z.B. BFH GrS v. 03.07.1995, BStBl. II 1995 S. 617 (619); v. 13.12.1995, BStBl. II 1996 S. 232 (237 f.); BFH v. 08.02.1996, BFH/NV 1996 S. 747; BFH GrS v. 10.12.2001, DStZ 2002 S. 261. Diese Drei-Objekt-Regel wird durch die jüngere Rechtsprechung zunehmend „aufgeweicht“; vgl. z.B. aus jüngerer Zeit BFH v. 09.12.2002, DStR 2003 S. 539.

803 Vgl. dazu jüngst Niedersächsisches FG v. 13.12.2000, EFG 2001 S. 1389 (Rev. eingelegt) m.w.N. zu Entscheidungen des BFH.

nicht, daß sie in rechtlicher Hinsicht nicht zu beanstanden ist. Denn „ein Sündenfall kann nicht damit gerechtfertigt werden, daß ihm andere vorausgegangen sind“[804]. Vielmehr stellt sich dort dem Grunde nach die gleiche Frage nach der entsprechenden Befugnis der Gerichte.

Bei genauer Betrachtung erweist sich die Quantifizierung des ganz überwiegend eigenbetrieblichen Interesses bei Betriebsveranstaltungen auch als Typisierung, als eine Vorgehensweise, die sich als rechtlich zulässiger Weg der Konkretisierung der gesetzlichen Vorgaben erweisen kann, weil die gesetzlichen Regelungen den Rechtsanwendungsinstanzen die erforderlichen Spielräume eröffnen. Die Klärung der Veranlassungsfrage in den hier diskutierten Fällen ist, wie oben schon festgestellt, in sehr weitgehendem Maße den Gerichten und der Verwaltung anvertraut. Somit sind die Rechtsanwendungsinstanzen recht frei bei der Berücksichtigung von Überlegungen wie „Erleichterung der praktischen Rechtsanwendung“ und „Gründe der Rechtssicherheit“ bei der Gesetzesanwendung.

Positiv an der eingeschlagenen Vorgehensweise ist sicher, daß sich alle Beteiligten einer einfachen und schonenden Ermittlungsmethode[805] gegenübersehen. Es ist nur der auf den einzelnen Arbeitnehmer entfallende Teil der Gesamtkosten zu ermitteln, weitere Sachverhaltsermittlungen zur Klärung der Gesamtumstände erübrigen sich. Denn der Wertungsvorgang der Rechtsanwendungsinstanzen erfolgt alleine auf der Grundlage der Feststellungen zu den betreffenden Kosten. Für die Wertgrenze sprechen deshalb auf jeden Fall Praktikabilitätsüberlegungen. Weiterhin wird die jeweilige Situation für den Einzelnen berechenbarer: da der Arbeitgeber sich sicher darauf einstellen kann, bei Aufwendungen von mehr als 150/200 DM bzw. 110 Euro in Höhe des gesamten Betrages beim Arbeitnehmer einen steuerbaren Sachbezug aufzeichnen zu müssen, wird er genau darauf achten, die Veranstaltung so zu planen, daß dieser Betrag nicht überschritten wird; in diesem Fall ist er „auf der sicheren Seite“. Insoweit dient die Vorgehensweise der Rechtsprechung der Rechtssicherheit. Zuwendender und Zuwendungsempfänger sind gerade nicht der individuellen Wertungsentscheidung des jeweils zuständigen Finanzbeamten überlassen, der den einzelnen Fall zu beurteilen hat; vielmehr stellt die für häufig vorkommende Zuwendungsarten einheitlich festgelegte Grenze sicher, daß die einzelnen Zuwendungen hinsichtlich ihrer rechtlichen Qualifizierung gleichmäßig behandelt werden, es wird also Gleichmäßigkeit der Besteuerung gewährleistet. Und soweit die Aufwendungen pro Arbeitnehmer die Höchstgrenze

---

[804] *G. Rößler*, DStZ 1993 S. 210 (210).
[805] So *L. Osterloh*, Gesetzesbindung, S. 412 zur „Üblichkeit“ als Fremdvergleichskriterium bei der Beurteilung von Verträgen zwischen Familienangehörigen.

nicht überschreiten, bringen die Rechtsprechungsgrundsätze dem Arbeitnehmer jedenfalls dann auch einen finanziellen Vorteil, wenn eine individuelle Würdigung des einzelnen Sachverhaltes ergäbe, daß auf Seiten des Arbeitgebers die Entlohnungsabsicht vorrangig war, obwohl weniger als 150/200 DM bzw. 110 Euro für jeden teilnehmenden Arbeitnehmer ausgegeben wurden[806].

Das Quantifizieren, wie es der BFH bei Betriebsveranstaltungen bisher vornimmt, begegnet jedoch den gleichen Bedenken wie der Rückgriff auf das Kriterium der „Üblichkeit" und ist deshalb in der momentanen Handhabung abzulehnen.

Nicht akzeptabel ist die Vorgehensweise der Rechtsprechung dann, wenn die Gerichte kategorisch unterstellen, daß bei Überschreiten des als obere Grenze festgelegten Betrages ein ganz überwiegend eigenbetriebliches Interesse nicht mehr vorliegen könne, der Vorteil aus der Betriebsveranstaltung dann in jedem Fall Gegenleistungsqualität habe. Eine solche Vorgehensweise verkürzt in unzulässiger Weise die Darlegungsmöglichkeiten von Arbeitgeber und Arbeitnehmer. Den betroffenen Personen muß die Möglichkeit offenstehen, bei Überschreiten der Grenze im einzelnen Gründe und Umstände vorzutragen, die trotz des Überschreitens des Höchstbetrages dafür sprechen, daß mit der Sachzuwendung der Arbeitnehmer nicht über die vertraglich geschuldete Lohnzahlung hinaus entlohnt werden sollte. Damit würde das Gericht auf den von ihm grundsätzlich zu beschreitenden Weg verwiesen, nämlich die Gesamtumstände abzuwägen, das Gesamtbild der Verhältnisse des Einzelfalles zu beurteilen[807]. Es muß dem Steuerpflichtigen möglich sein, die für ihn nachteilige Vermutung, die aus dem Überschreiten des Höchstbetrages erwächst, zu widerlegen.

Für eine solche Offenheit besteht schon deshalb ein sachliches Bedürfnis, weil es Situationen geben kann, bei denen im ungünstigsten Fall unverhofft die Wertgrenze überschritten ist. Nehmen nämlich an einer Betriebsveranstaltung weniger als die eingeplanten Arbeitnehmer teil, kann aber der Arbeitgeber seine Ausgaben an diese veränderte Situation nicht mehr anpassen[808], entfällt womöglich plötzlich

---

[806] Vgl. in diesem Zusammenhang die Entwicklung der Rechtsprechung des BVerfG: Nach früherer Judikatur unterlagen Begünstigungen deutlich geringeren Rechtfertigungsanforderungen (BVerfG v. 24.07.1963, BVerfGE 17, S. 1 (23)), in jüngerer Zeit wird beispielweise die Verschonung von Belastungen strenger kontrolliert, BVerfG v. 06.12.1983, BVerfGE 65, S. 325 (355 ff.) - zur Zweitwohnungssteuer - und BVerfG v. 08.06.1988, BVerfGE 78, S. 249 (286 ff.).

[807] Vgl. etwa BFH v. 16.04.1993, BStBl. II 1993 S. 640 (641).

[808] Weil beispielsweise Arbeitnehmer kurzfristig erkranken und Theaterkarten nicht mehr gegen Kostenerstattung zurückgegeben oder die Anzahl der bestellten Essen nicht mehr reduziert werden kann.

auf die anwesenden Personen nach der oben angesprochenen „Umrechnungsmethode“ der Rechtsprechung ein höherer Betrag als eigentlich geplant. Dann führte aber ein materiell typisierendes Verständnis der Grenze zu Härten, die für die Beteiligten nicht hinnehmbar wären, da auf ihren Seiten lediglich unvorhersehbare Ereignisse in Verbindung mit der praktikablen, aber formalen Ermittlung des Vorteils des Einzelnen das Überschreiten der Grenze bewirkt hätten. Zwar werden bei nur formeller Typisierung Praktikabilitätsüberlegungen wieder hinter den Aspekt der Einzelfallgerechtigkeit zurückgedrängt, und es rückt folglich das mit der Typisierung verfolgte Ziel der Vereinfachung wieder weiter in die Ferne. Doch erscheint eine solche Auflösung des Konflikts zwischen Leistungsfähigkeits- und Praktikabilitätsprinzip in diesem Fall deshalb geboten, weil wegen der Ausgestaltung der Wertgrenze als Freigrenze der einzelne Steuerpflichtige auch bei nur geringfügigem Überschreiten des Betrages mit der vollen Summe steuerpflichtig wäre[809]. Er würde damit gegenüber dem, bei dem die Grenze genau eingehalten oder geringfügig unterschritten ist, in verfassungsrechtlich bedenklicher Weise benachteiligt.

Desweiteren ist zu berücksichtigen, daß die Anzahl der Fälle, in denen Streitigkeiten auftreten würden, im Zweifel sehr gering wäre, wenn man dem Hinweis des BFH Glauben schenken kann, von diesem Betrag seien die typischen Fälle von Betriebsveranstaltungen erfaßt und er sei zudem großzügig bemessen[810]. Die Erfahrungen des BFH im Bereich der Betriebsveranstaltungen können als verläßlich angesehen werden. Betriebsveranstaltungen sind im Wirtschaftsleben weit verbreitet, und schon von jeher ist die einkommensteuerliche Qualifizierung der in diesem Rahmen gewährten Vorteile umstritten. Somit kann der BFH auf Anschauungsmaterial und die praktischen Erfahrungen in der Finanzverwaltung und bei den Finanzgerichten zurückgreifen[811]. Sollte sich herausstellen, daß der BFH nicht sachgerecht und realitätsgerecht typisiert, so wäre seine Handhabung der streitigen Fälle jedenfalls als unzulässig zu qualifizieren. Denn die Judikative unterliegt im Bereich der Typisierung mindestens den gleichen Beschränkungen wie der Gesetzgeber, welcher Regelungen nicht am atypischen, sondern am tatsächlich typischen Fall orientieren muß[812]. Realitätsgerechte Typisierung soll sicherstellen,

---

809 Diese rechtliche Konsequenz hat der BFH ausdrücklich betont in seinen Urteilen v. 06.12.1996, BStBl. II 1997 S. 331 und v. 31.01.1997, BFH/NV 1997 S. 400.

810 Wegen dieser Großzügigkeit sei insbesondere keine fortlaufende Anpassung des Höchstbetrages entsprechend den aktuellen Verhältnissen erforderlich, sondern es sei über einen langen Zeitraum derselbe Wert maßgeblich; vgl. BFH v. 06.12.1996, BStBl. II 1997 S. 331 (332) unter Verweis auf BFH v. 25.05.1992, BStBl. II 1992 S. 655.

811 Ähnlich *K. J. von Bornhaupt*, BB 1992 S. 2405 (2407).

812 *L. Osterloh*, in: M. Sachs, GG, Art. 3 Rn. 108; BVerfGE 27, S. 142 (150); BVerfGE 90, S. 226 (237 f.). Vgl. auch *C. Stark*, in: v. Mangoldt/Klein/Starck, GG, Art. 3 Rn. 23: „Das Gesetz muß

daß die im Wege der Rechtsanwendung erzielten Ergebnisse wertungsmäßig folgerichtig erscheinen und im Ergebnis in recht engen und damit tolerablen Grenzen Sachverhalte gleich behandelt werden, die sich bei möglicher weiterer Differenzierung als unterschiedlich erweisen[813]. Das gleichheitsrechtliche Gebot der Sachgerechtigkeit fordert eine wirklichkeitsnahe Quantifizierung[814], andere Beträge sind dem Vorwurf auszusetzen, daß sie willkürlich gewählt und deshalb mit Art. 3 Abs. 1 GG nicht vereinbar sind.

Weiterhin könnte man noch überlegen, die oben angesprochenen Härten, die daraus resultieren, daß bei nur geringfügiger Überschreitung des Höchstbetrages der gesamte aufgewendete Betrag auf Seiten des Arbeitnehmers steuerpflichtige Einnahmen darstellt, durch Festlegung eines Freibetrages zu vermeiden. Doch anders als in der Frage der Freigrenze hält sich der BFH nicht für berechtigt, einen solchen Betrag einzuführen; diese Kompetenz stehe alleine dem Gesetzgeber zu[815]. Diese Ansicht verdient Zustimmung und hat sie im Schrifttum auch gefunden[816]. Mit der Festlegung eines Freibetrages bewegt sich die Judikative nicht mehr im Rahmen der ihr gesetzlich eröffneten Typisierungsspielräume und würde deshalb die ihr vom Grundgesetz zugewiesenen Kompetenzen überschreiten. Denn dieser Betrag erfüllt nicht mehr die Funktion, dem Rechtsanwender die Klärung der Veranlassungsfrage zu erleichtern. Er erweist sich auch nicht als Ergebnis einer Auslegung des Erfordernisses „Zufluß eines geldwerten Vorteils", die Praktikabilitätsüberlegungen berücksichtigt, da das Gesetz für einen solchen Weg nicht offen ist. Vielmehr wäre die Einführung eines solchen Betrages als Maßnahme zu qualifizieren, die eine Steuerbefreiung bewirkt; solche Maßnahmen sind jedoch dem Gesetzgeber vorbehalten.

(3) Übertragbarkeit der Grundsätze zu Betriebsveranstaltungen auf andere Sachzuwendungssituationen?

Der BFH hat in seinem Urteil vom 27.09.1996[817] mit dem Hinweis auf den Ausnahmecharakter der zu Betriebsveranstaltungen entwickelten Rechtsgrundsätze

---

ordnung maßgeblichen Kombination auch wirklich regelhaft auftreten"; *P. Kirchhof*, in: Kirchhof/Söhn, EStG, § 2 Rn. A 578.

[813] *L. Osterloh*, Gesetzesbindung, S. 80.

[814] *P. Kirchhof*, in: Kirchhof/Söhn, EStG, § 2 Rn. A 577.

[815] BFH v. 25.05.1992, BStBl. II 1992 S. 655 (659).

[816] *U. Stache*, in: Bordewin/Brandt, EStG, § 19 Rn. 671; *H. Barein*, in: Littmann/Bitz/Pust, EStG, § 19 Rn. 243; vgl. auch FG München, EFG 1998 S. 1523 (1524): „Einen sog. „Motivationsfreibetrag" je Arbeitnehmer und Kalenderjahr als Steuerfreibetrag könnte nur der Gesetzgeber einführen".

[817] BFH v. 27.09.1996, BStBl. II 1997 S. 146.

ausdrücklich abgelehnt, die Freigrenze auch bei der Beurteilung von Vorteilen aus der kostenlosen Überlassung von Tennis- oder Squashplätzen an die Belegschaft anzuwenden, und zwar unabhängig von der Organisation der Nutzung der Anlage. Eine wirkliche Begründung läßt sich dieser Entscheidung nicht entnehmen. Vielmehr begnügte sich das Gericht mit dem Hinweis, die Betriebsveranstaltungsgrundsätze seien nicht auf die Fälle kostenloser Überlassung von Tennis- oder Squashplätzen in der Weise übertragbar, daß dort ebenfalls bestimmte Freigrenzen anzunehmen seien. Vielmehr sei stets ein erhebliches Eigeninteresse des Arbeitnehmers an der Erlangung des geldwerten Vorteils anzunehmen, der in der unentgeltlichen Nutzung von solchen Plätzen liege.

In der Sache ist dem BFH aber wohl beizupflichten, wenn er den Ausnahmecharakter der zu Betriebsveranstaltungen entwickelten Grundsätze betont. Es handelt sich hierbei um Typisierungen, die in der Ausgestaltung, wie sie bei Betriebsveranstaltungen vorzufinden sind, nur dann rechtlich akzeptabel erscheinen, wenn sich in verläßlich „Typisches" anhand der Erfahrungen der Rechtsanwendungsinstanzen ausmachen läßt, das ohne nähere Überprüfung den Rückschluß auf eine bestimmte Interessenverteilung zuläßt. Bei Betriebssportveranstaltungen erscheint zweifelhaft, ob tatsächlich schon solche zuverlässigen Erfahrungen vorliegen. Und eine generelle Gleichbehandlung von Betriebsveranstaltungen mit Betriebssportveranstaltungen kann m.E. nicht in Betracht kommen, da die Sachverhalte oft bemerkenswerte Unterschiede aufweisen. Die typische Betriebsveranstaltung findet ein- oder zweimal im Jahr statt und erstreckt sich über mehrere Stunden oder sogar einen ganzen Tag. Die Teilnahme ist allen Mitarbeitern eröffnet, und die Veranstaltung fordert von den Teilnehmenden keine besonderen Fertigkeiten, kein besonderes Interesse oder Engagement. Der Aspekt der Geselligkeit steht klar im Mittelpunkt der Veranstaltung. Im Unterschied hierzu wurde bei der kostenlosen Überlassung von Tennis- und Squashplätzen über das Jahr verteilt verschiedentlich die Nutzung angeboten, es fand also keine Konzentration auf nur einen kurzen Zeitraum statt, an dem alle Arbeitnehmer zusammenkommen sollten. Zudem stand die Teilnahme zwar allen Mitarbeitern offen, jedoch spricht in solchen Fällen die Lebenserfahrung für die Vermutung, daß nur diejenigen, die an der betreffenden Sportart interessiert sind, auf das Angebot zugreifen. Es kann also nicht davon ausgegangen werden, daß in den Betriebsveranstaltungen vergleichbarer Weise auf die Teilnahme der gesamten Belegschaft bzw. ganzer organisatorisch geschlossener Teile der Belegschaft abgezielt wird. Und ein wie im betreffenden Streitfall durchgeführtes Rotationsverfahren kann möglicherweise dazu führen, daß auch grundsätzlich am Tennis- bzw. Squashspielen Interessierte die Teilnahme nicht in Betracht ziehen, etwa weil sie Gefahr laufen, als Gegenspieler Personen zugeordnet zu bekommen, die ein nicht vergleichbares Spielniveau mitbringen, so daß die Veranstaltungen ihnen dem Grunde nach keine Freude bringt.

g) Möglichkeit der Aufteilung eines geldwerten Vorteils in einen steuerbaren und einen nichtsteuerbaren Teil?

Die Frage, ob bei Sachzuwendungen eine Aufteilung des Vorteils rechtlich zulässig ist, wird in jüngerer Zeit verstärkt diskutiert. Gerade im Zusammenhang mit (Incentive-)Reisen ist verschiedentlich die Frage aufgeworfen worden, ob die Reise nur als einheitliche betrachtet werden kann oder ob es nicht zulässig oder gar geboten ist, einzelne Bestandteile isoliert auf ihre Veranlassung durch das Dienstverhältnis hin zu überprüfen[818]. Auch bei Betriebsveranstaltungen tauchen solche Überlegungen gelegentlich auf. Hier sind sie insbesondere für die Fragen relevant, ob dann, wenn der dem einzelnen Arbeitnehmer zuzurechnende finanzielle Vorteil die von der Rechtsprechung und Verwaltung anerkannte Freigrenze übersteigt, der Vorteil tatsächlich umfassend als Arbeitslohn zu besteuern ist, ob die Betroffenen einer solchen Konsequenz etwa dadurch begegnen können, daß die die Freigrenze übersteigenden Kosten vom Arbeitnehmer getragen werden[819] oder ob man beispielsweise bei zweitägigen Ausflügen eine Aufspaltung dahingehend vornehmen kann, daß der Arbeitnehmer die Kosten für Hin- und Rückfahrt sowie die Übernachtungskosten trägt und somit eine Einordnung des ersten Tages als „übliche Betriebsveranstaltung" in Betracht kommt[820]. Auch im Zusammenhang mit Mitgliedsbeiträgen in gesellschaftlichen Vereinen hat der BFH die Frage der Aufteilbarkeit angesprochen und im Ergebnis die Übernahme der Beiträge durch den Arbeitgeber als steuerbare Einnahme qualifiziert, weil die Mitgliedschaft trotz eines gewissen beruflichen Bezuges mangels Trennbarkeit der Bereiche letztendlich die private Sphäre des Arbeitnehmers betreffe[821].

Für wenige Fälle, in denen eine solche Aufteilung grundsätzlich in Betracht zu ziehen wäre, hat der Gesetzgeber den Rechtsanwendungsinstanzen durch ausdrückliche Regelungen Erleichterungen eingeräumt. So wurde insbesondere § 3

---

[818] *M.-I. Thomas*, DStR 1996 S. 1678; *R. Flies*, FR 1997 S. 630; *W. Drenseck*, in: L. Schmidt, EStG, § 19 Rn. 25.

[819] So der Vorschlag von *J. v. Bornhaupt*, BB 1992 S. 2405 (2407).

[820] Die Finanzverwaltung hat jüngst den Standpunkt aufgegeben, daß nur eintätige Veranstaltungen üblich sind; vgl. R 72 Abs. 3 S. 2, Abs. 4 S. 1 Nr. 2 LStR 2002.

[821] Vgl. BFH v. 15.05.1992, BStBl. II 1992 S. 840 (842).

Nr. 45 EStG eingeführt[822], der die Steuerfreiheit der Vorteile anordnet, die dem Arbeitnehmer aus der privaten Nutzung von betrieblichen Personalcomputern und Telekommunikationsgeräten erwachsen. In diesem Zuwendungsbereich wäre eine getrennte Beurteilung verschiedener Teile der Zuwendung je nach konkreter (privater oder beruflicher) Nutzung durch den Arbeitnehmer dem Grund nach möglich gewesen. In Hinblick auf den unverhältnismäßigen Überwachungs- und Verwaltungsaufwand, der für eine realitätsgerechte Aufteilung erforderlich gewesen wäre, entschied man sich dafür, die private Nutzung der betreffenden Geräte insgesamt steuerfrei zu stellen.

Für die Mehrzahl von Sachzuwendungen ist eine solche ausdrückliche Regelung jedoch nicht vorhanden. Hier gilt es also zu klären, ob die geltenden Vorschriften eine Aufteilung von Einnahmen ermöglichen oder gar verlangen. Ansatzpunkt für eine solche Aufteilung kann allenfalls der Veranlassungszusammenhang sein, denn es bestehen keine Zweifel daran, daß etwa der Reisende, den die Kosten der Fahrt nicht finanziell belasten, objektiv bereichert ist. Ist es also zulässig, einzelne Bestandteile einer Zuwendung für sich genommen auf ihre Veranlassung durch die nichtselbständige Tätigkeit hin zu beurteilen und auf diesem Wege im Ergebnis eventuell nur einen Teil einer Zuwendung als steuerbare Einnahme im Rahmen dieser Einkunftsart zu qualifizieren?

Im Vergleich zum Bereich der Einnahmen wird dem Problem der Aufteilbarkeit von Vermögensveränderungen, wie insgesamt Fragen der einkommensteuerrechtlichen Kausalität, im Zusammenhang mit Aufwendungen weitaus mehr Aufmerksamkeit gewidmet. Diese Schwerpunktbildung resultiert wohl daraus, daß der Steuerpflichtige im Zusammenhang mit der Abgrenzung von betrieblichem bzw. beruflichem und privatem Lebensbereich einen größeren Gestaltungsspielraum hat, beispielsweise um private Kosten in seiner beruflichen Sphäre entstehen zu lassen, diesem Bereich also im Ergebnis größere Bedeutung zukommt[823]. Nimmt etwa ein Unternehmer auf eigene Kosten eine Woche lang an einer Fachtagung in Paris teil und bleibt er aus persönlichen Gründen drei Tage länger dort[824], so stellt sich hinsichtlich dieser Aufwendungen die Frage, welchen Teil der Gesamtkosten

---

[822] Durch das Gesetz zur Änderung des InvZulG 1999 v. 20.12.2000, BGBl. I 2000 S. 1850 (1853).

[823] So der Hinweis bei *T. Langohr*, Das Veranlassungsprinzip, S. 132.

[824] Dieses und das folgende Beispiel sind dem Beitrag von *J. Wolff-Diepenbrock*, DB 1986 S. 242 (242) entnommen.
Zum Betriebsausgabenabzug der Kosten für die Teilnahme an einer beruflichen Fortbildungsveranstaltung in dem Fall, daß der Veranstaltung ein Urlaubsaufenthalt an demselben Ort vorangeht, vgl. BFH v. 23.04.1992, BStBl. II 1992 S. 898.

er als die Steuerbemessungsgrundlage mindernde Betriebsausgaben geltend machen kann. Das Pendant auf der Einnahmenseite ist unübersehbar. Auch beim Unternehmer, der auf Kosten seines Lieferanten an einer Fachtagung in Paris teilnimmt und anschließend drei weitere Tage dort verweilt, die ihm zur freien Verfügung stehen und für deren Kosten ebenfalls der Lieferant aufkommt, läßt sich gleichermaßen überlegen, in welchem Umfang der Unternehmer Betriebseinnahmen erzielt hat. Gleichermaßen treffen Betriebliches und Privates zusammen, wenn ein Arbeitnehmer von seinem Arbeitgeber auf eine (zudem) recht exklusive Auslandsreise geschickt wird, während welcher der Arbeitnehmer mit verschiedenen Lieferanten betriebsbezogene Gespräche führt, ihm aber auch Zeit bleibt, privaten Interessen nachzugehen, nämlich die Gegend, in der er sich aufhält, zu erkunden[825]. Wie oben kann man hier überlegen, ob die ihm daraus erwachsenden Vorteile sämtlich als Einnahmen aus nichtselbständiger Tätigkeit für seine Steuerpflicht relevant sind.

aa) Ausgabenseite: nur ausnahmsweise Aufteilung von Aufwendungen

Auf der Ausgabenseite scheinen die Grundsätze zur einkommensteuerlichen Handhabung dieser Fälle gemischter Veranlassung recht gefestigt. Das Einkommensteuergesetz enthält die Vorschrift des § 12 Nr. 1 S. 2 EStG, aus der vor allem in der Finanzrechtsprechung und von der Mindermeinung im Schrifttum[826] für gemischt veranlaßte Aufwendungen ein generelles und umfassendes Aufteilungs- und Abzugsverbot gefolgert wird. Aufwendungen, die der Lebensführung des Steuerpflichtigen dienen und zugleich den Beruf oder die Tätigkeit des Steuerpflichtigen fördern, dürfen umfassend nicht als Betriebsausgaben oder Werbungskosten berücksichtigt werden[827]. Auch eine Aufteilung im Wege der Schätzung wird vom BFH grundsätzlich verworfen. Von diesem Prinzip des „Alles oder Nichts“[828] werden unter engen Voraussetzungen jedoch Ausnahmen[829] gemacht:

---

825 BFH v. 16.04.1993, BStBl. II 1993 S. 640 zu einer elftägigen Reise eines Geschäftsführers eines Lebensmittel-Filialunternehmens nach Südafrika.

826 Im Schrifttum überwiegen die kritischen Stimmen. Von der dort h.M. wird darauf hingewiesen, daß sich aus dem Wortlaut des § 12 Nr. 1 S. 2 EStG unter Berücksichtigung der Entstehungsgeschichte der Vorschrift nicht mehr als ein Abzugsverbot für sogenannte Repräsentationsaufwendungen ableiten läßt. So beispielsweise *K. Tipke*, StuW 1979 S. 193 (204); *W. Drenseck*, DB 1987 S. 2483 (2484 ff.); *H.-W. Arndt*, in: Kirchhof/Söhn, EStG, § 12 Rn. A 81, B 1-15; *R. Jüptner*, Leistungsfähigkeit und Veranlassung, S. 169 ff., insbes. 175.

827 Grundlegend hierfür waren drei Beschlüsse des Großen Senats in den 70er Jahren: BFH v. 19.10.1970, GrS 2/70, BStBl. II 1971 S. 17 (Schreibmaschine und Tonbandgerät) und GrS 3/70, BStBl. II 1971 S. 21 (Fernsehgerät) und BFH v. 27.11.1978, GrS 8/77, BStBl. II 1979 S. 213 (Auslandsgruppenreise).

828 *W. Jakob*, Steuern vom Einkommen I, S. 129.

Eine Aufteilung der Aufwendungen sei dann zulässig, wenn objektive Merkmale und Unterlagen eine zutreffende und leicht nachprüfbare Trennung der Ausgaben ermöglichten und zusätzlich der betriebliche bzw. berufliche Nutzungsanteil nicht von untergeordneter Bedeutung sei[830]. Diese Möglichkeit hat der BFH beispielsweise bejaht, wenn ein Steuerpflichtiger auch seine typische Berufsbekleidung in seiner privaten Waschmaschine reinigt; dann könnten die auf diese Wäsche entfallenden Kosten als Werbungskosten abgezogen werden[831]. Wenn entsprechende Unterlagen vom Versicherer vorliegen, kommt nach der Rechtsprechung auch eine Aufteilung von Prämien für eine gemischte, d.h. für berufliche und private Reisen geltende Reisegepäckversicherung in Betracht[832]. Ebenso hat der BFH die Aufteilung der Grundgebühren bei privat verlegten Telefonanschlüssen in der Wohnung des Arbeitnehmers und den Abzug des der Berufssphäre zuzurechnenden Teils zugelassen[833]. In Anbetracht dieser Entwicklungen läßt sich auf jeden Fall feststellen, daß sich das Gericht - insbesondere der Große Senat - von einem strikten Aufteilungs- und Abzugsverbot entfernt hat.

Gerade bei den hier als Vergleichssachverhalte herangezogenen Auslandsreisen befindet man sich jedoch in einem äußerst umstrittenen Bereich im Spannungsfeld zwischen betrieblicher bzw. beruflicher und privater Veranlassung der Kosten. Der BFH hat hier noch keine überzeugende, in sich stringente Position eingenommen und steht einer Aufteilung der Ausgaben - insgesamt gesehen - zurückhaltender gegenüber. In seinem Beschluß vom 27.11.1978 hatte sich der Große

---

829 *R. Jüptner*, Leistungsfähigkeit und Veranlassung, S. 170 ff. spricht von „qualitativen, quantitativen, (dis)proportionalen und traditionellen wie virtuellen Ausnahmen".

830 Zur Ergänzung ist noch darauf hinzuweisen, daß der Große Senat im Beschluß v. 19.10.1970, GrS 2/70, BStBl. II 1971 S. 17 (20) es zudem für vertretbar ansah, aus Gründen der Rechtssicherheit und Rechtsbeständigkeit das Aufteilungsverbot auch weiterhin in den Fällen nicht anzuwenden, in denen die Rechtsprechung bis zum Jahre 1970 Ausnahmen von dem Verbot anerkannt hatte. Diese Handhabung wurde relevant bei der Aufteilung der fixen Kosten eines PKW und der AfA einer Waschmaschine.

831 BFH v. 29.06.1993, VI R 77/91 und VI R 53/92, BStBl. II 1993 S. 837 und 838. Die Kosten könnten in diesen Fällen anhand von Erfahrungen der Verbraucherverbände oder Hersteller geschätzt werden.

832 BFH v. 19.02.1993, BStBl. II 1993 S. 519.
Schließlich anerkennt der BFH in ständiger Rechtsprechung die Möglichkeit einer Aufteilung von Verpflegungsaufwendungen in einen normalen, genau gesagt, privat veranlaßten Teil und einen beruflich veranlaßten Mehraufwand. Vgl. aus der umfangreichen Judikatur zu dieser Frage BFH GrS v. 27.11.1978 GrS, BStBl. II 1979 S. 213 (219) und v. 13.01.1995, BStBl. II 1995 S. 324 (325); das FG Rheinland-Pfalz hingegen hält in diesem Bereich zumindest zur Zeit eine Aufteilung nicht für zulässig, so in der Entscheidung v. 21.07.1994, EFG 1994 S. 1033.
Vgl. aus den Entscheidungen anderer als des VI. Senats auch BFH v. 10.11.1988 (X. Senat), BFH/NV 1989 S. 499.

833 BFH v. 21.11.1980, BStBl. II 1981 S. 131 (133 ff.). So schon ausführlich BFH GrS 2/70 v. 19.10.1970, BStBl. II 1971 S. 17 und GrS 3/70 v. 19.10.1970, BStBl. II 1971 S. 21 (insbes. 22).

Senat auf den Standpunkt gestellt, daß bei einer Gruppenreise, die insgesamt als Ferienreise einzustufen ist, die Ausgaben nicht zum Abzug zuzulassen sind; lediglich Aufwendungen, welche zusätzlich zu den Kosten für die als private zu beurteilende Reise entstehen und für sich gesehen ausschließlich beruflich/betrieblich veranlaßt sind, könnten als Werbungskosten bzw. Betriebsausgaben zu berücksichtigen sein[834]. Eine solche Trennung sei jedoch nicht möglich hinsichtlich der Kosten für die An- und Abreise; diese könnten in solchen Fällen umfassend keine steuermindernde Berücksichtigung finden[835]. Die Ausgaben einer Sprachlehrerin für eine Auslandsreise sollten nach Ansicht des VI. Senats insgesamt bei der Ermittlung der Einkünfte nicht abziehbar sein, obwohl sechs von zwölf Aufenthaltstagen ausschließlich mit beruflichen Veranstaltungen ausgefüllt waren[836]. Warum hier die ansonsten privaten Reiseinteressen, die während der restlichen Reisezeit befriedigt wurden, den anderen Tagen die berufliche Prägung nehmen sollen, erscheint nicht einsichtig. Aus der Verteilung der betrieblichen bzw. beruflichen und der privaten Betätigungen in zeitlicher Hinsicht ergibt sich ein klarer Aufteilungsmaßstab für die gesamten Reisekosten; auch die Kosten für die Hin- und Rückreise können entsprechend aufgeteilt werden. Zudem hatte der eindeutig berufliche Teil der Fahrt wegen seines zeitlichen Umfangs ein beträchtliches Gewicht, so daß eigentlich schon dem Grunde nach das Aufteilungs- und Abzugsverbot gar nicht einschlägig zu sein scheint.

Um eine klare Linie in diese problematischen Veranlassungfälle zu bringen, hatte *K. Offerhaus*[837] Ende der 70er Jahre für eine differenzierende Betrachtung von Fällen gemischter Veranlassung plädiert, die unterscheidet zwischen Situationen der gleichzeitigen Verwirklichung der gemischten Veranlassung und solchen, in denen sich eine Aufwendung sowohl auf die Lebensführung betreffende als auch den betrieblichen bzw. beruflichen Bereich betreffende Anlässe zurückführen läßt, bei denen sich die Anlässe jedoch hintereinander und damit zeitlich getrennt voneinander realisieren. Nur in den erstgenannten Fällen sei ein Abzug der Aufwendungen nicht zulässig. In einem Aufsatz aus jüngerer Zeit hat *W. Drenseck*[838] die zum Aufteilungs- und Abzugsverbot im Bereich der Aufwendungen ergangene höchstrichterliche Rechtsprechung in Hinblick auf diese Überlegungen untersucht,

---

[834] BFH GrS v. 27.11.1979, BStBl. II 1979 S. 213.

[835] BFH v. 23.04.1992, BStBl. II 1992 S. 898: Wegen eines vorangegangenen Urlaubs wurde hier der Abzug der Fahrtkosten für die An- und Abreise zum bzw. vom Kongreßort versagt. Ebenso BFH v. 30.12.1996, BFH/NV 1997 S. 290 für den Fall einer Fortbildungsveranstaltung mit einem anschließenden zehntätigen Urlaub.

[836] BFH v. 31.01.1997, BFH/NV 1997 S. 647.

[837] *K. Offerhaus*, BB 1979 S. 617 und 667.

[838] *W. Drenseck*, FS-Offerhaus, S. 497 (insbes. 500 ff.).

dabei festgestellt, daß jene Gedanken inzwischen in die Rechtsprechung des BFH Eingang gefunden haben, aber gerade im Bereich der Auslandsreisen noch nicht hinreichend Berücksichtigung finden.

bb) Einnahmenseite

Auf der Einnahmenseite ist schon die Ausgangslage eine andere. Zwar hängt auch hier wie bei den Aufwendungen die Zuordnung zum Bereich der steuerlich erheblichen Vermögensveränderungen von der Entscheidung in der Frage ab, ob die betreffende Veränderung zu einer der in § 2 Abs. 1 EStG genannten Einkunftsarten in einem Zusammenhang der Veranlassung steht. Für den Bereich der Aufwendungen stellt § 12 Nr. 1 S. 2 EStG für die Gewichtung vorhandener unterschiedlicher Ursachen das Übergewicht der privaten Ursache im Rahmen der Veranlassung verbindlich fest[839]. Auf der Einnahmenseite fehlt jedoch eine dem § 12 Nr. 1 EStG vergleichbare Vorschrift. Eine analoge Anwendung dieser Vorschrift wäre als Analogie zu Lasten des Steuerpflichtigen zumindest bedenkliche, wenn nicht gar unzulässige Rechtsfortbildung[840]. So scheint nichts dem Weg entgegenzustehen, Sachzuwendungen je nach der konkreten Veranlassung einzelner Bestandteile in Hinblick auf die Steuerbarkeit aufzuteilen.

(1) Zunächst Ablehnung einer Aufteilung durch Gerichte, kaum Diskussionen im Schrifttum über eine solche Möglichkeit

Dies lehnten die Finanzgerichte freilich lange Zeit ab, allen voran der BFH. So verwarf der VI. Senat das Vorbringen einer Klägerin, die besonders verdienten Arbeitnehmern mehrtägige Incentive-Auslandsreisen zugewendet hatte, der entsprechende wirtschaftliche Vorteil könne nicht gänzlich als steuerpflichtiger Arbeitslohn qualifiziert werden, vielmehr müsse ein sogenannter Luxuskostenanteil ausgeschieden werden. Die Richter bestätigten die erstinstanzliche Entscheidung und vertraten die Auffassung, der Charakter einer Zuwendung könne nicht in einen steuerfreien und einen steuerpflichtigen Teil zerlegt werden[841]. Eine Begründung dieses Standpunktes unterblieb, der BFH begnügt sich vielmehr damit, dem Finanzgericht und seiner Bezugnahme auf ein Urteil des BFH aus dem Jahre 1984[842] beizupflichten. Diese letztgenannte Entscheidung bietet jedoch auch nicht mehr Material, um die Ansicht der Gerichte nachvollziehen zu können. Wenn das

---

[839] *R. Jüptner*, Leistungsfähigkeit und Veranlassung, S. 169 ff. (insbes. 175). Auch er vertritt die Ansicht, daß S. 2 kein generelles Aufteilungs- und Abzugsverbot entnommen werden kann.

[840] Zu Bedenken gegen das sinngemäße Heranziehen des § 12 Nr. 1 S. 2 für Einnahmen im Rahmen des § 4 EStG vgl. nur *H. Weber-Grellet*, in: Kirchhof/Söhn, EStG, § 4 Rn. D 113.

Ergebnis der rechtlichen Beurteilung zur Qualifizierung der Zuwendung als Arbeitslohn führe, könne der Umstand, daß während der Fahrt einige Arbeitnehmer Dienstleistungen erbringen müßten, auch keine wertmindernde Berücksichtigung finden - so der Hinweis des BFH in einem weiteren Urteil im Jahr 1994[843].

Auch im Schrifttum haben Überlegungen zur Aufteilung wirtschaftlicher Vorteile keine allzu große Resonanz gefunden. Eine isolierte Betrachtung einzelner Bestandteile einer Incentivereise und die Einordnung des „Luxusteils" der Reise als Nicht-Arbeitslohn hatte insbesondere *H. Polke*[844] schon zur Zeit der Gelegenheitsgeschenke- und Annehmlichkeiten-Rechtsprechung befürwortet. *U. Albert*[845] griff das Thema einige Jahre später wieder auf und sprach sich auch für eine Aufteilung des Vorteils bei Incentivereisen aus[846]. Seine Herleitung des Ergebnisses ist m.E. aber systematisch nicht konsequent. Der Vorteil aus der Reise wird zunächst als Arbeitslohn eingeordnet, da ein ganz überwiegend eigenbetriebliches Interesse des Arbeitgebers nicht angenommen werden könne. Bei den folgenden Ausführungen zur Bewertung wird dieses Interesse dann aber wieder ins Spiel gebracht: es überwiege doch bei gewissen Elementen der Reise, insbesondere den luxuriösen, und es komme deshalb durch diese nicht zu einer objektiven Bereicherung des Reisenden. Nur wenn der Arbeitgeber Aufwendungen trage, die den Arbeitnehmer betreffen und die dieser selbst mit einiger Wahrscheinlichkeit auch getragen hätte, sei letzterer durch die Zuwendung objektiv bereichert. Der Aspekt des ganz überwiegend eigenbetrieblichen Interesses kann aber, wie aus den obigen Ausführung deutlich wird, lediglich im Rahmen des Veranlassungszusammenhangs Bedeutung erlangen; für die Frage, ob überhaupt eine Bereicherung eingetreten ist, ist er unerheblich, ebenso für Bewertungsfragen, die sich erst stellen, wenn hinsichtlich der streitigen Zuwendung (jedenfalls teilweise) das Vorliegen eines solch gewichtigen Arbeitgeberinteresses zu verneinen war.

Allgemein zum Problem der Analogie zu Lasten des Steuerpflichtigen *K. Tipke / J. Lang*, Steuerrecht, § 4 Rn. 188 ff. und die Ausführungen in Fn. 221.

[841] BFH v. 09.03.1990, BStBl. II 1990 S. 711 (715). Die Revision richtete sich gegen das Urteil des FG Düsseldorf v. 04.11.1986, EFG 1987 S. 457.

[842] BFH v. 07.12.1984, BStBl. II 1985 S. 164 (insbes. S. 167 f.).

[843] BFH v. 04.08.1994, BStBl. II 1994 S. 954.

[844] *H. Polke*, DB 1984 S. 1497.

[845] *U. Albert*, FR 1990 S. 413.

[846] In seinem „Abrechnungsvorschlag" (S. 417 f.) werden die wesentlichen Elemente einer solchen Reise einzeln betrachtet: Anreisekosten, Transport zum Zielort, Übernachtung und Mahlzeiten, touristisches Programm, gemeinsame Feier am Zielort, Aufwendungen des Reisebüros und Aufwendungen für die als Organisatoren mitreisenden Arbeitnehmer.

(2) Nunmehr Offenheit des BFH für eine Aufteilung bei Möglichkeit einer klaren Trennung

Inzwischen ist Bewegung in die Judikatur des BFH gekommen[847]. Das Gericht hat 1996 in seiner Entscheidung zur Mitarbeiterkonferenz auf Kreta dargelegt, daß „das Ergebnis einer Gesamtwürdigung, ob eine Zuwendung an den Arbeitnehmer ... im ganz überwiegend eigenbetrieblichen Interesse des Arbeitgebers erfolgt ist oder Arbeitslohn darstellt, [...] grundsätzlich ein einheitliches im Sinne einer dieser beiden Möglichkeiten [ist]. Ausnahmsweise kann eine Aufteilung zwischen Arbeitslohn und Zuwendungen im betrieblichen Eigeninteresse in Betracht kommen, wenn die Kosten rein betriebsfunktionaler Elemente sich leicht und eindeutig von sonstigen Zuwendungen mit Entlohnungscharakter abgrenzen lassen"[848]. Der VI. Senat weist in diesem Urteil darauf hin, daß seine grundsätzliche Ablehnung einer Aufteilung auf der Einnahmenseite nicht auf § 12 EStG zurückzuführen ist, da diese Vorschrift eben nur für die rechtliche Beurteilung von Ausgaben relevant sei[849]. Entscheidend sei vielmehr die Überlegung, daß es bei einer einheitlichen Zuwendung grundsätzlich an einem Maßstab für eine quantitative Abgrenzung zwischen Arbeitslohn und Nicht-Arbeitslohn fehle. „Einheitlichkeit der Zuwendung" wird also auch in diesem Urteil als ein die Aufteilung kaum zulassender Aspekt vorgebracht[850].

(3) Stellungnahme

Wann aber ist eine Zuwendung in diesem Sinne „einheitlich", so daß auch nur eine einheitliche Betrachtung der „Veranlassung" in Betracht kommt? Reisen lassen sich häufig gewissermaßen als Bündel einzelner Güter in Geldeswert betrachten. Ist die Situation so, daß ein Arbeitnehmer auf Kosten des Unternehmens ins Ausland reist und dort neben der Durchführung eines touristischen Programmes in gewissem Umfang auch für den Arbeitgeber bestimmte Tätigkeiten ausführt, oder bezahlt der Arbeitgeber eine Reise des Angestellten zu einer Fachtagung mit anschließendem Erholungsaufenthalt, so läßt sich in der Regel anhand des jeweiligen Zeitaufwandes für die einzelnen Aufgaben der „betriebsbezogene" von dem

[847] Die Finanzgerichte stehen teilweise der Möglichkeit einer Aufteilung von Sachzuwendungen schon länger positiv gegenüber. Vgl. beispielsweise die Entscheidung der Vorinstanz FG Rheinland-Pfalz v. 10.09.1993, EFG 1994 S. 245.

[848] BFH v. 09.08.1996, BStBl. II 1997 S. 97.

[849] Vgl. jüngst BFH v. 28.01.2003, FR 2003 S. 516 (517) und das beim BFH anhängige Verfahren VI R 7/03 v. 20.06.2003, Vorinstanz FG Münster v. 28.09.2000, Az. 5 K 6653/97.

[850] Vgl. hierzu auch BFH v. 07.12.1984, BStBl. II 1985 S. 164 (167 f.) zur (fehlenden) Teilbarkeit des Vorteils aus einer verbilligten Essensgewährung.

„privaten“ Teil der Reise abtrennen. Ebenso verhält es sich wohl auch dann, wenn der Arbeitgeber die gesamte Prämie für eine Reisegepäckversicherung trägt, welche Risiken sowohl bei beruflichen als auch bei privaten Fahrten des Mitarbeiters abdeckt. In diesen Fällen besteht zwar ein einheitliches Vertragsverhältnis, aber regelmäßig läßt sich anhand der Unterlagen des Versicherers ersehen, in welchem Umfang nach seiner Kalkulation die Prämie Risiken im beruflichen Bereich erfassen soll, so daß vieles dafür spricht, daß eine differenzierte Betrachtung einzelner Teile möglich ist. Eine solche Aufteilung nach den verschiedenen einwirkenden Anlässen erscheint demgegenüber weitaus schwieriger, wenn der Arbeitnehmer etwa auf Kosten des Arbeitgebers eine Reise an einen Ort unternimmt, an dem sich eine Betriebsstätte des Arbeitgebers befindet und der Arbeitnehmer während dieser Reise zur Förderung des Kontakts zwischen den Mitarbeitern gelegentlich von einem dort ansässigen anderen Arbeitnehmer begleitet wird, während der Reise aber nur Freizeitaktivitäten stattfinden. Oder wenn ein Arbeitgeber seinem Arbeitnehmer besonders günstig eine Wohnung überläßt und zum einen, weil das arbeitsrechtliche Verhältnis besteht, zum anderen aber auch, weil die beiden privat befreundet sind.

Schon diese Beispiele zeigen, daß es für die Frage, ob eine Leistung „einheitlich“ ist, beispielsweise nicht darauf ankommen kann, ob ihr ein einheitliches Vertragsverhältnis zugrundeliegt oder sich ein Reisender auf eine äußerlich eine Einheit bildende Fahrt begibt. Bei näherer Betrachtung der angeführten Situationen wird deutlich, daß sich auch hier anbietet, auf der Grundlage der von *K. Offerhaus* im Bereich der Ausgaben angestellten Überlegungen danach zu fragen, ob sich bei einer Sachzuwendung verschiedene Veranlassungszusammenhänge gleichzeitig verwirklichen oder ob ein zeitliches Hintereinander festzustellen ist.

Jedenfalls im letztgenannten Fall ist es unproblematisch möglich, Teile der Gesamtzuwendung in Hinblick auf die Veranlassung getrennt zu betrachten. Hier ist auf die verwirklichten Einzelsachverhalte zu blicken und für diese jeweils festzustellen, ob hinter ihnen ein ganz überwiegend eigenbetriebliches Interesse (und nicht nur überhaupt betriebliche Interessen[851]) stand oder ob die Umstände dafür sprechen, daß der Arbeitnehmer entlohnt werden sollte. Bei Reisen etwa eignet sich regelmäßig der zeitliche Umfang der jeweiligen Veranstaltungen als Maßstab

[851] In diesem Zusammenhang sind m.E. die Ausführungen des FG Rheinland-Pfalz im Urteil v. 10.09.1993, EFG 1994 S. 245 (246), mißverständlich, wenn das Gericht ausführt, dem Programm eines Teils der Tage habe ein eigenbetriebliches Interesse des Arbeitgebers zugrunde gelegen, die betreffenden Veranstaltungen lägen „durchaus im betrieblichen Interesse“ des Arbeitgebers.

für eine Aufteilung[852]. Für solche Reisen wird von Seiten des Arbeitgebers in der Regel ein Ablaufplan aufgestellt, der den Teilnehmern zeigt, welche Aktivitäten an den einzelnen Tagen vorgesehen sind und aus dem sich deshalb das Verhältnis des „betrieblichen" zum „privaten" Teil deutlich ergibt. Die Zeitdauer der betreffenden Programmpunkte ist ein objektiver, leicht feststellbarer quantitativer Maßstab für eine Aufteilung. Vor diesem Hintergrund besteht kein Grund, eine solche Aufteilung nicht grundsätzlich durchzuführen. Und ist die Möglichkeit einer differenzierten Betrachtung einzelner Teile einer Gesamtzuwendung festgestellt, kommt m.E. nicht in Betracht, belohnenden Charakter der gesamten Sachzuwendung anzunehmen, wenn sich erweist, daß nur hinter einem untergeordneten Teil der Zuwendung ein ganz überwiegend eigenbetriebliches Interesse stand. Denn im Bereich der Einnahmen gibt es keine dem § 12 Nr. 1 EStG vergleichbare Vorschrift, das Gesetz legt also im Falle gemischter Veranlassung von Einnahmen nicht typisierend und verbindlich eine besondere Gewichtung der Ursachen fest, und insbesondere kein grundsätzliches Übergewicht von Entlohnungsinteressen. Der Teil der Reise, der sich auf ein ganz überwiegend eigenbetriebliches Interesse des Arbeitgebers zurückführen läßt, hat deshalb auch in dieser Situation bei einer Besteuerung auf Seiten des Arbeitnehmers unberücksichtigt zu bleiben. Eine Aufteilung kommt demnach auch etwa in den Fällen in Betracht, in denen bei Betriebsveranstaltungen die zeitliche Grenze für die Annahme eines ganz überwiegend eigenbetrieblichen Interesses überschritten ist, aber die Arbeitnehmer für den die Grenze übersteigenden Betrag selbst aufkommen. Indem der Arbeitgeber lediglich für den ersten Teil der Veranstaltung die Kosten übernimmt, macht er deutlich, daß er nur mit einer insoweit begrenzten Leistung die Kontakte zwischen den Mitarbeitern fördern möchte.

Bei gleichzeitiger Verwirklichung verschiedener Anlässe bei einer Zuwendung ist eine Aufteilung problematischer. Denn hier fehlt es tatsächlich an einem klaren objektiven, nachvollziehbaren Maßstab für eine solche Aufspaltung des Vorteils in einen steuerbaren und einen nicht steuerbaren Teil. So ist in den Reisefällen eine Aufteilung praktisch undurchführbar, die das Ziel hat, bei einer Dienstreise einen gewissen Prozentsatz der Reisekosten als Einnahme zu erfassen, weil die Reise unter besonders angenehmen Begleitumständen durchgeführt wurde. Ebenso verhält es sich bei der schon angesprochenen touristischen Reise des Mitarbeiters, der jedenfalls zeitweise von einem anderen Mitarbeiter begleitet wird. Mag der Arbeitgeber bei einer solchen Planung der Reise auch im Kopf gehabt haben, den

[852] Diesen Weg hatte auch die Vorinstanz beschritten, vgl. FG Rheinland-Pfalz v. 10.09.1993, EFG 1994 S. 245 (insbes. 246).

überörtlichen Kontakt und Austausch zwischen seinen Arbeitnehmern zu fördern, so läßt sich das Gewicht dieser Überlegung nicht beziffern. Es besteht kein quantitativer Maßstab für eine Aufteilung zwischen Arbeitslohn und Nicht-Arbeitslohn. In diesen Fällen kann es deshalb nur die Entscheidung „Alles oder Nichts" geben. Diese hat sich danach zu richten, welcher der erkannten Kausalfaktoren im Vordergrund steht[853].

[853] So auch *W. Drenseck*, in: L. Schmidt, EStG, § 19 Rn. 25; *B. Thürmer*, in: Blümich, EStG, § 19 Rn. 194, 207.

Teil 4: Zusammenfassung der im Rahmen einzelner Sachzuwendungsarten wesentlichen Gesichtspunkte

Abschließend soll untersucht werden, ob es auf der Grundlage der zuvor gewonnenen Erkenntnisse möglich ist, für einzelne Fallgruppen wesentliche Überlegungen zusammenzufassen, an denen sich der Steuerpflichtige orientieren kann. Besonders wichtig für die Rechtspraxis ist es, diese Frage zu stellen in Hinblick auf die Qualifizierung von Sachzuwendungen als Entlohnung oder als Leistungen, die im „ganz überwiegend eigenbetrieblichen Interesse" gewährt werden. Denn für diese Grenzziehungsproblematik sind die gesetzlichen Vorgaben sehr weit und unbestimmt, und die abstrakt aus dem Gesetz ableitbaren Formeln erreichen nicht die „konkrete Ebene des fallbezogenen juristischen Wertungsvollzuges"[854]. Läßt sich die im Einzelfall erforderliche Ursachenauswahl im Wege einer Fallgruppenbildung konkretisieren und dadurch praktikabler machen?

A) Mögliche Wege zur Bildung von Fallgruppen im Bereich von Sachzuwendungen an Arbeitnehmer

Im Schrifttum werden zwei unterschiedliche Wege eingeschlagen, um die in der wirtschaftlichen Realität vielfältigen Situationen inbesondere in Hinblick auf die Frage zu systematisieren, ob hinter der Gewährung einer Sachzuwendung ein ganz überwiegend eigenbetriebliches Interesse des Arbeitgebers gestanden hat.

T. Eisgruber[855] führt drei Fallgruppen an, in die sich seines Erachtens die Rechtsfigur des „ganz überwiegend eigenbetrieblichen Interesses" gliedert. Dies seien zum einen Vorteile, die der Belegschaft als Gesamtheit zugewendet werden, desweiteren Vorteile, die dem Arbeitnehmer aufgedrängt werden und schließlich Vorteile, die sich als notwendige Begleiterscheinung betriebsfunktionaler Zielsetzung erweisen. Zur erstgenannten Gruppe rechnet er etwa die Ausgestaltung des Arbeitsplatzes oder gemeinsam zu nutzender Räume, aber auch Betriebsveranstaltungen. *W. Drenseck*[856] wird im anderen Schrifttum so verstanden, daß er die gleiche Einteilung vornehmen möchte[857] - ob das tatsächlich der Fall ist, macht aber

[854] So *R. Walz*, StuW 1986 S. 21 (21, 23, 25 f.) in Zusammenhang mit Betriebsausgaben und Werbungskosten.
[855] *T. Eisgruber*, in: Kirchhof, EStG, § 19 Rn. 122.
[856] *W. Drenseck*, in: L. Schmidt, EStG § 19 Rn. 30.
[857] *D. Kettler*, DStZ 2001 S. 667 (668).

seine Stellungnahme nicht ganz deutlich[858]. M.E. lassen sich seine Ausführung auch so verstehen, daß er nur zwei Fallgruppen bilden möchte und nicht steuerbare Vorteile in diesen nur dann gegeben sieht, wenn sich die Zuwendung in diesen Fällen als notwendige Begleiterscheinung betriebsfunktionaler Zielsetzung erweist. *K. Altehoefer*[859] unterscheidet im wesentlichen zwei Fallgruppen, nämlich die Situation, in der die Belegschaft als Gesamtheit begünstigt wird und die, in der Zuwendungen als bloße Begleiterscheinung zu qualifizieren sind. Leistungen zur Ausgestaltung des Arbeitsplatzes und zur Verbesserung der Arbeitsbedingungen lassen sich s.E. aber offenbar nicht klar zuordnen, denn diese Situationen werden als Beispiele für beide Gruppen angeführt. In dem Umstand, daß eine Bereicherung aufgedrängt wurde, sieht er zwar ein Indiz für ein ganz überwiegend eigenbetriebliches Interesse des Arbeitgebers[860], als eine Fallgruppe kennzeichnenden Gesichtspunkt zieht er diesen Aspekt aber nicht heran.
H. Barein[861] schlägt einen anderen Weg ein und bildet Fallgruppen nach der Art des Vorteils. Im Rahmen der einzelnen Gruppen nennt er dann verschiedene Gesichtspunkte, die für oder gegen ein ganz überwiegend eigenbetriebliches Interesse sprechen. *H. Pflüger*[862] geht in vergleichbarer Weise vor und unterscheidet vier Gruppen: Zuwendungen zur Förderung des Betriebsklimas, Zuwendungen zur Gesundheitsförderung, solche zur Fortbildung des Arbeitnehmers und schließlich Zuwendungen zur Ausgestaltung des Arbeitsplatzes. Unter dem letztgenannten Aspekt faßt er verschiedenste Fälle zusammen, etwa Bewirtungsaufwendungen, Geschäftsreisen oder auch die Überlassung von repräsentativen Fahrzeugen und Dienstwohnungen.

B) Fallgruppenbildung vom Lebenssachverhalt her

Schon dieser Überblick über die einschlägige Kommentarliteratur macht deutlich, daß die Bildung von Fallgruppen im Bereich der Sachzuwendungen von Arbeitgebern an Arbeitnehmer Schwierigkeiten bereitet. Im Folgenden sollen für einige der Sachverhalte, die die Frage nach der zutreffenden Besteuerung von Sachzuwendungen aufwerfen, die Überlegungen dargelegt werden, die für die Beurteilung maßgeblich werden. Es wird hierbei der Weg über die einzelnen Lebenssachverhalte gewählt; denn es hat sich etwa gezeigt, daß die Tatsache, daß eine

[858] Zwar unterscheidet er zahlenmäßig drei Fälle, trennt die beiden ersten Fälle aber durch „oder" und fügt Fall 3 diesen mit einem „und" bei.
[859] *K. Altehoefer*, in: Lademann, EStG, § 19 Rn. 126 b f.
[860] *K. Altehoefer*, in: Lademann, EStG, § 19 Rn. 118 a.
[861] *H. Barein*, in: Littmann/Bitz/Pust, EStG, § 19 Rn. 216 ff.
[862] *H. Pflüger*, in: Herrmann/Heuer/Raupach, EStG, § 19 Rn. 186.

Zuwendung an die Belegschaft als Ganze erfolgt ist, für sich genommen noch wenig Aussagekraft hat, sondern die rechtliche Wertungsentscheidung erst dann möglich ist, wenn feststeht, welches Ziel der Arbeitgeber in konkreten Fall mit seiner Leistung verfolgt hat.

I.) Ausstattung des Arbeitsplatzes im weiteren Sinne

1.) Ausgestaltungen des Arbeitsplatzes i.e.S.

Durch das Zurverfügungstellen von Dusch- oder Aufenthaltsräumen wird der Arbeitnehmer schon gar nicht bereichert, denn in diesen Fällen erspart er keine Aufwendungen, die er andernfalls getan hätte. Zudem hält der Arbeitgeber solche Räumlichkeiten regelmäßig deshalb bereit, weil ihn gesetzliche Vorschriften dazu verpflichten, denen er Folge leisten muß, will er nicht riskieren, etwa mit Sanktionen von staatlicher Seite belegt zu werden; der Arbeitgeber wird hier also typischerweise nicht tätig, weil er dem Arbeitnehmer einen geldwerten Vorteil als Gegenleistung für das Zurverfügungstellen von dessen Arbeitskraft zukommen lassen will.

2.) Maßnahmen zur Gesundheitsförderung

Erfolgen von Seiten des Arbeitgebers kostenlose oder verbilligte Zuwendungen zur Förderung der Gesundheit der Arbeitnehmer, so kommt es bei letzteren regelmäßig zu einer wirtschaftlichen Bereicherung. Zwar ist diese häufig gering, weil die Kosten andernfalls in beträchtlichem Ausmaß von der Krankenkasse des jeweiligen Arbeitnehmers getragen worden wären; auch eine solche Steigerung der Leistungsfähigkeit ist jedoch zu erfassen, weil der Verzicht des Staates auf diesen Zugriff nicht zu einem Gewinn an Praktikabilität führen würde. In diesem Bereich ist eine Vielzahl von Leistungen schon deshalb nicht als Entlohnung zu qualifizieren, weil der Arbeitgeber sie erbringt, da er hoheitlichem Zwang Folge leistet. Außerhalb solcher Situationen können Sachzuwendungen zur Gesundheitsförderung allenfalls dann nicht steuerbar sein, wenn sie sich auf ein ganz überwiegend eigenbetriebliches Interesse des Arbeitgebers zurückführen lassen. Arbeitgebermaßnahmen zur Gesunderhaltung richten sich typischerweise in den privaten Bereich des Steuerpflichtigen. Dessen Zielsetzungen dürfen sich nicht allgemein in der Gesunderhaltung der Mitarbeiter erschöpfen, sondern müssen die

Förderung eines reibungslosen betrieblichen Ablaufes im Auge haben, so etwa, wenn Personen, die im Unternehmen zentrale Positionen innehaben und einer starken beruflichen Belastung ausgesetzt sind, auf Kosten des Arbeitgebers untersucht werden. Nicht steuerbare Leistungen liegen auch vor, wenn eine Vielzahl von Mitarbeitern wegen der Art ihrer konkreten Tätigkeit dem Risiko typischer Berufserkrankungen ausgesetzt ist und der Arbeitgeber Maßnahmen ergreift, um dem Unternehmen die dadurch gesteigerte Gefahr eines überdurchschnittlich hohen Krankenstandes ausgesetzt ist; die in einer solchen Situation vorhandene hypothetische Möglichkeit der Arbeitnehmer, Werbungskosten abzuziehen, ist ein Indiz von nicht unerheblichem Gewicht dafür, daß die Zuwendung des Arbeitgebers keine Entlohnungsqualität hatte.

3.) Verpflegung im Betrieb oder aus Anlaß betrieblicher Besprechungen

Dadurch, daß der Arbeitgeber im Betrieb Kantinenräume bereitstellt, in denen Speisen und Getränke angeboten werden oder der Belegschaft während Arbeitsbesprechungen Essen zur Verfügung stellt, ermöglicht er dem Arbeitnehmer, ohne großen zeitlichen Aufwand seine ausreichende Verpflegung sicherzustellen.
Zumeist kommt für den Arbeitnehmer aber zu diesem zeitlichen Vorteil ein finanzieller hinzu, wenn nämlich der Arbeitgeber die Kosten für das Essen (jedenfalls zum Teil) selbst trägt. Ein geldwerter Vorteil liegt auch dann vor, wenn der Arbeitgeber Essensmarken ausgibt, mit denen der Arbeitnehmer außerhalb des Unternehmens in bestimmten Restaurants Speisen und Getränke zu einem Vorzugspreis erwerben kann. in all diesen Fällen erspart der Arbeitnehmer Aufwendungen, die er sonst zur Erlangung der betreffenden Güter hätte tätigen müssen. Daß der Arbeitgeber durch das kostenlose Zurverfügungstellen von Verpflegung erreichen kann, daß der Arbeitnehmer vor Ort die Speisen und Getränke zu sich nimmt, auf diesem Wege Zeit spart und deshalb in der Regel früher wieder an den Arbeitsplatz zurück kehrt, kann nur dann zur Annahme eines ganz überwiegend eigenbetrieblichen Interesses des Zuwendenden führen, wenn die konkrete Situation im Betrieb auch eine solchen Beschleunigung als wirtschaftlich sinnvolle Maßnahme erscheinen läßt. „Paradebeispiel" für solche Ausnahmefälle ist die Situation, daß Essen bei einem außergewöhnlichen Arbeitseinsatz kostenlos angeboten und dabei in den Ablauf des Einsatzes integriert wird.

4.) Übernahme der Kosten für die Betreuung von Arbeitnehmer-Kindern

Können die Arbeitnehmer ihre Kinder in Kindergärten oder ähnlichen Einrichtungen unterbringen und übernimmt der Arbeitgeber ganz oder teilweise die dabei anfallenden Kosten, so sind die erlangten geldwerten Vorteile als Einnahmen aus nichtselbständiger Arbeit steuerbar[863]. Denn es sind keine überzeugenden betriebsfunktionalen Gründe dafür erkennbar, daß der Arbeitnehmer die Betreuung seiner Kinder kostenlos in Anspruch nehmen kann. Überlegungen des Arbeitgebers dahingehend, daß er durch dieses Angebot seine Belegschaft an sich bindet bzw. am Markt als attraktiver Arbeitgeber wahrgenommen wird oder die Arbeitnehmer konzentrierter arbeiten können, weil sie ihre Kinder aufgehoben wissen, würde schon durch das Zurverfügungstellen der Betreuungsmöglichkeiten selbst Rechnung getragen. Daß der Unternehmer auch die Kosten trägt, spricht deshalb dafür, daß auf diesem Wege zusätzliche Entlohnung angestrebt wird. Hinsichtlich dieser Art von Sachzuwendung hat der Gesetzgeber reagiert und in § 3 Nr. 33 EStG die Steuerfreiheit der entsprechenden finanziellen Vorteile festgelegt.

5.) Zuwendungen als Voraussetzung zum Erbringen der Arbeitsleistung

Kann der Arbeitnehmer auf Kosten des Arbeitgebers an Veranstaltungen teilnehmen, für die Dritte Eintritt bezahlen müßten, führt der ihm zufließende geldwerte Vorteil nur dann nicht zu steuerbaren Einnahmen aus nichtselbständiger Arbeit, wenn seine Anwesenheit bei der betreffenden Veranstaltung ihm erst die Möglichkeit eröffnet, seine vertraglich geschuldete Arbeitsleistung zu erbringen. In solchen Fällen liegt die Inanspruchnahme des Vorteils durch den Arbeitnehmer ganz überwiegend im eigenbetrieblichen Interesse. Deshalb löst auch die kostenlose Teilnahme an einer Reise keine Steuerpflicht aus, wenn der Arbeitnehmer während der Reise in solchem Umfang betriebliche Pflichten wahrnehmen muß, daß er seine Zeit dem Arbeitgeber in demselben Umfang zur Verfügung stellt, wie das bei einem normalen Arbeitstag im Unternehmen der Fall gewesen wäre.

---

[863] Zur früher von der Rechtsprechung vorgenommenen unterschiedlichen Beurteilung der Unterbringung in betriebseigenen oder betriebsfremden Kinderbetreuungseinrichtungen vgl. BFH v. 24.01.1975, BStBl. II 1975 S. 340 und BFH v. 19.09.1975, BStBl. II 1975 S. 888.

II.) Betriebsveranstaltungen

Zur Beurteilung des geldwerten Vorteils, der den Arbeitnehmer dadurch erreicht, daß er kostenlos an Betriebsveranstaltungen teilnehmen kann, hat die Rechtsprechung Grundsätze entwickelt, die dem Grunde nach Zustimmung verdienen.

Keine Zweifel bestehen daran, daß den Arbeitnehmern, die an solchen Veranstaltungen teilnehmen, geldwerte Vorteile zufließen. Die bedeutsamen Fragen stellen sich im Rahmen des Veranlassungszusammenhangs. Der Arbeitgeber organisiert Betriebsveranstaltungen grundsätzlich mit der Überlegung, den Kontakt zwischen den Beschäftigen zu fördern und damit auf eine Verbesserung des Betriebsklima hinzuwirken. Zur Beantwortung der Frage, ob angesichts der konkreten Ausgestaltung das Verfolgen dieser Zielsetzung als wesentliche Ursache für die Betriebsveranstaltung anzusehen ist, greifen die Finanzgerichte weitgehend auf Typisierungen zurück. Wurde dabei anfänglich noch lediglich danach gefragt, ob die Veranstaltungen nach Art und Dauer und der erlangte geldwerte Vorteil der Höhe nach „üblich" sind, um die betreffenden Vorteile als nicht steuerbar zu qualifizieren, werden durch die Rechtsprechung und die Finanzverwaltung zunehmend Quantifizierungen vorgenommen. Schon für die Typisierungen, aber erst recht für den Rückgriff auf klare Zahlen und Werte sprechen Praktikabilitätsüberlegungen; sie sind aber dann bedenklich, wenn sie dem Steuerpflichtigen nicht die Möglichkeit überlegen, die mit der Typisierung verbundene Ausgangsvermutung zu widerlegen. Diese Typisierungen und Quantifizierungen sind grundsätzlich darauf angelegt, für längere Zeit die Mehrzahl der Fälle in realistischer Weise „einzufangen"; eine gewisse Flexibilität ist jedoch erforderlich, da sich gerade in diesem Bereich die Veränderungen der gesellschaftlichen Standards bemerkbar machen.

III.) Geschenke

Geringwertige Geschenke, die gesellschaftsüblich sind, stellen keine steuerbaren Sachzuwendungen dar. Dies ist Resultat einer zutreffenden Typisierung, die der BFH unter dem Stichwort „Aufmerksamkeiten" vornimmt. Hier bietet sich also ein Weg, um unter engen Voraussetzungen Vorteile ohne großen Wert nicht besteuern zu müssen. Für Fälle, bei denen wegen der Geringwertigkeit des Vorteils die Gefahr besteht, daß der Ermittlungsaufwand auf Seiten der Finanzbehörden die Steuereinnahme aufzehrte, sind praktikable Grundsätze entwickelt worden, die eine abschließende Untersuchung dahingehend erspart, ob die betreffende Zuwendung tatsächlich aus privaten oder allgemein gesellschaftlichen Gründen erfolgt ist; die Qualifizierung des geldwerten Vorteils als steuerbar oder nicht steuerbar richtet sich nach dem Ergebnis des Fremdvergleichs. Bei höherwertigen Geschenken muß den Steuerpflichtigen jedoch der Weg eröffnet bleiben, daß die Zuwendung aus anderen Gründen als dem der Entlohnung geleistet wurde. Denn Geschenke werden häufig auch aus privater Verbundenheit - sei es etwa wegen langjähriger Freundschaft oder familiärer Verbindung - gegeben.

IV.) Reisen (auch) mit touristischen Elementen

Wird der Arbeitnehmer vom Arbeitgeber auf eine Reise geschickt, bei der er in gleichem Umfang dienstliche Aufgaben wahrnimmt, als wenn er seine berufliche Tätigkeit in üblicher Weise im Unternehmen verrichtet hätte, fließt ihm wegen der kostenlosen Teilnahme kein zusätzlicher Arbeitslohn zu. Anders ist dies jedoch, wenn dem Mitarbeiter während der Fahrt auch Zeit für private Unternehmungen bleibt, und zwar nicht nur nach Ende der „üblichen Arbeitszeit". Dann ist regelmäßig eine Aufteilung des geldwerten Vorteils vorzunehmen; bei Reisen bietet der jeweilige Zeitanteil einen klaren, gut nachvollziehbaren Anhaltspunkt für eine Trennung des privat und des beruflich veranlaßten Teils der Zuwendung.

V.) Personalrabatte

Die grundsätzliche einkommensteuerliche Behandlung von Personalrabatten kann als geklärt angesehen werden: die dem Arbeitnehmer zufließenden Vorteile sind steuerbare Einnahmen aus nichtselbständiger Arbeit. Der Umfang ihrer Besteuerung richtet sich nach der speziellen Vorschrift des § 8 Abs. 3 EStG. Diese Regelung ist verfassungsrechtlich insoweit äußerst bedenklich, als sie von einer leistungsfähigkeitsgerechten Besteuerung Abweichungen vorsehen, die Entscheidung für diesen Weg jedoch nicht überzeugend auf Praktikabilitätsüberlegungen gestützt werden kann. Ausnahmsweise kann in der verbilligten Überlassung von Waren und Dienstleistungen durch den Arbeitgeber keine Entlohnung des Arbeitnehmers gesehen werden, nämlich wenn der entsprechende Rabatt auch jedem anderen Kunden eingeräumt wird; denn in solchen Fällen ist offensichtlich, daß der Zuwendungsempfänger denselben Vorteil auch ohne die arbeitsvertragliche Verbindung erlangt hätte.

VI.) Fortbildungsmaßnahmen

Kann der Arbeitnehmer an Fortbildungsmaßnahmen teilnehmen, ohne daß ihm dafür Kosten entstehen, so ist er dadurch regelmäßig bereichert, selbst dann, wenn er Werbungskosten hätte geltend machen können, wenn er die betreffenden Ausgaben selbst getätigt hätte. Ob der Arbeitgeber ihm dadurch, daß er die betreffenden Kosten trägt, steuerbaren Arbeitslohn zuwendet, hängt davon ab, ob die konkrete Art der Fortbildung des Arbeitnehmers im ganz überwiegend eigenbetrieblichen Interesse des Arbeitgebers liegt. Als deutlicher Hinweis auf eine solche Situation ist der Umstand zu werten, daß der Arbeitgeber die Teilnahme an der Fortbildungsveranstaltung (teilweise) auf die reguläre Arbeitszeit anrechnet. Aus den Gesamtumständen muß deutlich werden, daß der Arbeitgeber mit der Teilnahme des Arbeitnehmers an den betreffenden Kursen und Lehrgängen erreichen möchte, daß sich seine Einsatzfähigkeit im Betrieb erhöht. Wenn die Fortbildungsmaßnahmen lediglich auf die Verbesserung der Allgemeinbildung oder die Erweiterung allgemein gebräuchlicher Fähigkeiten abzielen, fehlt es regelmäßig an einer solchen auf das Fortkommen des Betriebes ausgerichteten Prägung der Maßnahme. Bei dieser Sachzuwendungsart bietet es sich an, danach zu fragen, ob entsprechende Aufwendungen vom Arbeitnehmer im konkreten Fall als Werbungskosten hätten geltend gemacht werden können und das Ergebnis als weiteres Indiz zu berücksichtigen; denn zur Frage betrieblicher bzw. beruflicher Veranlassung von Ausgaben zur Fortbildung existiert eine Vielzahl von gerichtlichen Entscheidungen.

Kolibri 360 GmbH
Ferdinand-Jühlke-Straße 7
99095 Erfurt, Deutschland
produktsicherheit@kolibri360.de

Druck:
CPI Druckdienstleistungen GmbH
im Auftrag der
Kolibri 360 GmbH
Ferdinand-Jühlke-Str. 7
99095 Erfurt